Shirley MacLaine ist ein Multitalent. Sie begann ihre Karriere als Broadway-Tänzerin, bevor sie zur international bekannten Schauspielerin, Regisseurin und Drehbuchautorin wurde. Sie bereiste die ganze Welt und war jahrelang in der Politik tätig, wo sie sich vor allem für Frauenfragen und Frauenrechte engagierte. Als esoterische Autorin machte sie weltweit Furore. Und heute nimmt sie sich mehr denn je das Recht, das zu tun, was ihr gefällt. Doch aus welcher Quelle bezieht diese faszinierende Frau ihre unglaubliche Vitalität, diese fast unendliche Energie, Pläne in die Tat umzusetzen und Ziele erfolgreich zu verwirklichen? Welcher Funke hat dieses Temperamentsbündel ein Leben lang in Bewegung gehalten?

Shirley MacLaine kann auf eine Traumkarriere zurückblicken: Als sie – knapp zwanzigjährig – in Hollywood aufkreuzte, waren blonde Sexbomben gefragt. Trotzdem eroberte sie mit Turnschuhen und roten Ponyfransen die Studios. Fast sechzig Filme wurden mit ihr gedreht, und als Krönung ihrer Karriere konnte sie 1984 den längst verdienten »Oscar« für »Zeit der Zärtlichkeit« in Empfang nehmen.

Doch selbst für den ehrgeizigen Star war der Weg alles andere als einfach. Die junge Frau mußte sich von den konservativen Idealen ihrer Familie freimachen, das Scheitern ihrer Ehe und die Trennung von ihrer geliebten Tochter Sachi bewältigen. Gegen Ende der siebziger Jahre war Shirley MacLaine ausgebrannt, doch sie konnte auch dieser existentiellen Krise etwas Positives abgewinnen: Sie begann zu schreiben. Viele Millionen Leser auf der ganzen Welt haben fasziniert die eindrucksvollen Erfahrungen und Entdeckungen der Autorin verfolgt.

Außer dem vorliegenden Band sind von Shirley MacLaine als Goldmann-Taschenbücher erschienen:

Raupe mit Schmetterlingsflügeln (8949)
Die Reise nach innen (41213)
Schritt für Schritt (8807)
Tanz im Licht (9070)
Zauberspiegel (9834)
Zwischenleben (6769)

Shirley MacLaine

TANZE, SOLANGE DU KANNST

MEIN LEBEN

Aus dem Amerikanischen
von Uschi Gnade

GOLDMANN VERLAG

Ungekürzte Ausgabe

Titel der Originalausgabe: Dance while you can
Originalverlag: Bantam Books, New York

Umwelthinweis:
Alle bedruckten Materialien dieses Taschenbuches
sind chlorfrei und umweltschonend.

Der Goldmann Verlag
ist ein Unternehmen der Verlagsgruppe Bertelsmann

Copyright © 1991 der Originalausgabe
bei Shirley MacLaine
Copyright © 1992 der deutschsprachigen Ausgabe
beim Wilhelm Goldmann Verlag, München
Umschlagentwurf: Design Team, München
Umschlagfoto: Ian Miles
Druck: Presse-Druck Augsburg
Verlagsnummer: 42609
MV · Herstellung: Sebastian Strohmaier
Made in Germany
ISBN 3-442-42609-X

1 3 5 7 9 10 8 6 4 2

*Wenn es uns gelingt,
unsere Mutter und unseren Vater wirklich zu ehren,
dann sind wir nicht nur mit uns selbst im reinen,
sondern können auch unsere Zukunft in Angriff nehmen.*

INHALT

Erster Teil: Mutter Film

1. Auf dem Hollywood Freeway 11
2. Beim Maskenbildner 29
3. Unterbrechung: In der Pause 52
4. Im Wohnmobil 57
5. Sachi 68
6. Grüsse aus Hollywood 102

Zweiter Teil: Vater Bühne

7. Zurück zur Bühne 139
8. Tournee 183
9. Wiederaufnahme 219
10. Los Angeles, Los Angeles! 242

ERSTER TEIL

MUTTER FILM

1. Kapitel

AUF DEM
HOLLYWOOD FREEWAY

Ich saß um fünf Uhr morgens in meinem Wagen auf dem Ventura Freeway und war auf dem Weg zur Arbeit. Ich wollte auf jeden Fall einen langwierigen Stau vermeiden. Alle anderen in der ganzen Stadt schienen genau dasselbe vorzuhaben. Die übliche Geschwindigkeitsbegrenzung, an die man sich halten mußte, lag bei fünfundsechzig oder siebzig Meilen in der Stunde. Wir schafften gerade zwei.

Ich sah aus dem Fenster. Mich umgab eine kriechende Zivilisation auf Rädern. Links von mir löffelte ein Mann Joghurt aus einem Becher und rührte hektisch irgendwelches Obst um, das ganz unten saß. Sofort blitzte in mir ein Gefühl von Schuld auf, das mich früher immer dann befiel, wenn ich auf eben diese Art mein Kalorienlimit einer Tänzerin überschritten hatte. Mit einem einfachen Joghurt ohne Fruchtzusätze wäre ich besser dran gewesen. Irgendwie erforderte der Erfolg Verzicht.

Rechts von mir hatte eine Frau das Fenster runtergekurbelt und lächelte strahlend. Puccini war in bester Stereoqualität zu hören. Sie sah das genau richtig. Diese Zeit im Stau konnte man auch sinnvoll nutzen.

Ich ruckelte auf meinem Sitz herum und versuchte, die bequemste Haltung für meinen Rücken zu finden. Für diese Fahrt war ein gewisses Körperbewußtsein erforderlich.

Fünfunddreißig Jahre lang hatte ich diese Schnellstraßen auf dem Weg zu den Filmstudios im feuchten Frühnebel bewältigt. Durch diese fortschreitende Lektion in Geduld hatte ich mich an sie gewöhnt. Oder hatte ich mich einfach bewußt damit abgefunden? War ich wie die Fische, die gelernt hatten, im verschmutzten Eriesee zu überleben? Ich war entsetzt.

Ich schaute auf und sah über die Wagen hinweg in die Ferne. Ich mußte auf meine Phantasie zurückgreifen, um mir vorzustellen, wie das Panorama von Burbank aussah, denn durch den Smog konnte ich es nicht erkennen. Die Berge konnte ich auch nicht ausmachen. Ich fühlte mich, als sei die Zeit in dieser verschmutzten morgendlichen Brühe außer Kraft gesetzt worden. Kalifornien war so phantastisch gewesen, als ich 1954 erstmals hierherkam. Damals hatte es diesen Freeway noch gar nicht gegeben. Es war eine der Hauptdurchfahrtsstraßen, die Chruschtschow nach seinem Besuch bei unseren Aufnahmen zu *Can-Can* ermöglichte, sich ein Bild von der Zukunft des San Fernando Valley zu machen und zu beobachten, wie hier Fortschritte erzielt wurden. Ich erinnerte mich noch, daß er sinngemäß gesagt hatte, wir bräuchten uns vor ihm und den Russen nicht zu fürchten: »Ihr werdet euch selbst von innen heraus euer Grab schaufeln.« Hatte er das gemeint?

Ich lachte und dachte an die Szene in *Der Glanz des Hauses Amberson*, in der wir um den Tisch herumsaßen und Orson Welles Henry Ford spielte und eine Litanei von denkbaren Katastrophen herunterleierte, die seine neue Idee nach sich ziehen konnte. Vielleicht war das Auto nicht gerade die beste Erfindung für die Menschheit. In dem Moment stellte ich mir vor, wie es wohl wäre, wenn es jetzt zu Ende ginge. Im Falle eines Erdbebens wäre ich von Luft, die ich eher fühlen als atmen konnte, Joghurt, Puccini und Kohlenmonoxyd überschwemmt worden.

Mein Magen brachte seine eigenen kleinen Erschütterungen zustande und drehte sich um. Das mußte an dem Obst liegen, das ich gegessen hatte, dachte ich mir. Oder waren es die Nerven?

Im Schrittempo näherte ich mich Warner Brothers, einem Studio, in dem ich noch nie gearbeitet hatte, denn dort sollte ich in einem Film mitspielen, der mit hochkarätigen Talenten besetzt war, mit hochbezahlten Schauspielern, in dessen Budget man mühelos hätte ertrinken können, und der Terminplan für die Dreharbeiten würde so ausufernd wie das Buffet sein.

Für mich war es immer wieder ein Abenteuer, einen neuen Film zu beginnen, aber während die Produktion voranschritt, ebbte es zu einer langweiligen, ermüdenden Routine ab, und nur sporadisch faszinierten mich die Szenen, die außerordentlich gut gelangen. Die langen Wartezeiten zwischen den Einstellungen zehrten an den Nerven aller; ständig wurde man gehetzt und mußte dann doch nur warten, vor allem am frühen Morgen. Ich bin noch nie gern früh aufgestanden: Ich bin ein Nachtmensch, der anscheinend erst nach Sonnenuntergang erwacht. »Mondenergie«, sagte einmal jemand zu mir. »Mondenergie ist weiblich.« Frauen glitzern nachts.

Ich holte tief Atem, eher ein Seufzen, das der Erinnerung entsprang. Ich konnte nicht riechen, noch nicht einmal die Abgase. Im vergangenen Januar hatte eine fremdartige asiatische Form der kalifornischen Grippe mir den Geruchssinn geraubt. »Wahrscheinlich habe ich sie mir zugezogen, um die Schnellstraße zu ertragen«, dachte ich. Mir fiel wieder ein, daß ich gerade erst vor ein paar Wochen in einem Aufzug gestanden hatte, in dem fünf Typen mit protzigen Ringen am kleinen Finger dicke Zigarren rauchten, und es hatte mich nicht die Spur gestört. Vorher konnte ich einen Menschen mit einer Zigarre auf eine Meile riechen, vor allem, wenn er noch dazu einen protzigen Ring am kleinen Finger trug. Aber mir fehlte, daß ich die Meerluft und den beißenden Geruch des Seetangs nicht mehr wahrnahm, wenn ich in Malibu auf den Balkon trat. In Kalifornien hielt mich das Meer aufrecht. Ich spürte, daß das Blut ungehindert durch meine Adern floß, und das hatte ich den fünfundzwanzig Yogastellungen zu verdanken, die ich bei Sonnenaufgang auf dem Balkon machte. Sie waren ihren Preis wert, den ich in Form von einer Stunde weniger Schlaf zahlte.

Ich schaltete das Radio an, Mittelwellenfrequenz 980, den Kanal, in dem ständig Nachrichten gesendet wurden. »Opfern Sie uns zwanzig Minuten, und wir setzen Ihnen dafür die ganze Welt vor«, rief man mir dort ständig ins Gedächtnis zurück. Es war wieder einmal zu einer Geiselnahme gekommen, zu einer weiteren Korruption in Regierungskreisen, zu einer Verhaftung und einer Beschlagnahmung von Drogen im Wert von etwa zwanzig Millionen Dollar, und in einem neuen Bericht hieß es, daß Cholesterin mir nicht schadete. Und Gorbatschow hatte wieder einmal einen außerordentlichen Vorstoß im Namen der Demokratie hinter dem Eisernen Vorhang gemacht. Würde die Sowjetunion die selben Früchte der Demokratie ernten, die an eben diesem speziellen Tag im Land der Freiheit, des Wohlstands und der Aufgeschlossenheit unser Erbe zu sein schienen?

Ich seufzte noch mal, diesmal eher voller Hoffnung und Freude, weil ich all das irgendwie überlebt und wieder einen guten Job hatte.

Und doch interessierte mich das Filmen jetzt schon seit einer Weile nicht mehr wirklich. Ich konnte die belanglosen Gespräche zwischen den Einstellungen nicht leiden: »Wo hast du gestern abend gegessen?« »Ich habe ein neues Geschäft entdeckt, in dem man unglaublich günstige Schuhe bekommt.« »Ich habe Spareribs in einer Sauce gefunden, die völlig zuckerfrei ist.« Bla, bla, bla. Ich schien derzeit die einzige zu sein, die Interesse an ernsten Gesprächen hatte, was garantiert dazu führte, daß die Leute entweder auswichen oder sich eingeschüchtert fühlten. Ausweichmanöver und verschleierte Augen zogen unausweichlich das sofortige Verlangen nach einem Kaffee oder einer Zigarette nach sich. Ich spielte ein Spiel mit mir selbst, in dem ich mir vorher ein Urteil darüber bildete, wer ausweichend antworten würde und wer Interesse an Gesprächen darüber haben könnte, was in der Welt vorging.

So oder so konnten wir uns nie auf ein tiefgründiges Gespräch einlassen, weil es jeden Moment passieren konnte, daß man uns zur Arbeit rief. Die ewige Hetze und das ewige Warten, dieses Syndrom konnte bei den Dreharbeiten jegliche »Kameraderie« unterbinden. Es erschien mir nicht fair, daß man zu früh oder rechtzeitig kam und dann stundenlang nicht gebraucht wurde. Es kam mir als reine Zeitvergeudung vor, und in der Hinsicht empfand ich Dreharbeiten zu einem Film enorm anstrengend.

Ich griff in meine Einkaufstasche und zog den Text für die Szene heraus, die wir an diesem ersten Tag drehen würden. Ich hatte einen fast dreiseitigen Monolog. Vielleicht war mein Magen deshalb verstimmt. Noch bis vor einem Jahr hatte ich auf das Lernen von Texten wenig Zeit verwendet. Irgendwie schaffte ich es immer, wenn es dann soweit war. Aber in der letzten Zeit starben entweder die grauen Zellen ab, oder die Aufnahmefähigkeit für Kleinigkeiten hatte nachgelassen, oder ich litt an dem, was ich im Scherz »den Schauspieler-Alzheimer« nannte. Außerdem wußte ich, daß der Regisseur gesteigerten Wert auf eine pedantisch wortgetreue Wiedergabe des Textes legte. Ich nahm die Seiten in die Hand und fand es nicht allzu schwierig, sie beim Fahren zu lesen. Ich wußte nicht, was sich zähflüssiger bewegte, mein Gedächtnis oder der Verkehr.

Ich hatte eine Superrolle bekommen. Es war einfach großartig. Man konnte wirklich sagen, daß sie teilweise an mein eigenes Leben erinnerte. Ich spielte einen Filmstar, der immer noch im Geschäft war, immer noch arbeitete und eine Tochter hatte, die ebenfalls schauspielerte.

Am Vortag hatten wir in Beverly Hills, im Haus des Filmstars, geprobt. Ich war vollkommen unvorbereitet auf das, was mich erwartete, als ich das Wohnzimmer des Hauses betrat. Die Wände waren mit Bildern übersät, die wie Museumsstücke da hingen, Bildern aus meinem wirklichen Leben, Titelblätter von Zeitschriften, Porträts, für die ich gesessen hatte, Standaufnahmen aus Filmen, Fotos von Premieren, Preisverleihungen, Live-Auftritten aus meiner Kindheit und meiner Jugend – sogar eine Aufnahme von mir im Chor von *Oklahoma!*, als ich sechzehn Jahre alt war und wir eine Tournee durch die Kellertheater gemacht hatten. Ich hatte ganz vergessen, daß dieses Foto überhaupt existierte. Plötzlich strömten die Erinnerungen an meine Bühnen- und Filmkarrieren in mein Gedächtnis zurück.

Diese bildhaften Erinnerungen an meine eigene Vergangenheit im Showbusiness überwältigten mich, und wenn es mir auch keine Probleme bereitete, mich mit den Ereignissen in vielen früheren Leben auseinanderzusetzen, dann erschlugen mich doch die Erinnerungen an dieses eine Leben. Ich war früh zu den Proben erschienen und schlenderte durch Doris Manns Haus und gestattete es mir, in der Erinnerung an gewisse herausragende Ereignisse in meiner Vergangenheit zu schwelgen.

Ich schaute mir ein Titelbild von mir und Clint Eastwood an und erinnerte mich an den Tag bei den Dreharbeiten in Mexiko, als wir bei siebenundvierzig Grad im Schatten unter einem Baum standen und er die Geduld mit seinem Pferd verloren und dem Tier einen Schlag auf die Nüstern versetzt hatte. Im ersten Moment war ich schockiert, aber ich erinnere mich noch, daß ich dann dachte: Was kann man von einem Republikaner schon erwarten? Seitdem war ich nachsichtiger geworden, nicht nur was Clint anging, sondern auch im Hinblick auf die Republikaner.

Ich sah eine Aufnahme von mir und Dean Martin und dachte an den Tag, an dem es bei *Alles in einer Nacht* zu einem gespielten Streit kam, bei dem der Nerzmantel zerriß, den ich trug. Ich bat die Garderobe, ihn mir nach Beendigung der Aufnahmen zu überlassen. Der Produzent lehnte dies ab. Das machte nichts. Er wäre für mich damals schon reichlich übergeschnappt gewesen.

Es hing auch ein Bild von mir mit achtzehn Jahren da, auf dem ich falsche Wimpern trug, die nicht nur dick mit Wimperntusche eingeschmiert waren, sondern Tropfen an den Spitzen hatten, wie es auf der Bühne schon damals überholt war. Man hätte mich auf den Kopf stellen und mit diesen Wimpern den Boden fegen können. Meine Lippen waren so stark überzeichnet wie die von Joan Crawford, und der Lippenstift glitzerte, als könnte er jede Minute runtertropfen. Das war mit achtzehn meine Vorstellung von »sexy« gewesen. Ich erinnerte mich sogar noch an die Türkisohrringe, die ich bei diesen Porträtaufnahmen getragen hatte. Ich fragte mich, wo sie jetzt wohl waren. Ich hatte schon immer eine starke emotionale Bindung zu persönlichen Schmuckstücken. Nicht etwa der Wert war mir wichtig; ich hing wegen der Gründe daran, aus denen ich mir etwas angeschafft hatte. Wir hängen doch nur an nostalgischen Kleinigkeiten oder lechzen danach, weil sie Erinnerungen auslösen.

Mir spukten tatsächlich immer noch grüne Glasohrringe durch den Kopf, die ich mit sechzehn Jahren einmal in einem Geschäft im Village in New York gesehen hatte. Sie kosteten vielleicht neunzehn Dollar fünfundneunzig, viel zuviel, als daß ich sie mir hätte leisten können. Von da ab suchte ich jedoch in jedem Antikladen und jedem Geschäft für Modeschmuck nach diesen Ohrringen. Bis heute frage ich mich, warum sie mir soviel bedeutet haben; aber in erster Linie frage ich mich, warum ich damals nicht sinnlos gepraßt und sie trotzdem gekauft habe.

Ein Bild an der Wand erinnerte mich an den Tag, an dem ich mir Löcher in die Ohren hatte machen lassen. Damals ging ich direkt zum Tanzunterricht, und Madame Perioslavic von der Ballet Theatre School packte mich am Ohr und schleuderte mich quer durch den Raum, weil ich mich bei einem Schritt ungeschickt angestellt hatte. Ich habe mich immer gefragt, ob sie wußte, daß ich mir gerade Löcher in die Ohren hatte stechen lassen. Oder war es ein Zeichen gewesen, für mich persönlich bestimmt, das mir sagen sollte, diszipliniertes Arbeiten ließe sich nicht mit Eitelkeit in Einklang bringen?

Als ich durch diese Zimmer schlenderte und mein Leben mich von den Wänden anstarrte, fiel mir auf, daß ich mich in erster Linie an zwei Dinge erinnerte: zum ersten, mit welchem Mann ich damals gerade zusammen war, und zweitens, wieviel ich wog. Ich konnte mich aufs Pfund genau erinnern, welches Gewicht ich auf jedem der Bilder hatte. Es ist einfach faszinierend – einmal Tänzer, immer Tänzer.

Für einen Tänzer hat der Körper Vorrang. Ein Tänzer braucht Disziplin. Tanzen heißt, daß man am Ball bleiben muß. Tanzen heißt, daß man sich fast immer Gedanken über das Essen macht. Aber in erster Linie bringt das Tanzen ein Bewußtsein körperlicher Gesundheit und die Gleichschaltung der geistigen Haltung mit sich. Ich konnte nie etwas wirklich durchziehen, wenn ich nicht wenigstens einigermaßen zufrieden damit war. Wenn mich etwas wirklich unzufrieden machte, dann neigte ich immer dazu, es bleiben zu lassen, ungeachtet der Folgen.

Als ich durch Doris Manns Haus schlenderte, wußte ich, daß ich mich in diese Rolle einleben konnte, mich glücklich damit fühlte und mit meinem eigenen Leben wirklich einigermaßen zufrieden war. Was war es dann, was ständig an mir nagte? Warum die Frage: Wozu das alles?

Und jetzt saß ich in meinem Wagen auf dem Ventura Freeway und hatte eben dieses Gefühl von Angst. Meine Erfahrung und meine bisherigen Rollen machten mich ruhig und zuversichtlich, und doch gab es da etwas, was meine Seele kniff und zwickte. Woran also fehlte es mir?

Wahrscheinlich hatte es gar nicht allzuviel mit mir zu tun, sondern mehr mit der Welt und damit, wo ich meinen Platz in ihr fand, genau genommen, was wir alle hier zu suchen haben. Die Lage schien sich rapide zu verschlechtern – man brauchte sich doch nur die Anpassungen anzusehen, die erforderlich waren, um schlicht und einfach morgens seinen Arbeitsplatz zu erreichen.

Ich stellte fest, daß es mir nicht mehr allzu großen Spaß machte, unter Leuten zu sein. Im Umgang der Menschen miteinander und in ihren Wertvorstellungen herrschte eine deprimierende Aussichtslosigkeit. Alles drehte sich nur noch um Geld, als könne Geld in einer ansonsten trostlosen Zukunft Zuversicht bieten.

Da ich häufig unterwegs war, wurde ich nicht mehr oft zu kleinen »tonangebenden« Parties eingeladen. Die Leute machten sich gar nicht erst die Mühe, weil sie normalerweise glaubten, ich sei zu einer Weinprobe nach Rumänien geflogen oder in einen Staatsstreich in Tibet verwickelt. Aber selbst wenn man mich ausnahmsweise einmal einlud, saß ich normalerweise den ganzen Abend über mit einer einzelnen Person in einer Ecke und war in ein Gespräch über Dinge vertieft, die mich wirklich interessierten. Aber es konnte auch vorkommen, daß ich früh ging, weil ich lieber dasitzen und nachdenken oder zusehen wollte, wie sich die Wellen an der Pazifikküste brachen.

War das der Beginn des Alterns? War ich zu sehr in meinen Gewohnheiten festgefahren? Oder wollte ich, daß alles nach meinen Vorstellungen verlief? Würde es mir in dieser Lebensphase, dachte ich, während ich am Steuer saß, überhaupt noch möglich sein, jemals wieder eine echte symbiotische Zweierbeziehung einzugehen? Es war eine ganze Weile her, seit ich das erlebt hatte. Ich war absolut nicht unglücklich über meine Freiheit. Ich fühlte mich nie einsam, obwohl ich viel Zeit allein verbrachte. Ich schien das Alleinsein zu brauchen. Aber war es vielleicht egoistisch, fragte ich mich, wenn ich einer Beziehung nicht einmal eine Chance gab? Oder genauer gesagt, schüchterte ich die Männer zu sehr ein? Ich nahm von meinen Freunden ein paar Beziehungsprobleme kritisch unter die Lupe, und zumindest für mich persönlich beschloß ich, all das sei den Aufwand nicht wert.

Ich erinnerte mich, als Teenager gedacht zu haben: Wer allein reist, reist schneller. Lag mir wirklich daran, schnell zu reisen?

Wohin wollte ich überhaupt gelangen? Und was tat ich eigentlich auf dem Weg zu diesem Ziel? Jeder Augenblick zählt, dachte ich. Im Augenblick leben. Ich weiß, daß man darin das wahre und tiefe Glück findet. Vielleicht war ich in einem Übergangsstadium, diesem Niemandsland, in dem ich verstandesmäßig etwas begriffen, es aber gefühlsmäßig noch nicht verinnerlicht hatte.

Ähnelte ich tatsächlich zusehends diesem Verkehr? Langsam und zähflüssig? Wenn ja, dann sollte ich es schlichtweg hinnehmen, es auskosten und begreifen, daß sich aus der aufgezwungenen Zurücknahme des enormen Tempos, mit dem ich mein Leben vorangetrieben hatte, viel Glück schöpfen ließ. Mir fiel ein, wie oft sich meine Mutter zu der hohen Geschwindigkeit geäußert hatte, von der sie behauptete, ich hätte sie für mich festgelegt: »Ich weiß nicht, wie du das machst, Shirl«, sagte sie dann. »Du solltest manchmal langsamertreten. Du siehst müde aus.«

Es ärgerte mich immer, wenn sie mir »Müdigkeit« vorwarf. Ich dachte, sie hielte mir vor, ich sähe müde aus, damit *sie* sich wieder um mich kümmern konnte. Wenn ich ermattet gewesen wäre und sie gebraucht hätte, hätte sie ihre frühere Rolle wieder spielen können. Ich verstand das Bedürfnis, aber ich wünschte mir inbrünstig, sie würde vor die Tür gehen, in die Welt hinaus, und etwas anderes tun, etwas, was sie wirklich für sich selbst tat. Statt dessen saß sie in ihrem Korbstuhl, hörte sich mit weit aufgerissenen Augen meine letzten Eskapaden an, fragte mich mit echtem Interesse aus und bekundete irgendwie gleichzeitig doch, ich täte einfach zuviel.

Und jetzt war sie alt (siebenundachtzig), und wenn ich von einer aufregenden weltweiten Tournee zurückkam und von Geschichten und Ereignissen nur so übersprudelte, dann fand ich sie so vor, als hätte sie nur auf mich gewartet und ihr eigenes Leben angehalten, bis ich zurückkam, um ihr neue Energien einzuflößen. *Sie* war diejenige, die der Überzeugung war, sie sei zu erschöpft, um zu leben.

Durch meine Mutter wurde mir klar, wie unglaublich wichtig es war, mein Leben nach meinen Vorstellungen zu leben. Sie hat es nie getan. Sie hat immer nur für mich, für meinen Bruder Warren und für ihren Ehemann gelebt. Sie war die emotionale Stütze der

Familie. Sie hielt unser aller Leben zusammen, gab uns eine gewisse Kontinuität. Sie war es, zu der wir nach Hause kamen, und sie war auch der Grund, weswegen wir uns wieder hinauswagten. Und da ich mir in der letzten Zeit so viele Gedanken über mein eigenes Leben und meine Erlebnisse machte, wurde mir ganz allmählich und mit größter Eindringlichkeit klar, wie stark es mich motiviert hatte, die Träume auszuleben, die meine Mutter sich selbst nie erfüllt hatte.

Sie hatte Dramaturgie unterrichtet und war kurze Zeit selbst Schauspielerin gewesen. Wenn ich nicht schlafen konnte, hatte sie an meinem Bett gesessen und mit einer vollen melodischen Stimme Berge von Gedichten aufgesagt. Sie hatte in der Küche in einem Teelöffel Aspirin und Marmelade miteinander vermischt, und mit einem Gedichtband unter dem Arm verabreichte sie die »Marmeladenmedizin«, und dann las sie mir Gedichte vor, bis ich einschlief. Sie machte ihre Sache prächtig. Ich glaube, damit hätte sie Karriere machen können.

Jetzt stellte ich mir die Frage, ob sie wohl jemals ihren Frustrationen darüber, daß ihre Kreativität unausgelebt blieb, Ausdruck verliehen hatte. Ich erinnerte mich an ein paar kleine Theaterproduktionen, bei denen sie mitgespielt hatte, doch im allgemeinen wurde ihre Teilnahme durch meinen Vater gefährdet, der darüber klagte, er bekäme gar keine warmen Mahlzeiten mehr, und auf dem Kaminsims läge schon der Staub. Pflichtbewußt kehrte Mutter wieder zu Heim und Herd zurück, um daraufhin ihre kreativen Träume durch ihre Kinder auszuleben.

In meiner Kindheit und auch noch später muß ich täglich das Gefühl gehabt haben, von ihrer unterdrückten Kreativität versklavt worden zu sein, von einer Gesellschaft geprägt, die verlangte, daß ein Vater die Familie ernährte und die Mutter den Haushalt führte. Und jetzt wurde mir klarer denn je, daß alles, was ich vor der Welt verkörperte, sich direkt auf diese beiden Menschen zurückführen ließ, die mein Wesen sowohl bewußt als auch unbewußt formten und in feste Bahnen lenkten.

Aufgrund Mutters ständiger Anwesenheit lernte ich, das Leben durch ihre Augen zu betrachten. Sie war der weibliche Elternteil. Ich war das weibliche Kind. Die Werte der Weiblichkeit waren somit die Energien, mit denen ich mich herumschlug. Besaß ich soviel Geduld wie Mutter? Ihre Toleranz, die Gabe, sich um andere zu kümmern? Besaß ich die Fähigkeit, weniger egozentrisch zu sein und anderen mehr zu geben, wie es meine Mutter getan hatte? Gewiß würde ich, je besser ich mich selbst verstand, mehr Verständnis für andere aufbringen.

Aber ich hatte das Leben und das Streben nach Ruhm und Kreativität von einem auffallend männlichen Gesichtspunkt aus in Angriff genommen. Meine maskuline Selbstsicherheit hatte mir keine Probleme gemacht. Aber die weibliche Gabe, sich zu fügen, gehörte nicht gerade zu meinen Stärken. Wie fühlt man sich, wenn man kapituliert?

Mir fiel der Abend wieder ein, an dem Mutter mich in *Madame Sousatzka* gesehen hatte. Meine Darstellung einer tyrannischen, hingebungsvollen und leidenschaftlichen Musiklehrerin, die hohe Ansprüche stellte, hatte gerade zehn Minuten gedauert, als sie zu weinen anfing und nicht mehr aufhörte. Lautloses Schluchzen ließ ihre Schultern beben.

Als es vorbei war, sagte sie: »O Shirl. *Dir* war es bestimmt – nicht mir. Ich wollte immer ein Star werden, aber das war deine Bestimmung – nicht meine. Das ist mir jetzt klargeworden. Eine solche Darstellung wäre mir niemals gelungen.«

Nach ihrem Geständnis brachte ich kein Wort heraus. Ich vermute, darauf hatte ich vierzig Jahr lang gewartet. Ich hätte nie die emotionale Aufrichtigkeit oder den Mut besessen, eine so schmerzliche Niederlage verbal einzugestehen. Nie liebte ich sie mehr als in jenem Augenblick. Ich fragte mich, wie anders unser beider Leben verlaufen wäre, wenn sie ihr eigenes Leben gelebt und etwas für sich selbst getan hätte.

Mir fiel der Tag wieder ein, an dem sie mich bat, ihr das Meditieren beizubringen. Sie nahm eine angespannte und verkrampfte Haltung auf ihrem Stuhl ein. Als ich sagte, sie müsse sich entspannen, sah ich, wie sie die Schultern locker runterhängen ließ, aber auf ihrem Gesicht stand weiterhin die Entschlossenheit, sich zu entspannen. Ich mußte lachen. Ihre Entschlossenheit war starr, und ich hatte viel davon abgekriegt. Sie konnte es sich leisten, einen Teil davon abzulegen. Mutter konnte sich derart zielstrebig durch ein Zimmer bewegen, daß sie mit den Möbelstücken zusammenstieß. Sie stammte von einer zähen kanadischen Familie ab, diese geduldige, tolerante Frau, die sich unablässig dem Willen anderer beugte. Und doch muß ich sagen, daß ihre Kapitulation ein emotionales Preisschild trug, und wir alle mußten dafür zahlen. Sie ließ uns keinen Moment lang vergessen, daß sie alles nur für *uns* tat.

Ich legte meine Hand sachte auf Mutters Stirn, während ich sie zur Meditation anleitete. Ihr Nacken war steif und unnachgiebig. Sie spürte selbst, wie verkrampft sie war.

»Entspann dich einfach«, sagte ich freundlich, »und versuch, den Gott in dir selbst zu finden.«

Sie schlug die Augen auf. »Den Gott in mir selbst zu finden?« hakte sie nach.

»Ja«, antwortete ich. »Gott ist in dir. Wenn du betest, sprichst du mit Gott. Wenn du meditierst, lauschst du Gott.«

Tränen traten in ihre Augen. »O Shirl«, sagte sie. »Sag das nicht.«

»Was soll ich nicht sagen?«

»Sag nicht, daß Gott in mir ist.«

»Und warum nicht?« fragte ich.

»Weil«, sagte sie, »ich weiß, daß es ihn wirklich gibt, wenn ich zu einem Gott bete, der außerhalb von mir existiert. Wenn du sagst, daß Gott in mir ist, dann vertraue ich nicht darauf, und daher habe ich niemanden mehr, zu dem ich beten oder dem ich lauschen kann.«

Was sie da sagte, zog Dinge nach sich, die mich entgeisterten. Konnte es sein, daß ihre Selbstachtung zu tief gesunken war, um die Vorstellung hinzunehmen, Gott könnte in ihr sein? War ich eine arrogante, egozentrische Besserwisserin, weil es mir einleuchtete? Wenn ich Gott in mir selbst sah, sah ich ihn dann nicht auch in allen anderen?

Aus der Meditation wurde nichts. Wir erkannten beide, daß es vollkommen aussichtslos war.

»O Mutter«, dachte ich, als ich kriechend auf dem Freeway voran-
kam. »Fahre ich deinetwegen heute zur Arbeit? Bin ich deinetwegen Schauspielerin geworden? Bin ich ich, weil du für dich keine
Möglichkeit gefunden hast, du selbst zu sein?«

Der Verkehr wurde jetzt etwas flüssiger. Meine Gedanken kreisten plötzlich um Geld. Mutter hatte nie das sichere Gefühl, es sei
genug Geld da. »Gib kein Geld dafür aus, mich nach Kalifornien zu
holen«, sagte sie beispielsweise. »Laß uns einfach noch ein Weil-
chen warten, bis wir es uns wirklich leisten können.«

»Aber ich kann es mir heute leisten.«

»Wirklich? Bist du auch ganz sicher?« sagte sie dann. »Du arbeitest so hart für dein Geld.«

»Ich weiß«, erwiderte ich. »Aber es gibt nichts Wichtigeres, als
mit dir zusammen zu sein.«

»Shirl«, fuhr sie dann fort. »Wir müssen sparen, unser Geld zu-
sammenhalten. Man weiß nie, was passieren könnte.«

Oh, ja, das wußte ich. Von meiner frühesten Kindheit an hatte
ich nur zu oft gehört, wie diese Angst geäußert wurde. Jetzt dachte
ich über mein Verhältnis zum Geld nach. Der Wagen, den ich
fuhr, war ein Leihwagen. Ich wollte keinen eigenen Wagen haben.

Im Lauf der Zeit gingen meine Ansprüche immer mehr zurück.
Lehnte ich mich gegen die Ängste meiner Mutter auf? Ich hatte
wirklich keine Lust mehr, viel Besitz anzuhäufen. Ich ertappte
mich bei dem Wunsch, die Hälfte meiner Garderobe zu verschenken. Ich erinnerte mich, wie liebevoll Mutter die meisten meiner
Kleidungsstücke genäht hatte. Röcke und Blusen waren ihre Spe-
zialität. Sie beugte ich über ihre Nähmaschine, und im Lauf eines
Tages stellte sie eine farbenfrohe Kombination für ein Rendezvous
an einem Sommertag fertig. Ich glaube, ich fand damals, ich hätte
es nicht verdient. Und jetzt wurde mir die Vorstellung, weitere
Besitztümer anzuhäufen, noch lästiger. Warum? Ich glaube, ich
wollte mich einfach frei von der Sorge fühlen, die man um Wertgegenstände hat.

»Zurück zu den einfachen Dingen«, wie Thoreau zu sagen
pflegte. Ich begann allmählich zu verstehen, was er meinte. Mutter sorgte sich ständig darum, wer ihr Wedgwood-Porzellan und
ihre Kristallgläser erben würde. Sie wollte die Gewißheit haben,

daß ihre Wertgegenstände in der Familie bleiben würden. Ich wollte nur das Plätzchenglas. Sie glaubte, ich würde ihr Erbe nicht würdigen. Mein mangelndes Interesse verletzte sie.

Ich hatte sogar mit meinem Agenten darüber diskutiert, alles wegzugeben. Ich konnte nicht umsonst arbeiten, weil ich damit meine Kollegen unterboten hätte; aber ich konnte, dachte ich, mir eine kärgliche Summe aussetzen und alles andere verschenken.

Ich vermute, mein Verlangen, mich von materiellem Reichtum zu lösen, hatte etwas mit dem Wunsch zu tun, das Gefühl vollständiger Kapitulation zu erleben. Aber *wovor* würde ich kapitulieren, in was mich fügen?

Ich konnte es nicht klar definieren, aber die größte Annäherung an eine Definition war wohl die, mich in die totale Befreiung zu fügen. Ich wollte frei von Besitz sein, frei von der Sorge, die damit einherging. Mich davon befreien, erdrückt zu werden und mich angebunden zu fühlen. Ich wollte mich von dem Bedürfnis freimachen, Absicherungen zu haben, von dem Gefühl, Dinge zu brauchen.

Ich dachte, vielleicht waren die Vorstellungen richtig, die sich Mutter Teresa machte. Sie war mit ihren verdienstvollsten Nonnen in eine gestiftete Suite im Hilton-Hotel gezogen und hatte die Suite augenblicklich ausräumen lassen: Sie hatte die Vorhänge entfernen lassen, die Teppiche, die Möbel... einfach alles.

Nachdem sie das bewerkstelligt hatte, maß sie ihre äußere Umgebung, die Welt der materiellen Güter, nie mehr an etwas anderem und bildete sich auch kein Urteil darüber. Sie empfand nichts als Entbehrung, weil sie das Gelübde abgelegt hatte, mit *nichts* zu leben. Für sie mußte das im tiefsten Sinne des Wortes eine Befreiung gewesen sein. Ich wußte, daß ich noch nicht annähernd soweit war. Aber ich machte mir eine Menge Gedanken darüber.

In meinen Diskussionen mit meinem Agenten wurde mir klar, wie kompliziert sich ein solches Vorgehen gestalten würde. Die Entscheidungen, wem ich mein hartverdientes Geld schenken sollte, würden ebenso lästig sein wie die, wie man viel Geld verdienen konnte. Mein Kleiderschrank, mein »Filmstarkleiderschrank«, war vollgestopft mit Kleidungsstücken von Filmen und von Reisen um die Welt. Die Entscheidung, was ich anziehen sollte, wurde immer verwirrender und nahm immer mehr Zeit in Anspruch.

Nachdem ich mehrere Brände in Malibu erlebt hatte, war mir klargeworden, daß das, was ich retten wollte, sich in erster Linie um meine Aufzeichnungen drehte, Notizen und ein paar heißgeliebte Bilder und Bücher, und sonst ging es mir nur um meine Kaschmir- und Seidenpullover. Sonst gab es nichts, was mir wirklich wichtig war. Ich vermute, die Gewänder im Bob-Mackie-Stil mit den üppigen Paillettenstickereien aus meiner Show wären zur Weiterverwendung praktisch gewesen. Aber so funktionierte mein Verstand eben nicht. Meine Gedanken drehten sich eher darum, was ich zum Überleben brauchte, und weniger darum, was ich brauchen würde, um eine Bühne zu betreten. Warum also hing immer noch soviel in meinem Kleiderschrank? Es stimmte, daß ich alles ab und zu anzog. Und doch war meine Vorstellung von einer gelungenen Weltreise die, einen kleinen Koffer mitzunehmen, den ich selbst tragen und aus dem ich leben konnte.

Ich besaß keine nennenswerten Schmuckstücke. Die meisten waren ohnehin gestohlen worden. Das prunkvolle Glitzern von Diamanten, Rubinen und Smaragden und dergleichen war eine Aufforderung zum Diebstahl und, genauer gesagt, ja doch nichts weiter als eine Demonstration, welche Vergeudung man sich leisten konnte. Und was das anging, war die altmodische Vorstellung von Filmstars ohnehin überholt.

Ich hatte nie Kunstwerke oder seltene Antiquitäten gesammelt. Ich hatte mir nie eine Jacht gewünscht. Ich hatte eigentlich nie einen kostspieligen Geschmack, nur, wenn es um mein Behagen ging. Deshalb hing ich ja auch an meinen Kaschmir- und Seidenpullovern. Leichtes Gepäck, das nicht knitterte – das stellte ich mir unter Luxus vor. Vielleicht war ich wirklich von der Vorstellung besessen, daß der am schnellsten reist, der allein reist. Und doch packte ich für Reisen immer viel zuviel ein und trug das meiste nie.

Dahinter steckte vielleicht wirklich, daß ich nicht mehr haben wollte, als meine Eltern je gehabt hatten. Vielleicht lebten ihre Erlebnisse während der Wirtschaftskrise noch zu stark in mir weiter. Sie hatten oft darüber geredet. Jedes Wort über ihre Ängste und ihre bedrohte Würde war bei mir angekommen. Jetzt, mit Mitte Fünfzig, begann ich, mich ernsthafter denn je mit den Auswirkungen dieser Erfahrungen auf mich selbst auseinanderzusetzen. Auf der tiefgreifendsten und persönlichsten Ebene wollte ich dahinterkommen, was meine Eltern für mich bedeutet hatten. Ich wußte, daß ich die Zukunft nicht in den Griff bekommen konnte, solange ich die Vergangenheit nicht in Erfahrung gebracht hatte und mir darüber klargeworden war.

Ich hatte soviel über inneren Frieden geschrieben, über Ausgeglichenheit und Harmonie in kosmischen Zusammenhängen, und in Wirklichkeit ging doch nur alles auf die Auswirkungen zurück, die Mom und Dad auf dieser Erde auf mich hatten. Wenn das kein Witz ist. Man glaubt, man hätte Gott, das Universum und das Große Weiße Licht im Griff, bis man zum Erntedankfest nach Hause kommt. Und dann erkennt man innerhalb von einer Stunde, was man noch alles zu bewältigen hat und wer hier wirklich angeschmiert ist.

In dieser Verfassung war ich, als ich endlich vor dem Haupttor der Burbank-Studios anhielt und der alte Wächter mir ins Gesicht sah und sagte: »Meine Güte, wie schön, Sie bei uns zu haben.« Dann sagte er, ich hätte schon zu seinen Lieblingen gehört, als er noch jung war! Ich spürte, daß ich dankbar errötete, lächelte und mit den Wimpern klimperte – und dann fragte ich mich, was das über *mein* Alter aussagte. Als ich zum Studio siebzehn fuhr, leuchteten die weißen Mauern der Gebäude um mich herum so grell, wie ich es von früher kannte, und ich wußte, daß ich wie immer um die Mittagszeit schon Kopfschmerzen haben würde.

Ein Parkwächter lotste mich auf einen reservierten Parkplatz und fragte, ob er mir in irgendeiner Form behilflich sein könnte. Dann wies er mir den Weg zum Maskenbildnerwagen. Ich zog los, begrüßte den Maskenbildner und setzte mich hin.

Auf dem Schminktisch wurde gerade Kaffee gekocht, und eine Regieassistentin in Person eines sehr frischen und blonden achtzehnjährigen Mädchens, das intelligent war und vor Energie übersprühte, fragte mich fröhlich, ob ich gern ein Burrito zum Frühstück hätte. Ich lehnte ab, begrüßte die anderen im Wagen mit Höflichkeitsfloskeln, und ehe der Maskenbildner eine dünne

Schicht Max Factor Fair auf mein Gesicht auftragen konnte, sprang ich vom Stuhl auf, rannte zu meinem Wohnmobil, stieß die Tür auf, wankte ins Bad und übergab mich. »Woher kommt das?« dachte ich. War es das Obst? Die Schnellstraße? Die Nervenanspannung am ersten Drehtag? Konnte es etwa sein, daß ich mich vor dem dreiseitigen Monolog fürchtete? Oder war es möglich, daß ich, nachdem ich an jenem Morgen auf der Fahrt die Vergangenheit noch einmal durchlebt hatte, schlicht und einfach etwas Altes loswerden und nahezu körperlich den Übergang zu etwas Neuem und Unvertrautem schaffen wollte?

Die Regieassistentin folgte mir. »Was fehlt Ihnen?« sagte sie. »Nichts weiter«, erwiderte ich schweratmend. »Ich bin sicher, daß ich gleich wieder in Ordnung bin.« Das letzte auf Erden, was ich wollte, war, jemand könnte glauben, ich sei undiszipliniert. Bei der Vorstellung, ich könnte außerstande sein zu leisten, was von mir erwartet wurde, fühlte ich mich gleich noch schlechter. Mir ging es in allererster Linie darum, diesen ersten Tag durchzustehen und die anderen nicht aufzuhalten. Darin, andere aufzuhalten, ganz gleich wen und ganz gleich wann, sah ich tatsächlich ein schlimmeres Los als den Tod. Ich wollte mich meinen Verpflichtungen unter allen Umständen gewachsen zeigen. Ich war die Tochter meiner Mutter.

Als die Regieassistentin mein Wohnmobil verließ, wußte ich, daß es keine fünf Minuten dauern würde, bis sich meine Übelkeit bei der gesamten Besetzung rumgesprochen hatte, der Regisseur sich Sorgen machte, daß möglicherweise Umstellungen von Terminen erforderlich waren. Mir setzte schon allein der Gedanke zu, andere könnten sich Sorgen um mich machen.

Als die erste Woge der Übelkeit vorübergegangen war, setzte ich mich in meinem Wohnmobil hin und fing an zu meditieren. Ich stellte mir einen absolut ruhigen Magen vor, aus weißem Licht, mit blauen Rändern eingefaßt. Als das Bild immer realer wurde und seine magischen Heilkräfte einsetzten, fühlte ich mich gleich besser. Ich holte tief Atem. Als ich mich auf den Rückweg zum Maskenbildner machte und mich wieder auf den Stuhl setzte, versuchte ich zu lächeln. Er trug Rouge auf meine Wangen auf, und wieder wurde mir schlecht.

Ich rannte zurück zum Wohnmobil und übergab mich noch einmal. Jetzt glauben sie bestimmt, daß ich heute nicht arbeiten kann, dachte ich. Ich übergab mich wieder, setzte mich, meditierte, fühlte mich besser, kehrte zur Maske zurück und ließ mich auf den Stuhl sinken, und daraufhin schminkte mir der Maskenbildner die Augen mit Eyeliner und klebte mir Wimpern an. Wieder wogte die Übelkeit in mir auf. Die reinste Farce, dachte ich. Ich sprang ein drittes Mal vom Stuhl, rannte wieder zum Wohnmobil, und der freundliche Parkwächter fragte sich vielleicht, ob ich außerordentlich launisch sei. Ich übergab mich wieder, fühlte mich hinterher besser und kehrte zur Maske zurück.

Die hübsche Regieassistentin hatte alles beobachtet und fragte: »Wollen Sie nicht doch, daß wir den Drehplan für heute umstellen?« – »Nein«, sagte ich. »Ich bin wieder in Ordnung. Jetzt bin ich sicher. Sagen wir doch einfach, ich habe mich dreimal übergeben: einmal für die Seele, einmal für den Körper, einmal für den Geist.« Alle Anwesenden im Wagen lachten, die Spannung legte sich, und, siehe da, ich war wieder in Ordnung.

Bis zum heutigen Tag bin ich nicht ganz sicher, was damals passiert ist. Wenn ich jetzt daran zurückdenke, wird mir klar, daß ich in einem Übergangsstadium war; ich mußte lernen, mit dem Altwerden umzugehen, mit der Arbeit, mit der Zeit, den Eltern und mit mir selbst; und meine dramatische Veranlagung war von Natur aus so stark, daß sich all das am ersten Arbeitstag ausdrückte. Auch das war ein Charaktermerkmal, das ich von meiner Mutter geerbt hatte. Ein gutes Ventil war, diese Frustration dramatisch auszuleben. Manchmal war sogar ich selbst davon beeindruckt, welche potentiellen Auswirkungen das auf andere haben konnte.

2. Kapitel

BEIM MASKENBILDNER

Ich saß am Schminktisch und versuchte, mich mit geschlossenen Augen zu entspannen. Ich ließ den Maskenbildner mit meinem Gesicht anstellen, wozu er Lust hatte. Wie viele Stunden hatte ich schon bei Maskenbildnern auf der ganzen Welt verbracht? Unendlich viele. Aber doch nicht so viele wie die meisten Schauspielerinnen. Ich hatte schlicht und einfach nicht die Geduld, und ich mochte es noch nie, wenn man mich zu einem anderen Typ umschminkte. Ich mochte mein Gesicht sozusagen so, wie es war.

Den Schablonen, an die man sich hielt, um die Gesichter von Menschen für die Kamera fotogen zu machen, habe ich schon immer mißtraut – den Lippenkonturen, die so klar umrissen wie Backformen für Plätzchen waren; den Wimpern, die so angeklebt wurden, daß sie einen Schatten auf die Wangen warfen, wenn das Licht von oben kam; dem Schwung der Augenbrauen, die im allgemeinen gezupft waren, damit sie sich leichter zurechtschminken ließen; dem Rouge, das nur aufgetragen wurde, um hohe Wangenknochen zu betonen; den verschiedenen Lidschatten zur Betonung der Augenfarbe –, an all diese Techniken hielt man sich und ahmte sie nach, als gingen sie auf magische Schminkvorschriften zurück. Wenn ich auch noch so sehr darauf konditioniert war, mich diszipliniert zu verhalten und die Erwartungen zu erfüllen, die an mich gestellt wurden, so gefiel mir doch die Vorstellung nicht, wie alle anderen auszusehen, selbst dann nicht, wenn die anderen schön waren. Mir paßte dieses abgesprochene gängige Schönheitsideal nicht, auf das man übereingekommen war.

Ich war von dem Traum erfüllt, ich selbst zu sein, ein Individuum, und das bezog sich auf mein Make-up (ich konnte bei der Maske nicht stillsitzen) und auf meine Kleidungsgewohnheiten (ich schaffte es fast jedes Jahr, auf die Liste der schlechtestgekleideten Schauspieler zu kommen). Meine Haltung schien einer leichtsinnigen Verwegenheit zu entspringen, aber ich glaube, in Wahrheit sträubte ich mich dagegen, mich unterdrücken, mich formen oder nach dem Bild prägen zu lassen, das andere Leute sich von mir machten. Wenn etwas schon immer so gemacht worden war, dann war gerade *das* für mich Grund genug, es abzulehnen. Meine nonkonformistische Haltung äußerte sich nicht lautstark oder in Form von Widerspenstigkeit, sondern ich drückte mich schlicht und einfach. Ich erschien nicht oder ich verschwand.

Als ich jetzt bei der Maske saß und mich im Spiegel ansah, wurde mir klar, daß ich den Maskenbildner mit meinem Gesicht anstellen ließ, was er wollte. Er würde schon wissen, wie man die Falten des Alterns überschminkte. Ich war in jedem Film die jüngste Darstellerin gewesen. Jetzt war ich die Großmutter; ich hatte überlebt. Ich konnte jegliche Hilfe gebrauchen, die mir angeboten wurde. Diese Notwendigkeit wollte ich so würdig wie möglich hinnehmen. Ich hatte gelernt, mich in dieses Los zu fügen.

Ich sah mich im Wagen um. In den Augen meiner Kollegen war ich jemand, der schon dabeigewesen war, ehe die meisten von ihnen auch nur geboren worden waren. Vierzig Jahre waren fast vergangen, seit ich damals nach Hollywood gekommen war.

»Doch was hieß das? Hieß es, daß ich mehr wußte als die anderen? Nein. Eigentlich wußte ich heute nicht mehr als damals – wahrscheinlich sogar wirklich weniger. Je mehr Erfahrungen ich machte, desto klarer wurde mir, was ich alles nicht wußte. Und wie stand es um das Selbstvertrauen? Wenn man jung ist, strotzt man davon nur so, und jetzt fragte ich mich, woher ich es damals genommen hatte.

Der größte Teil meiner Jugend in Hollywood erschien mir jetzt wie ein Traum, in dem sich eben der Traum widerspiegelte, den die Stadt einzulösen vorgab. Hatte ich einen Traum, den ich als kleines Kind hegte, in die Wirklichkeit umgesetzt? Nicht wirklich. Ich konnte mich nicht bewußt daran erinnern, daß ich je »ein Filmstar in Hollywood« werden wollte. Warren und ich waren unser Leben lang jede Woche ins Kino gegangen und manchmal sogar täglich. Zwischendurch war es vorgekommen, daß wir uns Namen von Filmstars gegeben hatten. Wir spielten Szenen aus unseren Lieblingsfilmen nach. Aber wir verspürten nie den Drang, wir »müßten« es nach Hollywood schaffen. Nein. Mir war das als Abfallprodukt meiner Ausbildung zur Tänzerin in New York zugestoßen. Ich hatte im Chor die zweite Besetzung einstudiert und war in einer Musikkomödie mit dem Namen *Picknick im Pyjama* zum Star avanciert. Ein Produzent (Hal Wallis) sah mich, verpflichtete mich vertraglich und brachte mich nach Hollywood.

Und ich war natürlich in die Rolle hineingewachsen, oder so kam es mir zumindest vor. Und doch war der Traum selbst heute noch ebenso schwer faßbar für mich wie vor fast vierzig Jahren. Als ich jetzt bei der Maske saß, huschten die Bilder aus dem Traum vorüber, zogen mit jeder neuen Schicht von Traumschminke an mir vorbei, die an jenem Morgen im Jahr 1989 auf mein Gesicht aufgetragen wurde.

Ich erinnerte mich an Metro mit den grellweiß getünchten Ateliers, die breiter, tiefer und höher als in anderen Studios wirkten. Maske und Frisur waren in den alten Zeiten *nicht* in Wohnmobilen vervollkommnet worden. Damals hatte es ganze Abteilungen von Künstlern gegeben, die sich der Gesichter und der Frisuren annahmen. Bill Tuttle oder Frank Westmore oder Wally Westmore oder andere schminkten die Stars in kleinen Kabinen. Ich hatte oft beobachtet, wie Filmgrößen verkatert vom Vorabend mit Tüchern vermummt das Gebäude der Maskenbildner betreten und durch dunkle Brillengläser in den Morgen geblinzelt hatten, während sie fürchteten, ihre tiefsten und gräßlichsten Ängste könnten sich in ihren Gesichtern widerspiegeln und ihnen anzusehen sein. Damals fragte ich mich oft, ob es mir auch so gehen würde, wenn ich erst älter würde und mich mehr eingelebt hätte.

Ich beobachtete, wie die großartigen Maskenbildner die Ängste der Leinwandriesen respektierten und sachte, liebevoll und mit großem Verständnis und wahrem Humor ihre Kunst anwandten. »Bleib immer in Bewegung«, sagte Westmore beispielsweise. »Halt keinen Moment lang still, Schätzchen, und niemand wird merken, wie du wirklich aussiehst.«

Dann saßen wir allein mit den Rembrandts der Leinwand da, die unsere Gesichter für den großen schwarzen Riesen (das Publikum) modellierten und einfärbten, bis wir Götter und Göttinnen waren, die sich anbeten ließen. Manchmal schenkten uns die Maskenbildner eine bestimmte Schminkgrundlage, einen speziellen Rougeton oder etwas für die Lippen, was wir nach Hause mitnehmen durften, und so konnten wir versuchen, auch im wahren Leben unsere Eitelkeit auszuleben und den Leinwandzauber einfließen zu lassen. Die Männer blieben sitzen, nachdem sie geschminkt worden waren, während die Haarstylisten über einer kahlen Stelle, die damals niemand freiwillig gezeigt hätte, sachte und mit wirklichem Einfühlungsvermögen ein Toupet befestigten. Die Frauen dagegen zogen, wenn sie fertig geschminkt waren, weiter zum Friseur; dort herrschte Sydney Guilaroff über einen fünfzehn Meter langen Tisch, über dem ein Spiegel hing, in dem sich einige der berühmtesten Leinwandstars der Zeit spiegelten.

Ich dachte an den Tag, an dem ich zu Sydney gekommen war und eine umwerfende Ansammlung berühmter Frauen an seinem Frisiertisch sitzen sah. Im Kunstlicht, das den frühen Morgen nicht einließ, schaute sich Elizabeth Taylor im Spiegel an, Grace Kelly, Audrey Hepburn, Kathryn Crosby (sie erschien als einzige vollständig Angekleidete mit Alligatorschuhen und einer passenden Handtasche), Cyd Charisse, Debbie Reynolds, Jean Simmons, Ava Gardner, Lana Turner und Marlene Dietrich. Ich setzte mich stumm und ehrfürchtig etwas abseits. Das war der Traum eines Filmfans. Hier saßen sie, diese Göttinnen, und sie plauderten und lachten, tranken Kaffee und lachten, musterten peinlich genau ihre Gesichter, fanden Falten und ausgeprägte Konturen und lachten. Das Lachen veränderte ein Gesicht wie durch Zauberhand, aber sie hatten auch ihren Spaß, jede einzelne von ihnen, wie sie sich zuversichtlich auf einen neuen Tag vorbereiteten, an dem sie das tun würden, worin sie am besten waren. Sie wußten, daß sie zwei Stunden später vor der Kamera von einem sorgfältig ausgerichteten Hauptscheinwerfer geschont würden. Wenn diese Beleuchtung mißlang, konnte man Jahre der »Erfahrung« durch eine stärkere Auflösung ungeschehen machen, mit einem diffuseren Bild darüber hinwegtäuschen, solange die männliche Hauptrolle bei den Nahaufnahmen nicht zu »echt« aussah. Die Frauen wußten immer, daß man sie durch sieben Schichten Schleier fotografieren konnte.

An diesem gnadenlos sonnigen Morgen vor so vielen Jahren führte Sydney, der sein elegantes Seidenhemd trug, eine lange Zigarettenspitze in der Hand hielt und ein Feuerzeug aus Sterlingsilber benutzte, den Vorsitz über seine schnatternde Herde von Göttinnen, und er herrschte auf eine Art und Weise über sie, die jegliche Rivalität ausschloß, weil er alle im selben Maß respektierte. Sydney war ein enger Vertrauter und Freund von Greta Garbo gewesen. Wenn andere nach dem Drehtag schleunigst nach Hause zu ihrer Familie gerast waren und wir miteinander allein blieben, saß er oft da und erzählte mir Geschichten über die glorreichen Zeiten, als er in einer großen schweren Limousine in aufrechter Haltung neben der Garbo gethront und sich um die geheimnisvolle Schwedin gekümmert hatte, um sicherzugehen, daß bei einer Premiere alles glatt lief. Einmal, erzählte er mir, hatte er ihre Hand genommen und sie an sein Gesicht gepreßt, und er hatte festgestellt, daß er sie damit in Verlegenheit gebracht hatte. Nur ein einziges Mal.

Sydney Guilaroff ist ein unschätzbarer Quell grandioser Erinnerungen an die »alten Zeiten«. Er sollte ein Buch schreiben, denn seine Erinnerungen sind sein Leben. Seine Arbeit ist sein Vermächtnis. Die phantasievollen Schöpfungen, die er auf unseren Köpfen hervorbrachte, waren Wunder, deren Anblick man nicht vergaß. Es waren die Zeiten, ehe man Gesichter liftete, und daher klebte Sydney uns direkt über den Ohren kleine Polster ins Gesicht, in die Löcher gebohrt waren, durch die man einen kleinen Gummiring fädeln konnte, den man am Haaransatz mit einer Haarnadel befestigte, die nie zu sehen war, wenn die Perücke darüber saß. Das waren natürliche Liftings, soviel stand fest, aber davon bekam man garantiert schon im Lauf des Vormittags Kopfweh.

Die Dietrich hatte einen Trick: Sie zog sich ein schmales Goldkettchen unter das Kinn und befestigte es hinter den Ohren. An beiden Enden der Kette waren Nadeln, die an zwei dünnen Lockenwicklern hinter den Ohren befestigt wurden.

Ich erinnere mich noch an den Tag, an dem sie mich in die Kulisse von *In 80 Tagen um die Welt* mitnahm und mir beibrachte, wie ich mich beleuchten lassen mußte – »Die Kamera hoch, der Hauptscheinwerfer tief«, sagte sie. »Wenn man das erst einmal hat, kann nicht mehr viel schiefgehen.« Sinngemäß sagte sie auch, man solle alle drei Tage einmal etwas essen und jede Menge Wasser trinken. Vielleicht erhielt sie sich so die Figur, die den Rest von uns vor Neid erblassen ließ.

Ihr Benehmen bei Kostümproben war legendär. Sie machte kein Geheimnis daraus. Sie stand fünf Stunden hintereinander da und erteilte Anweisungen zur Anordnung des Glitters und Flitters auf ihrem Kostüm, während erschöpfte Designer auf den Knien um ihre Röcke herumrutschten. Die Kostümiers lösten sich im Schichtwechsel ab, während die Dietrich sie unbeirrt eine Paillette nach der anderen versetzen ließ. Zu ihren Tricks gehörte es auch, eine Perle von zehneinhalb Millimeter Durchmesser auf Höhe der Brustwarzen in ihre Kleider einnähen zu lassen, damit ihre Brüste fest und stramm und ihre Brustwarzen aufgestellt wirkten. Marlene kannte alle Tricks. Sogar denen, die täglich mit Tricks arbeiteten, brachte sie noch ein paar Tricks bei. Der Profi schlechthin.

Elizabeth Taylor schien mir immer inmitten einer Seifenblase zu leben, die sie wie ein Schleier einhüllte. Sie war in der Filmbranche aufgewachsen und war schon so lange ein Star, daß sie sich, wenn es nötig wurde, hinter den abschirmenden Dunstschleiern verbergen konnte, die den größten Stars zustanden. Ihre üppige Schönheit und die violettblauen Augen, die von blauschwarzen Wimpern verhüllt wurden, ließen sie träge und lasziv wirken, aber in Wirklichkeit war sie realistisch und bodenständig, um nicht zu sagen unbändig, anzüglich und rundum auf eine reizvolle Art respektlos.

Audrey Hepburn dagegen war ätherisch, Spitze aus feingesponnenem Stahl. Die Selbstbeherrschung schien ihre Rettung zu sein, und doch schien in ihren großen mandelbraunen Augen eine Erinnerung zu spuken, die sie abwechselnd gezielt einsetzte und leugnete. Ich stellte mir damals vor, es seien ihre Kriegserlebnisse.

Grace Kelly war dünn, sehr dünn, und kühl; eigentlich keine eisige Göttin, sondern eher eine distanzierte Diva. Wenn sie in Hollywood auch zu den gekrönten Häuptern gehörte, so hatte ich doch den Eindruck, daß es ihr wichtiger war, eine Adelige aus Philadelphia zu sein, und daß sich darin im Grunde genommen auch ihre Persönlichkeit widerspiegelte. Das war, ehe sie in Monaco wirklich gekrönt wurde. Ich hatte gehört, daß sich all ihre männlichen Partner in sie verliebten. Ich konnte mir vorstellen, daß die Verlockung darin lag, ihre Reserviertheit aufzubrechen.

Debbie Reynolds war keck, frech, großartig und pünktlich. Sie sprudelte vor Enthusiasmus über, und jede ihrer komödiantischen Bemerkungen traf mitten ins Schwarze. Als ich sie damals im Spiegel betrachtete, konnte ich beim besten Willen nicht wissen, daß unser beider Leben später einmal eine Synthese eingehen und daß mein Gesicht eines Tages auf Doris Mann getrimmt werden sollte, eine Rolle, die sich zum Teil auf Debbies Leben begründete.

Jean Simmons war eine enge Freundin von Elizabeth und damals mit einem Mann verheiratet, der mit bürgerlichem Namen Jimmy Stewart hieß. Auf der Leinwand kannte man ihn als Stewart Granger. Sie hatte prächtige hohe Wangenknochen und ein Gesicht mit perfekten Proportionen und war auch ungeschminkt eine umwerfende Schönheit. An jenem Tag vor vierzig Jahren trug sie einen unförmigen gelben Strickpullover, den ich rund zehn Jahre später an einem ungewöhnlich kalten Abend in Elizabeths Haus erben sollte. Jetzt fiel mir dieser Pullover wieder ein, und ich fragte mich plötzlich, wo er geblieben war. Hatte ich ihn bei einer meiner Wanderschaften um die Welt in einer Stadt im Ausland liegenlassen?

An jenem ersten Tag beim Friseur sagte Ava Gardner kaum etwas. Aber das hatte sie damals und auch später nicht nötig. Sie war unbeschreiblich schön, und nichts, was sie hätte äußern können, hätte den Zauber dieser Perfektion verstärkt. Ich erinnere mich noch, daß ich dachte: »Na ja, wenigstens hat sie breite Hüften... sie ist also auch nur ein Mensch.«

Mir fiel wieder der Tag ein, viele Jahre später, an dem mir Frank Sinatra von einem Streit erzählte, den er mit Ava gehabt hatte, weil sie Spuren von Lippenstift auf seinem Taschentuch entdeckt hatte. »Der Stolz«, hatte er gesagt, »kann einen Menschen vernichten.« Er erzählte noch ein wenig über ihre persönlichen Konflikte, aber was bei mir hängenblieb, war in erster Linie, wie er den Stolz einschätzte.

Frank hatte an dem Morgen, an dem er über Ava redete, in einem der Schminkräume gesessen und sich nicht wirklich daran gestört, daß die Tür offenstand und seine kahle Stelle mit einer Farbe überschminkt wurde, die exakt seiner eigenen Haarfarbe entsprach. Es störte ihn nicht, daß die angemalte Stelle auf seinem Kopf im allgemeinen glänzte, wenn das Licht aus einem ungünstigen Winkel einfiel.

Im Lauf desselben Tages nahm ich mit ihm und allen möglichen anderen in seiner Garderobe eins unserer vielen italienischen Mittagessen ein. Franks großspuriges Auftreten und seine Bestimmtheit schüchterten andere Menschen ein und trugen ihm zu Recht den Titel des »Vorstandsvorsitzenden« ein. Er konnte jedoch auch extrem verletzbar sein und die Begabung anderer außerordentlich und überschwenglich würdigen. Ich glaubte immer, daß ich ihm eine gute Darstellung in *Verdammt sind sie alle* zu verdanken hatte. »Laß die Kleine umbringen«, sagte er zu Vincente Minnelli (dem Regisseur) und zum Studioboß. »Wenn sie stirbt, trägt ihr das mehr Sympathien ein. Dann wird sie nominiert.« Er hatte recht. Frank ist ein guter Kerl. Zumindest hat er mich immer gut behandelt.

Dean war einer meiner Lieblinge. Er gehörte zu den Originellen und Geistesgegenwärtigen. Er konnte eine lachhafte Situation beobachten und daraus zwanzig Minuten Komödienmaterial entwickeln, das sich unverändert auf die Bühne bringen ließ. Wenn wir zusammenarbeiteten, hatte ich vor Lachen immer Bauchschmerzen und wußte nie, ob wir bei der nächsten Einstellung endlich zu dem Text kommen würden, der ursprünglich für uns geschrieben worden war.

Dean Martin und Jerry Lewis hatten ihre Garderoben ganz in meiner Nähe. Jerry war immer ein High-Tech-Fanatiker, der sich für die neuen Technologien in Ton, Bild und Aufnahme begeisterte. Dean spielte ständig Golf. Sobald er zur Arbeit kam (um sechs Uhr morgens), ging er sofort Golf spielen.

Nach und nach wurden wir Zauberwesen von den Maskenbildnern und Friseuren entlassen, und manche hatten vier Stunden

Vorbereitungen hinter sich, wenn sie auf die Straßen des Metro-Geländes traten.

Die weiblichen Stars erschienen um sechs im Studio, wenn sie um neun Uhr fertig sein sollten, denn sie mußten mit einer Stunde beim Maskenbildner rechnen, einer halben Stunde fürs Haarewaschen und Frisieren, fünfundvierzig Minuten unter dem Trockner und noch einer halben Stunde fürs Auskämmen, bis ihre Frisuren wirklich saßen. Dann fielen sie in die Hände der Kostümbildner. Sie wurden ausgepolstert, eingeschnürt und in Korsette gezwängt, in Büstenhalter, die auf wissenschaftlichen Grundlagen entworfen worden waren, oder Wäsche mit Trägern, die nie rausschauten, selbst bei einem Orkan nicht; und während sie in ihrer Unterwäsche dastanden, wurden ihnen mit Körpermake-up der letzte Schliff verpaßt, und das, was vorher echte Haut war, war jetzt »Leinwandhaut«.

Das Körpermake-up konnte ich absolut nicht ausstehen. Sie trugen es mit Schwämmen und kaltem Wasser auf. Ich erinnere mich an eine Frau, die mir anscheinend bei jedem Film zugeteilt wurde, den ich bei Metro drehte. Sie hatte falsche Zähne, mit denen sie klirrte und klapperte, wenn sie zusammenbiß, während sie sich bemühte, meine Sommersprossen zu überschminken. Da Körpermake-up sich überall abrieb, war ich ständig angespannt und besorgt, ich könnte die Filmgarderobe schmutzig machen. Ich wußte nicht, was schlimmer war, meine Sommersprossen oder diese Anspannung.

Alle trieben sich ständig um einen herum. Die Maskenbildner. Die Friseure. Die Garderobieren. Somit war eine entspannte Natürlichkeit nahezu ausgeschlossen, wenn man nicht von Anfang an darin geschult worden war. Ich glaube, genau darum drehte es sich bei Elizabeths Seifenblase. Sie hatte sie sich zugelegt, damit die Dinge erträglicher wurden. Ich glaube, ich fand es erträglich, weil ich beim Tanzen Disziplin gelernt hatte. Ich erinnere mich, daß ich vom frühen Morgen bis zur letzten Aufnahme in einem Zustand der »Duldsamkeit« war. Ich kann all das hinnehmen, weil ich Balletttänzerin bin. Wer das Ballett aushält, der hält auch alles andere aus. Na ja, wenigstens fast alles.

Mir fiel wieder ein, wie Baryschnikow zu mir gekommen war,

als wir mit den Dreharbeiten zu *Am Wendepunkt* schon ziemlich weit fortgeschritten waren, und darüber klagte, das alles sei so schwierig für ihn, weil der psychologische und emotionale Druck, der auf einem Schauspieler lastete, viel anstrengender sei als das, was ihm beim Tanzen abverlangt wurde. »Jeden Abend bin ich erschöpft«, sagte er. »Dagegen hätte ich noch jede Menge Energie, wenn ich drei Ballette getanzt hätte.« Und doch war es in den alten Zeiten wesentlich angenehmer, in einem Tonstudio in den Lichtkegel zu treten, als heute. Früher lebten die Besetzungen für die Filme, die sie drehten. Alles in ihrem Leben drehte sich um den Zauber, der auf der Leinwand erschaffen wurde. Alle waren geschult, ausgebildet, diszipliniert, und jeder war ein Meister seines Faches. Vielleicht lag es daran, daß es damals weniger demokratisch zuging.

Als ich anfangs nach Hollywood kam, arbeiteten wir sechs Tage in der Woche und kamen manchmal nicht vor neun aus dem Studio, und um sechs Uhr am nächsten Morgen ging es dann wieder mit der Maske los. Damals gab es dort die sogenannte hierarchische Hackordnung. Der Regisseur war nicht wirklich der Steuermann. Das war der Studioboß. Und die Studiobosse gingen restlos in ihren Filmen auf. Sie waren keine Geschäftemacher; sie waren Filmemacher. Damals war es noch eine unerhörte Vorstellung, ein Regisseur könnte beim Schnitt das letzte Wort haben. Und nur die wenigsten Drehbuchautoren durften auch nur zu den Dreharbeiten erscheinen. Aber es herrschte ein stärkeres Familiengefühl, oder schien es nur so, weil das die Zeiten waren, ehe sich die Dinge zum Schlechten wandten?

Die Stars ließen sich zwischen den Aufnahmen Zeit, mit dem Technikerstab zu scherzen und Erinnerungen auszutauschen. Man ließ es Regisseuren durchgehen, daß sie »warteten, bis die Wolken richtig standen«. Und einem Star, der schön war, aber ein schlechter Schauspieler, half man und stand ihm unter allen erdenklichen Gesichtspunkten bei. Die Werbeabteilung erschuf das Image, das der Studioboß dem Publikum vermitteln wollte, so daß man in seinem Privatleben im allgemeinen abgeschirmt war. Jedes Studio hatte seinen eigenen Charakter; während Metro so groß und mächtig war wie der Löwe, der dies symbolisieren sollte, war

Paramount dagegen intimer und ausgeklügelter. Bei Paramount gab es früher zwischen den Garderoben einen Fischteich, an den ich mich manchmal während der Mittagspause setzte, um nachzudenken. Ursula Andress und John Derek hatten ihre Garderoben gleich neben meiner. Sie waren ein Paar, das mich amüsierte, weil beide einander so ähnlich sahen. Als ich später verfolgte, wie John Derek bei den Frauen Karriere machte, stellte ich fest, daß jede Frau, die er sich aussuchte, wie eine leibliche Ausgabe seiner eigenen Person aussah.

Lizabeth Scott, eine Mätresse von Hal Wallis, nahm ihre Rolle Wort für Wort auseinander und schrieb Anmerkungen an den Rand, was eine gute Idee zu sein schien. Sie sprach sie mit mir durch und fragte mich, was ich davon hielt. Ich war selbst noch am Lernen. Was wußte ich denn schon? Bei mir waren die Ränder unbeschrieben. Aber da Hal Wallis mich »entdeckt« hatte (er war es aber auch, den ich später verklagen sollte, weil er mich wie eine weiße Sklavin behandelte), fand ich, ich sollte auf Lizabeth hören.

Wenn ich sie über ihrem Text brüten sah und ihr das platinblonde Haar auf die geschminkten Lippen fiel, fühlte ich mich an Veronica Lake erinnert, die in meiner Kindheit einer meiner Lieblinge gewesen war. Ich erinnerte mich noch, wie ich gehört hatte, daß sie während des Kriegs ihre glatte, einäugige Frisur abschaffen mußte, weil sie den Arbeiterinnen in den Rüstungsbetrieben ein schlechtes Beispiel gab, deren Haar sich in einer Maschine hätte verfangen können, die gerade eine B17 produzierte.

Shirley Booth und Anna Magnani, beides Idole von mir, waren im Studio die »alten Leute«. Sie arbeiteten immer wieder mit Danny Mann, dem Regisseur, der in New York Probeaufnahmen von mir gemacht hatte, ehe ich nach Hollywood kam. Natürlich waren auch sie von Hal Wallis vertraglich verpflichtet, ebenso wie Dean und Jerry, wie Burt Lancaster und Kirk Douglas. Wallis hatte einen Riecher für Talente, aber keine Ahnung, wie er persönlich mit ihnen umgehen sollte. Mir fiel wieder ein, wie seine zukünftige Frau, Martha Hyer, in ihren Anfangszeiten bei Metro einen Freund von mir aufgefordert hatte, ihr ein Kind zu zeugen, weil er einen starken Knochenbau, kräftige Zähne und anscheinend gute genetische Anlagen hatte.

Der junge Mann hatte sie abgewiesen, obwohl ihm die Aufforderung schon recht geschmeichelt hatte. Später stand er dann einem Studio vor, und wir machten oft Witze darüber, was aus seinem Kind hätte werden können, wenn er eingewilligt hätte.

Damals war Paul Newman der Mann, der wie eine tourneetaugliche Ausgabe von Marlon Brando wirkte. Und Burt Lancaster löste sich von Hal Wallis, der in ihm immer noch einen Trapezkünstler sah, und baute sich seine eigene Gesellschaft auf.

Danny Kaye hielt mit Freunden aus aller Welt hof, hörte sich respektvoll die Vorschläge seiner Frau Sylvia an und ließ sich dann auf irgendeine spannungsgeladene Affäre nebenher ein.

Damals waren Schauspieler in erster Linie Schauspieler. Solange man Schauspieler war, war es eine undenkbare Vorstellung, Regisseur, Drehbuchautor oder Produzent zu werden.

Edith Head war bei Paramount für die Garderobe zuständig. Oft kam es vor, daß wir Frauen zu Anproben zusammengetrommelt und in eine von Ediths von der Decke bis zum Boden verspiegelten Garderoben geführt wurden, in der Pat Bartow, Modedesigner, jung und schlank, viele der Kostüme entwarf, mit denen Edith die Academy Awards gewann. Edith Head war eine der beständigsten und intelligentesten Frauen, mit denen ich je gearbeitet hatte, aber sie war sich immer ganz genau über ihren Platz in der Hackordnung bewußt. Ich fand es bemerkenswert, daß sie ihren Typ nie veränderte, immer mit dem schwarzen Pony herumlief und sich das lange glatte Haar zu einem Chignon zurücksteckte, ihre Hornbrille trug, die abgewetzten Hausschuhe an den Füßen und immer ein schwarzes Kleid anhatte. Modedesigner schienen auf schwarze Kleider abzufahren. Ich vermute, sie verbrachten so viel Zeit damit, sich Sorgen darüber zu machen, was andere tragen sollten, daß sie jeden Entscheidungsprozeß meiden wollten, wenn es darum ging, was sie selbst anzogen. Die Fusseln auf ihren schwarzen Kleidern waren Wahrzeichen ihrer harten Arbeit und ihrer Kreativität. Jedesmal, wenn ich bei Edith Head von Paramount, bei Helen Rose von Metro oder bei Orry-Kelly von United Artists eine Anprobe hatte, fiel mir die Tatsache wieder ein, daß sie sämtliche Götter und Göttinnen der Leinwand, die es auf Erden gab, splitternackt gesehen hatten.

Auf dem Gelände von Paramount gab es früher einen Massage-
künstler, Jim Kelley. Er war ein großer, stämmiger Mann, der den
ganzen Tag über zwischen Szenen, die gedreht wurden, und während seiner Mittagspause von Schauspielern und Schauspielerinnen ausgebucht war, deren Körper er, wie er behauptete, durch
seine Massage verwandeln konnte. Das war vor den Zeiten, in denen man davon überzeugt war, ohne Leiden ließe sich nichts erreichen. Nach den Anforderungen, die eine schwere Szene an uns
stellte, drängten wir uns daher einer nach dem anderen verspannt
in Jims Praxis und ließen ihn mit den Fäusten auf uns eintrom-
meln, bis es wirklich weh tat, und wir hofften, daß wir seine Laken
nicht mit Schminke verschmierten und daß unser Haar nicht restlos zerzaust werden würde, und wenn wir dann gingen, hatten wir
das Gefühl, er hätte uns die Arbeit abgenommen.

Die Kantinen bei Paramount, Metro und Fox waren die Orte, an
die wir uns zur Mittagszeit zurückzogen, und dort wurden wir
daran erinnert, daß auch andere hart und mühselig arbeiteten.
Dort gab es Clark-Gable-Salate, Bette-Davis-Gemüsegerichte,
Carmen-Miranda-Obstteller, Dean-Martin-Prosciutto, Frank-Si-
natra-Spaghetti mit Fleischbällchen oder Grace-Kelly-Sorbets,
unter denen man auf der Speisekarte wählen konnte.

Früher kamen die Agenten und besuchten uns auf dem Gelände. (Wenn man seinen Agenten tagsüber in seinem Büro an-
traf, wußte man damals, daß er nichts für einen tat.) Jetzt brauchen die Agenten nicht mehr zu kommen; sie haben die Studios
fest in der Hand. Und die Zeit ist viel zu kostbar geworden, als daß
Familientreffen gestattet wären.

Damals redeten wir sogar noch mit den Zeitungskolumnisten
auf dem Gelände. Louella Parsons kam reichlich angetrunken mit
ihrem Ehemann anspaziert und erinnerte sich doch an alles, was
beim Mittagessen gesagt worden war. Hedda Hopper mit ihren
unglaublich auffälligen Hüten machte ihrer politischen Wut Luft.
Mike Connolly vom *Hollywood Reporter* und Army Archerd von
Variety hatten ein Gedächtnis für Klatsch, das wie eine stählerne
Falle zuschnappte, und so blieb es in ihren Gerüchteküchen am
Brodeln, und ihr Lebensunterhalt war gesichert. Alle schienen alles über alle anderen zu wissen. Informationen wurden als Macht-

instrumente gehandelt oder zurückgehalten. »Wenn du das und das für mich tust, werde ich dies und jenes nicht über dich drukken«, war ein Satz, den man oft hören konnte. Wenn bei den Dreharbeiten eine Affäre aufflammte, wußten alle, daß sie ihren Mund zu halten hatten. Die betroffenen Ehefrauen und Ehemänner waren immer die letzten, die erfuhren, wenn ihre Partner »sich amüsierten«.

Mir kam es vor, als würde von den weiblichen Hauptdarstellern erwartet, daß sie sich in die männlichen Hauptdarsteller verliebten und umgekehrt. Es war fast so, als sollte der Zauber der Geschichte den Sieg davontragen, und dabei herrschte die stillschweigende Übereinkunft, daß die Affäre nach Beendigung der Drehaufnahmen aus sein würde, es sei denn, es war wirklich etwas Ernstes, und Menschen waren bereit, ihr ganzes Leben zu ändern.

Damals waren die Erfahrungen der Dreharbeiten intensiver. Wir lebten wirklich andere Leben in unserem eigenen aus, machten innere Erfahrungen innerhalb der Erfahrung einer objektiven Realität. Wir übermittelten Phantasiewelten und ließen uns nur allzuoft selbst von ihnen mitreißen. Vielleicht war das der Grund, weshalb das Publikum den entrückten Glanz in unseren Augen wahrnahm.

Damals waren die Empfänge in Hollywood prunkvoller, die Dinners opulenter, und sie wurden veranstaltet, um zu schlemmen und gleichzeitig zu repräsentieren. Ich besuchte viele Galadinners, bei denen beispielsweise Sam Goldwyn am Kopfende des Tisches saß und jeder einzelne Gang von Angestellten mit weißen Handschuhen serviert wurde, und die Speisen wurden oft auf dem Tisch flambiert. Die Frauen waren mit Schmuck behängt, und die Männer stolzierten im Smoking herum. Auf großen Platten wurden riesige Käseräder serviert, die Nachtische türmten sich, französischer Champagner sprudelte in englischem Kristallglas, und das ganze ausgefeilte Ritual, das aus einer anderen Kultur entliehen war, wurde von den Mokkatassen gekrönt, die in zwei prachtvollen Wohnzimmern eingeschenkt wurden, eins für die Frauen und eins für die Männer. Es mußte Hollywoods Verbeugung vor einer Zeit gewesen sein, in der die Damen den Herren das Eßzimmer überließen, die dort Zigarren rauchten und Portwein tranken.

Auch in der Konversation wurden die Konventionen einer anderen Zeit wieder aufgegriffen; die Damen diskutierten über Kleider, weltweite Einkäufe, Pelze und Einrichtung; die Männer sprachen über Geschäfte und Sport. Nachdem man dergestalt die gesellschaftlichen Umgangsformen beachtet hatte, vermischten sich die Geschlechter wieder miteinander, um sich die neuesten Filme anzusehen, die in Vorführräumen gezeigt wurden, in denen noch mehr Essen, Getränke und kunstvolle Schokoladenkreationen bereitstanden.

Es waren keine Drogen im Umlauf. Kein Kokain. Kein Marihuana. Statt dessen gab es Alkohol, den Luxus des Überreichlichen und den Glauben daran, daß der Zauber, den wir erschufen, vom Rest der Welt als wahr angesehen wurde.

Billy Wilders zynischer Humor stachelte uns an. William Wylers abstrakte Kriminalfilme faszinierten uns. John Hustons Geschichten über die Verwegenheit der Iren legten unseren eigenen Mangel an Kühnheit bloß. Elia Kazans Intellektualität, die so typisch für New York und die Ostküste war, gab uns oft das Gefühl, daß wir hier in Hollywood hoffnungslos rückständig waren, was soziales Bewußtsein anging.

Die Brüder Mirisch hatten eine Produktionsfirma, die alle großen Begabungen zu United Artists lockte. Es war ein kleines Studio; es gab keine Maskenbildner, keine Friseure. Jedes Individuum schien die Funktionen zu erfüllen, für die es in anderen Studios eine ganze Abteilung gab. Das war wahrscheinlich der Beginn des unabhängigen Filmemachens, wie wir es heute kennen.

Das Gelände von Fox war von der Straße zurückversetzt und wirkte wie ein kleines eigenständiges Land. Sogar einen großen See gab es dort. Ich erinnere mich noch an die Nacht, in der ich als Prinzessin Aouda in *In 80 Tagen um die Welt* von vier Statisten auf einem Stuhl getragen wurde, und einer von ihnen drohte mir, mich in den See fallen zu lassen, wenn ich Mike Todd, den Produzenten, nicht darauf ansprach, daß er Überstunden auch gefälligst bezahlen sollte. Da ich selbst zu denen gehörte, die sich hochgearbeitet hatten, war ich schon fast bereit gewesen, es zu tun, da entdeckte ich Marlene Dietrich, die lässig an einem Baum lehnte. Sie war von Kopf bis Fuß in schwarzes Leder gekleidet und rauchte eine lange Zigarette, und Mike lief vor ihr auf und ab und hielt ihr eine Strafpredigt, weil sie sich verspätet hatte. Ich sah fasziniert zu und dachte mir, ich sollte vielleicht doch lieber noch etwas warten, ehe ich das Ansinnen des Statisten vorbrachte. Zum Glück wurde diese erste Aufnahme von mir anstandslos übernommen, und man konnte mir nicht mehr drohen. Ich sprach Mike nie auf Überstunden an.

Ich hatte mehrere Filme auf dem Fox-Gelände gedreht und war in den Genuß gekommen, als Garderobe einen Bungalow zu haben, der so groß war, daß man heute eine kleine Familie darin unterbringen könnte.

Mir fiel die Beziehung wieder ein, die ich zu Candy, der Schimpansin, hatte, als wir an einem Film zusammenarbeiteten, der *Immer mit einem anderen* hieß. Candy und ich schlossen einander ins Herz. Sie kam jeden Morgen in meine Garderobe und sah mir bei der Maske zu, während sie eine Tasse Kaffee mit Sahne und zwei Zuckerwürfeln trank. Dann ging sie die Garderobe mit mir durch, die nicht unbedeutend war und für den jeweiligen Drehtag ordentlich an einem Ständer hing. Anschließend kletterte sie auf meinen Rücken, und zusammen fuhren wir auf meinem Fahrrad zum Atelier. Candy war böse auf mich, als sie bei einer Feier sah, wie viele andere Leute ich küßte und umarmte, und schließlich biß sie mir in einem Anfall von Eifersucht in die Hand, und daraufhin bekam ich sie nicht mehr zu sehen.

Wesentlich später kam Chruschtschow während seines Amerikabesuchs auf das Fox-Gelände, über das Spyros Skouras und andere herrschten. Sie hatten mich aufgefordert, den Can-Can für Chruschtschow zu tanzen. Irene Scharaffs Kostüme wogen um die dreißig Kilo. Ich rechnete mit einem Herzstillstand, wenn ich ohne Schnitt die gesamte Nummer tanzen mußte. Anschließend lautete Chruschtschows Kommentar: »Das Gesicht der Menschheit ist schöner anzuschauen als ihre Rückseite.« Ich konterte in meiner jugendlichen Frechheit mit den Worten: »Der war doch nur sauer, weil wir Strumpfhosen getragen haben.«

Ich erinnere mich noch so gut an diesen Tag, weil ich in der Fox-Kantine gewesen war, als die Skouras-Chruschtschow-Debatte ausbrach. Joan Crawford hatte mich in dieser Kantine aufgesucht.

Sie war gekommen, um mich bei den Dreharbeiten zu besuchen, und sie hatte mit mir zu Mittag gegessen – und als wir dann in meinem Bungalow saßen, sie mit ihren angeblichen Diamant- und Türkisimitationen behängt (die echten Stücke hatte sie im Safe gelassen), richtete sich mein Augenmerk immer wieder unwillkürlich auf ihre Sommersprossen. Ich fragte mich, wie stark ihr Körper jeden Morgen geschminkt wurde, denn ich konnte mich nicht erinnern, ihre Sommersprossen in *Solange ein Herz schlägt* gesehen zu haben. Sie redete über ihr Leben, über ihre Ambitionen in Hollywood, und sie lud mich für denselben Abend zum Essen ein. Das Essen ist mir nur noch vage in Erinnerung, daß wir an einem endlos langen Tisch saßen – sie am einen Ende, ich am anderen. Dadurch entstand eine unheimlich distanzierte Stimmung. Vielleicht kann ich mich deshalb nicht mehr an die Themen erinnern, über die wir geredet haben.

Auf dem Fox-Gelände kam ich wieder mit Dean Martin zusammen, mit dem ich fünf Filme gedreht hatte, mit Bob Cummings, mit dem ich in Japan an *Meine Geisha* gearbeitet hatte, und mit Bob Mitchum, der von sich aus die persönliche Beziehung wieder aufnahm, die bei *Spiel zu zweit* Funken zwischen uns hatte sprühen lassen. Mitchum war ein Mann von großem Intellekt und geringen Erwartungen – an die Welt, an sich selbst, wer weiß warum –, einer der intelligentesten Männer, die mir je begegnet waren, und er besaß ein fotografisches Gedächtnis und konnte Schnaps in Mengen trinken, mit denen er sich eine Siegerehrung verdient hätte. Er drehte immer und ewig zweitklassige Filme und behauptete: »Es ist doch besser, wenn ich die Rollen zufällig kriege und nicht irgendein anderer.«

Mir fiel wieder ein, wie ich stundenlang mit ihm in einer riesigen Sektschale gelegen hatte, unter einem goldenen Seidenlaken und von den Technikern umgeben, die versuchten, optisch ein schönes Paar aus uns zu machen, während sich ihre Gereiztheit über unsere Intimität zunehmend steigerte. Mitchum war ein Mann, der trotz all seiner Talente keine Mühe gescheut hätte, sie zu leugnen. Es war, als wollte er sich nicht die Verantwortung aufbürden lassen, sich ständig wieder unter Beweis zu stellen. Er sprach von sich selbst als einen »Poeten mit einer Axt«.

In diesem Bungalow auf dem Fox-Gelände hielt er hof, erzählte Geschichten aus früheren Zeiten, zog uns mit seiner erzählerischen Begabung in den Bann, schmückte die Erzählungen aus und kam nie zur Sache, und manchmal saßen wir bis elf Uhr abends dort. Dann wankten wir aus seinem Bungalow (andere Schauspieler und ein paar Techniker) und fuhren nach Hause, und wir ließen uns in den Wortbildern treiben, die er um uns herum gesponnen hatte, und wir fragten uns, warum wir Stunden über Stunden dageblieben waren und ihm zugehört hatten, wenn wir am nächsten Tag um fünf Uhr früh wieder antreten mußten.

Nach einem dieser ausgedehnten Abende, an denen er Geschichten erzählte, schenkte er mir ein paar Brownies und sagte, er hätte sie selbst gebacken. Nachdem ich zu Hause angekommen war, aß ich sie. Eine Stunde später glaubte ich, ich hätte das Nirwana erlangt. Er hatte ganz eindeutig seine eigenen »speziellen« Zutaten beigemischt.

Mir fiel wieder ein, daß Fox von *Immer mit einem anderen* erwartet hatte, es würde der große Kassenschlager des Jahres, während gleichzeitig eine Ecke weiter mit einem kleinen Musical Filmgeschichte gemacht wurde, das den Namen *Meine Lieder, meine Träume* trug. Die Traumfabrikanten lagen in der Einschätzung ihrer Träume nicht immer richtig. Und was war jetzt aus all diesen Menschen geworden?

Mitchum erschien immer noch wie ein wandelnder Berg, der sich nicht abtragen ließ, stoisch und unerschütterlich.

Paul Newman hatte sich mit seinen soziologischen Erhebungen über die Werte unserer Kultur einen Namen gemacht und war zum begeisterten Rennfahrer, aber auch zu einem guten Regisseur geworden. Dean Martin hatte Jerry überdauert. Robert Cummings machte mit seiner Vitaminmasche weiter, bis er mit mehr als achtzig immer noch wie fünfzig aussah. Und Dick Zanuck, der damals Fox vorstand, erschien eines Morgens zur Arbeit und stellte fest, daß sein Vater Darryl ihm seinen Parkplatz weggenommen und Dick aus dem Gelände ausgesperrt hatte. Daraufhin produzierte er unabhängig ein paar der besten Filme der ganzen Stadt und heiratete eine Frau, von der er den Anstoß und die Inspirationen bekam, die er brauchte.

William Peter Blatty, der das Drehbuch zu dem ersten Film schrieb, den ich auf dem Fox-Gelände drehte, *Eine zuviel im Harem*, schrieb später *Der Exorzist*. Er gestaltete die Protagonistin Chris MacNeil nach mir – er griff auf meinen gelben Jaguar zurück, auf das französische Paar, das für mich arbeitete, auf J. Lee Thompson, unter dem ich *Eine zuviel im Harem* und *Immer mit einem anderen* drehte und der es sich zur Gewohnheit gemacht hatte, seine Drehbücher in kleine Stücke zu reißen und sie aufzuessen. Eines Tages aß er eine umgeschriebene Neufassung, von der keine Kopien existierten.

Blatty und ich hatten in meinem Bungalow auf dem Fox-Gelände oft lange Gespräche über die Natur von Gut und Böse und darüber, ob Geister existierten und ob die Polarität im Universum harmonisch war.

In meinem großen Haus in Encino, in dem er mir auch von seinen Ideen zu *Der Exorzist* erzählte, hielten wir öfter Seancen mit Jugendlichen aus der Nachbarschaft ab. An einem Neujahrstag legte er mir das Buch vor. Ich machte die Tür auf. Er stand unrasiert und ausgemergelt da und sagte: »Lies das. Das wird ein Bombenerfolg.« Ich ging mit dem Drehbuch zu Sir Lew Grade, der mich damals unter Vertrag hatte. Er las es und sagte: »Das wird nie etwas.« Daraufhin drehte ich einen anderen Film zum selben Thema, der *The Possession of Joel Delaney* hieß und nie für Aufsehen sorgte. Blatty drehte *Der Exorzist* mit jemand anderem und machte Filmgeschichte.

Ich erinnere mich noch, wie Bill Friedkin, der bei *Der Exorzist* Regie führte, in meine Wohnung in New York kam, während er mit Ellen Burstyn drehte, und mich beobachtete, wie ich zum Frühstück Heidelbeerpfannkuchen machte. Er beobachtete bis in alle Einzelheiten, wie ich mich bewegte, redete, mich hinsetzte, rumlief und sogar, wie ich mit der »Wortgewalt« der Südstaatler fluchte. Ich erinnere mich auch, daß Blatty während der Dreharbeiten zu *Der Exorzist* zu mir kam und mir von den unseligen Zwischenfällen berichtete, zu denen es laufend kam – Kulissen brannten ab, einer der Techniker kam um, und dann erzählte er noch etwas von einer eigenwilligen Klimaanlage, die sich willkürlich an- und ausschaltete. Blatty sagte, das sei auf die Geister zurückzuführen, die über den Film herrschten. Wenn ich es mir heute überlege, bin ich froh, daß ich nicht mitgemacht habe, sondern mich statt dessen auf die positive Seite dieser »Macht« einließ!

Während ich in der Maske saß, stellte ich fest, daß etwa zwanzig Jahre meiner Hollywood-Vergangenheit in schneller Abfolge an mir vorübergezogen waren, und ich kam auf den Gedanken, mich zu fragen, weshalb dies so war. Lag es etwa nur an der Rolle, die ich spielen würde? Oder war es etwas Tiefergehendes? Dieser Überlegung folgte die Erkenntnis, daß ich in der Übergangsphase war, mich an das Altern zu gewöhnen. Ich konnte jetzt keine Charakterdarstellerin mehr spielen. Ich war wirklich selbst eine.

Ich vermutete, zu dieser Wandlung war es eigentlich nach einer Reihe von schlechten Filmen gekommen, einer Fernsehserie, aus der eine jämmerliche und nichtssagende Pleite wurde, nach fünf Jahren ohne Arbeit und einem Ausflug in den politischen Aktivismus, bei dem mich die Demokratische Partei mit der Zeit ebenso sehr enttäuschte wie die Rollen, die mir angeboten wurden.

Mein natürlicher Überlebenswille siegte, und ich zog mich selbst an den Haaren aus meiner Lage heraus und betrat wieder die Bühne. Vielleicht hatte mir nichts jemals soviel Vergnügen bereitet wie die kollektive Reaktion des Publikums auf das, was ich ursprünglich gelernt hatte. Für mich war es die reinste Freude. Harte Arbeit, körperlich anstrengend und manchmal grauenhaft, aber das gab mir das Gefühl, wieder am Leben zu sein.

Bald darauf fing ich an, ältere Rollen zu spielen, die Mütter anderer, aber auch Frauen, deren Weisheit und Erfahrung sich in ihren Gesichtern zeigten. In unserer Branche gibt es ein Sprichwort: Wenn man alle fünf Jahre einmal einen wirklichen Erfolg hat, reicht das aus, um zu überleben und die Karriere fortzusetzen. Zum Glück war es mir so gegangen. Nach *Am Wendepunkt* und *Zeit der Zärtlichkeit* spielte es keine große Rolle mehr, was ich zwischendurch tat, und ich vermute, mein Oscar für *Zeit der Zärtlichkeit* war ein Meilenstein in meiner langen, mühseligen Karriere. Er gab mir die Freiheit, mich in Bereiche vorzuwagen, vor denen mich meine Freunde gewarnt hatten, mit der Begründung, ich könnte damit alles gefährden, was ich mit harter Arbeit je erreicht hatte. Insbesondere mit der Metaphysik. Der Reise ins eigene Ich.

Das Erkennen der eigenen Person war mir derart wichtig geworden, und es erwies sich als so lohnend und befriedigend, daß ich mir jetzt in der Welt, in der ich lebte, in dem, was heute aus der Welt geworden war, unmöglich vorstellen konnte, wie ich je ohne diese Erfahrung hatte leben können. Angesichts des schleichenden Verfalls, von dem unsere Welt verseucht war, fragte ich mich, wie heute noch irgend jemand ohne irgendeine Form von tief verwurzeltem spirituellem Glauben leben und glücklich sein konnte.

Während ich über meine Vergangenheit nachdachte, wurde mir klar, daß ich den größten Teil meines Lebens mit der Suche nach der eigenen Identität verbracht hatte, aber auch nach den Identitäten der Rollen, die ich hatte spielen müssen. Es kann gut sein, daß das bei Schauspielern ein Berufsrisiko ist, aber vielleicht ist es auch der eigentliche Grund, aus dem so viele Menschen glauben, sie wollen Schauspieler werden, obwohl dieser Beruf allzu offensichtliche und vielfältige Ungewißheiten mit sich bringt. Viele sind wirklich auf der Suche nach sich selbst. Und als ich jetzt vor dem Spiegel saß, hatte ich plötzlich das Gefühl, eine Schwindlerin gewesen zu sein. Ich hatte gesagt, ich wüßte genau, was ich täte. Ich hatte gesagt, ich wüßte genau, wer ich sei. Ich hatte gesagt, ich hätte das Leben im Griff und sähe zuversichtlich in die Zukunft. Aber jetzt, im Rückblick, erwies sich diese Wahrnehmung als unrealistisch. Mir war noch nicht einmal bewußt genug, wer ich war, als daß ich auch nur hätte erkennen können, wie sich mein Bild von mir selbst weit über seine Grenzen hinaus ausweiten wollte und daß mein übertriebener Eifer nur dazu gedient hatte, das zu leugnen.

Wenn man zu den Menschen zählt, denen Geld wenig bedeutet, die Macht als lästig empfinden und die im Ruhm eine unerwünschte Störung ihres Privatlebens sehen, dann muß Erfolg durch andere Kriterien definiert werden. Ich bin schon immer ein Mensch gewesen, der innere Sicherheit brauchte, innere Erfüllung und das tiefe innere Wissen, daß es eine erhabenere Wahrheit gab als das, was äußere Erfolge mir boten. Ich hatte nie etwas gegen äußere Erfolge, aber jetzt begann ich, diese unter einer anderen Perspektive zu würdigen. Es war unglaublich, wieviel ich aus einer Laune heraus getan hatte, ohne mir über meine eigene Absicht oder die Folgen wirklich im klaren zu sein!

Als sich das Wohnmobil mit Menschen füllte, die kamen, um mich zu begrüßen, mir Blumen zu bringen oder einfach nur schauen wollten, wie ich mich nach so vielen Jahren hielt, konnte keiner von ihnen wissen, welche komplexen Bildcollagen vor meinem inneren Auge vorüberzogen.

Und wieder wurde mir schlagartig bewußt, daß manche der Menschen, die das Wohnmobil betraten, noch gar nicht geboren waren, als ich schon ein Star war. Ich fragte mich, wie sie auch nur von mir gehört hatten. Tatsächlich waren es nicht wenige, deren Interesse mehr durch meine Bücher, als durch meine Filme geweckt worden war. Es herrschte eine ungezwungene Offenheit, man spendete mir Beifall, und man war neugierig darauf, wer ich heute war. Mit den verschiedensten Taktiken kamen heute Menschen auf mich zu, die mich in irgendeiner Form ansprachen und unbedingt mit mir über das Leben und seinen Sinn und »unsere kosmische Rolle im Universum« reden wollten. Wie sollte ich es klar und deutlich erklären, wenn ich es selbst nicht wußte? Ich war den Antworten heute keinen Schritt näher denn je. Nachdem ich ein Leben lang gesellschaftlich und politisch überaktiv war, die ganze Welt bereist, tiefe und andauernde Beziehungen gehabt hatte, manche zermürbend, andere herrlich und wieder andere eine Mischung aus beidem, und nachdem ich im selben Maß Erfolge und Mißerfolge erlebt hatte, konnte ich nicht wirklich erklären, wie es zu all dem gekommen war oder warum ich getan hatte, was ich getan hatte. Das war alles. Ich war wirklich nicht sicher, was das alles zu bedeuten hatte. Von einem jedoch war ich heute überzeugt. Ich hatte keinen großen Einfluß auf die Welt und auf die Verschlechterungen, die ich in so vieler Hinsicht bemerkte. Aber auf mich selbst hatte ich Einfluß, mich konnte ich ändern. Ich hatte endlich, nach all meinem gesellschaftlichen Aktivismus und meinem politischen Engagement, erkannt, was ich damit anfangen mußte, um mich selbst zu verstehen und zu verändern, wenn ich die Welt zum Besseren verändern wollte. Und als ich mit den Leuten im Wohnmobil plauderte, wurde mir klar, daß ich mitten in einer Form von emotionalem Großreinemachen steckte, in einer Form von Bilanz, bei der ich abschließend auswertete, wer ich war, was ich bisher dargestellt hatte und was ich mit dem Rest meines Lebens anfangen würde. Für diese Leute war ich ein Mensch, der viele Geheimnisse des Lebens gelöst hatte; in sich ruhend, selbstsicher und ausgeglichen. Für mich war der nächste Tag, der mir bevorstand, so heikel wie jeder bisherige, abgesehen vielleicht davon, daß ich jetzt lernte, ihn als ein Abenteuer zu akzeptieren, dem ich bewußt etwas Erfreuliches abgewinnen wollte und aus dem ich hoffentlich etwas lernen würde.

Als ich fertig geschminkt war und der natürliche »Lockenschopf« auf meinem Kopf saß, holte ich lange und tief Atem, bedankte mich bei allen und verließ das Wohnmobil. Die kalifornische Sonne blendete mich, als ich mich wieder auf den Weg zu meinem Wohnmobil machte; diesmal würde mir nicht noch einmal übel werden. Ich würde mich ein paar Minuten hinsetzen und das tun, was ich vor einigen Jahren gelernt hatte. Ich würde mich konzentrieren und mich bemühen dahinterzukommen, was mich quälte, ehe ich mich an die Arbeit machte.

3. Kapitel

UNTERBRECHUNG: IN DER PAUSE

Ich war immer ein positiv eingestellter Mensch gewesen, der selten unter Depressionen und Ängsten litt. Meine Befürchtungen hatten im allgemeinen damit zu tun gehabt, ob ich dem entsprechen konnte, was von mir erwartet wurde. Die glücklichsten Zeiten waren für mich immer die, wenn ich das Gefühl hatte, für eine gute Arbeit eine Belohnung verdient zu haben. Ich gestattete mir jeweils den Preis, der mir zustand; und da ich immer hart gearbeitet habe, wußte ich, daß diese Belohnung hierfür äußerst befriedigend sein würde. Wenn ich jetzt darüber nachdachte, hatte ich mich immer mit Zeit belohnt. Zeit war für mich etwas, was man nutzen mußte, vorzugsweise dazu, die Kreativität zu fördern.

Ich unterließ es selten, die Zeit zu *nutzen*. Ich konnte sie nicht einfach verstreichen lassen – mit Nichtstun –, sondern ich neigte eher dazu, etwas »beizutragen«, während ich durch die Zeit trieb. Ich hatte in der Zeit ein rares Gut erkannt, eine seltene und kostbare Essenz des Lebens, deren Vorräte sich schnell erschöpften, und daher wäre es mir unerträglich gewesen, auch nur einen Tropfen davon zu vergeuden.

Zeit nicht zu nutzen, löste tiefe Schuldgefühle in mir aus. Jede Zeitvergeudung gab mir das Gefühl, vor Ungeduld zu zerspringen und kaum abwarten zu können, bis wieder etwas geschah, und ich fühlte mich, als hätte ein Teil meiner selbst buchstäblich anderswo sein wollen. Ich fühlte mich von mir selbst abgeschnitten, wenn ich mit der »Zeit«, die mir zur Verfügung stand, nicht etwas anfing, etwas in ihr leistete. Es regte mich wirklich auf, wenn ich nicht vollkommen in Anspruch genommen wurde, und dieses quälende Schuldbewußtsein bildete wahrscheinlich die Grundlage für mein Bedürfnis, ständig übertrieben viel zu leisten.

Jetzt, in den mittleren Jahren, stand ich vor dem Phänomen, von dem schlechthin behauptet wird, die Zeit würde einem zu knapp. Wenn eine solche Vorstellung in mir eine unterschwellige Verzweiflung wachrief, dann hatte das nicht soviel mit dem beschleunigten Nahen des Alters und dem schließlichen Tod zu tun, sondern mehr mit dem Zweifel, ob ich das gesamte Potential der Zeit ausgeschöpft hatte, das mir zugestanden worden war. Manchmal konnte ich abends nur friedlich einschlafen, wenn ich wußte, daß ich an eben diesem einen Tag eine ganze Menge erreicht hatte.

Man hat mich aufgrund meines Arbeitsethos einmal als »unverbesserliche Protestantin« betitelt. Ich verstand, was damit gemeint war. Meine Weltbilder neigten dazu, das Gesamtbild verschwimmen zu lassen. Das Bedürfnis, aus jeder unmittelbar bevorstehenden Zeitspanne das Maximum herauszuholen, führte zu einer eingeengten Sicht, die die Vergangenheit und die Zukunft ausschlossen. Etwa so, als sähe man vor lauter Bäumen den Wald nicht mehr.

Ich hatte mein ganzes Leben in den Dienst der Zeit gestellt, und da sie sich jetzt nicht mehr unbegrenzt vor mir erstreckte, machte ich mir tatsächlich Gedanken darüber, ob es wohl möglich wäre, die Zeit in *meinen* Dienst zu stellen. Vielleicht konnte ich es lernen, über die Zeit zu herrschen, statt umgekehrt.

Als menschliche Wesen ließen wir uns unser Leben lang von der Zeit versklaven. Für alle anderen Lebewesen war das Leben (und somit die Zeit) unendlich. Nur wir allein schauten von morgens bis abends auf die Uhr und schränkten unser Leben ein, indem wir es in mathematische Fragmente unterteilten. Es schien, als sei die Zeit nichts weiter als eine Erfindung unseres eigenen Bewußtseins. Und doch hatten bei unserem erhöhten Tempo die wenigsten das Gefühl, Zeit für irgend etwas zu haben.

Die Wissenschaft hatte uns gelehrt, da wir uns unserer selbst bewußt waren, sei die Zeit der Begriff, durch den wir uns selbst definieren und beurteilen könnten. Und doch existierte die Zeit in Wirklichkeit eigentlich gar nicht. Sie war nichts weiter als ein Konzept. Und jetzt hatte das Leben den Punkt erreicht, an dem wir unserer selbsterfundenen Vorstellung unterworfen worden waren. Die Zeit: die Uhr (schon von ihrer eigenen Definition her rund und zeitlos). Die Uhr selbst war regungslos. Nur die Zeiger bewegten sich, und sie hatten kein Ziel, waren so angebracht, daß sie den endlosen Vierundzwanzig-Stunden-Rhythmus der Sonne und unseres Planeten maßen.

Eine Uhr war im eigentlichen Sinne eine exakte Darstellung ihrer Aufgabe – ein Ausdruck der Unendlichkeit. Mit ihren Zeigern umschloß sie gleichzeitig die Vergangenheit, die Gegenwart und die Zukunft. Wenn die Vergangenheit und die Zukunft gleichzeitig existierten, welche Rolle spielte dann unsere Vorstellung von Zeit? Mir schien, als diente sie lediglich dazu, uns einzuschränken. Sie diente dazu, uns ängstlich und besorgt zu machen.

An unseren Arbeitsplätzen maß man uns täglich daran, wieviel Zeit wir in die Arbeit steckten, wann es eine Kaffeepause gab, wieviel Zeit uns zum Mittagessen zugestanden wurde; und schließlich erlaubte es uns das suchterregende Ablesen unserer Uhren, endlich zu sagen, jetzt sei der Arbeitstag vorbei. Da stimmte doch etwas nicht.

Statt unsere Aufmerksamkeit ganz auf die Aufgabe zu richten, die wir zu leisten hatten, und uns darin zu verlieren, richteten wir unser Hauptaugenmerk darauf, wie lange wir für etwas brauchten. Somit engten uns unsere Meßverfahren ein, da wir ständig versuchten, unsere Gefühle in die Minuten oder Stunden zu zwängen, die wir als uns gehörig ansahen. Warum konnte der Arbeitsplatz nicht ein Ort der Kreativität sein, an dem man auf vielen Ebenen Erfüllung finden konnte? Wenn die Aufgabe selbst steril oder stumpfsinnig war, warum nahm man sich dann nicht die Zeit, die zwischenmenschlichen Beziehungen am Arbeitsplatz bedeutsamer zu gestalten? Statt dessen ließen wir uns in die Kategorien zersplitterter Erwartungshaltungen pressen, versuchten, im Wettlauf gegen die Uhr zu siegen und sie zu überlisten, wenn es nur irgend möglich war, und dabei betrogen wir uns doch nur selbst und verrieten unsere eigene Kreativität.

Und wieso entschieden wir, im Alter von fünfundsechzig Jahren sei der richtige Zeitpunkt gekommen, um sich aus dem Arbeitsleben zurückzuziehen? Wer behauptete das? Es gab Gesellschaften, die sich sehr von unseren wirtschaftlich motivierten »zivilisierten« Gesellschaftsformen unterschieden und in denen das Alter mit Weisheit, Erfahrung und Respekt gleichgesetzt wurde; folglich brauchte sich in jenen Kulturen niemand mit der Vorstellung herumzuschlagen, sich aus dem Geschehen zurückzuziehen. Das Alter hing nicht etwa als eine übermächtige Drohung über einem, sondern war eher eine Zeit der friedlichen Teilnahme am Familien- und Gesellschaftsleben, eine Zeit, in der man hochgeschätzte Beiträge leisten und sich die Selbstachtung bewahren konnte.

Im Westen wurde Arbeit an den *Stunden* gemessen, die wir darauf verwandten, und nicht an der Tiefe des Stolzes oder der Freude, wir wir aus unserem Tun schöpften, oder an dem Maß, in dem uns ein positiver Austausch mit den Menschen gelang, die wir bei der Arbeit trafen. Warum konnte zu unseren Wertvorstellungen nicht der schlichte Respekt vor guter Arbeit gehören, der ungeachtet, was man tat, Selbstachtung wachrief? Die Ware hätte sich um ein Hundertfaches verbessert, die Kreativität sich um ein Hundertfaches gesteigert. Unsere Beiträge sollten, ganz gleich in welchem Alter, daran gemessen werden, welche Aufgaben wir bewältigt hatten, und nicht nur an der Zeit, die sie erforderten. Die Zeit war kein akkurater Maßstab für Leistungen.

Ich hatte gelernt, daß sich das, was ich leistete, qualitativ und quantitativ steigerte, wenn ich die Zeit nicht bewußt wahrnahm und vollkommen in meiner Arbeit aufging. Ohne jede zeitliche Beschränkung war ich glücklicher, wahrscheinlich, weil ich es mir gestatten konnte, die »unendliche« Reichweite aller Dinge auszuloten. Dieser Faktor hatte mit Sicherheit nichts mit dem Alter zu tun. Das konnte jeder bewerkstelligen, in jedem Alter. *Das Alter besaß keine Bedeutung mehr, wenn man aufhörte, die Zeit zu messen.*

So stellte ich beispielsweise fest, daß ich mich in der Zeit verlor, wenn ich zu den Sternen aufblickte, weil ich wußte, daß das Licht der Sterne, die ich sah, der Vergangenheit angehörte. Ich kostete genüßlich in der Gegenwart die Vergangenheit aus. Wenn ich vergangenes Licht sehen konnte, warum sollte ich dann nicht zukünftiges Licht sehen können? Und wenn ich zukünftiges Licht sehen konnte, warum war ich dann *jetzt* von der Zeit versklavt?

Die Zeit, wie wir sie maßen, war eine eingeengte Vorstellung von der Unendlichkeit – denn die Unendlichkeit hatte für uns einen zu weiten Rahmen, um sie auf einmal erfassen zu können. Daher engten wir die Unendlichkeit ein und gaben ihr die Parameter unseres eigenen jämmerlichen Fassungsvermögens, die Grenzen dessen, was wir ertragen konnten.

Ich hatte die Zeit für mich selbst als dermaßen wichtig angesehen, daß sie jede Minute meines Tages bestimmte.

Ich flog schneller als nötig von einem Kontinent zum anderen, damit ich mich nach meiner Ankunft noch mehr von der Zeit versklaven lassen konnte. Meine Einstellung zur Zeit löste eine physische Reaktion aus, die dem Körper seinen natürlichen Rhythmus versagte. Mein Körper reagierte auf diese künstlichen Parameter. Wenn ich das Gefühl hatte, ich hätte nicht genug Zeit, um mich auszuruhen, war ich müde – nicht genug Zeit für die Liebe, dann war ich einsam –, nicht genug Zeit zum Nachdenken, und ich fühlte mich aufgerieben. In meinem körperlichen Dasein spiegelte sich mein Zeitmangel wider, bis es Phasen gab, in denen ich beinahe das Gefühl hatte, ich hätte nicht die Zeit zu existieren. Folglich waren auch die Reaktionen meines Körpers besser, wenn ich aufhörte, die Zeit zu messen.

Mir wurde allmählich klar, daß die Gleichung in Wirklichkeit sehr simpel war. Die bewußte Wahrnehmung der Zeit war mit Streß, mit gefühlsmäßigem und körperlichem Unwohlbefinden gleichzusetzen. Und jetzt holte mich eine neue Form von Zeitknappheit ein, die auch wieder ein Gefühl von Eile auslöste. Die unendliche Sicht, die sich vor einem erstreckte, wenn man siebzehn war, war nicht mehr da. In meinen Fragen, die sich auf das Alter bezogen, spiegelte sich nicht nur die Verzweiflung wider, die Kontrolle darüber verloren zu haben, wie ich selbst die Zeit nutzte, sondern auch die Verzweiflung über das unaufhaltsame Voranschreiten der Zeit. Ich maß mich immer noch daran, was ich in welchem Zeitraum geleistet hatte, statt Leistungen um ihrer selbst willen zu würdigen.

Ich mußte also in jeder Hinsicht – gefühlsmäßig und jetzt auch dringend körperlich – meine Einstellung zur Zeit radikal ändern.

4. Kapitel

IM WOHNMOBIL

Ich saß in meinem Wohnmobil und dachte darüber nach, wie lange es wohl dauern würde, bis sie mich zur Arbeit riefen. In wie vielen Wohnmobilen hatte ich im Lauf der Jahre schon gewartet? Dieses hier würde für die kommenden dreieinhalb Monate mein Zufluchtsort sein, wenn ich mich zurückziehen und meine Ruhe haben wollte. Mir gefiel die Vorstellung, daß es eine Küche, ein Bad (komplett ausgerüstet mit Waschbecken, Badewanne und Duschkabine) und ein Schlafzimmer gab, in dem ich mich zwischen den Aufnahmen hinlegen konnte, und mitten dazwischen lag das Wohnzimmer mit der Stereoanlage, einem Stuhl, einem Tisch, einem Sofa und einem, natürlich tragbaren, Telefon. Und all das war auf Rädern und konnte von einem Ort zum anderen transportiert werden. Mir war immer gleich etwas wohler zumute, wenn ich wußte, daß etwas, was ich als mein Zuhause ansah, beweglich war.

Als ich mich hinsetzte und mich umschaute, sah ich, daß meine Garderobe an Stangen an den Wänden hing, als sei ein ganzes Kaufhaus mit der Absicht auf mich zugekommen, mich vor aller Augen nicht mehr ich selbst sein zu lassen, sondern mir das Outfit der Rolle zu geben, die ich spielte. Die Kleider, die dort hingen, hatten Pastelltöne, Hellblau, Zartrosa, Blaßgelb und ein abgetöntes Weiß, das ins Beigefarbene oder ins Eierschalenfarbene ging.

Ich schlenderte in die Küche und machte den Kühlschrank auf. Darin fand ich etliche Flaschen Evian-Wasser und diverse Becher fettarmen Joghurt. Ich vermute, die Leute, die für mein Wohnmobil zuständig waren, hielten mich für einen Reformkostfanatiker.

Auf einem tiefen Regalbrett stand ein Fernseher, und aus einer eingebauten Stereoanlage drang leise Radiomusik. Ich holte mir ein Wasser aus dem Kühlschrank, trank einen Schluck und setzte mich auf das Sofa.

Ich schloß die Augen, schlug die Beine übereinander, preßte Daumen und Zeigefinger zusammen und ließ Gedanken durch meinen Kopf ziehen wie Wattewolken an einem lauen Sommertag. Dieses Gefühl gab mir solchen Auftrieb, daß ich noch tiefer in mich selbst versank. Plötzlich wurde an der Tür geklopft. Eine angenehme dunkelhaarige Frau, die vom Typ her ziemlich männlich war und Bluejeans und Stiefel trug, machte die Tür auf und trat ein.

»Wie fühlen Sie sich jetzt?« fragte sie.

Ich schlug die Augen auf. »Mit mir ist alles in Ordnung«, antwortete ich. »Mir ist nicht mehr übel, und es geht mir wieder gut.«

»Ich bin Mirna, die erste Regieassistentin«, sagte sie. »Freut mich wirklich, Sie kennenzulernen. Ich bewundere Sie schon seit langem.«

Ich nickte und bedankte mich.

»Möchten Sie vielleicht, daß wir eine der anderen Schauspielerinnen eher drannehmen, damit Sie sich noch ein paar Stunden ausruhen können?«

»Nein«, antwortete ich eilig. »Mir wäre die Vorstellung unerträglich, nicht zur Stelle zu sein, wenn ich dran bin, und ich bin wirklich wieder in Ordnung.«

Sie sah mich zögernd an, und ich sagte: »Mir geht es wirklich schon wieder gut.«

»Okay«, sagte sie. »Ich wollte mich nur vergewissern.«

»Wie steht's«, sagte ich, »ist alles bereit für mich?«

»Nein«, sagte sie beiläufig, »noch nicht.«

»Und wann sind sie soweit?«

»Bald. Ich gebe Ihnen Bescheid«, antwortete sie. »Wir sprechen uns dann später.« Sie öffnete das Fliegengitter vor der Tür und ging.

»Hetzen und warten«, dachte ich mir. Da haben wir's wieder. So ist es eben. Immer hetzen, hetzen, hetzen, um rechtzeitig fertig zu sein, weil alles als so dringend und wichtig hingestellt wurde, und fast nie waren sie soweit, wenn man dann kam.

Ich schloß die Augen und fing wieder an zu meditieren. »Vielleicht sollte ich meine Chakras ausrichten«, dachte ich mir. Ich verlagerte mein Bewußtsein an das untere Ende der Wirbelsäule und stellte mir vor, daß ich einen roten Ball kreisen und wirbeln ließ, der dem Energiezentrum des ersten Chakra entsprach. »Angst und Überleben«, dachte ich. »Darum geht es bei diesem Chakra. Das ist heute morgen das richtige für mich.«

Als ich gerade anfing, rotes Licht zu drehen, wurde wieder an der Tür geklopft. »Darf ich reinkommen?« fragte eine fröhliche Stimme.

Ich öffnete die Augen. »Klar.«

Das Mädchen von der Garderobe trat ein. »Hallo«, sagte sie. »Ich habe gehört, daß es Ihnen nicht besonders gut geht.«

»Nein, ich bin schon wieder in Ordnung«, antwortete ich.

»Wir möchten gern, daß Sie dieses Kleid anprobieren«, sagte sie, »damit wir sehen, wie es Ihnen gefällt. Bei den Anproben sind wir nie dazu gekommen.«

»Nein, anscheinend nicht«, antwortete ich. »Okay. Was will Mike mir anziehen?«

»Nun ja«, sagte Sarah, »er ist sich noch nicht ganz sicher. Er denkt, Sie würden vielleicht gern eine Hose anziehen, aber bei der Aufnahme wird übereinanderkopiert, und Sie werden sitzen, das heißt, daß man die Hose eigentlich gar nicht sieht. Aber das Oberteil sieht man, und wir werden uns für eins entscheiden müssen.«

»Okay«, sagte ich. »Dann suchen wir doch das Oberteil aus.«

Ich stand auf, ging ins Schlafzimmer, entledigte mich meiner Straßenkleidung und schlüpfte in das Oberteil. Als ich wieder ins Wohnzimmer kam, reichte mir Sarah eine Hose, die sie von einem Bügel gezogen hatte. Ich fragte mich, welche Größe sie wohl hatte. Es kam mir so vor, als hätte ich abgenommen. Ich stand in der Unterwäsche da und hatte einen Fuß im Hosenbein, als wieder angeklopft wurde und der Fahrer des Wohnmobils eintrat.

»Hallo«, sagte er. »Ich wollte sehen, ob Sie alles bekommen haben, was Sie für Ihr Wohnmobil brauchen. Haben Sie irgendwelche Wünsche, was Ihren Kühlschrankinhalt betrifft?«

Ich schnappte mir eilig ein Handtuch und hielt es vor mich, doch das schien ihn überhaupt nicht abzuschrecken. »Wissen Sie«, sagte ich, »ich gebe Ihnen später Bescheid, was ich gern hätte. Ich bin nicht so sehr aufs Gesunde versessen, wie Sie wahrscheinlich glauben.«

»Gut«, sagte er und fing an, aus einer langen Liste vorzulesen, die er in der Hand hielt.

»Äh, wie heißen Sie überhaupt?« erkundigte ich mich.

»Tony.«

»Okay, Tony. Wir können das später durchsprechen, denn jetzt ist, glaube ich, die Anprobe wichtiger.«

»Ach so, ja. Tut mir leid«, sagte er. »Ich bin draußen, wenn Sie irgendwas brauchen.« Tony drehte sich um und ging.

Ich ließ das Handtuch sinken, stieg in das zweite Hosenbein, zog die Hose hoch und war froh, als ich sah, daß ich problemlos in Größe 38 paßte.

Ich drehte mich vor dem Spiegel um, und Sarah nickte. »Gut. Ich finde, die steht Ihnen prima«, sagte sie. »Können wir noch eine andere Hose anprobieren, nur für den Fall, daß Sie aus dem Wagen steigen und man die Hose doch sieht?«

»Okay«, sagte ich, machte den Reißverschluß auf, zog die Hose aus, stand in der Unterwäsche da und wartete, bis sie mir die andere Hose reichte. Wieder wurde angeklopft. Ein Lieferant trat ein.

»Ich habe Blumen und einen Obstkorb für Sie da«, kündigte er an. »Wo soll ich die Sachen hinstellen?«

Ich bedeckte mich wieder mit dem Handtuch. »Da drüben«, sagte ich.

»Das schickt Ihnen das Studio«, sagte er. »Sieht aus, als würde das Obst für einen ganzen Monat reichen.«

»Allerdings«, sagte ich. »Danke.«

Er sah mich an – schaute nicht auf meinen Körper, sondern in mein Gesicht. »In *Das Appartement* haben Sie mir wirklich gut gefallen«, sagte er.

»Danke«, sagte ich, »aber seitdem habe ich in etwa dreißig weiteren Filmen mitgespielt.«

»Tja«, sagte er, »den Film habe ich aber letzte Woche im Fernsehen gesehen, und deshalb erinnere ich mich noch so genau daran.«

»Okay. Ich danke Ihnen«, sagte ich. Er ging. Ich ließ das Handtuch sinken und zog die zweite Hose an. Auch sie paßte.

»Gut«, sagte Sarah, »das heißt, daß wir eine von beiden aussuchen können.«

»Ich frage mich«, sagte ich, »wie lange ich noch in diese Hosen reinkomme, wenn ich mir vorstelle, was draußen auf dem Buffet steht.«

Am Buffet vorbeizugehen und immer wieder irgendeinen Bissen zu naschen, gehörte zu den erfreulichen Seiten der Dreharbeiten. Es gab Doughnuts, Muffins (normalerweise sechs verschiedene Sorten), M & M's, Erdnüsse, Mais-Chips, Avocado-Tunke, Schokoladenriegel, Käse und Crackers, Obst, Plätzchen und was auch immer sich der Mann vom Partyservice am Vorabend ausgedacht hatte, um uns alle am nächsten Morgen zu verwöhnen. Vor den Dreharbeiten wog ich immer gut zwei Kilo weniger als hinterher, und das lag nur daran, daß mich das Warten strapazierte und Heißhunger in mir weckte.

Ich zog den Bauch ein, als ich die zweite Hose auszog. Ich spürte jetzt schon die ersten Anzeichen von Gereiztheit und Ungeduld, weil man mich warten ließ, ehe ich gebraucht wurde.

»Hier, Shirley«, sagte Sarah, die mir einen Frottee-Bademantel reichte. »Vielleicht möchten Sie den gern anziehen, solange Sie hier rumsitzen und warten.«

»Danke«, sagte ich und riß ihr den Bademantel etwas zu ruppig aus der Hand. »Ich frage mich, wie lange es noch dauern wird.« Da hatten wir es wieder. Ich konnte mich nicht entspannen, weil ich nur darauf wartete, daß die Zeit mir ihre Wünsche diktierte.

»Wer weiß?« sagte sie. »Aber bei diesem Film werden wir schnell einen Rhythmus finden. Ich habe die Ringe, die Uhren und den Modeschmuck da drüben hingelegt. Schauen Sie sich die Sachen doch einfach an, und sagen Sie mir, was Sie davon halten. Jetzt lasse ich Sie allein und komme dann später wieder.« Sarah lächelte und verließ mein Wohnmobil.

Ich lief auf dem frischgesaugten Teppich hin und her. »O Gott«, dachte ich, »wie oft bin ich schon in Wohnmobilen rumgelaufen und habe nur darauf gewartet, daß ich von der Regieassistentin geholt werde! Wie oft bin ich schon in ein Studio gekommen, und nur die Techniker waren da, während die »kreativen Stars« in der Einsamkeit der jeweiligen Wohnwagen mysteriösen Beschäftigungen nachgingen. Beim Film war jede Ausdrucksform kreativ, auf allen Ebenen – und keine Ebene war wichtiger als die andere, kein Individuum wirklich von größerer Bedeutung als die anderen, wenn man einmal von der Tatsache absah, daß die Schauspieler diejenigen waren, mit denen sich das Publikum identifizierte. Wir Schauspieler sind es, die es jedem einzelnen Zuschauer ermöglichen, sich aus den Schwierigkeiten und Bedrängnissen des eigenen Lebens zu lösen und in die Handlung einzusteigen, die auf der Leinwand erschaffen worden ist.

Während der Proben zu diesem Film hatte ich den Versuch gewagt, all meine bisherigen Erfahrungen als überaktiver Filmstar einzubringen, den Eintopf in meinem Bewußtsein einmal kräftig umzurühren und alles in Form eines schaumigen, lockeren Soufflés aus mir herauskommen zu lassen – aber wenn ich einen Filmstar spielte, nachdem ich selbst einer gewesen war, floß auch tiefes Gefühl und Verständnis in diese Rolle mit ein. Irgendwie hatte es noch nie eine Rolle gespielt, wieviel Erfahrung ich besessen hatte. Jedesmal wieder durchlebte ich die Ängste und Sorgen von neuem.

Mir fiel wieder ein, wie ich bei Probeaufnahmen, zu denen die Presse zugelassen war, einen Regisseur über mich hatte reden hören. Ich hatte den Wunsch geäußert, lieber etwas abseits stehen zu wollen, denn neben mir sollte eine wesentlich kleinere und dünnere Schauspielerin sitzen. Ich belauschte, wie dieser Regisseur daraufhin sagte: »Sie hat das Buch geschrieben, verstehen Sie«, und das bezog sich auf mich.

Ich hatte nie das Gefühl, ich hätte »das Buch geschrieben«. Ich hatte nie das Gefühl, ich hätte meine gesamte Erfahrung wirklich definitiv auf einen Nenner gebracht und könnte mich jetzt entspannen und mich darauf verlassen, daß ich mein Handwerk wirklich beherrschte. Ich war nicht übermäßig besorgt (normalerweise war es nicht meine Art, mit Übelkeit auf den Beginn der Dreharbeiten zu reagieren), und doch hatte ich irgendwie das Gefühl, nicht wirklich genau zu wissen, was ich eigentlich tat. Das passierte erst, wenn ich mich von einer Szene derart gefangennehmen ließ, daß ich alles andere vergessen konnte, was sich in meinem bisherigen Leben ereignet hatte. Vielleicht gelang es mir aber auch, neben mir selbst zu stehen und mich zukünftig objektiv zu beurteilen.

Während ich im Wohnmobil auf- und ablief, wurde mir klar, daß es vielleicht nicht mein Ziel in dieser Branche war, Erfolg zu haben, sondern daß es bei diesem Film mehr darum ging, die persönlichen Hindernisse zu bewältigen und zu überwinden, die beim Filmen oft überlebensgroß wirkten.

Ich konnte es nicht leiden, wenn man mich warten ließ. Ich konnte es nicht leiden, mich davor zu fürchten, ich könnte dick werden. Ich konnte es nicht leiden, unvorbereitet zu sein. Ich konnte es nicht leiden, wenn ich mich gehemmt fühlte. Ich konnte Rivalität nicht leiden. Ich konnte Gefühllosigkeit und Teilnahmslosigkeit nicht leiden. Ich konnte destruktive Kritik nicht leiden, und mir paßte es auch nicht, daß die Technologie bei den Dreharbeiten so im Vordergrund stand. Mit sämtlichen genannten Gefühlen mußte ich unbedingt fertig werden, wenn ich ein glücklicher und zufriedener, »in sich selbst ruhender« Mensch werden wollte. »Komisch«, dachte ich, »daß ich immer noch an diesen Punkten arbeitete, anscheinend an genau denselben Themen, die mir vor vierzig Jahren schon zugesetzt haben.«

Hieß das, daß ich diese Probleme nicht wirklich gelöst hatte, oder hieß es, daß ich meine Toleranzgrenze nur heraufgesetzt hatte? In der letzten Zeit war mir so oft klar geworden, daß es mir in der Filmbranche nicht um das Geschäft ging, sondern darum, mein Leben auf der Leinwand dafür zu benutzen, mein »wahres« Leben zu verstehen, und im selben Maß, in dem das Filmen sich darauf begründete, eine Illusion zu erschaffen, die auf der Leinwand wahr werden sollte, begründete sich *mein* Leben darauf, was ich kreativ betrachtet Tag für Tag daraus machte.

Was war eigentlich der Unterschied zwischen einer Drehbuchrolle auf der Leinwand und einer Drehbuchrolle in meinem Leben? Ich selbst erschuf beide. Die eine erschien mir so real wie die andere. Ein gutes Bühnenstück hatte von seinem Aufbau her drei Akte, und wahrscheinlich schloß ich jetzt gerade den zweiten Akt meines eigenen Lebens ab und nahm zögernd den dritten in Angriff. Ich würde beim Filmen Rollen spielen, von denen ich etwas lernen würde, was mein wahres Leben bereicherte. Beide Leben würden komische Aspekte beinhalten, Unsicherheiten, Erfolge und nagende Ängste. Und die Krönung all dessen war, daß ich einen Filmstar spielte, der eine Tochter hatte, die sich Erfolg wünschte, aber von ihren eigenen Unsicherheiten gequält wurde. Warum war man mit einem solchen Drehbuch auf mich zugekommen, und was mußte ich daraus lernen?

Die Menschen, mit denen zu arbeiten ich mich entschieden hatte, waren wahrscheinlich die begabtesten, die unsere Branche je hervorgebracht hatte – ein Mitstar, der als beste Schauspielerin unserer Zeit gefeiert wurde, und ein Regisseur, der einfach alles konnte. Beide waren in der Komödie und im Drama gleichermaßen erfahren und vollendet, und beide waren für ihre eigenen Ängste und Dämonen außerordentlich aufgeschlossen.

Wie würden sich meine Mechanismen der Professionalität mit den ihren vereinbaren lassen? Ich war von der Wertvorstellung Hollywoods und der Westküste geprägt und geformt, war dort geschult und konditioniert worden. Sie waren von New York geprägt. Hieß das zwangsläufig, daß sie unserer bevorstehenden Erfahrung zynisch gegenüberstanden, oder war ich mit meiner langjährigeren Erfahrung, die den Erfahrungen dieser beiden dennoch unterlegen war, die eigentliche Zynikerin?

Ich glaubte, bei den Proben die Rolle in den Griff gekriegt zu haben, und allmählich kam ich zu dem Schluß, daß Teile dieser Person mir selbst gar nicht unähnlich waren. Ich spielte ganz bestimmt nicht Debbie Reynolds, aber irgendwie hatten wir ähnliche Erfahrungen hinter uns. Ich mochte sie und fand sie ehrlich und direkt, hart und doch feinfühlig. Sie war ein Teil meiner Vergangenheit, und jetzt, an dieser Weggabelung, schien es irgendwie, als hätte vieles auf diesen Moment hingeführt, in dem es nicht wirklich darum ging, den Film zu machen, sondern mehr darum, den Rest meines Lebens in den Griff zu kriegen.

»Du wirst riskieren müssen, bei diesem Film du selbst zu sein«, hatte Mike Nichols während der Proben gesagt. »Du wirst dich mit deinen eigenen Ängsten und deinen eigenen Konflikten auseinandersetzen müssen«, hatte er gesagt. Ich wußte, was er meinte. Ich würde die Disziplin aufbringen müssen, meine Erfahrung über Bord zu werfen, mein handwerkliches Können und die Tricks, die ich gelernt hatte, um zu empfinden – mein Leben zu »fühlen«, statt mir Gedanken darüber zu machen –, die Rolle zu »fühlen« und sie mir nicht auszudenken – mich selbst zu »fühlen«, statt mich zu analysieren. Die Geheimnisse des Ichs waren für mich immer ein Abenteuer gewesen – nicht nur des eigenen Ichs, sondern auch des Ichs anderer. Ich liebte Fragen zum *Ich* von Menschen – die tieferen Gründe, die ihr Verhalten und ihre Einstellung bestimmten. Mein Interesse am Unterbewußten, am Unbewußten und jetzt auch noch am Bewußtseinsüberschreitenden hatte nie nachgelassen.

Dort trafen sich die Schauspielerei und die Spiritualität. Jede Rolle, die ich gespielt hatte, hatte mir dazu verholfen, mich selbst besser kennenzulernen. Vielleicht war das der tiefere Grund gewesen, aus dem heraus ich Schauspielerin geworden war. Ich war tatsächlich auf die Erfahrung aus, mit all meinen Ichs zu leben. Ich wollte Empfindungen spüren, die den Gedanken transzendierten, wenn ich eine Rolle spielte. Ich wollte das wissen, was sich nicht messen ließ. Ich wollte das verstehen, was sich nicht benennen ließ. Ich wollte in die Tiefe von Gefühlen eintauchen, in der keine Zeit mehr existiert. Ich wollte mich ganz und gar in der Rolle verlieren.

Vielleicht war das »bloße Sein« genau das, worum es bei der Kreativität eigentlich ging. Ich mußte mich entspannen, bis ich einfach nur »sein« konnte, ehe ich in einer Rolle aufgehen, zu ihr werden konnte. Um eine Persönlichkeit erschaffen zu können, mußte ich mich daher mit der Essenz des Lebens identifizieren.

Ich setzte mich auf das Sofa und hoffte, eine Zeitlang würde niemand mehr zu mir kommen, und ich schloß wieder die Augen. Ich würde mich allem, was mir zustieß, fügen, ohne ein Urteil darüber zu fällen. Vielleicht war das ohnehin die Essenz der Kreativität. Vielleicht würde die Rolle klarer daraus hervorgehen. Vielleicht würde ich aus diesem kreativen Impuls heraus, der einen hindert, ein Urteil zu fällen, die Verbindung mit dem Göttlichen in der ganzen Schöpfung spüren. Dann wäre die Erfahrung der Kreativität in ihrer reinsten Form die Erfahrung der Ewigkeit gewesen.

Vielleicht begeisterten mich schöpferische Prozesse so sehr, weil, um Joseph Campbell zu paraphrasieren, »die Schöpfung der Ausdruck der ewig während Gegenwart Gottes ist«. Wenn ich mich mit diesem universellen Sein im Einklang fühlte, würde vielleicht meine Angst von mir abfallen, und ich würde mich selbst und alle anderen weniger kritisch beurteilen.

Vielleicht konnte ich meine Gefühle aus dem Gefängnis des Urteils befreien, in das wir anscheinend gesperrt worden waren. Dann könnten die Erfahrungen als Schauspielerin tiefer in mein eigenes Mysterium vordringen, in dem das wahre Ich jeden Gedanken transzendierte.

Ich schloß die Augen, und schon während ich versuchte, mich treiben zu lassen, wurde mir klar, daß ich zuviel nachdachte. Wir Schauspieler waren als Objekte der Bewunderung gedacht, jeder von uns eine Art emotionale Leinwand, auf der Drehbuchautoren und Regisseure und geniale Kameramänner die verschiedensten Bilder erschaffen und manipulieren konnten.

Das war natürlich ein kolossaler Widerspruch; und doch war der springende Punkt der, daß man sich »fügte«, wenn man mit großartigen Mitarbeitern eine Hauptrolle in einem wirklich guten Drehbuch spielte. Man erwartete von uns, daß wir unsere bewußte Identität aufgaben, damit die Kreativität den Sieg davontragen konnte – wir sollten uns der Inspiration unterwerfen, den Instinkten, der Intuition. Uns sollte die Rolle soweit zur zweiten Natur werden, daß wir es zuließen, von ihr besessen zu sein.

Wurde von uns Schauspielern in erster Linie erwartet, daß wir für diejenigen, die wir spielten, unser Ich aufgaben, um Raum für sie zu schaffen? Oder trugen wir tatsächlich etwas zum Ausdruck von Rollen bei, die wir zwangsläufig hatten bekommen müssen, weil sie Teile unseres Selbst waren und sind, die wir noch erfahren mußten? Und die wirklich guten Regisseure – die das emotionale Tempo vorgaben, den Rhythmus unseres Talents dirigierten, unsere Illusionen orchestrierten – sehnten sie sich insgeheim vielleicht danach, all unsere Rollen zu spielen? Ein wirklich guter Regisseur muß alle Rollen in seinen Filmen kennen und lieben, ebenso, wie ein wirklich guter Schauspieler seine Rolle kennen und lieben muß.

Wenn jeder Schauspieler seine Rolle liebt und jeder Regisseur alle Rollen im selben Maß liebt, dann bleibt wirklich kein Raum mehr für Rivalität, oder zumindest ist sie ausgeschlossen, ohne die Kreativität zu sabotieren. Es ist etwas ganz anderes, ob man sein Bestes leisten will oder Konkurrenz wittert, und wer sich einer geliebten Rolle unterwirft, kapituliert vor dem Besten, was er leisten kann.

Ich lehnte mich auf dem Sofa zurück und ließ meinen Gedanken freien Lauf, bemühte mich, nichts zu analysieren und mich an keiner Überlegung festzubeißen. Ich atmete ein paarmal tief ein und aus und lockerte meine Schultern, meinen Bauch, meine Hüften und schließlich Beine und Füße. Ich spürte, wie das Gefühl des »Seins« allmählich die Oberhand gewann.

Langsam, ganz langsam beugte ich mich diesem Gefühl. Außerdem, dachte ich mir, würde ich jetzt eine Realität erschaffen, in der so schnell niemand an meine Tür klopfen würde, noch nicht einmal, um mir zu sagen, es sei jetzt soweit und ich solle kommen.

5. Kapitel

SACHI

Vor langer Zeit hatte ich gelernt, daß Schwierigkeiten auf mich zukommen konnten, wenn ich nicht die Zeit zum Nachdenken hatte. Ich mußte das Gewebe meiner Gedanken ineinanderspinnen, mußte die Harmonie sehen und fühlen. Wenn ich das nicht tat, war ich reizbar, aufbrausend und grob. Heute hatte ich kurz vor diesem Punkt gestanden. Ich mußte mir eine kleine Weile Zeit zum Geschenk machen...

Die Meditation konnte ohnehin voller Überraschungen stekken. Ich wußte nie, was sich ergeben würde. Ein inneres Abenteuer, könnte man behaupten, das immer irgendeine Relevanz für meine Sorgen hatte. Nur die Sprache des Unterbewußten konnte im Bewußtsein eine Form von Verständnis aufkommen lassen. Bei der Meditation konnte eine Form von Alchimie entstehen, und das, was als Illusion erschien, wurde schlicht und einfach deshalb zur Realität, weil es erlebt worden war. Ob man im Wachen oder im Schlafen träumt, das ändert nichts. Wenn man Gefühle erlebt, sind diese Gefühle real. Vielleicht begründeten sich sämtliche Illusionen in der Realität. Konnte das Leben schlichtweg die Koexistenz von Illusion und Realität sein?

Ich atmete tief durch und ließ mich fallen. Ich entspannte mich. Ein Bild begann sich zu formen und entstand vor meinen Augen. Ich war von Wasser umgeben, lichtdurchflutet und voller pulsierender Energie. Was sah ich? War es real oder erfand ich es selbst? Ich bemühte mich, die Vision nicht mit dem Verstand zu hinterfragen, denn ich hoffte, sie mit dem Herzen wahrnehmen zu können. Das war es – ich sah, wie sich ein ganz, ganz winziges Baby in meinem eigenen Körper formte. Es hatte ein zartes Engelsgesicht, Massen von blondem Rauschgoldhaar und zerbrechliche Ärmchen und Beinchen, die angewinkelt waren und um einen pummeligen Körper herumschwammen. Es war meine eigene Tochter Sachi. Meine Tochter. Sie lächelte mich an, und meine Verwirrung belustigte sie. Warum sah ich sie ausgerechnet zu diesem Zeitpunkt vor mir? Ich lachte. Es war einfach zu unpassend. Dann sprach Sachi mit mir.

»O Mom«, sagte sie schelmisch und weise. »Das ist der schöpferische Prozeß. Du kannst daraus machen, was du willst, und das wirst du auch tun, du wirst einen Film drehen, der eine Komödie und ein Drama zugleich ist. Aber es ist keineswegs unpassend, wenn du mich gerade jetzt siehst, ehe du dich auf eine Mutter-Tochter-Geschichte einläßt. Du wirst auf deine eigenen Erfahrungen mit mir zurückgreifen. Ich werde für dich dasein, und du wirst es auf der Leinwand umsetzen. Das gehört zu unseren Abmachungen.«

Ich holte mühsam Luft. Das sollten unsere Abmachungen sein?

»O Mom«, sagte sie wieder. »Du hast doch schon so oft gesehen, daß wir Freundinnen sind. Jetzt stehen wir wieder da und haben soviel über uns selbst und über einander zu lernen.«

Es kam mir so vor, als sähe und hörte ich in meinem eigenen Innern dieses winzige tiefsinnige Wesen sagen, daß ich eingewilligt hätte, es zu gebären. Die Weisheit, die Erfahrung, das Mitgefühl und sogar der fast kosmische Humor dieses Wesens ließen sich nicht fehldeuten.

Dann folgten die Bilder immer schneller aufeinander. Mit übergangsloser Anmut wuchs sie in mir heran, und manchmal lachte sie, wenn sie ihren eigenen Körper und dessen Kräfte spürte, und abwechselnd verwirrte und ärgerte es sie, daß ein so großer Teil ihres Wohlbefindens von mir, meinen eigenen Bewegungen und meiner Geisteshaltung abhing. Ihre Gestalt nahm immer klarere Umrisse an, und ihre Persönlichkeit bekam Züge, die die Hülle ergänzten, in der sie lebte. Sie war eine geschlossene Ganzheit, deren Seele ich wirklich spüren konnte, wenn ich ihren kleinen Körper als Ausdrucksmittel benutzte. Wer würde aus ihr werden? Was konnte ich für sie tun? Was hatte es mit dieser Abmachung auf sich, die wir miteinander getroffen hatten? Was wußte sie über unsere Beziehung zueinander in anderen Zeiten und an anderen Orten? Und würde uns das gelingen, wovon sie behauptete, dafür hätten wir uns diesmal zusammengeschlossen?

Ihre Augen blieben ruhig und strahlten, als ich diese Frage stellte. Sie schien alles zu wissen – soviel mehr als ich. Sie schien in der Wahrheit verankert zu sein und Klarheit darüber zu haben, daß sie im Besitz der Wahrheit war. Der Wahrheit? Und was war das?

Ich sah, wie ihr Gesicht ernst wurde. »Das macht nichts«, sagte sie, als sei ein derartiger Dialog nicht nur vollkommen natürlich, sondern müßte auch anerkannt werden. »Du bist ich, und ich bin du. Wir beide spiegeln einander wider. Du magst zwar glauben, daß du mich hörst, aber in Wirklichkeit hörst du *dich*, weil *du* sowohl mich als auch dieses Gespräch erschaffen hast. Entspann dich, nimm es hin, und setze diese kreative Kraft bei allem ein, was du tust.«

Plötzlich war sie nicht mehr das Baby, das ich in mir spürte. Sie war geboren worden, und sie schrie und war böse auf die Luft, und ihr Gesicht hatte seine Weisheit und seine Abgeklärtheit verloren. Sie wirkte verloren und verwirrt und war hilflos und auf eine äußere Umgebung angewiesen, die ihr vollkommen unvertraut war.

Dann legte jemand sie in meine Arme. Sie blickte zu mir auf. Ein Erkennen, eine Erinnerung an zwei Seelen. Sie wurde ruhiger. Sie hörte auf zu weinen. Ihre Augen durchdrangen mich und schmiedeten in meinem Innern eine Verbindung zu ihrem zarten Herzen. Ich spürte, wie sich ihr Vermögen zu lieben in meinem Herzen regte.

Was war uns beiden gemeinsam zu tun bestimmt? Warum hatte ich außer ihr nie andere Kinder bekommen? War unsere gemeinsame Aufgabe so aufwendig, daß ich sie nicht öfter als einmal bewältigen konnte? In welche Abmachungen konnte eine Mutter mit zehn Kindern eingewilligt haben?

Jetzt fing Sachi an zu laufen, und gleichzeitig erinnerte ich mich von einem objektiven Blickpunkt aus an den Tag, an dem es dazu gekommen war. Sie war von dem schwarzweiß karierten Linoleumboden aufgestanden, und wie ein kleiner Kobold hatte sie triumphierend die Arme in die Luft geworfen. Ich hatte eine Kamera in der Hand und hielt sie bei ihrem ersten Schritt fest.

Dann wandte ich mich von ihrem Laufstall ab, und sie weinte laut und schien eine unbeschreibliche Einsamkeit auszudrücken. Ich fragte mich, wovor sie sich derart fürchtete. Vielleicht ahnte sie die Zukunft, die Jahre, in denen ich von ihr getrennt sein würde, während sie mit ihrem Vater in Japan lebte.

»Es war alles eine Abmachung, Mom«, sagte sie zu mir. »Wir wußten alle ganz genau, was wir taten. Als du mich das erste Mal mit meiner Hundemarke um den Hals allein ins Flugzeug gesetzt hast, hast du das nicht ohne meine Einwilligung getan. Das spüre ich in einer der tiefsten Schichten meiner Seele. Du spürst es auch. Daher solltest du dich nicht schuldig fühlen. Du hast nur getan, was du tun mußtest. Und ich auch. Die Verantwortung dafür nehme ich auf mich. Und jetzt müssen wir unbedingt noch einmal durchgehen, was wir gelernt haben.«

Und wie sahen diese Lektionen aus? Vielleicht zog ich so viele Drehbücher an, in denen es um konfliktreiche Mutter-Tochter-Beziehungen ging, weil sie mich etwas lehrten. Ich lernte sowohl von den Drehbuchtöchtern als auch von den Müttern, deren Rollen ich spielte. Und an dieser Weggabelung war mir keine Beziehung auf Erden wichtiger als die zu meiner Mutter und zu meiner Tochter.

Was hätte tatsächlich aufrührender, beunruhigender und erfreulicher sein können als eine Mutter-Tochter-Beziehung? Worin hätte sich die kreative Energie des Universums noch mehr entladen können, wenn nicht in zwei Frauen, denen die Aufgabe aufgebürdet worden war, einander zu erschaffen und widerzuspiegeln? Diese Vorstellung führte zu einer neuen Definition von kreativer Energie. Weibliche Energie hieß, daß man längst vergessene Einstellungen hinterfragen mußte, die sich auf Duldsamkeit, Fürsorge, Geduld, Intuition, emotionale Unterstützung und Herzensangelegenheiten bezogen. Die Welt reagierte nicht ernsthaft auf diese Einstellungen. Wir waren immer noch in männlichen Haltungen verhaftet wie Dominanz, »logischem« Intellekt, Machtgebaren und vorsätzlicher Manipulation.

Doch in unserem Versuch, auf dem Planeten zu überleben,

standen wir jetzt vor einer neuen Ära weiblicher Fürsorge. Nicht nur, daß die Männer das Weibliche in sich selbst finden und akzeptieren mußten, sondern Mütter und Töchter mußten ebenfalls die notwendige Sanftmut finden, akzeptieren zu können. Die Gurus sprachen von der Energie der Göttin. Die Ärzte und die Wissenschaftler nannten es den Ansatz von der rechten Gehirnhälfte her.

Ich bezeichnete es als die andere Hälfte unserer selbst. Ich hatte die meiste Zeit meines Lebens meine maskulinen Energien eingesetzt. Nur so hatte ich derart viel leisten können. Ich war durchaus darin versiert, was ich mit vorsätzlicher Beharrlichkeit, mit Ausdauer, mit intellektuellen Analysen und mit logischem, linearem Denken erreichen konnte. Was ich mir nicht gestattet hatte, war die Unterwerfung, die Ekstase zuzulassen. Ich hatte die Musik des Universums nicht mit dem Herzen gehört. Ich tanzte mit dem Verstand, und infolgedessen war ich mit der natürlichen Harmonie der Symphonie des Lebens im Mißklang.

Das konnte ich auch überall um mich herum spüren. So viele meiner Freunde hatten Probleme, echte Probleme, in ihren Beziehungen und ihren Ehen, mit der Arbeit, mit dem Geld usw. Es war fast so, als drehte sich die Erde in einem Rhythmus, der sich von dem der menschlichen Rasse unterschied. Wir fanden keine Übereinstimmung, fügten uns nicht in die Harmonie ein und wußten das noch nicht einmal, und alles passierte so schnell, daß das Tempo, in dem die Verwirrung zunahm, besorgniserregend war. Und doch fielen auf der ganzen Welt Schranken. Die Menschen wollten untereinander zusammenkommen, mit jenen in Kontakt treten, die eine andere Lebensform hatten, mit der Freiheit experimentieren und individuelle Auffassungen zum Ausdruck bringen.

Das Problem bestand darin, daß niemand wußte, wie man das anstellen und doch die Ordnung und die Harmonie bewahren konnte. Die jungen Leute bei uns wußten, daß die innere Realität mehr Erfahrungen für sie bereit hielt, aber da man ihnen nicht beigebracht hatte, diese Seite in sich zu fördern und zu respektieren und als real anzusehen, wandten sie sich den Drogen zu, um sich chemisch in Hochstimmung zu versetzen. Die Habgier schien ihren Siegeszug zu halten, um der bevorstehenden Aufhebung von

Besitz vorzubeugen. Verbrechen und perverse Gewalttaten warfen uns ständig wieder in die mittelalterliche Furcht vor dem Teufel zurück, und Teufelskulte blühten und gediehen und gewannen zunächst ein paar recht verkorkste Wesen als Anhänger für sich. Wir schienen mit einem Kopfsprung in den Abgrund des neuen Jahrtausends zu stürzen, ohne jedes Gespür für Harmonie, Sicherheit, friedliche Entwicklung und Überleben. Was war aus uns geworden, und wieso war es dazu gekommen?

Sachis Gesicht tauchte wieder auf. Sie trug einen Hut mit einer Blume darauf. Ihre Stupsnase war von Sommersprossen übersät, und ihr Lächeln war so strahlend wie tausend Sonnen.

»Das ist schon okay.« Sie lachte. »Es kommt alles genau so, wie es sollte, Mom. Wie wir alle es geplant haben. Solange es uns nicht schlecht genug geht, lernen wir eben nichts dazu.« Sie machte Kaugummiblasen. Die Blase platzte über ihr ganzes Gesicht, und elektrische Lichtfunken explodierten in der Luft. »Siehst du«, sagte sie, »sogar eine platzende Blase kann schön sein.«

Sachi, dachte ich, wer bist du? Bist du meine Lehrerin, meine weise Ratgeberin, in deiner Naivität eine der großen Weisen? Soll ich auf dich hören und mich ändern oder dir mit meinen Lehren deine eigene Weisheit ausreden? Wie kannst du mehr wissen als ich? Ich soll doch stark sein und dir dabei helfen, etwas zu lernen. Ich sollte dich vor meinen eigenen Ängsten bewahren, dich vor meinen Befürchtungen schützen. Ich sollte dich für den Rest deines Lebens von dieser Welt abschirmen, die außer Kontrolle geraten ist, um die Zeiten wieder gutzumachen, in denen ich nicht für dich da war.

Plötzlich traf mich wie ein Schlag die Erkenntnis, daß die erste Lektion, die ich ihr beigebracht hatte, als sie schon selbständig denken konnte, eine Lektion in Negativismus gewesen war. »Tu das nicht.« »Rede nicht so.« »Faß das nicht an.« »Laß das, laß das, laß das.«

Schlagartig erkannte ich, daß ich und wahrscheinlich viele andere Mütter ihren Babys das Konzept des Negativen eintrichterten, ehe sie auch nur die Chance bekamen, sich selbst, ihre Individualität und noch viel weniger ihre kreative Willenskraft zu erkennen. Sachis Entwicklung kam in dem Moment in Gang, in dem ich sie das erste Mal davon abhielt zu tun, was *sie* meinte. Eine negative Formel, die viel zu oft wiederholt und bekräftigt wurde und das auch noch unter dem allzu praktischen Vorwand, man täte dem Kind etwas Gutes. Kein Wunder, daß unsere Kinder im Leben stärker auf das Negative als auf das Positive reagierten. Schließlich war es das, was sie als erstes lernten.

Was hatte ich der Individualität meiner Tochter im Namen liebevoller Fürsorge angetan? Wie stark hatte ich ihre Wünsche unterdrückt, ihre Willenskraft, ihre kreative Phantasie, indem ich etwas als albern bezeichnete oder nicht die Zeit hatte, ihre kindlichen Träume voll und ganz zu würdigen und auf sie einzugehen, Träume, aus denen eines Tages eine glühende Erwachsenenrealität hätte werden können?

Kein Wunder, daß sich so viele Teenager endlich auflehnten und ihren Eltern oder sonstigen Vaterfiguren wütend vorwarfen, sie hätten sie als unfähig angesehen, je etwas richtig zu machen! Sie spürten körperliche Energien in ihren Adern fließen, und wir Erwachsenen versuchten uns an ausgeklügelten Erklärungen, um sie zu bändigen, zu unterbinden und zu unterdrücken. Wir ließen keinen Raum für ein ungehindertes Wachstum, für den größtmöglichen Ausdruck der Persönlichkeit.

Ich mußte das Unterbewußtsein meiner Tochter in einer Art und Weise unterdrückt haben, wie ich mir nie auch nur hätte vorstellen können, während sie frustriert darauf wartete, ihm freien Lauf zu lassen. Jetzt würde sie in den Trümmern der Negativität graben müssen, mit der ich sie überhäuft hatte, damit sie versuchen konnte, ihr wahres Ich freizusetzen. Dieses Ich war ursprünglich einmal zugänglich gewesen. Jetzt war es hinter Türen eingeschlossen, zu denen ich die Schlüssel hatte, ebenso wie mein ursprüngliches Ich hinter Türen eingeschlossen war, zu denen meine Mutter die Schlüssel hatte.

»Nein, Mom«, sagte Sachi, die einen Sarong trug und unter einem Baum eine saftige Mango aß, »du verstehst das nicht. Du mußt mir auch etwas zutrauen. Für das, was vorgeht, bin ich ebensowenig verantwortlich wie du – obwohl du mich erschaffen hast. All das habe ich gewollt. Was ich nicht will, ist, daß *du* dich vor *mir* versteckst.«

Ich setzte mich auf. »Was soll das heißen?« fragte ich.

»Du läßt mich *dein* Leid nicht sehen«, antwortete sie. »Dein Leiden um mich. Dein Leiden um dich. Warum vertraust du mir nicht und läßt es mich sehen?«

»Dir vertrauen?« fragte ich. »Was hat denn das mit Vertrauen zu tun?«

»Weil es hieße, daß du mich respektierst, und dich darauf verläßt, daß ich dir vielleicht helfen könnte.«

»Aber ich bin deine Mutter. Ich sollte dich keinesfalls mit all dem belasten.«

»Du bist mehr als nur meine Mutter. Du bist meine Freundin. Aber ich bin deine Mutter gewesen. Erinnerst du dich noch?«

Ich erinnerte mich.

»Du weißt, welche mütterlichen Gefühle ich für dich habe«, fuhr sie fort.

»Ja, ich weiß.«

»Dann erlaube es mir, dich noch einmal zu bemuttern. Ich besitze diese Begabung. Vielleicht kann ich es sogar besser.«

Ich errötete vor Verlegenheit.

»Schon gut, vergiß es«, sagte sie. »Wir schlüpfen im Lauf der Zeit alle in viele Rollen, stimmt's?«

»Stimmt.«

»Dann verlaß dich doch einfach darauf, daß ich für dich dasein werde. Ich werde für dich dasein, das weißt du doch. Du warst nur viel zu sehr damit beschäftigt, dir Sorgen zu machen, ob du für mich dagewesen bist oder nicht. Du machst dir zu große Sorgen darüber, was du falsch gemacht hast.«

»Ich weiß.«

Ich dachte einen Moment lang nach, während sie wieder in die saftige Mango biß. Ihre Finger schimmerten klebrig. Warum hatte ich bloß immer das Gefühl, ich dürfte ihr nicht mit meinen Problemen zur Last fallen?

»Weil«, folgerte ich, »es bei meiner Mutter genauso war. Sie hat mich nie sehen lassen, wer sie in Wirklichkeit war. Und daher dachte ich, genau das würde von Müttern erwartet.«

»Oder gerade nicht.«

»Oder gerade nicht.«

»Was glaubst du denn, was von Müttern erwartet wird?« fragte sie. Sie warf den Mangokern weg, griff in einen Korb unter dem Baum und holte noch eine Frucht heraus. Behutsam biß sie ein Ende ab und schlürfte den Mangosaft.

»Erwartet wird?« fragte ich. Ich konnte nichts darauf antworten. »Ich weiß es nicht. Ich weiß nicht, was von Müttern erwartet wird. Das habe ich nie gelernt, und daher weiß ich es nicht.«

»Das weiß niemand«, sagte Sachi. »Sie tun eben das, was ihnen richtig vorkommt.«

»Aber«, hörte ich mich protestieren, »vielleicht wäre es gar nicht richtig, das zu tun, was einem richtig vorkommt.«

»Und warum nicht?«

»Ich weiß es nicht. Vielleicht wäre es gar nicht gut für dich.«

»Laß mich das selbst beurteilen. Ich habe es dir doch schon gesagt, du vertraust mir nicht, und du respektierst mich nicht.«

»Ach.«

»Ja.«

»Tut mir leid.«

»Okay. Dann gib mir eine Chance.«

»Wie?«

»Sag mir die Wahrheit.«

»Die Wahrheit?«

»Ja. Sag mir, was du empfindest, alles – mir gegenüber, deiner Mutter gegenüber. Du hast mir nie viel darüber erzählt, wie deine Mutter mit dir umgegangen ist.«

Ich seufzte tief. Wo sollte ich anfangen? Ich rang damit. Ich war mir nicht wirklich über sie im klaren. Sie war sich über sich selbst nicht im klaren – wie hätte sie mir klar sein können? Und was mir mehr zusetzte als alles andere, war, daß die Vorstellungen, die ich mir von meiner Mutter gemacht hatte, an ihrem Lebensabend verblaßten. Ich versuchte, einige der Netze zu entwirren, die wir umeinander gesponnen hatten. Und je weiter die Zeit voranschritt und je offener unsere Gespräche wurden, desto häufiger stellte ich fest, daß meine Mutter mehr und mehr über *ihre* Mutter und die Netze sprach, in die *sie* einander eingesponnen hatten. Ihr tiefstes Schuldbewußtsein drehte sich darum, wie sehr sie ihre Mutter verletzt oder ihr Sorgen bereitet haben könnte. Es war ihr nahezu unerträglich. Und ihre Erinnerungen an dieses Schuldbewußtsein gingen fast alle auf ihre Teenagerjahre zurück, auf ihre College-Erlebnisse und ihr Gefühl, nach dem Tod ihres Vaters die Verantwortung zu tragen. Irgendwie hatte sie das Gefühl gehabt, an ihr bliebe die Last hängen, nicht nur selbst heranzuwachsen, sondern auch noch ihre Geschwister großzuziehen. Sie hatte das tiefe Bedürfnis, ihrer Mutter Verpflichtungen abzunehmen, und ich fragte mich, warum. Welche Abmachung hatte zwischen den beiden bestanden? Griffen wir alle irgendwie nahtlos ineinander über? Und waren wir, wie Sachi gesagt hatte, wirklich Spiegelbilder voneinander, damit wir mehr über uns selbst lernen konnten?

Ich dachte wieder daran, wie niedergeschlagen und beunruhigt ich auf die Einstellung meiner Mutter zum Leben reagierte, seit sie alt war. Sie erschien mir so negativ und so anmaßend in ihrem Urteil. Ich wußte, daß die Angst vor dem Sterben sich mit der abnehmenden Lebenserwartung verstärkte und daß das Unvermeidliche zu Wutausbrüchen führte. Aber ich hatte Schwierigkeiten mit ihr, wenn wir zusammen waren. Bei einem Mittagessen in Washington, D. C., redete ich mir bei einem Freund Mutters »düstere Gefühle« von der Seele. Mein Freund war Psychiater, und da er helfen wollte, sagte er etwas, was mich aus dem Mund eines Mannes erstaunte, der in der herkömmlichen Psychologie ausgebildet war.

»Hast du dir je überlegt«, sagte er, »daß die Einstellungen deiner Mutter heute deine eigenen Ängste und Sorgen widerspiegeln könnten?«

Ich wußte nicht, was er meinte.

»Vielleicht«, fuhr er fort, »*erwartest* du von ihr, daß sie sich so verhält, und daher bürdest du ihr die Aufgabe auf, genau die Empfindungen zu äußern, mit denen du bei dir selbst rechnest, wenn du erst einmal in ihrem Alter bist.«

»Du meinst, ich bringe sie aus meiner eigenen Negativität heraus dazu, sich so zu verhalten?«

»Ja«, sagte er, »und ich denke, wenn du diese Gefühle ablegst, dann wirst du feststellen, daß sie auch bei ihr verschwinden.«

Ich malte mir Mutter aus, wie sie in ihrem Wohnzimmer in Virginia über dem Potomac River saß. Ich konnte sehen, daß sie allein war, aufrecht auf ihrem Stuhl dasaß und böse auf mich war, weil ich nicht bei ihr war. Aus ihrer verletzten Würde heraus lud sie mir Schuldbewußtsein auf, sowie ich eintrat, und mit rechtschaffener Entrüstung seufzte sie, ich nähme mir so selten Zeit, nach Virginia zu kommen. Und wie konnte ich ihr die wenige Zeit, die ich für sie opferte, auch noch nehmen, indem ich mit jemand anderem zu Mittag essen ging? Meiner Meinung nach war das Bild, das ich mir machte, akkurat. Was also sollte das mit mir zu tun haben?

Ich entschuldigte mich und ging zur Damentoilette. Auf dem Rückweg rief ich Mutter an. Zwischen ihren Sätzen hörte ich am Telefon ihr verletztes Schweigen. »Ach, du meine Güte. Was soll ich denn dagegen tun?« dachte ich.

»Du hast mich beim Mittagessen versetzt«, sagte Mutter.

»Ich weiß«, antwortete ich. »Aber ich komme bald nach Hause.«

»In Ordnung, Liebling«, antwortete sie und setzte dieses Kosewort so liebevoll und verständnisvoll ein, daß es nur dazu gedacht sein konnte, auf der tiefstmöglichen Ebene Schuldgefühle auszulösen. Ich kehrte an den Tisch zurück und diskutierte noch eine Stunde lang mit meinem Freund über die objektive Realität, daß ich meiner Mutter nur eine andere Haltung vermitteln konnte, wenn ich erst meine eigene Einstellung veränderte.

Ich übte mich darin, sie mir glücklich und voller Interesse an allem vorzustellen, ihrer Gefühle der Einsamkeit beraubt, frei von dem Gedanken, sie sei übergangen worden. Ich sah, wie sich ihr Gesicht zu einem Lächeln verzog und ihre Augen vor echter Neugier strahlten, weil ich vielleicht ein oder zwei Geschichten mitgebracht hatte, die ich ihr gern erzählen wollte. Humorvoll bot sie mir Essensreste an, statt sie mir mit dem stummen Vorwurf vorzusetzen, es sei betrüblich, wie kaltherzig ich sie im Stich gelassen hatte. Das Bild, das ich mir am Essenstisch machte, wärmte mein Herz und brachte mich tatsächlich dazu, wesentlich eher zu Mutter zurückzugehen, als ich es vorgehabt hatte. In meiner Vorstellung hatte sie sich in einen Menschen verwandelt, mit dem ich gern zusammen sein wollte.

Ich bedankte mich bei dem befreundeten Arzt, stieg in den Wagen und fuhr zurück zu Mutter.

Als ich zur Tür hereinkam, saß Mutter aufrecht in ihrem

Korbstuhl. Sie hatte ohne mich gegessen. Aber als ich auf sie zukam und sie aufblickte, lächelte sie. Sie war alt und hatte ihre eigenen festen Meinungen, aber ihr Gesicht war offen und kindlich. Sie reagierte spontan, indem sie die Arme nach mir ausstreckte und mich an sich zog.

»O Liebling«, sagte sie, »es ist ja so schön, dich zu sehen. Als erstes will ich dir etwas zum Mittagessen holen, und dann setzen wir uns hin und reden miteinander. Erzähl mir alles, was du getan hast, und dann erzähle ich dir auch alles. Du siehst wunderbar aus. Du hast dich verändert.«

Ich war so überrumpelt, daß ich nicht lachen oder auch nur so liebevoll auf sie reagieren konnte, wie sie mich behandelte. Ich setzte mich und stellte sie mit Kleinigkeiten auf die Probe. Wir redeten über Filme, die Welt, darüber, wie sie zurechtkam, aber es kam zu den weitschweifigen Erzählungen ohne jeden Zusammenhang, zu denen alle alten Leute neigen. Nach etwa einer Stunde sagte ich schließlich: »Mutter, was ist geschehen? Du wirkst so glücklich wie seit Jahren nicht mehr?«

»Ja«, sagte sie, »du hast recht. Ich hatte meine negative Einstellung einfach satt. Und daher habe ich mich entschlossen, sie abzulegen. So kann ich mich gleich viel besser leiden.«

»Wann ist das passiert?« fragte ich, denn ich konnte einfach nicht fassen, wie schnell sie sich verändert hatte. Oder hatte ich mich am Telefon getäuscht?

»Ach, ich weiß es selbst nicht«, sagte sie. »Erst kürzlich.«

Wir saßen bis in den späten Abend da und redeten von Frau zu Frau, ohne Groll, ohne druckempfindliche Punkte, ohne jeden manipulierenden Knopfdruck. Es war schön. Sie schien etwas Neues in sich selbst gefunden zu haben und heiter in sich zu ruhen.

»In meinem Alter kann ich ohnehin nicht mehr viel tun«, sagte sie später, »und daher kann ich ebensogut zufrieden sein und die Dinge nehmen, wie sie sind.«

»Siehst du?« sagte Sachi. »Warum läßt du dir nicht von dir selbst und von deiner Mutter etwas beibringen. Sei locker, sei du selbst. Du bist durch sie geworden, was du bist, und sie ist durch ihre Mutter geworden, was sie ist und so weiter. Wir Frauen müssen einander verstehen.«

Ich hörte, daß an meine Tür geklopft wurde. Ich schlug die Augen auf.

»Wir sind jetzt soweit für die Aufnahmen«, sagte eine neue Regieassistentin, die ich bisher noch nicht getroffen hatte.

»Ah, ja. Danke«, sagte ich und versuchte, mich in die Realität zurückzuholen. Die Realität? Was war real? Ich schloß die Augen wieder. Sachi war fort.

Hatte ich geträumt? Es kam mir eher wie eine »reale« Illusion vor, die ich erschaffen hatte. Für mich wurde eine Illusion zur Realität, sowie sie in meiner Vorstellung erschaffen worden war. Ich hatte sie gesehen; ich hatte sie erlebt.

Wir Schauspieler spielten ständig mit dieser Vorstellung. Wir waren meisterhaft darin, der unterbewußten Realität in all ihren Abstraktionen zu gestatten, unseren bewußten, logischen Verstand zu durchdringen, bis wir die Mischung zu einer völlig anderen dritten Realität umrührten, die wir für unsere Arbeit benutzten.

Wir waren Zauberkünstler in der Alchimie des Gleichgewichts. Wir ließen emotionale Illusionen fortbestehen, bis die Realität durch einen Konsens real für ein Publikum aus Individuen wurde, die es sich gestatteten, sich von allem mitreißen zu lassen, was ihre eigenen schlummernden, unausgelebten Gefühle wachhielt. Die Illusion und die Realität wurden eins und abhängig von der jeweiligen Perspektive. Sie führten eine Koexistenz, um anderes Leben zu erschaffen. Das Leben war wahrhaft mehr als die bewußte Realität. Tatsächlich entsprang vielleicht der größte Teil dessen, was uns am Leben am besten gefiel, unterbewußten Illusionen.

Ich liebte es, die Tür zu alternativen Realitäten offenzulassen. Die Verwirrung, die daraus entstand, hatte ihre eigene Logik. Dieser Verwirrung entsprang eine großräumig angelegte Klarheit. Aber mehr als alles andere begeisterte mich die Vorstellung, daß dieses Leben, das ich lebte, möglicherweise einfach nur ein Traum sein könnte, den ich träumte, während ich in einer ganz anderen Realität fern von hier lebte. Wenn man einen Film drehte, dann war das ein Nachspann für diesen Traum.

Als ich die Hose anzog, freute ich mich wieder, daß mir Größe 38 paßte, und dann trat ich in die kalifornische Sonne hinaus, blinzelte, überquerte die Straße und machte mich auf den Weg zum Studio 17.

Ich würde wieder einmal eine Mutter in einem Film über die komplizierten Verzwicktheiten einer Mutter-Tochter-Beziehung spielen. Es war ein entscheidendes und persönliches Thema. Und da ich das Bedürfnis hatte, die verworrenen Einzelheiten zu verstehen, fühlte ich mich eindeutig von dem Thema angezogen, und anscheinend benutzte ich meine Arbeit, um selbst weiterzukommen. Wenn ich die Figuren in meinen Filmen verstehen konnte, dann konnte ich vielleicht auch die Gestalten in meinem Leben verstehen – mich selbst inbegriffen.

Meine Rolle in *Zeit der Zärtlichkeit* war die einer Mutter gewesen, die von ihrer Tochter verlangte, daß sie ein Leben lang ihre Erwartungen erfüllte. Ihre ständigen nagenden Ängste, ihre negative Einstellung und die Katastrophen, die sie ausmalte, manifestierten sich schließlich im Tod der Tochter, die an Krebs starb.

Als ich den Film drehte, wurde ich oft an die Befürchtungen erinnert, die meine Mutter um mich hatte. Sie hatte Ängste, die nicht im entferntesten realitätsnah waren. Es war, als müßte sie sich Sorgen machen, um eine Identität zu haben. Wenn sie darüber reden konnte, was eventuell schiefgehen konnte, statt sich über die Dinge zu freuen, die klappten, wußte sie, woran sie war. Der positive Gesichtspunkt hätte nur ihren Widerwillen auf den Plan gebracht, ihm zu trauen.

»O Shirl«, sagte sie. »Das wird sehr schwierig werden, nicht wahr? Sei vorsichtig, Liebling. Man weiß nie, was alles schiefgehen könnte.« Aurora in *Zeit der Zärtlichkeit* war weitaus destruktiver als Mutter. Aber beide machten sich jede Menge Sorgen.

Als meine Mutter selbst an Krebs erkrankte, fragte ich mich, ob diese Krankheit vererblich war, oder war vielleicht die Psychologie der Negativität weit todbringender? Als ich am Krankenhausbett saß und den Tod meiner Filmtochter erwartete, gestattete ich es mir nie, mir vorzustellen, dasselbe könnte mir möglicherweise in meinem eigenen Leben zustoßen. Ich wollte keine Energie darauf vergeuden. Ich lernte zusehends, daß Gedanken eine Macht besaßen, die sich durchaus in der Realität manifestieren konnte.

Bis zu den Dreharbeiten zu *Grüße aus Hollywood* hatte ich

meine Rollen nie in dem Glauben gespielt, sie könnten für mich selbst wahr werden. Das war nicht meine Art. Ich sah darin ein Sichgehenlassen. Ich spielte die Rolle, in deren Leben es zu diesen Ereignissen kam, und ich setzte nur einen Teil meiner selbst ein, der darauf reagierte. Ich war nicht bereit, mir vorzustellen, Sachi könnte möglicherweise sterben, und ebensowenig war ich gewillt, um eines Filmes willen diese Vorstellung auszubeuten. Es kann sein, daß das ein Teil der Probleme war, die Debra Winger und ich bei der Zusammenarbeit hatten. Sie glaubte wirklich, daß sie an Krebs starb, und ich spielte nur, es sei so. Ich hatte die Disziplin der Bühne gelernt. Wenn ich wirklich geglaubt hätte, daß das, was ich tat, real war, hätten sie mich in einer Zwangsjacke abgeholt.

Durch die Disziplin des Tanzens hatte ich vermutlich gelernt, wie ich meinen emotionalen Vorhang orchestrierte, konservierte und manipulierte, um der Rolle zu dienen, ohne mir selbst damit zu schaden. *Ich* konnte sehen, daß Aurora Greenway den Tod ihrer Tochter durch ihre negative Haltung, die sie ständig ausdrückte, auf sie übertrug, aber Aurora konnte das nicht erkennen.

Während Aurora ihre Tochter ausschalt, sie nähme sich nicht genug in acht und vor allem lebe sie ein Leben, das ihr nicht gefiele, war ich daher in der Lage, eben diese Aspekte in mir selbst zu erforschen. Von Aurora konnte ich viel lernen. Wenn ich diese Welt schließlich verlassen werde, dann hoffe ich, es liegt daran, daß *ich* dazu bereit bin, und kommt nicht dadurch zustande, daß ich mich irgendeiner negativen Konditionierung unterwerfe, die ein anderer mir aufbürdet, und dasselbe hoffe ich auch für Sachi. Während ich über das Altern und den Tod in meinem Film nachdachte, war natürlich meine eigene Mutter die ständige Erinnerung an die Realität. »Ich habe Angst vor dem Sterben«, sagte sie oft zu mir. »Aber ich glaube, vor dem Leben habe ich noch mehr Angst.«

»Bereust du viel?« fragte ich sie dann.

»Ach, ich weiß es selbst nicht«, sagte sie. »Ungeachtet all dessen, was ich nicht getan habe, habe ich doch dich und Warren.«

»Dann hast du deine kreativen Energien also in uns einfließen lassen, stimmt's?« sagte ich darauf. »Du hast uns zu dem gemacht, was wir sind.«

»O ja. Und ich bin sehr stolz darauf. Was könnte sich eine Mutter noch mehr wünschen?«

Ich lachte immer, wenn sie ihr großes unförmiges Sweatshirt auf ihren Spaziergängen trug. Darauf stand: »Belästigen Sie mich nicht. Meine Kinder haben beide Oscars bekommen.« Mein Agent hatte es ihr geschenkt.

Sie saß mit nach innen gekehrten Zehen da, war über einen Suppenteller gebeugt, und ihre Augen funkelten fast magisch. Dann drängte sie ihre Koboldnatur zurück, indem sie ein langes, schlankes Bein über das andere schlug und in ihrer würdigen Haltung zu einer Figur aus irgendeiner längst vergessenen königlichen Familie wurde. Meine Mutter besaß Haltung. Das muß man ihr lassen. Und sie ließ einen kleinen Moment lang vergessen, daß sie viel durchgemacht hatte, nahezu Unerträgliches.

Ich fragte mich, ob Sachi ähnlich über mich dachte. Da waren wir jetzt, ein Dreigestirn von Frauen, die absolut unterschiedlichen Hintergründen entstammten, und doch war jede von uns in das Leben der anderen hineingeboren worden, und jede von uns rang sowohl mit dem Leben selbst als auch mit den komplizierten Einflüssen, die wir aufeinander hatten.

Ich entstammte einem mittelständischen amerikanischen Hintergrund, dem Mason-Dixon-Zweig, und ich hatte eine kanadische Mutter und einen Vater aus einer Kleinstadt in Virginia. Meine Tochter stammte von einer amerikanischen Mutter und einem Vater, der Amerikaner war, aber wie ein Japaner dachte und lebte. Ursprünglich war sie mit einem Elternteil (mir) in Amerika aufgewachsen. Aber in den wesentlichsten Entwicklungsjahren (von sechs bis zwölf) war sie nach Japan gegangen, hatte bei ihrem Vater gelebt und war entsprechend geprägt worden. Der Einfluß der östlichen Kultur war stärker als der des Westens gewesen, denn er war ihr von ihrem Vater aufbereitet worden, als sie alt genug war, ihn bewußt in sich aufzunehmen.

Wie sollen zwei solche Frauen einander je wirklich verstehen?

Meine familiären Erfahrungen waren die herkömmlichen. Meine Mutter und mein Vater lebten zusammen und hielten die amerikanischen Wertvorstellungen und Moralbegriffe hoch, die von ihrer gesellschaftlichen Umgebung anerkannt wurden. Sachis familiäre Erfahrungen waren die mit einem Vater und einer Mutter, die getrennt lebten, und ihre gesellschaftlichen Umwelteinflüsse waren die orientalischen gewesen. Das ließ sich schwer miteinander übereinbringen.

Manchmal schienen wir einander sehr nahe zu sein, und doch trennten uns Welten. Die Probleme, die wir miteinander hatten, waren ganz anders als die Probleme, die ich mit meiner Mutter hatte. Ich kannte Mutter gut. Sie kannte mich gut. Knifflig wurde es, weil wir einander so gut kannten und derart aufeinander eingespielt waren. Ich sah sie in mir selbst, und manchmal akzeptierte ich das, aber manchmal verwahrte ich mich auch dagegen. Es war mir allzu vertraut und beunruhigte mich auch, daß ich in mir selbst meine Mutter sah. Ich hatte meinen Vater durch die Augen meiner Mutter gesehen, weil sie immer der Elternteil gewesen war, der da war und sich um mich kümmerte.

Sachi und ich kannten einander eigentlich nicht allzu gut – nicht so, wie es ein Miteinanderleben im Alltag diktiert hätte. Sie hatte ihren Vater nicht durch meine Augen gesehen und ebensowenig die Kultur, von der sie umgeben war, als sich bei ihr die Fähigkeit herausbildete, kulturelle Werte zu verinnerlichen. Ich war ihr eher eine Freundin und eine abwesende Mutter gewesen, und das hatte seine guten, aber auch seine schlechten Seiten. Wir rivalisierten nicht miteinander, wie es im allgemeinen der Fall ist. Statt dessen litten wir manchmal unter der *mangelnden* Kenntnis, wie wenig wir voneinander wußten.

Daher bestand unsere Beziehung nicht darin, Knoten zu lösen, in die wir uns im Lauf der Jahre verstrickt hatten. Unsere Beziehung sah im Moment so aus, daß wir diese bestehenden Bande akzeptierten und darin goldene Fäden eines liebevollen Umgangs miteinander sahen, den wir beide brauchten, um einander kennenzulernen und Verständnis füreinander aufzubringen.

Mutter und ich waren nahezu festgefahren, wenn es darum ging, unser emotionales Territorium gegeneinander abzugrenzen. Wir rivalisierten oft miteinander und gingen unsensibel miteinander um, weil wir einander so gut kannten. Jeder kannte die Knöpfe und Hebel, mit denen wir beim anderen Reaktionen auslösten. Dann kam es zu Explosionen, die unerträglich waren.

Sachi und ich waren gerade erst dabei, unsere Territorien abzustecken, und wir entdeckten behutsam bestimmte Überempfindlichkeiten und wunde Punkte, und wir verspürten nie wirklich die Versuchung, sie auszuloten, um sie in einem Machtkampf einzusetzen; wir waren eher bemüht, sie zu *finden*, damit jeder von uns genauer erfuhr, wer der andere war. Wir fürchteten uns sogar tatsächlich davor, die Schwachstellen des anderen zu treffen, weil wir die Liebe nicht gefährden wollten, von der wir wußten, wie tief sie war und daß sie doch bislang so wenig Ausdruck gefunden hatte.

Bei meiner Mutter machte ich mir Gedanken, wie ich mit ihr zurechtkommen konnte. Wir sprachen nie darüber, wieviel wir einander bedeuteten und wie tief unsere Liebe verwurzelt war. Sachi und ich redeten ständig darüber, was wir empfanden, und wir suchten immer wieder nach Ausdrucksweisen für unsere Gefühle. Wir hatten nicht genug Zeit miteinander verbracht, um zu wissen, wie wir das anstellen sollten, aber wir hatten auch nicht genug Zeit miteinander verbracht, um zu wissen, wie man die Beziehung sabotieren konnte.

Ich dachte wieder daran, wie sie mich damals angerufen hatte, um mir mitzuteilen, daß sie wegen einer Gebärmutterschleimhautentzündung operiert werden sollte. Ich war in meinem Haus am Pazifik, und da sie sehr viel zu tun hatte, ließ sich die Operation nur am kommenden Morgen einschieben.

Ich war verzagt. Ich saß am Schreibtisch und hatte einen Abgabetermin für mein Buch, doch ich würde trotzdem zu ihr kommen. Sie sagte, das sei nicht nötig. Doch dann machte sie mir eine riesige Freude, als sie mich bat, bei ihr zu sein. Am nächsten Morgen saß ich auf dem Beifahrersitz meines Wagens, während Mike (mein Hausverwalter) mich zum Sea-Tac-Flughafen fuhr. Wir gerieten in einen Verkehrsstau. Wenn ich das Flugzeug verpaßte, würde ich Sachis Operation verpassen. Im Nordwesten reden die Leute langsam, sie bewegen sich langsam, und vielleicht denken sie sogar langsam. Sie sind allerdings auch gründlicher und vergessen es nie, anzuhalten und an den Rosen zu riechen. Was ich nicht ertrug, war, daß Mike während der Fahrt an jeder einzelnen Rose zu riechen schien, selbst dann, wenn er einen Wagen hätte überholen und schneller vorankommen können.

Geduld, dachte ich. Das ist mit Sicherheit eines meiner größten Probleme in diesem Leben. Was brachte es uns überhaupt, wenn wir einen Wagen überholten? Ein paar Sekunden?

Schließlich ging es dann wirklich um ein paar Sekunden, ob ich den Flug bekommen würde oder nicht. Um sechs Uhr fünfundfünfzig fuhren wir bei United Airlines vor. Ich rannte zum United-Schalter, um ein Ticket zu kaufen (ich hatte es im voraus reserviert). Die Frau am Schalter sagte mir, es sei zwecklos. Ich sagte, ich würde dieses Flugzeug nehmen, geschähe, was wolle.

Ich beschloß, daß ich als Schauspielerin genug gelernt hatte und einfach Erfolg haben mußte, und ohne zu wissen, was ich zu erwarten hatte, malte ich mir aus, ich säße in diesem Flugzeug. Ich raste durch die Sicherheitskontrollen. Zum ersten Mal in meinem ganzen Leben nutzten die uniformierten Beamten ihre Autorität und ließen mich den gesamten Inhalt meiner Tasche ausschütten. Sie machten sich Sorgen, ich würde das Flugzeug mit meiner Nagelschere entführen. Jemand schaute auf, sah mir ins Gesicht und erkannte mich. Daraufhin wies man die anderen an, mich weitergehen zu lassen. Ich fragte mich, wie viele gesichtslose, unbekannte Einzelpersonen, die mit einem Nageletui reisten, an dem Tag ihr Flugzeug verpassen würden.

Ich rannte zu der Untergrundbahn, die mich am schnellsten zu Flugsteig 17 bringen würde. Ich sprang heraus und raste die Stufen der Rolltreppe hinauf, und die Leute traten zur Seite, denn sie spürten, daß sie es mit einer Frau in einer Notlage zu tun hatten. Die Tür zu Flugsteig 17 war geschlossen.

Ich schaute durch das Fenster. Die Treppe wurde gerade fortgezogen. Niemand führte die Aufsicht. Ich traf eine Entscheidung. Ich zog die Tür auf und sprang die Treppe herunter. Der zuständige Angestellte der Fluggesellschaft, der den Knopf gedrückt hatte, schnappte nach Luft, als er mich sah. Anscheinend fürchtete er, ich hätte zuviel Schwung und würde nicht rechtzeitig anhalten können und daher am anderen Ende des Brückenkopfs hinunterspringen; daher drückte er einen anderen Knopf, und die Treppe blieb plötzlich still stehen.

Wie auf einen Einsatz hin sah ich, daß sich der Pilot im Cockpit umdrehte und mich ansah. Er zog die 747 buchstäblich vom Flugsteig fort, als ich mit den Armen in der Luft herumfuchtelte. »Halt! Kommen Sie zurück!« schrie ich, obwohl ich wußte, daß er mich nicht hören konnte, aber um ihm meinen Gefühlsausbruch wirklich zu vermitteln, brauchte *ich* meine Stimme als Toneffekt. Er schien verblüfft zu sein.

Inzwischen hatte man jemandem von der Fluggesellschaft berichtet, auf der Treppe triebe sich eine Irre rum, und aus irgendwelchen Gründen verzögerte der Pilot seinen Abflug. Es war eine Frau, die mich erkannte. »Was tun Sie denn da, meine Liebe?« fragte sie. »Sie wissen doch, daß wir den Abflug jetzt nicht mehr stoppen können.«

»Aber Sie müssen es tun«, flehte ich. »Ich *muß* in zwei Stunden in Los Angeles sein. Es geht einfach nicht, daß ich *nicht* da bin. Ich *muß* dieses Flugzeug kriegen.«

»Dann zeigen Sie mir Ihr Flugticket«, sagte die Frau.

Gott sei Dank, dachte ich. Es geht also doch. Es wird sie nicht stören, wenn ich kein Ticket habe.

»Ich habe kein Ticket«, sagte ich. »Aber ich verspreche Ihnen, daß ich gleich nach der Landung eins kaufen werde.«

Sie lachte wirklich. Sie winkte dem Piloten ab, der das Geschehen mit einem faszinierten Gesichtsausdruck beobachtet hatte.

»Das ist ganz ausgeschlossen«, sagte die Frau. »In zwei Stunden geht der nächste Flug. Mit *dem* kann ich Ihnen behilflich sein.«

Ich wandte mich zu dem Piloten um und fuchtelte wieder mit den Armen durch die Luft. Diesmal noch eindringlicher.

Dann wandte ich mich ab und lief zum Flughafen zurück. Inzwischen hatte man eine ranghöhere Angestellte geschickt, die mit diesem verrückten Filmstar fertig werden sollte. Sie hatte ein freundliches Gesicht, aber ich wußte, daß ich unbedingt Eindruck auf sie machen mußte, und hätte sie ein Gesicht gehabt, das abschreckender als der Jüngste Tag war. Ich kann nicht behaupten, daß das, was ich tat, geschauspielert war – meine Empfindungen waren ehrlich und aufrichtig. Bei einer Filmszene dagegen hätte ich mich bestimmt nicht dafür entschieden.

Ich sank auf die Knie und brach in Tränen aus. »Meine Tochter ist sehr krank«, brachte ich schluchzend hervor. Ich schaute mich nach dem Piloten um, der das Geschehen jetzt durch das Cockpitfenster beobachtete. (Ich achtete genau darauf, daß ich durch die Fensterscheibe des Flughafengebäudes zu sehen war, die übrigens durch die Morgensonne eine optimale Beleuchtung bot.) Der Pilot schien gewarnt zu sein. Er würde sich nicht von der Stelle rühren. Mir blieb also noch ein wenig Zeit.

»Meine Tochter wird in drei Stunden in L. A. operiert. Ich *muß* da sein! Ich *muß* bei ihr sein! Wenn ich nicht da bin, fühlt sie sich von mir vernachlässigt, und ich fühle mich jetzt schon schuldbewußt, weil ich ihr das in ihrem Leben schon öfter angetan habe.« Die Frau mit dem freundlichen Gesicht starrte mich an. Das war kein Geständnis von der Sorte, mit dem man in der Abflughalle eines Flughafens rechnete. »Bitte«, fuhr ich fort, »bitte.«

Ich wandte mich zum Flugzeug um. Es stand immer noch still. »Sehen Sie?« sagte ich. »Der Pilot will mich mitnehmen. Er ist noch da. Wahrscheinlich ist sein Abflug ohnehin schon verschoben worden.« Ich hatte die Frau eingewickelt. Das wußte ich.

Sie sah den Piloten an. Er winkte. Sie sah mich wieder an. »Zeigen Sie mir Ihr Ticket«, sagte sie.

Ich dachte an all die Filme, die ich über Menschen im Zweiten Weltkrieg gesehen hatte, denen die vollständigen Papiere fehlten, um in die Freiheit zu gelangen. Ganze Filmdrehbücher waren darüber geschrieben worden, wie sie durch ihre Überredungskunst Züge oder Flugzeuge bekommen hatten, die sie über Landesgrenzen brachten. Mein kleiner Vortrag erschien mir außerordentlich viel weniger ergreifend und dafür allzu melodramatisch.

»Ich verspreche Ihnen, daß ich sofort nach der Ankunft ein Tikket kaufe«, sagte ich. »Sie dürfen nicht zulassen, daß nur ein Flugschein mich daran hindert, für meine Tochter dazusein. *Bitte!*«

Dem konnte niemand widerstehen. Und außerdem war es mein Ernst. Ich dachte an die Kontroverse über die künstlichen Tränen des Journalisten in Jim Brooks' *Broadcast News*. Bei der ersten Aufnahme waren die Tränen echt gewesen. Aber bei der Berichterstattung brauchte er eine »Oscarflasche« (Glycerin), um die ursprüngliche Wirkung wieder zu erzielen. Ich war nicht sicher, ob ich meine Kniefallszene auf dem Flughafen noch einmal hätte wiederholen können. Wie sich herausstellte, war das gar nicht nötig.

Die Dame von der Fluggesellschaft schmolz (ich glaube, sie

hatte selbst auch Schuldkomplexe). »Na gut«, sagte sie, als sie dem Piloten zuwinkte, der darauf versessen war, in das Geschehen einzugreifen, und nur seine Anweisungen abwartete. Sie drückte auf einen anderen verborgenen Knopf, und wie ein Sesam-öffne-dich! ging die Tür wieder auf. Sie führte mich durch die Schleuse zum Flugzeug und klopfte dort an. Ich fragte mich, was für ein Gefühl es wohl sein mußte, durch diese Tür bei einem Unglück plötzlich entkommen zu müssen. Wenn automatische und gewohnte Abläufe durchbrochen werden, malt sich der Verstand Krisensituationen aus.

Plötzlich tauchte die Stewardeß im Flugzeug auf. Die Flugzeugtür war offen. Ich würde das erleben, was ich mir mit aller Konzentration bildhaft vor Augen geführt hatte, während man mich bei der Sicherheitskontrolle als gefährliche Flugzeugentführerin eingeschätzt hatte. Der dritte Akt würde nicht schlecht ausgehen.

»Sie sind einfach wunderbar«, sagte ich zu der Dame von der Fluggesellschaft und meinte es vollkommen ernst, und doch erkannte ich voll und ganz, wie gönnerhaft eine solche Wahrheit unter den gegebenen Umständen klang. »Wie heißen Sie?«

»Linda«, sagte sie. »Und mir haben so viele von Ihren Filmen gefallen, vor allem *Zeit der Zärtlichkeit*. Damit konnte ich mich wirklich identifizieren.«

Sie hatte also tatsächlich eine Tochter, und es gab auch in ihrem Leben ungelöste Probleme.

»Machen Sie noch mehr solche Filme«, sagte sie, »und Sie kommen in jedes Flugzeug ohne Ticket rein!«

»Ich danke Ihnen, Linda. Das werde ich Ihnen nie vergessen.« Ich hätte ihr gerne noch gesagt, sie solle sich *Grüße aus Hollywood* ansehen, wenn sie sich für eine neuere Version von Mutter-Tochter-Beziehungen interessierte.

Sie drückte auf den Knopf für den Brückenkopf, und die Frequenz klang ähnlich wie die Alarmglocke eines Aufzugs in einem Kaufhaus.

Ich trat in die Kabine erster Klasse, setzte mich und fühlte mich unglaublich privilegiert und daher nur um so schuldbewußter. Niemand blickte auf. Sie lasen den *Seattle Post Intelligencer* und bereiteten sich auf Geschäfte in L. A. vor. Da so viele Menschen von L. A. nach Seattle flogen, fragte ich mich, wie oft sich eine Szene wie die meine in den kommenden Jahren noch wiederholen würde.

Ich lehnte mich auf Platz 1A zurück, legte die Füße hoch und bereitete mich darauf vor, für Sachi dazusein. Sie würde über das Drama lachen, das ich inszeniert hatte, und sie wäre auch zurechtgekommen, wenn ich mit meiner Szene nichts erreicht hätte. *Ich* war hier diejenige, die unbedingt für sie dasein mußte. *Ich* mußte die Vergangenheit wiedergutmachen, indem ich in der Gegenwart für sie da war.

Nach meiner Ankunft in L. A. nahm ich einen Leihwagen und fuhr zu Sachi, um sie abzuholen. Sie ist für Suggestionen anfällig, und da sie wußte, daß sie in wenigen Stunden eine Vollnarkose erwartete, war sie bereits leicht abgehoben.

Sie verließ sich voll und ganz darauf, daß ich für alles sorgen würde. Obwohl sie ambulant behandelt wurde und am selben Abend wieder zu Hause sein würde, hatte sie ihre Frisiersachen, ihren Schlafanzug und Hausschuhe in eine kleine Tasche gepackt, um sie ins Krankenhaus mitzunehmen. Sie wirkte besorgt und zerbrechlich und doch in der Lage, angesichts von Widrigkeiten ein zähes Standhaltevermögen aufzubieten.

Ihr Freund kam, und mein Gefühl, dringend gebraucht zu werden, bekam einen kleinen Knacks durch seine Anwesenheit und die bereits getroffene Abmachung, daß er sie zum Krankenhaus fahren und ich bei ihr bleiben würde, bis sie nach Hause gehen durfte. Ich fragte mich, was für eine Sorte Schwiegermutter ich wohl werden würde, wenn sie irgendwann einmal heiratete.

Ganz offensichtlich war ich nie eine typische Mutter gewesen, die ihr Kind ständig umsorgte und immer für es da war. Ich wußte, daß es Leute gab, die behauptet hätten, ich sei meiner Tochter gar keine Mutter gewesen. Im Grunde genommen hätte *ich* das sogar selbst behauptet – vielleicht zu Unrecht, und doch hätte ich es behauptet.

Ich dachte darüber nach, wie ihr Vater und ich uns darauf geeinigt hatten, daß Sachi nicht in Hollywood aufwachsen sollte. Dies ist für ein Kind eines Filmstars kein guter Ort, um eine gesunde Lebensweise vermittelt zu bekommen. Ich hatte bei den Kindern vieler meiner Freunde mitangesehen, wie Reichtum, Macht, Rauschgift und Geld zu ihrem Ruin führten. Daher schrieben wir Sachi in einer internationalen Schule in Tokio ein, denn dort lebte und arbeitete Steve.

Wir waren die meiste Zeit voneinander getrennt, doch wir empfanden unsere Ehe als angenehm zwanglos, und in den Augen anderer war sie zugegebenermaßen unorthodox, aber das machte nichts. Wir hatten das Gefühl, Sachi bräuchte unseren liebevollen Beistand – obwohl ich nicht immer mit ihr zusammensein konnte –, eine gute Schulbildung und eine Haltung zum Leben, die sie in der Welt und nicht in Hollywood weiterbrachte. Ich wußte, daß Steve sie lieben und sich um sie kümmern würde, und ich wußte, daß das Kindermädchen, das wir eingestellt hatten, liebevoll und aufmerksam war.

Während die Jahre im Flug vergingen und wir ihre langen Schulferien fast immer gemeinsam verbrachten (einen Monat an Weihnachten, einen Monat an Ostern und dreieinhalb Monate im Sommer), schien sie sich zu einem sensiblen und charmanten Menschen zu entwickeln – durch allzuviel Selbstsicherheit zeichnete sie sich nicht gerade aus, soviel steht fest, und manchmal war sie schüchtern, aber sie hatte ein unglaubliches Gespür für die Gefühle und Ängste anderer Menschen und ging immer sensibel und mitfühlend auf jeden ein, der Sorgen hatte und Hilfe brauchte.

Aber in unserem jetzigen Leben und in unserer Beziehung, ich in den mittleren Jahren und sie in ihren Dreißigern, befaßten wir uns ernsthaft damit, unsere Mutter-Tochter-Problematik zu bewältigen, und wir brachten eine außerordentliche Bereitschaft auf, jegliche Schwierigkeiten auszuräumen, die wir miteinander hatten.

Es war nicht einfach. Wir gingen gemeinsam zur Therapie, und dort lernte ich, wie nachlässig ich in ihrer Kindheit wirklich gewesen war. Ich hatte mich der Illusion hingegeben, ihr Vater sei wirklich für sie dagewesen, aber das war nicht der Fall, und Sachi hatte sich nie bei mir beklagt. Sie hatte ihre Einsamkeit ohne mich ertragen, ohne ihn und letztendlich ohne den Halt einer Familie, der ihr neue Kraft gegeben hätte. In mancher Hinsicht war das ein

Vorteil für sie; aber ich hatte jetzt das Gefühl, ich hätte sie im Stich gelassen, weil mir nicht klar gewesen war, was sich bei ihr getan hatte, solange ich nicht dort war.

Sachi hatte sich zu ihrer eigenen quasi spirituellen Suche aufgemacht, nie mit der Neugier, mit der ich solchen Dingen begegnete, aber doch soweit fasziniert davon, daß sie ihre eigene Identität ergründen und wissen wollte, was diese für ihr spirituelles Wachstum als eine menschliche Seele bedeutete, die auf Erden lebte. Sie schien ihr Leben, ihre Kindheit und ihre Probleme bereitwillig als Dinge zu akzeptieren, mit denen sie selbst sich auseinandersetzen mußte, die sie sich selbst ausgesucht hat, und die dazu dienten, ihr Erleuchtungen zu geben. Sie hatte immer geglaubt, daß die Entscheidung, Mutter und Tochter zu sein, auch bei uns selbst gelegen hat und daß wir schon viele Leben gemeinsam verbracht haben. Wenn man sie fragen würde, ob sie an Reinkarnation glaubt, würde sie wahrscheinlich nein sagen, oder auch sie wüßte es nicht. Aber wenn man sie fragen würde, ob *wir* einander schon aus einer anderen Zeit und von einem anderen Ort kennen, würde sie das ohne jedes Zögern bejahen. Sie könnte es nicht beweisen, würde sie sagen, aber sie fühlte es deutlich.

Somit hat Sachi die Verantwortung für ihre Sorgen und Probleme immer selbst getragen und nie einem anderen die Schuld daran gegeben. Damit sind unsere Probleme miteinander oder die Schwierigkeiten, die wir mit jemand anderem haben, nicht aus der Welt geschafft, aber es ermöglicht es eher, sie zu bewältigen.

Zu unserer Problematik gehört mein Schuldbewußtsein, weil ich nicht so oft für sie dagewesen bin, wie ich es meiner Meinung nach hätte sein sollen. Meine Mutter hatte mich auf die herkömmliche Art großgezogen. Sie hatte mir die Mahlzeiten gekocht, den Haushalt geführt, mir bei den Schularbeiten geholfen, mich beraten, wenn es um den Tanz oder um meine Freunde ging. Sie war, auf den ersten Blick gesehen, immer für mich da. Und doch war die erste Erkenntnis, zu der ich vor Jahren bei meiner eigenen Therapie gelangte, die, daß ich die psychologischen Merkmale eines Waisenkindes aufwies (das ist die Bezeichnung des Psychiaters, nicht meine). Ich wußte, daß es stimmte, aber ich verstand nicht, warum es so war. Wie konnte ich die Grundhaltung eines Waisenkindes haben, wenn meine Eltern immer für mich dagewesen waren? Später sollte ich dann lernen, daß das nur mit der Qualität der Zeit zu tun hatte, die wir miteinander verbrachten, nicht mit der Quantität. Das gab mir ein wesentlich besseres Gefühl, was meine Zeit mit Sachi anging, aber es milderte mein Schuldbewußtsein nicht.

Als ich neben ihrem Krankenhausbett saß, während die Krankenschwester versuchte, die Nadel für den Tropf in ihren Arm zu stechen, zuckte Sachi vor Schmerz zusammen, und ich griff nach ihrer anderen Hand, drückte sie, küßte sie und fragte mich, wie viele andere schmerzhafte Momente sie in ihrem Leben erlebt hatte, von denen ich nie auch nur etwas gewußt hatte. Sie war so tapfer, während ich sehen konnte, wie die Vene in ihrem Arm die Nadel ablehnte. Die Krankenschwester ging sanft vor, und doch konnte ich es nicht ertragen, wie sie die Nadel gewaltsam in Sachis Arm zu stechen versuchte.

Sachi sah mich an, und in ihren Augen stand ein verzweifeltes Flehen. Wie viele ihre flehentlichen Bitten hatte ich mir entgehen lassen? Wie viele Dinge hatte sie stoisch und couragiert ohne mich durchgemacht, während sie eine Kindheit als ihr Los akzeptiert hatte, die im Grunde genommen die einer Waise gewesen war?

»Bitte«, sagte ich zu der Krankenschwester. »Könnten Sie ihr nicht gegen den Schmerz eine örtliche Betäubung geben, ehe Sie die Nadel in ihren Arm stechen?«

Die Krankenschwester sah mich an und nickte kleinlaut. »Ja, schon«, sagte sie, »aber das geht nur im dritten Stock. Hier im zweiten Stock dürfen wir es nicht anders machen.«

Es fiel mir schwer, mich zusammenzureißen. Ich sah Sachi an. Eine kaum wahrnehmbare Träne rann aus ihrem Auge. Dann verlor sie fast das Bewußtsein. Die Krankenschwester zog die Nadel aus ihrer Vene.

»Ich werde Bescheid geben«, sagte sie.

Sachi hatte es vorerst hinter sich, bis sie in den dritten Stock kam. Sie hörte auf zu hyperventilieren und machte Witze über ihre Aversion gegen Schmerzen – ganz typisch für sie. Ihre stoische Bereitschaft, den Schmerz zu akzeptieren, war fast so etwas wie ein indirekter Ausdruck des Gefühls gewesen, sie hätte den Schmerz irgendwie verdient, und hätte, ob der Schmerz nun physisch oder psychisch war, wenn man es weiter analysiert, irgend etwas nicht richtig gemacht und bekäme jetzt dafür die verdiente Strafe.

»Ich bin ein solcher Weichling«, sagte sie. Als ich das hörte, wußte ich, daß sie dieselben Worte geäußert hätte, unabhängig davon, was sie gerade Schlimmes durchmachte.

Bald kam der Krankenpfleger, um ihr Bett in den Aufzug zu rollen. Sachi hatte ihr blondes Haar zu einem Pferdeschwanz zurückgebunden. Lose Haarsträhnen umrahmten ihr Gesicht. Bestürzt blinzelte sie mit den Augen, die so blaugrün wie das Meer waren. Was würde ihr zustoßen, wenn sie sie von mir fortholten? Konnte bei dieser Routineoperation irgend etwas schiefgehen? Was hätte ich Tröstliches zu ihr sagen können?

»Ich habe dich lieb, Mom«, sagte sie, als wollte sie mich auf die Art trösten, die Kindern verständlich ist, wenn sie wirkliches Leiden kennengelernt haben. Meine Ängste machten ihr größere Sorge als ihre eigene Verfassung. Wie wahr es doch ist, daß Kinder sich im allgemeinen Sorgen machen, wenn sie ihre Eltern im Stich lassen, ganz gleich, wie sehr diese Eltern sie selbst vernachlässigt haben. Sie identifizieren sich damit, im Stich gelassen zu werden. Wir Kinder fühlen uns letztendlich für unsere Eltern verantwortlich – ich mich für meine und Sachi sich für mich. Wie kam das? Identifizierten sich alle Eltern im Grunde genommen durch ihre Kinder mit der eigenen Unsterblichkeit? Und wenn Eltern ihre Kinder freigaben, hieß das dann, daß sie auf ihre garantierte Unsterblichkeit verzichteten? Bekamen die Kinder das mit? All diese Gedanken schossen mir durch den Kopf, als sie Sachi fort fuhren. Was hätte ich ohne sie getan? Hätte ich das Gefühl gehabt, ihr Ableben in ihr vorprogrammiert zu haben, wenn ihr etwas zustoßen sollte? Und wieder dachte ich an Aurora.

Was würden sie vorfinden, wenn sie sie aufschnitten? War es wirklich nur eine simple Gebärmutterschleimhautentzündung? Oder konnte es etwa mehr sein? Wieder einmal versetzten mich meine dramatischen Phantasieergüsse in Angst und Schrecken. Ich stoppte sie. Ich wußte nicht, woher sie kamen. Konnte es wahr

sein? Konnte man eine Angst, indem man sie auslöste, aus der
Welt schaffen, oder würde sie sich wirklich in der Realität manifestieren?

»Ich habe dich lieb, Sachi«, sagte ich und bemühte mich, dreißig
bedeutsame Jahre in diese Worte einfließen zu lassen. »Du mußt
dich nur darauf verlassen, daß alles wieder gut werden wird.
Wenn du darauf vertraust, hast du die Hälfte schon hinter dir.«

Sachi sah auf und schaute mich an, als sie im Korridor verschwand. »Ich werde mich darauf verlassen, Mom. Ich weiß es
ganz genau. Ich habe dich lieb.« Dann schlossen sich die Türen des
Aufzugs hinter ihr.

Ich wartete auf die Nachricht, daß sie in den Operationssaal gebracht worden war. Der Arzt hatte versprochen, mir Bescheid zu
geben. Ich erkundigte mich bei der Krankenschwester, die im
Wartezimmer Bereitschaftsdienst hatte.

»Sie hat die Operation noch nicht hinter sich«, sagte sie. Die
Krankenschwester war etwas belämmert, vermutlich angetrunken
(später stellte ich fest, daß sie gar keine Krankenschwester war,
sondern nur eine Freiwillige, die die Hausmitteilungen aus den
anderen Stockwerken las).

Da mich keineswegs zufriedenstellte, was hier vorging, beschloß
ich, Sachi zu finden, und gleichzeitig fragte ich mich, ob es ihr
peinlich sein würde, wenn ich wie Aurora vor der Operation in ein
Krankenzimmer stürzen würde und wissen wollte, was sie mit
meinem kleinen Mädchen anstellten. Ich fand sie. Wie eine Brief-
taube folgte ich meinen Gefühlen zu einer fensterlosen Tür. Ich
öffnete sie, und sie lag allein dort. Lag friedlich in ihrem Bett und
starrte Cartoons an den Wänden an, von denen irgendein Mitarbeiter zu glauben schien, sie seien direkt vor einem operativen
Eingriff amüsant. Seit Stunden lag sie dort.

Wieder dachte ich an all die Momente stoischer Einsamkeit, die
sie im Lauf der Jahre durchgemacht haben mußte. Ich beugte mich
vor und gab ihr einen Kuß. Sie war hinreißend dankbar, weil ich
sie gefunden hatte. Meine Beharrlichkeit, mit der ich unbedingt
herausfinden wollte, was hier vorging, amüsierte sie. Ich hatte geglaubt, ich würde sie in Verlegenheit bringen.

Derart falsche Vorstellungen machen wir uns von uns selbst und unseren Kindern. Ich hatte sie immer gegen mein Leid abgeschirmt, meine Ängste, meine Sorgen und meine Verzweiflung. In unserer Gemeinschaftstherapie hatte sie hervorgehoben, wie sehr sie darin einen Beweis meines Mißtrauens ihr gegenüber sah.

»Warum läßt du nicht zu, daß ich dich kennenlerne?« hatte sie gefragt. »Wenn du mir diese Seiten zeigst, dann vertraust du mir und verläßt dich darauf, daß ich damit zurechtkomme, und nur so erlaubst du es *mir*, für *dich* dazusein.«

So hatte ich das nie gesehen. Ich hatte sie mit meinen Kümmernissen nicht belasten wollen. Sie hatte genug eigene Sorgen. Aber wie ich mit der Zeit lernte: *Es ging nicht um die Kümmernisse – es ging darum, wie wir mit ihnen umgingen.*

Bei all dem ging es letztlich nur um das gegenseitige Vertrauen, das wir ineinander setzten, wenn wir es uns gestatteten, angreifbar zu sein. Das zuzulassen, war letztendlich der praktische Liebesbeweis schlechthin. Meine Mutter hatte es sich nie gestattet, mit mir über die Dinge zu reden, die sie bedrückten. Auch ich hatte das nie mit meiner Tochter getan. Das war ein Brauch, und jetzt gestattete mir Sachi, mit ihr zu sprechen.

Die Krankenschwester kam mit dem Tropf. Sachi fing wieder an zu hyperventilieren. Ich nahm ihre Hand.

»Seien Sie unbesorgt«, sagte die Krankenschwester. »Jetzt sind Sie im dritten Stock. Hier bekommen Sie eine örtliche Betäubung, damit der Einstich nicht weh tut.«

Die Krankenschwester verabreichte schnell die örtliche Betäubung, und während Sachi mir in die Augen sah, stach sie die Nadel in ihre Vene, und als alles vorbei war, hatte Sachi überhaupt nichts davon bemerkt. Sie lächelte strahlend, und ihre Laune wurde erheblich besser.

»Der Einstich hat überhaupt nicht weh getan!« sprudelte sie hervor. »Jetzt ist alles gut, Mom. Mach dir keine Sorgen.« Kurz darauf wurde sie von einem anderen Krankenpfleger in den Operationssaal gefahren, und ich wußte, daß wirklich alles gutgehen würde.

Die Operation verlief erfolgreich, und es gab nichts weiter zu befürchten.

Oben: Kathlyn Corinne MacLean, Studienabschluß an der Acadia University in Nova Scotia, Kanada.
Daneben: Ira O. Beaty, Esq., Studienabschluß und spätere Lehrtätigkeit an der Johns Hopkins University.

Rechts: Daddy hält mich an dem Tag im Arm, an dem er mich nach Shirley Temple benannt hat. Vielleicht habe ich es gehört und versucht, ihr nachzueifern.

Oben: Die Eltern meines Dad befassen sich mit dem Nachwuchs ihres Sohnes. *Unten links:* Daddy hat mir ein neues Spielzeug mitgebracht. Ich glaube, später hatte ich dann einen Koller. *Rechts:* Die Beine waren von Anfang an die Beine einer Tänzerin. Schicksal?

Oben: Welton und Ada Beaty auf der Veranda in Front Royal, Virginia.
Unten links: Ich lernte wirklich früh, was »entzückend« heißt. Die roten Locken und die hohe Stirn schadeten gar nichts. *Rechts:* Meine Reaktion darauf, meine Eltern mit einem Neuankömmling teilen zu müssen.

Oben: Irgendwie waren immer Autos da, anhand derer sich das Datum und andere, wichtige Dinge festlegen ließen. Ich: fünf; Warren: zwei; Zähne: null.

Rechts: Hier sieht man, was Warren und ich davon hielten, fotografiert zu werden. Daran hat sich nicht viel geändert.

Rechts: In der Studentenverbindung...
eine der schicksten!

Unten: Mutter hätte ein Mannequin
sein können.
Daneben: Unser schmucker Daddy mit
passendem Hut, Jackett und Hose.

Oben: Warren als Klavierspieler und ich als Möchtegern-Darstellerin bei der Feier zum Abschluß der Football-Saison.

Links: Warren und ich machen uns Gedanken über unsere Zukunft.

Oben: Auf der Tournee durch die Kellertheater mit der Produktion von *Oklahoma* war ich ein typisches Revuegirl. Ich war sechzehn und ging auf die dreißig zu ... diese Rolle spielte ich für den größten Teil meines Lebens. (Fred Fehl)

Rechts: Ich spielte die gute Fee, und man könnte behaupten, damit hätte ich die Zukunft vorweggenommen. Ich war zu groß, um Aschenbrödel zu tanzen. Keiner der Schuhe paßte.

Unten: Maya Plisetskaya war ich nicht gerade.

Ich erkenne mich selbst nicht mehr. Das war meine Vamp-Phase, in Anlehnung an Rita Hayworth.

Übertriebene künstliche Wimpern und Lippen, die Collagen in Verruf bringen könnten.

Rechte Seite:
Oben: Was für eine Familie!
Unten: Was heißt hier harte Arbeit? *Verdammt sind sie alle*, 1958.

Dean bringt mir in Vegas das Rauchen, das Trinken, das Witzereißen und natürliches Auftreten bei. Die Typen mit den protzigen Ringen am kleinen Finger umringten uns.

Mein ach so geliebter Mort.

Jack fragte sich immer, ob man sich den Hund mit einhandelte – *Irma La Douce*, 1963. (Photofest)

Als wir anfingen, *Das Appartement* zu drehen, hatten wir fünfunddreißig Seiten des Drehbuchs. Wilder und Diamond schrieben den Rest, während wir weiterdrehten. Ich fragte mich, wo sie die Idee für meinen Selbstmord her hatten!

Mitchum und ich im »wahren« Leben und auf der Leinwand. (Photofest)

Glenn Ford fing mich für *Colorado City* ein. Der Produzent sagte, ich sei nicht hübsch genug. Wen störte das schon?

Michael Caines erstes amerikanisches Bild. Meine zweite orientalische Maske. Anschließend hatte ich noch ewig Schlitzaugen. (Photofest)

Oben: Vittorio de Sica, den ich als väterlichen Regisseur vergötterte. Er zog mich gern an und zeigte mir, was ich zu tun hatte. Danny Kaye, den ich als Freund sehr schätzte. Er lud mich zum Abendessen ans andere Ende des Landes ein. Er war der Pilot, der das Flugzeug lenkte, der Koch, nachdem wir angekommen waren.

Links: Nach vollbrachtem Tagwerk bei den Dreharbeiten zu *Verdammt sind sie alle* besuchte ich häufig die neunjährige Liza. Sie putzte sich für mich heraus und spielte mir etwas vor.

Rechts: Audrey brachte mir das Anziehen, ich ihr das Fluchen bei. Wir blieben gute Freundinnen. Ich mag sie sehr.

Oben: Bei den Aufnahmen zu *Can-Can*. Wer mag das wohl sein? Wo ist der Flitter bloß geblieben?
Unten: Das Korsett kniff in der Taille. Shirley Booth spielte in *Die Heiratsvermittlerin* Dolly Levi. (Sterling Smith)

Oben: Gene Kelly schuf Musical-Sequenzen des alten Hollywood nach, als er *Immer mit einem anderen* choreographierte.
Unten: Yves Montand und ich in Japan bei den Dreharbeiten zu *Meine Geisha*. Er hatte sich gerade aus seiner Beziehung mit Marilyn Monroe gelöst.

Ich wartete, bis sie aus der Narkose erwachte, und, abgesehen von der Tatsache, daß die Krankenschwestern sie mit einer anderen Patientin verwechselten (und darauf beharrten, sie sollte viel essen und trinken, während sie noch schlief!), kam sie ohne alle Zwischenfälle allmählich wieder zu sich.

Als sie entlassen wurde, fuhr ich sie nach Hause, steckte sie ins Bett, machte uns etwas zum Abendessen und entspannte mich, bis ich in mir selbst das Verständnis und die Zeit fand, die man als Mutter brauchte.

In den nächsten drei oder vier Tagen spiegelten wir uns ineinander wider. Ich brachte sie in mein Haus in Malibu. Sie schlief ein, träumte, erzählte mir nach dem Erwachen ihre Träume und kam langsam wieder zu Kräften.

Sie hatte ein Stück für eine Bühnenproduktion einstudiert, und fünf Tage nach der Operation sollte sie in der ersten Voraufführung auftreten. Aber Sachi war nicht nervös oder besorgt, im Gegenteil, sie wirkte ausgeglichen und schien nur in der Gegenwart zu leben. Diese Beobachtung war für mich ganz unglaublich. Ich hätte viel zu weit in die Zukunft geplant – würde es mir wirklich gut genug gehen, und wie sollte ich der Operation entsprechend meine Bewegungen choreographieren? – und so weiter. Nicht so Sachi. Sie lebte im Moment, ließ sich ganz auf den Heilprozeß ein. Ich war beeindruckt. Meine Tochter hatte nicht nur Mumm, sondern noch dazu wunderbare Reserven an innerer Ruhe.

Wir sahen zusammen fern, bereiteten gemeinsam Mahlzeiten zu, plauderten über gemeinsame Freunde und redeten als Mutter und Tochter und jetzt auch als gleichgestellte Freundinnen über unser Leben. Sie machte mit dem Mann an ihrer Seite gerade schwierige Zeiten durch und setzte sich mit der grundlegenden Frage auseinander, möglicherweise in unserer heutigen Welt als junge Frau allein zu leben.

Nach Ablauf der Woche ging es ihr wieder so gut, daß sie in die Welt des Showbusiness zurückkehren konnte, und ich würde mich wieder in den Nordwesten begeben. Sie wollte nicht, daß ich zur Generalprobe kam. Statt dessen wollte sie mich bei der Premiere gern dabeihaben.

Ich war fix und fertig angezogen und wollte mich auf den Weg zum Flughafen machen, als ich ins Wohnzimmer trat. Sie hatte mir den Rücken zugekehrt und schien aus dem Fenster zu schauen. Ich spürte, das etwas nicht stimmte.

»Was hast du, Schätzchen?« fragte ich, als ich um ihren Stuhl herumging und ihr ins Gesicht sah. Dicke Tränen rannen über ihre Wangen. Sie bemühte sich, die Selbstbeherrschung nicht zu verlieren.

»Ich bin so einsam«, sagte sie. »Es hat mir solchen Spaß gemacht, mit dir zusammenzusein, und jetzt muß ich wieder in mein eigenes Leben zurückkehren und stark und unabhängig sein. Ich bin so gern ein kleines Mädchen. Es paßt mir nicht, daß ich eine Frau sein soll. Der Kampf ums Überleben jagt mir Angst ein. Ich weiß, wie man es anstellt, aber man fühlt sich so allein.« Während sie das sagte, schluchzte sie. Ich schlang den Arm um sie und zog sie an mich. Schon während ich sie umarmte, fürchtete ich, eine solche tröstende Geste könnte sie vielleicht nur noch unbeherrschter schluchzen lassen. Ich wünschte mir so sehr, ich hätte ihr das Leid abnehmen können, statt noch größeres Leid hervorzurufen.

Ich wußte weiß Gott, wie einsam man sich fühlen konnte. Wie oft hatte ich dieses Gefühl der Einsamkeit im Überlebenskampf gehabt! Jedesmal, wenn ich einem Flugzeug nachwinkte, das ihren Vater wieder in den Orient brachte, brauchte ich Tage, um mich mit seiner Abwesenheit abzufinden. Erst später wurde mir klar, daß es nicht klappen kann, jemanden durch Abhängigkeiten an sich zu binden, wogegen es immer klappt, jemanden an sich zu binden, indem man ihm seine Freiheit läßt. Sachi begriff jetzt schon etwas, worauf ich erst Mitte Fünfzig gekommen war – wenn man sich selbst unabhängig fühlte, dann ermöglichte das Beziehungen zu anderen, die keine Abhängigkeitsbeziehungen waren.

In der Zeit, die wir während Sachis Rekonvaleszenz zusammen verbrachten, hatten wir beide wieder zueinandergefunden; und da wir uns nach diesem Kontakt und dem liebevollen Umgang miteinander sehnten, hatten wir uns so erfolgreich den Freuden einer gegenseitigen Abhängigkeit ausgeliefert, daß die Außenwelt für uns nicht mehr existierte. Wir beide waren füreinander das Leben. Eine Zukunft ohne die beidseitige Abhängigkeit existierte nicht.

Und jetzt, nachdem Sachi wieder gesund war und die reale Welt sie zurückforderte, fiel uns beiden die gewaltsame Trennung, das Losreißen voneinander schwer.

Wir hatten diese Zeitspanne so verbracht, wie so viele von uns in unseren Ehen leben, in unseren Liebesbeziehungen, in unseren Familien. Die Freuden waren offensichtlich; die Haken waren schon schwieriger zu bewältigen. Wie konnten wir die Gesellschaft eines Menschen, den wir liebten, uneingeschränkt genießen, ohne den unvermeidlichen Trennungsschmerz zu fühlen?

Sachi und ich hatten zusammengesessen und darüber geredet, wie man mit Beziehungen umgehen konnte, die man wirklich gern haben wollte, während man doch in der Lage war, sie mit einer gewissen Distanz zu betrachten, um dem anderen den Raum zum Atmen zu lassen.

Sie hatte in ihrer Kindheit nicht die herkömmlichen familiären Erfahrungen gemacht, und daher hatte sie ein tiefes Verlangen, sich an alles zu klammern, was dem üblichen Familienleben ähnelte. Und doch hatte sie Vorbehalte, sich darauf einzulassen, weil sie fürchtete, es könnte ihr wieder genommen werden. Meine Vorbehalte, mich darauf einzulassen, begründeten sich darauf, daß ich das Gefühl hätte haben können, erstickt und in meiner Freiheit eingeschränkt zu werden. Wir beide hatten verschiedene, nahezu entgegengesetzte Ängste, die sich dennoch als grundlos erwiesen, denn wir gestatteten es uns, unsere Zuneigung zueinander auszuleben. Wie die meisten Weisen schon gesagt haben, siegt die Liebe über alles. Ich hätte ihr aus Liebe immer ihre Freiheit gelassen und wäre doch gleichzeitig für sie dagewesen. Und aus Liebe hätte sie für mich dasselbe getan.

Ehen wurden mit Sicherheit aufgrund der Wertvorstellungen geschlossen, die zu fürchten oder denen zu trauen uns während unserer Kindheit eingeimpft worden war.

Ein großartiger Psychiater hatte einmal zu mir gesagt: »In unserem Erwachsenendasein bewältigen wir unsere Probleme mit unseren Eltern in unseren Liebesbeziehungen. Die Probleme mit unseren Geschwistern bewältigen wir in unseren Freundschaften.« Das leuchtete mir ein.

Als ich dasaß und mit Sachi redete, deren Tränen jetzt versiegt waren, merkte ich, daß ich mir Sorgen machte, ich könnte mein Flugzeug verpassen. Wenn das nicht symbolisch für mein ganzes Leben war! Ich hatte mir nicht oft die Zeit gelassen, eine Situation einfach auf mich einwirken zu lassen, sie bewußt zu mir vordringen zu lassen. Ich sah jetzt, daß ich mir mehr Zeit lassen mußte, um die Momente der Liebe und des Umgangs miteinander auszukosten.

Sowie ich den Entschluß gefaßt hatte, es sei jetzt unwesentlich, ob ich mein Flugzeug bekäme, klingelte es an der Tür. Es war David, einer von Sachis besten Freunden, der gekommen war, um sie abzuholen. Sie sprang vom Stuhl auf und konnte es kaum erwarten, ihn zu sehen und dann diesen neuen Tag in Angriff zu nehmen.

»Verpaß dein Flugzeug nicht«, sagte sie zu mir. »Ich habe zu tun und du auch. Ich werde zurechtkommen und du auch. Und noch mal danke, daß du dich um mich gekümmert hast. Du bist eine prima Mutter.«

Bei diesen Worten blühte ich auf, weil sie so viele Jahre des Schuldbewußtseins und der Betroffenheit von mir nahmen.

Unsere mitternächtlichen Gespräche, das morgendliche Wiederaufwärmen unserer Träume, das versonnene Hinausschauen auf das Meer – all das ging mir noch einmal durch den Kopf, als wir uns voneinander verabschiedeten. Schon oft in unserem Leben hatten wir uns voneinander getrennt, und mich hatte ein Flugzeug erwartet, und ein Freund hatte sich um Sachi gekümmert oder umgekehrt. Wie war es möglich, eine berufstätige Mutter zu sein und sich dennoch für seine Familie verantwortlich zu fühlen, den Eindruck zu haben, man schulde ihr Zeit und Aufmerksamkeit? Wieder mußte ich mir ins Gedächtnis zurückrufen, daß das, was zählt, nicht ist, wieviel Zeit man quantitativ miteinander verbringt, sondern wie man sie qualitativ miteinander verbringt.

Mir ging noch etwas anderes auf. Wir alle haben das Kind in uns vergessen: das sorglose, fröhliche, unkritische Kind. Ich bemühte mich zu sehr, eine einwandfreie Mutter zu sein. Sachi bemühte sich zu sehr, eine reife Erwachsene zu werden, an der man nichts aussetzen konnte.

Vielleicht überbewerteten wir beide das gesellschaftlich anerkannte Klischee, was Reife und all die Einschränkungen betrifft, die sie mit sich bringt. Vielleicht sollten wir uns alle die Zeit nehmen, das Kind zu finden, das unbemerkt und unterdrückt und ohne liebevolle Zuwendung in jedem von uns weiter existierte.

In Wirklichkeit waren wir unsere eigenen Kinder. Jetzt mußten wir uns selbst großziehen. Wir alle litten unter Vernachlässigung und Einflüssen, die uns ängstigten, Einflüssen, die von unseren Eltern kamen, die wiederum von ihren Eltern vernachlässigt und in Angst versetzt worden waren.

Es war an der Zeit, daß wir uns jetzt um uns selbst kümmerten – das Kind in uns fanden, das zu lange nicht gehegt und gepflegt worden war, und ihm erlaubten, sich sorglos zu fühlen und sich Spiele zu gönnen, die Spaß machten, uns erlaubten, Frieden, Geborgenheit und Liebe zu fühlen.

Vielleicht war es das, was uns fehlte – die Welt etwas mehr durch die Augen des Kindes in uns selbst zu sehen. Ohne die Konditionierung durch die Gesellschaft ist dieses Kind nämlich von Grund auf vertrauensselig und steht sich selbst und anderen unkritisch gegenüber und hat wirklich nur Interesse daran, das Leben zu genießen.

Sachi und ich gaben einander zum Abschied einen Kuß. Eine zweite Kindheit hätte Spaß gemacht, aber dazu konnte es nicht kommen, ehe wir bewältigt hatten, was unsere Mütter in uns vorprogrammiert hatten – und all das nur aus Liebe.

6. Kapitel

GRÜSSE AUS HOLLYWOOD

Ich öffnete die dicke schalldichte Tür zu Studio siebzehn und trat in die Kulisse. Es war dunkel und still. Der Technikerstab lief um die Kameras herum, und als ich näher kam, konnte ich spüren, daß sie alle das Lampenfieber des ersten Drehtages hatten.

Mike Nichols saß gekrümmt auf seinem Regiestuhl und mampfte Studentenfutter. Eine Form von manischer Vorfreude ließ seine Augen beim Kauen funkeln. »Guten Morgen, mein Liebling«, sagte er und umarmte mich. »Bist du auch ganz sicher, daß es dir gut genug für die Dreharbeiten geht? Wir können den Zeitplan umstellen, wenn du willst.«

Seine aufrichtige Sorge um mich war mir peinlich. »Nein«, sagte ich eilig. »Lieber möchte ich sterben, als euch hier warten zu lassen oder den Zeitplan auf den Kopf zu stellen. Mir geht es wirklich wieder gut.«

Mike klopfte mir auf die Schulter und stopfte sich wieder Studentenfutter in den Mund. »Verzeih mir«, sagte er. »Ich habe gerade aufgehört zu rauchen.« Er sah aus wie ein sensibler, frustrierter Cherub, der insgeheim sowieso eher am Essen als an den Zigaretten seinen Geist ausgehaucht hätte.

Hinter meinem Rücken rief mich eine aufgesetzt liebevolle Stimme. »Hallo, Mommy«, sagte sie. »Ich hoffe, dir geht es gut.«

Ich drehte mich um. Es war Meryl Streep. Mommy? O Gott, wie soll ich das durchstehen? Sie kam auf mich zu und umarmte mich. Sollte ich dieses unglaubliche Genie in meiner Rolle der fürsorglichen unzulänglichen Mutter in die Arme nehmen oder als eine Kollegin, die großen Respekt vor ihr hatte? Ich entschied mich für eine freundliche Showbiz-Geste und führte mir vor Augen, daß wir mit der Zeit eine Mutter-Tochter-Realität für die Fans erschaffen würden, die unseren illusorischen Filmzauber hoffentlich nur zu bereitwillig erleben würden.

Die Judds, sagte ich mir, denk nur immer wieder an die Judds. Die Mutter hat sich gut gehalten, und die Tochter ist Schauspielerin, wie die Mutter. Wie hätte *ich* jemanden daran glauben lassen können, wenn ich selbst nicht daran glaubte?

»Was ist mit deinem Bäuchlein, Mommy?« fragte Meryl.

Mir wurde augenblicklich klar, daß sie bereits in die Rolle für unsere Szene geschlüpft war. Hieß das, daß sie nie Meryl sein würde?

»Ach, ich schätze, ich habe schlechtes Obst aus biologischem Anbau gegessen«, sagte ich. »Vielleicht ist Geflügel doch gesünder?« Ich bemühte mich zu scherzen. »Aber vielleicht ist es auch der dreiseitige Monolog, den ich gleich am ersten Tag deklamieren muß.«

Meryl lachte und warf sich das blonde Haar über die Schulter. »Ich weiß«, sagte sie. »Es ist gruselig, wenn man das tun muß, ehe man überhaupt weiß, woran man ist. Sie haben ohnehin Probleme mit dem vorgedrehten Material.«

Ich sah mich in der Kulisse um. Meryl und ich sollten die Szene auf dem Vordersitz eines Wagens spielen, der vor einer Leinwand aufgebaut war, auf der hinter uns meilenweit Verkehr auf dem Freeway zu sehen war. Jemand hatte auf dem Freeway nicht genug Filmmeter abgedreht, und daher mußte ich entweder sehr schnell sein, oder wir würden warten müssen, bis sie mehr Verkehrschaos zusammengeschnitten hatten.

»Hallo, meine Liebe«, sagte eine Stimme, ein komischer Singsang, der aus dem Halbdunkel kam. Es war Carrie Fisher. Sie hatte das Drehbuch zu *Grüße aus Hollywood* geschrieben und hatte entschieden, ich sei die Idealbesetzung für die Rolle, die sie nach ihrer Mutter gestaltet hatte. Nicht etwa, daß ich Debbie hätte spielen sollen, ebensowenig, wie Meryl Carrie spielen würde. »Wir werden die wahren Personen transzendieren«, sagte Mike. »Du spielst eine Mutter, die zufällig ein Filmstar ist, der singen und tanzen kann, und Meryl spielt die Tochter, die gerade aus einem

Drogenrehabilitationszentrum entlassen worden ist und versucht, ihr Leben durch ihre Arbeit und ihre Mutter wieder in den Griff zu kriegen.«

Mir leuchtete das alles ein, da Debbie eine alte Freundin von mir war, die ich mochte und respektierte, weil sie die Kämpfe in Hollywood unbeschadet überstanden hatte. Ich hatte Debbie angerufen, sobald man an mich herangetreten war und mir die Rolle der Mutter angeboten hatte. Ich wollte mich vergewissern, daß sie die Rolle nicht selbst hatte spielen wollen, und wenn nicht, dann wollte ich wissen, wie sie dazu stand, daß ich sie spielte.

»O nein, meine Liebe«, sagte sie. »Ich kann nicht mich selbst spielen. Und außerdem bin ich es in Wirklichkeit gar nicht. Ich habe das Drehbuch noch nicht einmal gründlich durchgelesen. Du wirst phantastisch in der Rolle sein. Du bist komisch, und die Mutter muß komisch sein. Du wirst großartig sein. Ich wünsche dir viel Spaß mit dem wunderbaren Drehbuch meiner Tochter. Carrie ist eine brillante Schriftstellerin, und sie weiß, wie man es richtig macht.« Sie und Carrie waren ganz offensichtlich dabei, ihre eigenen Mutter-Tochter-Probleme zu bewältigen. Carries Drehbuch war das Resultat, und ich fragte mich, ob Sachi je über mich schreiben würde. Ich fragte mich, was meine Mutter *wirklich* von dem hielt, was ich bereits über sie geschrieben hatte. Mütter und Töchter waren wahrhaft in Mode gekommen. Das war aber auch an der Zeit.

Ich bedankte mich bei Debbie. Wir redeten weiter, und noch in derselben Woche sah ich sie mit Jay Leno in Johnny Carsons *The Tonight Show;* dort äußerte sie sich zu ihrem Leben, dem Buch, das sie darüber geschrieben hatte, und dazu, wie stolz sie auf Carrie war.

Debbie war mir eine große Hilfe gewesen, als ich die ersten Live-Auftritte hatte. Sie hatte all ihre Shows fest in der Hand und kannte sich mit dem Ton aus, mit der Beleuchtung, den Musikern und Managern, die einen eventuell reinlegen wollten.

»Schau auf jeden Penny«, warnte sie mich, »und wenn es irgend geht, dann laß alles von einem Verwandten abwickeln; seiner Familie kann man immer trauen.«

Sie gab mir Tips zur Garderobe, zur Ausstaffierung, zu den Re quisiten und zum Umgang mit Managern beim Theater. Sie hatte sich hochgearbeitet und dabei Schritt für Schritt dazugelernt.

Was mich am meisten daran interessierte, die wunderbare Rolle zu spielen, die Carrie erschaffen hatte, war die Ausgewogenheit des Karmas. Vor zwanzig Jahren war ich unter Vertrag genommen worden und sollte für MGM die Hauptrolle in *Goldgräber-Molly* spielen. Es kam zu einigen Komplikationen, weil ich auch Hal Wallis von Paramount vertraglich verpflichtet war. Inmitten all der Schwierigkeiten rief mich Debbie an. Ich sah es als einen wahren Akt von persönlicher Aufrichtigkeit und Courage, als sie mich fragte, ob ich bereit sei, die Rolle sausenzulassen. Ich erinnere mich noch an ihre Worte: »Du wirst noch viele Rollen bekommen, meine Liebe, aber für mich könnte es die letzte gute Rolle sein, die ich je kriege. Überlaß sie der alten Mutter.«

Sie beschwor mich, und das rechnete ich ihr hoch an. Ich ließ die Rolle sausen, und sie ging damit in die Filmgeschichte ein und bereitet mit ihrer eigenen Produktion immer noch Menschen im ganzen Land auf der Bühne große Freude.

Es erschien mir als eine Ausbalancierung in unser beider Karma, daß ich jetzt eine Rolle spielte, die nach ihrem Leben gestaltet worden war.

Meryl und ich nahmen unsere Plätze auf den Vordersitzen des Wagens ein. Ich ging den Dialog schnell noch einmal im Kopf durch. Ich wußte, daß Mike den Text pedantisch genau nahm. Mit diplomatischer Freundlichkeit beharrte er auf Korrektheit und Disziplin. Er war ein Künstler, der sich jahrelang selbst übel mitgespielt hatte, und in der letzten Zeit war er zufriedener und schien sich mit seiner Könnerschaft und seinem glühenden Wunsch arrangiert zu haben, sich selbst für einen hochanständigen Menschen halten zu können. Ich mochte ihn sehr. Ich glaube, ihm ging es mit mir genauso.

Die Kameras rollten heran (es waren drei), die Leinwand hinter uns ging hoch, und Mike rief leise: »Los geht's.«

Da war ich jetzt und spielte eine lange Szene, mit einer Frau, die ich für eine der großartigsten Schauspielerinnen auf Erden hielt. Von mir wurde verlangt, unablässig nach vorn zu schauen, weil ich den Wagen fuhr. Ich konnte Meryl nicht ins Gesicht sehen. Ich konnte nicht wirklich sehen, was sie tat. Ich hatte den gesamten Text zu sprechen. Sie reagierte lediglich. Ich wußte, daß sie M & M's knabberte, während ich meinen Text deklamierte. Ich hörte ihr geschickt eingesetztes Lachen und ihr Murren, mit dem sie auf meine Worte reagierte, und das schien ihrer Rolle und der Szene angemessen zu sein. Ich wußte, daß sie eine Sonnenbrille trug, um sich von der rauhen Welt außerhalb der Rehabilitationsklinik abzuschirmen, und ich konnte spüren, wie sie den Dialog der lebhaften »Mutter« hinzunehmen schien, als ich mich durch die dreiseitige Szene vorarbeitete, die meines Erachtens nur geschrieben worden war, um die Rolle, die ich spielte, zur Geltung zu bringen. Ich irrte mich.

Als ich am nächsten Tag zur Vorführung kam, hatte Meryl mich meiner Meinung nach an die Wand gespielt. Sie schien komische Nuancen finden zu können, von denen ich im Traum nicht geglaubt hatte, daß es sie gab, und doch waren sie ihrer Rolle und der Szene vollkommen gemäß, ohne das Gleichgewicht ins Wanken zu bringen. Diese Frau war brillant; und zum ersten Mal in meinem Leben hatte ich das Gefühl, ich sei möglicherweise deklassiert worden.

Das würde für mich eine ganz neue Erfahrung sein. Sie gab mir das Gefühl, mit ihr rivalisieren zu müssen, und dabei war mir nicht wohl zumute. Ich mochte es, wenn ich mit meinen Kolleginnen befreundet sein konnte. Ich hatte bisher immer *mit* anderen Menschen gespielt. Jetzt kam es mir vor, als ging es schlicht und einfach darum, im Rennen zu bleiben. Dann wurde mir klar, daß sie noch nicht einmal wirklich eine Rolle spielte; sie *lebte* die Rolle der Tochter, die darunter litt, ewig mit der Mutter verglichen zu werden.

Während die Dreharbeiten voranschritten, entwickelte sich zwischen uns eine Beziehung, die sich auf gegenseitigen Respekt und Bewunderung gründete. Da sie ihre Rolle *lebte*, kann ich nicht behaupten, ich hätte sie je kennengelernt. Für mich war es ein Erlebnis, in der Praxis den Entwicklungsprozeß zu beobachten, wie jemand tatsächlich zu der Figur wurde, die er spielte, etwas, was ich persönlich nie hatte tun wollen.

Meine Zusammenarbeit mit Anne Bancroft, Audrey Hepburn, Debra Winger, Shirley Booth, Dame Peggy Ashcroft, Sally Field, Olympia Kukakis, Dolly Parton, Daryl Hannah, Julia Roberts, Teri Garr und vielen anderen guten Schauspielerinnen hatte immer eine gewisse persönliche Intimität mit sich gebracht, und neben dem, was wir spielten, war etwas von uns selbst eingeflossen.

Bei Meryl kam ich nie in den Genuß, sie wirklich kennenzulernen. Aber zufällig tauchte sie zu einem Zeitpunkt in meinem Leben auf, zu dem ich ein solches Phänomen als das erkennen konnte, was es war: Ich konnte einen Teil meiner selbst nicht kennenlernen und erfahren. Ich schien nicht tief genug einsteigen zu können, um sie als meine Tochter so gut kennenzulernen, wie es ihr anscheinend möglich war, mich als ihre Mutter kennenzulernen. Natürlich war ein Kernpunkt meiner Rolle exakt diese Form egozentrischer Mißachtung anderer, die von Natur aus ausschloß, daß ich eine andere Person wirklich näher hätte kennenlernen und verstehen können. Vielleicht lag ich damit sogar richtiger, als es mir selbst vorkam, aber Meryls Einsichten und ihre klar bestimmbaren Geheimnisse in unserer Leinwandbeziehung gehörten ganz und gar ihr allein und erlaubten es ihr, der Mutter zu verzeihen, sie zu akzeptieren und zu bewundern und sie letztendlich zu lieben. Sie war in der Lage, als eine Einmannexpedition das Gold unserer Leinwandbeziehung zu schürfen und die Gewinne zu ihrer Zufriedenheit auszuschöpfen, und um das zu erreichen, brauchte sie keinen anderen. Sie war eine großartige Ein-Mann-Band, die ihr emotionales Instrumentarium spielte und orchestrierte und die Tatsache überhaupt nicht zur Kenntnis nahm, daß einige von uns übrigen das Gefühl hatten, wir spielten allein. Vielleicht ist das das Los eines wahren Genies. Oder, anders gesagt, ist das vielleicht die wahre Bedeutung des »Channeling«. Beim »Channeling« eines begnadeten Talents steht man nur mit seinem Ursprung in Verbindung, und die körperliche Anwesenheit derer, die auch noch da sind, ist irrelevant. Wer das tut, schaltet das Bewußtsein ab und unterwirft sich voll und ganz einer anderen Identität. Das ist das Phänomen, das ich bei Meryl beobachtete.

Um zu tun, was sie tat, spielte es für Meryl keine Rolle, ob außer ihr noch jemand existierte oder nicht. Was sie an der Schauspielerei faszinierte, schien darauf zurückzugehen, daß sie ihre eigene Identität ablegte und zu jemand anderem wurde. Das war eine Identitätsentscheidung, die ich nie hatte treffen können und nie hatte treffen wollen. Aber als ich jetzt mit ihr arbeitete, verwirrte und verwunderte mich tagtäglich das Rätsel, weshalb sie das tat und wie sie es bewerkstelligte. Begründete sich ihr Können auf ein umfassendes Wissen, wie sie sich selbst aufgab, oder auf eine vollständige Loslösung davon, wer sie war? Oder war sie eine vollendete Technikerin, die ihre Rolle gründlich erforscht hatte?

Da ich mich mit so glühendem Interesse mit dem Bewußtsein und der inneren Realität befaßt hatte, diente sie mir als ein archetypisches Beispiel. Für mich war die Schauspielerei in sich selbst zu einer Metapher für das Leben geworden. Jeder von uns konnte sich aussuchen, wie wir uns unserer eigenen Wahrheit annäherten, und das hatte viel damit zu tun, wie wir an unsere Rollen herangingen. Die Freiheit einer leeren Leinwand, die wir zur Verfügung hatten, war für uns beide ein Fluch und ein Segen. Wir konnten unsere Illusion zu jeder gewünschten Realität werden lassen. Die Entscheidung lag bei uns. Und die millionenfache Wahl, die uns bei jeder Rolle offenstand, stand uns auch in unserem eigenen Leben offen.

Wir konnten miteinander spielen, oder wir konnten allein spielen. Wir konnten an unsere inneren Phantasien glauben und sie in der »realen« Welt für uns einsetzen, oder wir konnten lediglich an die objektive Welt glauben und infolgedessen die innere Isolation der Leere fühlen. Natürlich schloß keins von beidem das andere aus. Der Trick bestand darin, wie man beides miteinander ausbalancierte.

Während wir *Grüße aus Hollywood* drehten und die Zeit verging, bekam ich Lust, selbst Postkarten zu schreiben. Wir rangen alle mit der unvereinbaren Verbindung von cinematischer Kunst und Technologie. Mikes Regievorstellungen wurden manchmal cinematisch nicht erfüllt, und demzufolge mußte er mit seinem Stab und seinem Kameramann mit seinem Hang zu ungeduldigem Perfektionismus fertig werden. Andererseits war ihm außerordentlich klar, daß die Enttäuschungen und Mängel weniger mit seinem fertigen Produkt zu tun hatten, sondern mehr damit, wie er persönlich mit den Dingen umging.

Jeder Schauspieler, der zur Arbeit erschien – Dennis Quaid, Richard Dreyfuss, Gene Hackman, Gary Morton, Mary Wickes, um nur ein paar zu nennen, und ich selbst –, schien Schwierigkeiten mit dem hohen Tempo zu haben, in dem wir voranzukommen versuchten, nicht nur mit unserem Wunsch, unsere Arbeit gut zu machen, sondern auch mit der noch ernsteren Frage, wie wir mit einem gewissen Maß an Freude und Optimismus in dieser *Welt* leben und zurechtkommen konnten.

Da die Schnellstraßen jeden Morgen verstopft waren, was manchmal zu Verspätungen von bis zu zwei oder drei Stunden führte, hinkten wir oft hinter der Zeit zurück. Das Studio, das unseren Film finanzierte, wurde von den Japanern gekauft, und daher machten wir uns Gedanken, wer schließlich auf dem kreativen Sektor den maßgeblichen Einfluß haben würde. Der Erfolg von *Batman* machte allen Sorgen, denn das Publikum schien einen Hang zu finsteren Seiten herauszubilden, der schon manisch war. *Sex, Lügen und Video* löste eine Woge von Unsicherheit bei Komödienspezialisten wie Carrie und Mike aus. Wie hatte jemand, der so unerfahren war wie Sonderbergh (der Regisseur und Drehbuchautor), etwas so Stimmiges produzieren können?

Tommy Tune kam nach Kalifornien, um eine Nummer für mich in Szene zu setzen, eine außerordentlich großzügige Geste, wenn man bedachte, welche Probleme er in Boston mit *Menschen im Hotel* hatte und wie dringend man ihn dort zurückerwartete. Tommy war ausgeglichen und vertrat den Standpunkt, was kommen sollte, das käme eben. Er schöpfte sein Talent und sein Engagement bis zum Äußersten aus, den Rest überließ er der Vorsehung.

Genau einen Tag vor den Aufnahmen veränderte Mike sein gesamtes Konzept von der Nummer. Das machte eine Umgestaltung und eine völlig veränderte Darstellungsweise erforderlich. Statt in Panik zu geraten, nahmen wir die Abänderungen in letzter Minute mit der spontanen Gewißheit hin, daß so alles viel besser werden würde. Das Abenteuer würde eben darin bestehen, mit Feuer und Flamme auf die Änderungen einzugehen und uns nicht an die Sicherheit früherer Erfahrungen zu klammern, mit denen wir weniger erreicht hatten. Wieder war das Faszinierende an der Arbeit mit derartigen Künstlern die Beobachtung, wie jeder für sich einsah, daß der Prozeß selbst ebenso wichtig wie das Ergebnis war.

Ich erinnere mich noch, wie Mike einen vollen Tag lang für eine Kamerafahrt probte, bei der die Kameraschiene parallel zum Geschehen lief. Die Aufnahme umfaßte eine Totale, auf der man einen Hubschrauber sah, die Landung des Hubschraubers, das Aussteigen der Schauspieler, die dann in die Kulissen traten, eine Szene spielten, Nahaufnahmen innerhalb der Kulissen, das Verlassen der Kulissen, und als sie gegangen waren, wurde schließlich eine Massenszene abgedreht, bei der alle Beteiligten nach einer genauen Choreographie kleine Tätigkeiten zu verrichten und ihre Texte zu sprechen hatten.

In der ursprünglichen Planung waren drei Tage für diese Aufnahme angesetzt worden. Aber nachdem er sie einen Tag geprobt hatte, hatte Mike sie in ein paar Stunden abgedreht. Während wir gerade noch von oben unter Druck gesetzt worden waren, weil man sich Sorgen über die Zeit und das Geld machte, das hier zum Fenster rausgeworfen wurde, hatten wir am nächsten Tag drei Tage eingespart.

Tatsächlich stellten wir den Film trotz Wiederholungsaufnahmen (die zwei oder drei Tage beanspruchten) und einem freien Tag am Heldengedenktag zwei Wochen eher als geplant fertig. Das hatte ich in all meinen Jahren in Hollywood noch *nie* erlebt. Es lag daran, daß Mike eine klare Vorstellung hatte und nicht von ihr abging; die Schauspieler waren gut vorbereitet, hatten ihre Rollen einstudiert, verhielten sich kooperativ und gingen liebevoll miteinander um; das Studio mischte sich nicht ein; das Buffet war grandios (Reformkost, Imbißhäppchen, Doughnuts, Chili, Suppe, Sandwiches, Nußschokolade, Geburtstagstorten, soweit sie angebracht waren); angenehme, gut ausgestattete Wohnmobile; nette Fahrer; ein gutes Drehbuch; großartige Maskenbildner, Experten, die sich nach Kräften um uns kümmerten, und vernünftige Anfangszeiten am Vormittag, die den kreativen Arbeitsrhythmus von Menschen respektierten, die vorwiegend aus New York kamen. Aber ich glaube, der eigentliche Grund dafür, daß alles so gut, so schnell und so gekonnt ablief, war der, daß Mike mit seiner frisch angeheirateten Frau Diane glücklich war und möglichst schnell wieder bei ihr sein wollte.

All das waren positive Aspekte der Dreharbeiten. Aber jeder einzelne hatte auch seine eigenen negativen Kämpfe mit sich auszufechten. Im Lauf der Zeit setzte ich mich detaillierter damit auseinander, daß ich wirklich mit dem Älterwerden konfrontiert war. Ich konnte spüren, daß mein Körper weniger erfolgreich auf Gymnastik reagierte. Ich mußte früher aufstehen, um mich zu strecken und vor der Gymnastik das Essen zu verdauen. Ich konnte nicht mehr so schnell und mit komischer Spontaneität eine Pirouette drehen, ohne mir den Rücken zu verrenken. In meiner Jugend hatte mir die Arbeit großen Spaß gemacht, bei der die Choreographie Requisiten, Handgriffe und kleine Tätigkeiten eingearbeitet hatte. Jetzt brauchte ich Zeit, um das zu bewältigen. Ich konnte den Text eines langen Monologs nicht mehr so mühelos behalten wie früher. In meinem Berufsleben hatte ich die meiste Zeit nur einen oberflächlichen Blick auf eine Szene werfen müssen, ehe ich sie mir eingeprägt hatte und sie auswendig konnte. Jetzt mußte ich buchstäblich das tun, was alle anderen schon immer getan hatten – meinen Text am Vorabend lernen.

Sogar einige der neuen Aufnahmetechniken verwirrten mich. Mir war bewußt, daß ich die ersten Falten im Gesicht und Röllchen auf dem Bauch und an den Hüften bekam. Vor einer einzigen Kamera brachte ich es fertig, meiner Eitelkeit zu schmeicheln; bei drei Kameras wußte ich, daß zwei von ihnen mich unter Einfallswinkeln aufnahmen, auf die ich keinen Einfluß hatte. Aber das war nicht das eigentliche Problem. An Äußerlichkeiten habe ich mich nie gestört. Was mich immer gestört hat, war, wenn sich Dinge meinem Einfluß entzogen.

So haben mich beispielsweise viele Leute gefragt, wie ich es mir hatte »gestatten« können, in *Grüße aus Hollywood* so gräßlich in dieser einen Szene auszusehen, in der meine Tochter mich nach einem Unfall mit Alkohol am Steuer im Krankenhaus findet. Das habe ich nicht »zugelassen«. Ich *wußte*, daß es von mir verlangt wurde, einfach furchtbar auszusehen, so angreifbar, daß es schon fast jämmerlich war, damit meine Tochter zu mir durchdringen und auf diese Verletzbarkeit reagieren konnte – und nur so konnte sie mir dabei helfen, die prahlerische Großspurigkeit einer alternden Schauspielerin wieder aufzubauen. In unserer Beziehung war diese Szene ein Durchbruch. Und es störte mich überhaupt nicht, daß sie mir eine künstliche Glatze machen mußten! Solange ich *weiß*, was geschieht, kann ich gut damit umgehen. Aber inzwischen zweifelte ich nicht mehr daran, daß ich Rollen wie diese anzog oder daß sie mich anzogen, denn mein Status im Leben hatte sich verändert.

Madame Sousatzka beispielsweise war eine besitzergreifende Tyrannin, deren Streben es als Musiklehrerin war, die gesamte Existenz eines jungen Mannes um seiner Kunst willen umzuformen und zu prägen. Dann mußte sie den Mut aufbringen loszulassen, damit er fliegen konnte, wenn er auch gerade erst flügge war. Vielleicht war das der Grund, aus dem meine Mutter den Film als so qualvoll und ergreifend empfunden hatte. Vielleicht identifizierte sie sich mit diesem Talent, das gerade flügge wurde, *und mit der Lehrerin*.

Meine Rolle in *Magnolien aus Stahl* war ein Paradebeispiel für humorvollen Zynismus. Ich spielte eine alte Hexe, deren bissige verbale Negativität und deren Dauerzustand der Entrüstung mir gestatteten, aus meinem eigenen Potential an Mürrischkeit zu schöpfen und eine ganze Stadt damit zu unterhalten, daß ich der schlimmste Brummbär der ganzen Gegend war. Für mich stellte es ein Abenteuer dar, von anderen nur das Schlimmste zu erwarten.

Während ich in Charakterrollen hineinwuchs und den Weg epischer Frauenrollen beschritt, setzte mir eins besonders zu: die Rollen, die ich spielte, sahen keine Sinnlichkeit und kein Interesse an Liebe mehr vor. Seit Jahren schon nicht mehr. Hieß das, daß Frauen in den Fünfzigern nicht mehr als geschlechtliche Wesen angesehen wurden? Gewiß nicht. Vielleicht spiegelten die Rollen, die mir angeboten wurden, tatsächlich wider, woran es in meinem eigenen Leben mangelte?

Es war vier oder fünf Jahre her, seit ich irgendeine sexuelle Beziehung gehabt hatte, die mir etwas bedeutete. Zog ich daher Rollen an, denen eben diese Freuden im Leben fehlten?

Ich persönlich hatte eigentlich gar nicht das Gefühl, daß mir etwas fehlte. Ich fühlte mich zufrieden und ausgefüllt, kreativ und leistungsfähig, vital und voller Hoffnung. Wie kam es dann, daß ich mich in meinem eigenen Leben mit einer Rolle identifizierte, die ich spielen sollte, wenn ich sie mir genauer ansah? Fungierten meine Leinwandrollen als Katalysator für die nähere Auseinandersetzung mit meinem »wahren« Leben? Im Leben keiner meiner Rollen in der letzten Zeit hatte es Männer gegeben. Keine dieser Frauen, die ich spielte, interessierte sich auch nur für Männer. Sie zeigten keinerlei Anzeichen für Einsamkeit, Wut, Sehnsucht, Frustration oder auch nur sexuelle Phantasien infolge eines fehlenden Partners, ebensowenig wie ich.

Ich schien mit dem größten Vergnügen allein zu Parties und Veranstaltungen zu gehen. Abgesehen von dem Druck der Presse, störte es mich nie, irgendwo ohne Begleiter aufzutauchen. Ich empfand es als befreiend und wohltuend, daß ich nach meinem eigenen Rhythmus kommen und gehen konnte. Ich konnte früh aufbrechen, wenn ich mich langweilte (was fast nie vorkam), oder ich konnte auch bleiben, bis das Frühstück serviert wurde (ziemlich oft). Es machte mir Spaß, mich allein durchzuschlagen, Räume voller wunderbarer Menschen zu durchstreifen, Geschichten und Scherze zu hören und zu erzählen und über andere und deren Leben zu plaudern. Mir fiel auf, daß man anscheinend von mir erwartete, ich würde allein kommen und gehen; und jedesmal, wenn ich jemanden mitnahm (einen Freund, der außerhalb wohnte, einen Stimmlehrer etc.), stellte ich fest, daß ein Funkeln lüsternen Interesses in den Augen der Neugierigen aufblitzte, die die Vorstellung aus dem Gleichgewicht zu bringen schien, ich könnte mir tatsächlich jemand Neues ausgesucht haben, mit dem ich mich einlassen wollte.

Vielleicht lag es nur an meinem Ruf, den ich mir erworben hatte, weil ich mich zu spirituellen und metaphysischen Dingen äußerte. Irgendwie schien das andere Geschlecht nicht in dieses Bild zu passen. Ein immenses Interesse an geistigen Angelegenheiten schloß anscheinend den Sex aus.

Und vielleicht stimmte das auch. Mir war gar nicht wirklich aufgefallen, daß sich mein Leben mehr oder weniger in geschlechtslosen Bahnen bewegte, bis ich eines Tages zu zählen begann, wie oft ich in den allerletzten Jahren tatsächlich mit jemandem geschlafen hatte. Es genügt zu sagen, daß es nicht oft war. Und es hatte mir noch nicht einmal gefehlt. Irgendwie war es vorbeigegangen. Aber wohin? War es das jetzt für den Rest meines Lebens? Ich vermute, es gab jede Menge von Gelegenheiten, aber das Komische war, daß mir selbst das nicht aufgefallen war.

Ich stellte fest, daß ich nichts mehr mit Menschen anfangen konnte, die sich in sexuelle Eifersucht und Neid verwickeln ließen, von jemandem besessen waren, den sie nicht haben konnten, eine herzzerreißende Liebesgeschichte erlebten, das tiefe Bedürfnis nach »einer Beziehung« hatten – noch nicht einmal, wenn sie in der spirituellen Bewegung waren und mehr als alles andere ihren Seelengefährten finden sollten. Damit konnte ich einfach nichts mehr anfangen. Es erschien mir sinnlos, sich nach einem anderen zu sehnen, damit er die eigene Identität ratifizierte. Was war gegen die Identität einzuwenden, die ich bereits hatte?

Mir fiel also sogar bei Parties auf (wenn ich jetzt darüber nachdachte), daß der Sex im Umgang der Männer mit mir keine herausragende Rolle mehr spielte. Mit Sicherheit war etwas davon da, aber nur eine Spur. Vielleicht schreckte ich sie ab. Lag es daran, daß Männer in uns immer noch in erster Linie Sexualobjekte sahen und daß ich jetzt einen anderen Gesichtspunkt forderte?

Um fair zu sein, muß ich sagen, daß ich nicht der einzige Hollywood-Star war, der erlebte, wie »der sexuelle Druck von ihm genommen wurde«. So einige Frauen, die ich als »bereitwillig und empfänglich« beschreiben würde, erlebten dasselbe Phänomen. Wir diskutierten oft darüber. Zugegebenermaßen hatte jede von uns ihren eigenen spirituellen Weg eingeschlagen, der zu dem Schluß Anlaß gab, daß wir unserer eigenen Identität näherkamen, sie suchten oder sie gefunden hatten, und intuitiv ahnten wir, daß diese Identität nicht viel mit Männern zu tun hatte. Und jede dieser Frauen war ebenso froh wie ich über die Befreiung von der sexuellen Besessenheit. Es war eine Sucht oder eine Abhängigkeit, von der wir uns nur zu gern freigemacht hatten; und in den meisten Fällen waren auch diese anderen Frauen eines Tages wach geworden und hatten festgestellt, daß sie schon seit einer ganzen Weile überhaupt nicht mehr daran gedacht hatten.

Die Kultur um uns herum war jedoch auf einen *Modus operandi* eingespielt. Überall um uns herum, im Fernsehen, in Filmen, in Geschichten, in der Werbung und sogar in den Witzen des Tages drehte sich alles darum, daß man darüber redete, scherzte oder Tiefenanalysen dazu anstellte, wie man attraktiv war und seine sexuellen Impulse gekonnt perfektionierte. Keiner redete mit denen, die jetzt nach einer anderen Pfeife tanzten. Es war, als wollte niemand etwas davon wissen. Mir wurde allmählich klar, daß wir bisher sexuelle Opfer einer Kultur und eines Systems gewesen waren, in dem es darum ging, Produkte zu vermarkten, Gewinne und Verluste zu machen, und das sich ganz und gar auf sexuelle Abhängigkeit begründete.

Wenn einige unter uns festgestellt hatten, daß eine Befreiung aus sexuellen Zwängen befriedigender und wohltuender war, dann schwammen wir entschieden gegen den Strom, denn damit ließen sich keine Produkte verkaufen, die den sexuellen Reiz erhöhen sollten; und tatsächlich stellte unsere äußere Erscheinung unsere »Gefühle« als weit wichtiger hin. Wir fühlten uns unwohl in engen Strumpfhosen, kurzen Röcken, Stütz-BHs und dem »femininen« Putz, der dazu gedacht war, die männliche Vorstellung dessen zu erfüllen, was eine sinnliche Frau sein sollte. Man hätte sogar behaupten können, wir hätten die Geschlechtertrennung optisch aufgehoben, wenn wir uns am behaglichsten fühlten. Und warum sollten wir uns nicht wohl fühlen? War das nicht eins der Ziele im Leben – das Wohlbehagen, in der eigenen Haut zu stecken und sich nicht für andere herauszuputzen? Anfangs glaubte ich, wenn ich mich in langen baumwollenen Leggins unter den Kleidern so gut fühlte, sei das auf die Sorge einer Tänzerin zurückzuführen, daß ihre Muskeln warm und geschmeidig blieben, aber ich bin mir nicht mehr ganz so sicher. Ich spürte einfach gern die Wärme der Baumwolle unter lose sitzenden Kleidern, und mir hätte es nichts ausgemacht, wenn ein neuer Liebhaber beim Tanz des Entkleidens festgestellt hätte, daß er mich aus langer Unterwäsche herausschälen mußte und nicht aus einem Bikinislip. Es machte mir einfach nichts aus, daß seine sinnliche Erwartung möglicherweise zerschmettert würde. Wenn das für ihn unablässige Voraussetzungen waren, dann wollte ich ihn ohnehin nicht haben.

Warf ich hier mit meinen Vorstellungen von Befreiung um mich, oder wurde ich ganz einfach alt und nachlässiger?

Diese Fragen stellten sich mir, wenn ich mich mit den Charakterzügen der Rollen auseinandersetzte, die ich an Land gezogen hatte. Diese Frauen waren entweder in ihrer Einschätzung des Lebens eloquent und überschwenglich zynisch, oder sie leugneten ihre sexuelle Identität restlos. Meine Frage war die: »Waren sie ein Spiegelbild meiner selbst, und wenn ja, welche Lehre mußte ich daraus ziehen?«

Ich schien in so vieler Hinsicht das weibliche Gegenstück zu meinem Bruder Warren zu sein. Er war ein Mann, der außerordentlich stark mit der linken Gehirnhälfte an das Leben heranging und dem es wichtig war, die Mechanismen der Perfektion mit analytischem Intellekt zu erfassen, und vor allem war es ihm ein tiefes Bedürfnis, sein eigenes Schicksal in der Hand zu haben. Außerdem war er ein Mann mit legendären sexuellen Gelüsten. Wie konnten wir derart verschieden sein? Waren wir das klischeehafte Beispiel dafür, wie unterschiedlich sich die Gene innerhalb von ein und derselben Familie aufteilen konnten?

Und was hatte es mit dem Männlichen und dem Weiblichen überhaupt auf sich? Ich hatte immer geglaubt, meine männlichen und weiblichen Eigenschaften stünden in einem recht ausgewogenen Gleichgewicht zueinander, bis eine Lehrerin, die ich sehr bewunderte, hervorhob, ich hätte mich immer zu Macho-Männern hingezogen gefühlt, weil das der Aspekt meiner eigenen Persönlichkeit war, den ich mir noch nicht zu eigen gemacht hatte. Das empfand ich als absolut einleuchtend. Hatte ich mir diesen Aspekt meiner selbst jetzt angeeignet? Ich hatte mich nie zu spirituellen, sensiblen Männern hingezogen gefühlt. Mir gefielen die Typen, die wußten, was sie wollten, und die mit Verstand und Humor versuchten, es zu kriegen. Und jetzt? Keines von beidem. Ich fragte mich, ob ich etwas leugnete oder ob ich, wie die meisten meiner Freundinnen, glaubte, aus dem »Verlangen« herausgewachsen zu sein und es transzendiert zu haben.

Wir machten Witze darüber, daß wir uns weit genug entwickelten, um endlich über das zweite Chakra zu kommen (das zweite Energiezentrum des Körpers, das zugleich der Sitz der Sexualität ist). Ich schloß keineswegs aus, daß ich mich in Zukunft rasend und leidenschaftlich verlieben konnte. Aber wenn ich mich mit einem solchen Gedanken näher auseinandersetzte, dann wollte ich eigentlich nie wieder den »rasenden« leidenschaftlichen Taumel einer Beziehung erleben, wie ich ihn bei allen bisherigen Beziehungen erlebt hatte. Vielleicht war das der Haken, der Konflikt, das fehlende Glied.

Ich fragte Mike Nichols, warum er wieder geheiratet hatte. Seine Antwort werde ich nie vergessen. Er sagte: »Ich war absolut zufrieden, auf mich selbst gestellt zu sein und mir nach Belieben Pizza ins Haus kommen zu lassen – aber als mir eine Liebe begegnete, von der ich in meinem Herzen wußte, daß sie ein Geschenk Gottes ist, habe ich zugegriffen.«

Ich hatte schon so viele »Geschenke Gottes« bekommen. Woher sollte ich wissen, wann es wirklich ernst war?

Und was würde ich anfangen, wenn dieser vertraute »Liebestaumel« mich wieder mitriß, mich nachts vor bloßem Staunen über seine Intensität wachhielt? Und worauf begründete sich diese Intensität? Hatte sie sich nicht früher auf ein Bedürfnis in mir begründet, mich selbst anders zu erfahren – ein übermächtiges Verlangen, mein »Sein« mit einem anderen zu verschmelzen, damit ich mich als ganzer Mensch fühlte? Suchte ich, suchten wir alle die andere Hälfte unseres Selbst, die aus einer anderen Zeit und aus einem anderen Raum in unserem zellularen Gedächtnis nachhallte und uns an das Gefühl der Vollständigkeit erinnerte, das wir vor langer, langer Zeit gehabt hatten, als wir mit dem Universum und somit auch mit uns selbst eins gewesen waren?

Vielleicht hatte uns die sexuelle Revolution (an der ich teilhatte) letztendlich selbst ins Abseits gespielt, weil wir die Suche nach dieser Vollständigkeit dazu mißbraucht hatten, äußerlich und nicht innerlich zu suchen? Waren die Geschlechtskrankheiten, die in unserer Kultur so verbreitet waren, anklagende Beispiele für den Mißbrauch, den wir mit uns selbst und miteinander betrieben und aus dem rasenden, verzweifelten Verlangen heraus betrieben hatten, das zu finden, was früher einmal die andere Hälfte unseres Selbst war und was nie irgendwo sonst existiert hatte oder existieren würde als in jedem einzelnen von uns?

Vielleicht hatte ich aber auch nur schlicht und einfach verstanden, daß jede sexuelle Beziehung, die ich je gehabt hatte, in Wirklichkeit nichts weiter gewesen war als die Freude an mir selbst, solange ich mich darauf eingelassen hatte. Und jetzt war ich durch das Alter und eine gewisse Menge an Weisheit zu der Erkenntnis gelangt, daß die Sexualität nichts weiter als eine Sprache war, ein Dialog, durch den wir eine andere menschliche Seele kennenlernen konnten, die ohnehin ein Spiegelbild der fehlenden und nicht wiedererkannten Teile unseres Selbst war.

Vielleicht sollte ich von den Rollen, die ich spielte, einen Rat annehmen und mir ohne äußeren Druck eingestehen, daß eine männerlose Existenz in den Fünfzigern und Sechzigern wirklich die höchste Lebenskunst sein könnte, denn die Frauen fühlten sich prächtiger denn je, und die Männer waren diejenigen, denen etwas fehlte.

Bei der Arbeit hatte ich mehr als sonst je das Gefühl, daß das soziale und emotionale Umfeld kreativer Menschen bei Dreharbeiten für einen Film dem utopischen Traum der Gesellschaft entspricht. Niemand hält viel zurück, Gefühle werden offen ausgedrückt, und doch wird die Ordnung respektiert, die notwendig für das Gelingen ist. Es gibt einen Chef bei den Dreharbeiten (den Regisseur), und doch muß sogar er sich vor einem Chef, einem Mogul in der Chefetage verantworten.

Die Verbindung von kreativem Individualismus mit der Industrie (dem Geld) klappt meistens ziemlich gut. Es kommt zu Ausbrüchen des individuellen Temperaments und zu eigenwilligen Protesten (im allgemeinen aus Unsicherheit), aber es besteht immer die verborgene Übereinkunft, daß solche künstlerischen Explosionen entscheidend für das Wohlbefinden der Gesamtheit sind.

Die kreativen Persönlichkeiten im Showbusiness wissen, daß sie von denen abhängig sind, die das Geld haben. Aber das stimmt auch umgekehrt, und die häufig unausgedrückte Bewunderung und Ehrfurcht, mit der die Geldgeber kreativen Exzentrikern begegnen, ist amüsant. Ja, in ihren Augen sind wir ungebärdige Kinder, und doch kann die Familie der Gegensätze ohne eine solche

Mischung nicht funktionstüchtig sein. Die »Bosse« werden von uns kreativen Kindern oft ins Lächerliche gezogen und hämisch verspottet, und doch dienen sie als Vaterfiguren, bei denen die Macht liegt und ohne deren Genehmigung es uns nicht gestattet ist, zu spielen und Zauber zu erschaffen.

Auseinandersetzungen, Wut, Angst und manchmal sogar regelrechte körperliche Raufereien dienen als Ventile für die Entschlossenheit und lassen es manchmal unklar erscheinen, wer kindischer ist, wir Kinder oder die elterlichen Bosse.

Als Columbia von den japanischen »Bossen« gekauft wurde, bestand Nichol's kreative Reaktion darin, daß er sich den Film in einer Dose schützend unter den Arm klemmte, bis er sich ein Bild davon machen konnte, von welcher Sorte Eltern diese Geschäftsleute sein würden. Gleichzeitig waren diejenigen, die jetzt den Vorsitz über die Familie führten, restlos vom emotionalen und spirituellen Wohlergehen und der Gesundheit der genialen Kinder abhängig. Derartige Beziehungen beim Film verliehen der symbiotischen Wechselwirkung einen neuen Sinn.

Eines Tages, als Meryl und ich für die Musikeinlagen probten, die wir am folgenden Tag abdrehen sollten, beschrieb sie das Kostüm, das sie tragen würde, unabsichtlich als Schuluniform und fügte hinzu, sie hätte ihre Hausaufgaben gemacht und hoffte, ihre Lehrer und ihre Mutter würden ihre Arbeit zu würdigen wissen. Mike redete oft darüber, was man ihm an Kosten für die Aufnahmen und für den künstlerischen Freiraum durchgehen lassen würde. Carrie versuchte ständig, die Gefühle und die Empfindsamkeit ihrer Mutter und ihres Vaters zu verteidigen, und ich, die ich mich gerade auf das Altern einstellte, war bemüht, der vorgefaßten Meinung meines Vaters zu entsprechen, ich sei eine Langstreckenläuferin, nicht eine Sprinterin mit schnellem Start.

Jeder von uns spielte seine Rolle im Spiel der Illusion, und wir brauchten einander und die »Eltern«, die uns das Spielen gestatteten. Von der Chefetage bekamen wir Komplimente über unsere täglichen Fortschritte. Fröhlich arrangierte Obstkörbe und delikate Gaumenfreuden drückten anmutig und raffiniert die Anerkennung unseres Wunsches aus, anerkannt zu werden.

Der Technikerstab war natürlich »erwachsener«. Es waren

Pragmatiker, die mit der Technologie spielten. Manchmal zwinkerten sie verlegen über die ungehemmte Kindlichkeit unserer Spontaneität, wenn wir kreativen Kinder dasaßen und Lieder mit selbst erdachten boshaften Texten sangen. Es konnte sogar sein, daß sie an Jahren viel jünger als wir waren, aber ihre Gefühle waren kontrollierter, regulierter und zurückhaltender. Das waren die »straighten« Leute unter uns. In den kreativen Talenten, die die Hauptrollen spielten, wurden die Kinder gesehen, die das Projekt der Familie am Laufen hielten und vielleicht sogar in jedem einzelnen Menschen, der schließlich eine Kinokarte kaufen würde, das Kind aktivierten.

Als Mike zu den Nachtaufnahmen kam, zu denen zwei Musiknummern gehörten, und Anstoß an der Wandfarbe nahm, schien bei dem Stab unterschwellig die Haltung »Na und, was soll's?« vorzuherrschen, doch gleichzeitig wußten alle, daß er Dinge »sieht«, die andere nicht sehen. Irgendwie konnte man voraussetzen, daß Farben sich auf die Darstellung und auf das Ambiente auswirken würden, sich auf die Reaktion des Publikums auswirken würden, wenn man anstrebt, daß es nicht nur mit dem Verstand und den Augen, sondern auch aus dem Bauch heraus reagiert.

Wir saßen drei oder vier Stunden lang da, während die Wände umgestrichen wurden und trockneten. Und da die neue Farbe eine unterbewußte Verschiebung der Gefühle hervorrief – die den Schauspielern eine verstärkte Ausdruckskraft verlieh –, klappten die Musikszenen besser und waren nach zwei Einstellungen im Kasten.

Was war es bloß, was Mikes Augen sahen? Woher wußte er es? Und was noch wichtiger als alles andere war – woher nahm er den Mut, trotz des enormen Zeitverlusts diese Veränderungen zu verlangen? Nur ein kreatives Kind, das nur überleben konnte, wenn es seine eigenen Vorstellungen umsetzte, hätte so etwas getan. Mikes Träume waren so ansteckend, daß wir alle durch seine Augen sahen.

Würde ein Studioboß, der bei gesundem Verstand war, angestürmt kommen und uns vorschreiben, wir müßten uns mit dieser Farbe abfinden, weil dafür bereits bezahlt worden war, und wir dürften nicht dreihundert Statisten herumstehen und warten lassen? Es wäre natürlich nicht das erste Mal gewesen, aber ich habe festgestellt, daß die »straighten« Leute das kreative Kind um so mehr in Ruhe lassen, je exzentrischer es sich gebärdet. Sie sind außerstande, sich mit dem Freiraum der Exzentrik zu identifizieren, und daher fällt es ihnen schwer, damit umzugehen. Der Wahnsinn einer exzentrischen Phantasie schüchtert sie buchstäblich ein.

Meine Beobachtungen der Kniffligkeiten der Kreativität im Lauf der Jahre – sowohl an mir selbst als auch an anderen – führten mich dazu, mich genauer mit der Natur des transformativen Prozesses auseinanderzusetzen, wahrscheinlich sogar viel zu gründlich. Was war es, was einen Menschen befähigte, die eigene Phantasie in die Praxis umzusetzen und zu manifestieren?

Ein schlichter kleiner Pinselstrich auf der Leinwand der kreativen Phantasie konnte die gesamte Wahrnehmung verändern, bis sie für den objektiven Beobachter zu einer neuen Realität wurde. Woher weiß der Künstler das? Woher bezieht er dieses Wissen? Über Nacht kann es zu einer Transformation kommen, die aufgrund ihrer Perfektion den Eindruck vermittelt, es sei alles von Anfang an dagewesen.

Und traf das nicht auch auf unser Leben zu? Das gesamte Drama, das sich um ein Ereignis rankt, wandelt sich unter einem minimal verschobenen Blickpunkt. Der Grund dafür, daß das Showbusineß und der Film und das Theater jede dem Menschen bekannte Kultur derart faszinieren, ist vielleicht darin zu suchen, daß der kreative Ausdruck insofern eine Entsprechung zu unserem Leben ist, als wir tatsächlich das Drama, die Komödie, das Gelächter, die Tränen erschaffen, indem wir die Rollen dementsprechend darstellen, was wir unbedingt erleben müssen und wollen. Die Verantwortung dafür können wir hinnehmen, wenn es um ein Phantasieprodukt geht – aber wie steht es um die »Realität« des Lebens selbst?

Waren *wir* verantwortlich für alles, was wir durchmachten, und hatten wir es selbst herbeigeführt? Lockten *wir* Personen an, die Elend, Glück oder Verwirrung bei uns hervorriefen? Waren *wir*

Produzenten, Schauspieler, Regisseure und Darsteller unseres eigenen Lebens? Waren *wir* dann etwa diejenigen, die unsere eigene Transformation oder ihr Ausbleiben in Szene setzten? Die ganze Welt schien eine Transformation durchzumachen, denn die Individuen, die in ihr lebten, nahmen die Verantwortung dafür auf sich, wer sie waren und sein wollten. Ein Schauspieler, ein Regisseur oder ein Künstler versteht das Phänomen, die Entscheidungen, die man trifft, zu transformieren und in die Realität umzusetzen. Die Auswahlmöglichkeit ist unbegrenzt, und die Entscheidungen sind manchmal qualvoll. Unentschlossenheit kann den Fluß der Harmonie stören, Ängste können Chaos auslösen, Unsicherheit kann einen Zusammenbruch der Kommunikation nach sich ziehen, und Gefühllosigkeit kann einen Krieg auslösen. Aber das, was das Showbusineß so unendlich verlockend macht, ist der explosive Charakter all des Leidens, das in das breitgefächerte Spektrum der Kreativität einfließt. War das nicht eine Analogie zum Leben selbst? Die Welt war eine Bühne, auf der alle Menschen als Schauspieler standen und lernten, wer sie waren, während sie ihre Rollen spielten. Die Kritiken und selbst das fertiggestellte Produkt waren nicht so wichtig wie der Prozeß selbst. Den Genuß bereiteten die Erleuchtungen auf dem Weg; der Schmerz entsprang dem Widerwillen, etwas dazuzulernen.

Aber wenn uns das Filmemachen auch noch so oft die Gelegenheit bietet, uns selbst besser kennenzulernen, dann kommt doch immer ein Moment, in dem wir plötzlich damit konfrontiert sind, was wir in unserem Leben als Schauspielerinnen und Schauspieler eigentlich tun und wo wir ohne unsere Arbeit stünden.

Eines Morgens erwachte ich sehr früh und schaltete einen Sender ein, der Spielfilme brachte. Es lief gerade ein altes großes Hollywood-Musical von MGM über den Zirkus unter der Regie von Chuck Walters, produziert von Joe Pasternak.

Ich hatte bei Metro mit beiden vor so langer Zeit zusammengearbeitet, daß es mir wie in einem anderen Leben erschien. Als ich in der Eröffnungsszene Hunderte von Statisten und Tieren aus der Vogelperspektive aufgenommen sah, bemächtigte sich meiner eine Nostalgie, die sofort eine derart tiefe Niedergeschlagenheit nach sich zog, daß ich das Fernsehgerät ausschalten mußte.

Was war aus Hollywood geworden? Wo war meine Vergangenheit geblieben? Warum war jetzt alles so anders?

Doris Day besang fröhlich, wie faszinierend es war, mit der Familie ins Hauptzelt zu kommen, während sie hoch oben auf einer prachtvollen Kutsche saß, die von tänzelnden weißen Zirkusponys gezogen wurde; ihr blondes Haar war hochgesteckt, und beim Lächeln entblößte sie Zähne, die strahlender schimmerten als das polierte Elfenbein einer indischen Statue.

Und wo war sie jetzt? Stand sie irgendwo in der Nähe von Santa Barbara einem Tierasyl vor? In Santa Barbara gab es jetzt nicht einmal mehr Wasser. Dort gab es Feuer und Furcht.

Mir fiel wieder ein, wie ich in den alten Zeiten einmal Alfred Hitchcocks Büro betreten hatte, als gerade die Skizzen zu einem dramatischen Thriller mit Doris und Jimmy Stewart in den Hauptrollen zu einem übersichtlichen Abriß zusammengefaßt wurden. Der Regieassistent wiegte sich und summte einen ihrer Hits mit, der sich auf dem Plattenteller drehte. Ihm bereitete es ein fast herablassendes Vergnügen, daß er über den Zeitplan und das Talent dieser großartigen Schauspielerin bestimmen sollte. Sie hatte keine Ahnung, woran sie mit ihm war, und ihr Einfluß auf sein Leben und seine Gefühle war ihr nicht bewußt. Seine Geschichten darüber, wie »er und Doris« sich damit abmühten, diesen »gottverdammten Streifen rechtzeitig« fertigzustellen, trugen ihm monatelang Einladungen zum Abendessen ein.

Im Vorspann war der Name ihres Mannes, Martin Melcher, in seiner Rolle als Mitproduzent des Filmes vorbeigezogen. Es war schlichtweg zum Lachen. Sie hatte sich auf ihn als ihren Manager verlassen und erst nach seinem Tod erfahren, daß die Verluste Millionen von Dollar betrugen.

In dem Moment brachen Erinnerungen über mich herein, wie es gewesen war, in einer Branche zu arbeiten, die blühte und gedieh und die, wie der Zauber, den sie erschuf, ewig blühen und gedeihen würde, oder zumindest schienen das die meisten Menschen zu glauben, die in diesem Traum lebten und wie verwöhnte Kinder, die in einem Süßigkeitenladen völlig durchdrehten, umherstolzierten und ihre Macht und ihr Talent groß unterstrichen. Und wenn die Hexer, die den Süßigkeitenladen aufgebaut hatten und ihn betrieben, es taten, damit es in die Kasse klingelte, dann waren sie kein bißchen weniger in diese Phantasie versponnen.

In früheren Zeiten zeigten die Filmmogule soviel aufrichtiger und humvorvoller, was für Gauner sie waren. Mit einer tiefen und kindlichen Hingabe ließen sie sich auf das Spiel ein, Zauber zu erschaffen. Sie lebten ihre eigenen schillernden Kreationen, obwohl diese der Habgier entsprangen, und sie atmeten sie ein und manipulierten sie und schliefen mit ihnen.

Das »Geschäft« war wichtig, soviel stand fest, aber noch viel entscheidender war, wieviel auf die Leinwand gebracht wurde, damit die »Leute« sich darüber freuen konnten. Alles, was sie taten, taten sie im Namen ihrer Liebe zu dem mysteriösen Zauber. Heute ging es um die Liebe zum Profit und den Verkauf von Software, um die Hardware-Technologie zu beliefern. Das Herz war out. Die Technologie war in.

Vielleicht war das der Auslöser meiner Depressionen. Der Anspruch unserer Branche, die ganze Gesinnung, hatte sich gewandelt. Vielleicht stand gar keine Gesinnung mehr dahinter. Menschen wie Pasternak und De Mille, Jack Cummings und Roger Edens gehörten jetzt jedenfalls einer Vergangenheit an, die fast dazu herausforderte, sie ins Lächerliche zu ziehen und mit zynischem Spott zu bedenken. Wie kam das? Sie waren derart liebenswerte Filmemacher gewesen. Sie waren Patriarchen der Macht und der Leidenschaft gewesen, deren Haltung die reinste Freude an der Erkenntnis ausdrückte, daß Talente auf der Leinwand eine potentielle Unsterblichkeit erlangten und Glück und Freude in die amerikanischen Kleinstädte bringen konnten.

Natürlich gierten sie nach den Profiten, die sie aus dem Talent anderer herausschlagen konnten; aber *sie* investierten selbst in das Talent. Sie hatten an dem Prozeß teil, zu hegen, zu entwickeln und zu prägen, was schließlich zu einer klar umrissenen Legende werden würde. Wie Lana Turner oder Rita Hayworth und, ja, Debbie Reynolds.

Sie stellten Lehrer, Ausbilder, Kostümbildner, Drehbuchautoren und sogar Werbeleute zur Verfügung, die sorgfältig und meistens einfühlsam das angestrebte Phantasiegebilde erschufen, bis eine klar umrissene Leinwandidentität erreicht worden war. Im

Heer der Leute hinter den Kulissen hatte jedes Individuum seinen Anteil am Erfolg eines Stars und eines Films. Der Mitarbeiterstab war nicht distanziert. Alle waren voll in das Schicksal eines jeden einzelnen Projekts miteinbezogen, und manchmal verzichteten sie auf ihre Freizeit, und nur zu oft wurde Zeit geopfert, die jeder eigentlich für seine Familie haben wollte.

In keiner anderen Branche hatte ich je erlebt, daß sich die Menschen mit so naiver Selbstlosigkeit dem Ziel verschrieben, ihre Arbeit zu leisten.

In jenen Tagen hatte man Zeit, zwischen den Aufnahmen Geschichten aus dem Showbusineß zu erzählen, Zeit für das Gehabe der Divas, Zeit für Temperamentausbrüche, Zeit für Affären zwischen den Göttern und Göttinnen des Zelluloids, ob auf der Leinwand oder im Privatleben, und die Bosse wußten alles, aber sie wußten auch, wann sie uns in Ruhe lassen mußten.

Heute besaß kaum noch jemand die Gabe, sich für etwas zu engagieren. Heutzutage drehte sich alles nur ums Geld und darum, daß der Zeitaufwand auch dem Geld entsprach. Die grundlegenden Züge der Branche hatten sich geändert. Ich fühlte mich einsam ohne die fast familiäre Kameraderie, die uns früher eingehüllt hatte, wenn wir unsere Herzen und Seelen auf der Leinwand entblößten.

Die Filmbranche schien die Menschen aufzugeben, nicht umgekehrt. Warum also hatte sie mich nicht aufgegeben?

Warum waren mein Bruder Warren Beatty und ich noch dabei, angeschlagen und mit blauen Flecken, aber trotz unserer Abnutzung noch brauchbar? Mir schien es tatsächlich so, als hätte die erlangte Weisheit unserer Arbeit nur wohlgetan. Aber warum war unser Drang so tiefgehend und immens? Es schien, als könnte nichts dem Ventil, das wir uns zum Ausdruck gewählt hatten, Einhalt gebieten. Irgendwie würden wir unsere Tragödien und unsere Einsamkeit nur nutzen, um wieder Wasser für unsere Mühlen zu haben. Keine privaten Beziehungen oder Ereignisse in unserem Leben, ungeachtet ihrer Wichtigkeit, schienen etwas an unserem Bedürfnis zu ändern, weiterhin kreativ zu sein, ganz oben zu sein oder zumindest irgendwie weiterhin beharrlich im Geschehen mitzumischen.

Ich war gern allein und brachte selbstbesonnene Zeitabschnitte mit dem Schreiben zu. Aber ich wußte immer, daß ich wieder mitmischen würde – daß ich in einem entsprechenden Kostüm herausgeputzt und mit der passenden Frisur und geschminktem Gesicht menschlichen Gefühlen nacheifern würde. Ich *wußte* einfach, daß ich für den Rest meines Lebens Gelegenheit haben würde, auf Kommando zu einer anderen zu werden. Ich zweifelte nie daran. Die Frage war nur: Warum *brauchte* ich das?

Ich glaube, das Bedürfnis, beruflich an der Spitze zu stehen, war eine Fortsetzung davon, die unerfüllten Träume meiner Eltern weiterhin auszuleben, insbesondere die meiner Mutter. Sie hatte sich immer das gewünscht, was ich jetzt hatte. Das hatte sie mir selbst gesagt, und in ihrem hohen Alter war sie für Warren und mich stets eine Erinnerung daran, daß ihre Träume durch uns weiterhin Früchte trugen. Unsere Leistungen wurden von ihrem glühenden Verlangen angespornt, unsere Erfolge zu erleben. Sie selbst hatte sich das nicht gegönnt. Sie hatte ihr Leben uns geweiht. Ich weiß nicht, ob sie uns tatsächlich eine keimende kreative Laufbahn opferte, aber für mich stand das immer im Hintergrund. Für Warren? Ich weiß es nicht. Ich weiß nur, daß wir bis ins Innerste von ihrem Wunsch durchdrungen waren, etwas zu erreichen. Das steckte in jedem Film, den wir machten.

Die Niedergeschlagenheit, die über mich hereinbrach, als ich »zufällig« *Jumbo* einschaltete, bestätigte die Wahrheit, daß ich nicht weiterhin im Geschäft bleiben konnte, um die Träume meiner Mutter auszuleben. Von jetzt an würde ich meine eigenen Träume verwirklichen. Es kam mir bizarr vor, daß ich Shirley MacLaine geworden war, weil meine Mutter es so wollte, aber ich glaube, daß daran mehr Wahres ist, als ich bis dahin bereit war, mir einzugestehen. Ich tat es für sie, und gleichzeitig fühlte ich eine Spur von Schuldbewußtsein, weil ich etwas gemacht hatte, was sie nicht hatte tun können. Ich konnte von ihrer Seite aus eine gewisse Rivalität spüren, fast eine subtil wahrnehmbare Ablehnung.

Waren nicht die meisten Mütter ein wenig neidisch auf ihre Töchter? Würde ich die Stiche liebevollen Neids zu spüren bekommen, wenn Sachi ein Star wurde? Mir schien, als ginge es mir umgekehrt. Tatsächlich hätte ich eine Art Kontinuität darin gesehen, daß Sachi in meine Fußstapfen trat und doch… und doch. Diese primitive Furcht davor, jemand könnte sich widerrechtlich das eigene Territorium aneignen, war nie ganz auszuschließen. Und so ackerte ich Jahr für Jahr weiter, Jahrzehnt für Jahrzehnt, um den Traum meiner Mutter zu erfüllen, der jetzt zu meinem eigenen Traum geworden war. Es machte mir Freude, soviel stand fest, aber jedem anderen denkenden, neugierigen Wesen war klar, daß unsere professionelle Langlebigkeit – Warrens und meine – schon dafür sorgte, daß in der ganzen Stadt die sprichwörtlichen Augenbrauen hochgezogen wurden. War das der Grund für unseren Langstreckenmarathon? Andere kamen und gingen. Wir waren entschlossen, im Rennen zu bleiben, bis die Zuschauer nach Hause gingen. Das hatte unsere Mutter unterschwellig auf ihre passive Art, mit der sie so viel Druck ausübte, über uns verhängt. Wir würden Stars werden, und wir würden leuchten, solange sie lebte und atmete. Aber was sollte hinterher geschehen?

Was konnten wir dann tun? Was würden wir tun, wenn wir kein Publikum mehr hatten? Würden wir eine Kehrtwendung machen und buchstäblich eine dauerhafte hingebungsvolle Beziehung in Betracht ziehen? Was änderte es schon, daß das für den größten Teil der übrigen Welt das erklärte Ziel war? Beziehungen im Showbusineß zeigten, wie schwer sie aufrechtzuerhalten waren. Schauspieler, Schauspielerinnen, jede Form von Entertainern – sie alle spürten den Druck der sporadischen Beziehungen zwischendurch, und sie alle, oder zumindest die meisten, waren zu unstet, zu launisch, zu unbeständig, zu egoistisch und zu eitel für dauerhafte persönliche Beziehungen. Was wir brauchten, war vielleicht eher der Beifall relativ unpersönlicher Menschenmassen. Und es sah so aus, als hätten wir fast alles getan, um diesen Beifall immer wieder zu bekommen. Wenn eine bestimmte Beziehung diese Priorität gefährdete, dann war sie zum Scheitern verurteilt.

Manchmal waren wir uns überhaupt nicht über unser tiefgreifendes Bedürfnis im klaren, uns selbst über alles andere zu stellen, über die Beziehung, um uns die Position im Scheinwerferlicht zu sichern, im Mittelpunkt zu stehen. Für uns war das eine Frage des

Überlebenskampfs. Wir hatten das Gefühl, nicht zu existieren, wenn sich die Aufmerksamkeit auf andere richtete, während sich angeborene Schüchternheit in der Angst ausdrückte, wir würden nicht genug leisten, um im Scheinwerferlicht zu stehen.

Die meisten von uns waren freundlich, gesellig und gingen aus sich heraus, mit einem Wort, sie waren extrovertiert. Schließlich war der Ausdruck der Kernpunkt unserer Arbeit, nicht die Introvertiertheit. Und doch neigten wir auch zu Territorialansprüchen. Ständig waren wir auf der Suche nach Liebe und Nähe, und sobald wir das gefunden hatten, begannen unser Selbsterhaltungstrieb und die territorialen Instinkte die Oberhand zu gewinnen, und wir fingen an zu streiten und uns auf den Machtkampf einzulassen, von dem wir glaubten, er gefährdete unsere Position.

Wenn wir uns nicht auf den Machtkampf einließen und die Herrschaft an uns zu reißen versuchten, schätzten wir die Umstände klar ein und entschieden uns, das wahre Ich zu unterdrükken und uns zu »unterwerfen«.

Ich war in beiden Spielarten recht versiert, und ich hatte beide Rollen gespielt. Ich war die Frau gewesen, von der ich glaubte, genau so wollte der Mann mich haben, und das ging oft soweit, daß ich mich z. B. in einem Moment zusammenriß, in dem ich verletzt war. Ich verteidigte *mein* Territorium, indem ich nie eine Angriffsfläche bot, indem ich es unterließ, es zu gefährden. Oder ich tat meine Wünsche und Bedürfnisse auf subtile Art kund, bis ich, je nachdem, zu welchen Listen ich griff, meinen Kopf schließlich durchgesetzt hatte.

Selten war ich in einer engen gefühlsmäßigen Beziehung wirklich ich selbst gewesen und hatte restlos und uneingeschränkt akzeptiert, wer ich war und wer der Mensch war, mit dem ich meine Zeit verbrachte. Derartige Schutzmaßnahmen waren maßgeschneidert, um die Aussicht auf eine dauerhafte Liebe zunichte zu machen.

Am Anfang waren unsere Gefühle harmonisch, und wir waren zu entgegenkommenden diplomatischen Kompromissen bereit. Wir im Showbusineß wußten weiß Gott, wie man Charme und die Partitur der Gefühle einsetzte, um zu bekommen, was wir wollten. Wenn wir die gewünschte Beziehung dann aufgenommen hatten, erreichten wir eine Art Hochplateau, das die Einschätzung der Schwächen des anderen erlaubte. Da wir in unserer Branche einen hohen Preis für das Überleben zahlten, mußten wir unbedingt Informationen darüber erlangen, wo die Schwächen und Stärken des Partners lagen. Allein schon die Natur des Ringens um den ersten Platz, um gute Rollen und um starke Verbündete diktierte ein Mißtrauen in die positiven Aspekte enger Beziehungen. Alles drehte sich nur noch um Manipulationen.

Statt uns wirklich auf etwas Gemeinsames einzulassen, waren wir in allererster Linie bemüht, die Person zu verändern, zu der wir uns hingezogen fühlten, sie zu unserem Spiegelbild zu machen, denn nur dann waren wir mit den Reaktionen vertraut, ohne sie als bedrohlich zu empfinden. Die Unterschiede und Gegensätze, die uns anfangs zueinander hingezogen hatten, wurden langsam abgetragen. Im Showbusineß trug in einer Zweierbeziehung im allgemeinen die stärkere, ausgeprägtere Persönlichkeit den Sieg davon. Von dem sanftmütigeren Partner wurde verlangt, daß er sich den Bedürfnissen des Stärkeren beugte, die gesamte emotionale Last trug, an das Bild glaubte, das sich der Mächtigere von sich selbst machte, und das er diese Vorstellung förderte. Das war der Punkt, an dem die echten Schwierigkeiten einsetzten.

Wenn ein anderer zum Schatten der eigenen Person wurde, dann war die Beziehung nicht ausgewogen. Die stimulierenden Unterschiede waren aufgehoben, der Zündstoff für die Feuer der Leidenschaft verraucht. Die Unterschiede, die am Anfang so reizvoll waren, inspirierten zu Diskussionen, zu heftiger Leidenschaft und zu Gefühlen. Nachdem durch eine gekonnte Manipulation alle Unstimmigkeiten ausgeräumt worden waren, blieb nur noch ein Ebenbild der eigenen Person.

Wie oft hatte ich diesen Prozeß durchlaufen, und nicht nur ich, nein, auch so viele meiner Freundinnen. Das schien im Showbusineß in der menschlichen Natur zu liegen: Schauspielerin lernt Mann kennen, Schauspielerin versucht, Mann zu ändern, bis er sie selbst widerspiegelt, Schauspielerin beklagt daraufhin die Aufhebung der Gegensätze. Von allen Seiten war ich davon umgeben. Wohin ich auch sah, war es das, was die Menschen sich selbst und anderen antaten.

Ich hatte mich endlich aus dem Konkurrenzkampf zwischen Männern und Frauen zurückgezogen, wenigstens ein paar Jahre lang, und ich war froh, mich aus den Konflikten der Leidenschaft befreit zu haben. Aber ich konnte sehen, daß es für mich und für so viele andere befriedigender gewesen wäre, die Individualität eines anderen Menschen, den wir liebten, schlicht zu respektieren und keine Bedrohung in der Andersartigkeit zu sehen.

Bestand wahre Liebe nicht letztlich in der Fähigkeit, einen anderen Menschen kritiklos so hinzunehmen, wie er ist? Tief in meinem Innern wußte ich, daß die Unterschiede interessant waren, einen Weg zu einer Objektivität boten, die großräumigere Perspektiven ermöglichte, den Blickwinkel ausweitete und erhellte. Wir sollten die Selbstsicherheit besitzen, in Unterschieden keine Barrieren zu sehen, sondern eher Katalysatoren, die das Wachstum stimulierten.

Ich wußte, daß ich bei dem Versuch, jemanden zu ändern, nur verlieren konnte. Ich wußte auch, daß es schwierig sein würde, mich weiterzuentwickeln, wenn ich noch viel länger allein blieb. Ich wußte, welche Spiele, Freuden und gemeinsamen Genüsse es gab, aber ein Teil von mir fragte sich immer noch, ob ich den entstandenen Erwartungshaltungen wirklich entsprechen konnte, von denen ich wußte, daß ich mich auf sie hätte einlassen sollen, vor allem in meinem Alter und mit meiner Erfahrung und der sogenannten Weisheit.

Als ich jünger war, wußte ich es nicht besser. Jetzt war es mir klar. Ich hatte ein paar tiefe Beziehungen hinter mir, zahlreiche Machtkämpfe durchgemacht, geliebt und nachgegeben, gehaßt und gefordert. Ich hatte die Rennstrecke oft genug zurückgelegt und war endlich für eine Weile aus dem Rennen ausgeschieden. Und ich mußte zugeben, daß ich es immer noch auskostete, mich von der Rivalität und den Machtspielen der Beziehungs-Olympiade befreit zu haben!

Vielleicht würde ich mich schon bald auf das Abenteuer einlassen, eine Beziehung voranzustellen und nicht mich selbst. Mich beschlich ein Gefühl, wenn ich dazu bereit war, dann würde das bei allen Beteiligten Veränderungen und eine Weiterentwicklung nach sich ziehen, schon allein aufgrund der Bereitschaft, einen Menschen zu akzeptieren und nicht, ihn zu verurteilen. Wenn ich einen anderen Menschen restlos akzeptierte, würde er sich dafür revanchieren. Vielleicht sollte ich versuchen, eine Beziehung über alles andere zu stellen, denn wenn ich das tat, würde ich es meinem wahren Ich »erlauben«, sich auszudrücken. Das entsprach jedoch überhaupt nicht dem, was ich sah, wenn ich die meisten Ehen in meiner näheren Umgebung betrachtete. Jeder der Partner schien sich irgendwo mit lauter Kompromissen abgefunden zu haben. Im Fall meiner eigenen Eltern (die mein ursprüngliches Bild von einer Ehe geprägt hatten) war die Beziehung so kompromißbeladen, daß die Frustration die Herrschaft führte.

Die Ehe meiner Eltern war ein praktisches Beispiel für zwei Menschen, die einander liebten, sich aber nicht die Freiheit ließen, sich individuell weiterzuentwickeln. Jeder von beiden opferte der Ehe seine Kreativität. Mutter war eine extrem begabte Malerin und Schauspielerin. Sie sehnte sich danach, diese Talente weiterzuentwickeln, entschied sich aber statt dessen für eine Ehe und für Kinder. Dad war ein begabter Musiker (Geiger) und ein großer Denker (Philosophie und Psychologie), doch er entschied sich, seine Pflichten als Lehrer und Schulvorsteher, als Ehemann und Vater zu erfüllen. Im Schulwesen ging es kleinkariert zu, und daher konnte es ihm keinen Spaß machen. Aber er wußte nicht, wie er sonst den Lebensunterhalt hätte verdienen können. Daher war keiner von beiden wirklich glücklich. Dad stellte seine Verpflichtungen als Vater und Ehemann über seine eigenen Bedürfnisse. Und Mutter ordnete sich ihrer Ehe unter, ihrem Mann und ihren Kindern. Doch selbst im Rahmen ihrer Unterwürfigkeit brachte sie es noch fertig, mit matriarchalischer Gefühlsgewalt über die Familie zu herrschen. Sie tyrannisierte uns durch Passivität und übte die Macht der Unterdrückten aus. Ihre frustrierte unterdrückte Kreativität färbte auf Warren und mich ab, wirkte ein Leben lang nach. Was wir mit diesen Abfallprodukten anfingen, lag bei jedem einzelnen von uns. Ich glaube, daß ich mir meinerseits unbewußt schwor, mich nie von Sitten, Bräuchen, der Gesellschaft, Ehemännern, Kindern oder der Ehe ausbeuten zu lassen; dasselbe läßt sich mit Sicherheit auch von Warren sagen.

Der gequälte und sehnsuchtsvolle Ausdruck auf Mutters Gesicht, wenn ich einen neuen Job bekam und von zu Hause fortging – die erstickten Tränen, weil sie mich vielleicht ewig nicht wiedersehen würde –, führten bei mir zu der zermürbenden Erkenntnis, daß sie kein eigenes Leben hatte. Sie hatte es nie gehabt. Kein Leben für sich selbst. Sie hatte ihr Leben mir, Warren und ihrem Mann geopfert.

Sie kostete unsere Erfolge genüßlich aus und war immer für uns da, hörte sich unsere Probleme an, unsere Konflikte, unsere Ängste und unsere Triumphe. Aber unter all dem schien ein Seufzer der Einsamkeit widerzuhallen. Sie schien einen ausgeprägteren Bezug zu dem zu haben, was sie mit ihrem Leben *nicht* anfangen konnte, als dazu, was sie tun *konnte*. Andererseits sagte sie immer, es sei ihr allergrößter Wunsch gewesen, eine Familie zu haben und Kinder großzuziehen. Ja, genau das sagte sie. Was sie *empfand*, war eine ganz andere Geschichte, oder zumindest habe ich diesen Verdacht.

Einer von Mutters unbewußten Konflikten war ihr grundlegender Sexismus. Daraus resultierten für uns immer wieder große Spannungen. Sie glaubte allen Ernstes, Männer seien leistungsfähiger als Frauen. Sie war auf die Propaganda der Zeit reingefallen, in der sie herangewachsen und herkömmlich erzogen worden war, und in all den Jahren hatte sie sich nie davon freigemacht. Vielleicht war gerade dieser Sexismus dazu bestimmt, ihre duldende Rolle im Haushalt zu rechtfertigen (»diese Arbeiten *erwartet* man von Frauen«). Statt den Mut aufzubringen, mehr als eine Hausfrau zu werden, begnügte sich Mutter mit der herkömmlichen Definition der Rolle einer Frau im Leben (Ehe, Mann und Kinder).

Daher spürte ich von ihrer Seite immer eine unterschwellige, aber nervenaufreibende Ablehnung, weil ich aus dem festgefahrenen Schema der weiblichen Unterdrückung ausgebrochen war und es gewagt hatte, mit einem Stabhochsprung darüber hinwegzusetzen. Wahrscheinlich wurde das noch durch die unterbewußte Bedrohung verstärkt, die eine Tochter für eine Mutter immer darstellt. Sie mußte mit meinem Erfolg zurechtkommen, und gleichzeitig hatte ich meinen Erfolg in reziproker Form zu bewältigen. Irgendwie hielt ich mich immer eine Spur zurück, um Mutter nicht in einem geradezu grotesken Maß zu überbieten. Statt kühner und verwegener zu werden, machte ich mir nur immer mehr Gedanken über mein Talent und mein Potential. Es gibt Menschen, die behaupten würden, ich sei die personifizierte Tollkühnheit; da ich jedoch mein gesamtes Potential in diesen Dingen kenne, muß ich sagen, daß ich es noch nicht einmal zur Hälfte ausgelebt habe.

Vielleicht reagieren Mütter und Töchter anders auf den Erfolg als Väter und Söhne. Die weibliche Wertschätzung von Leistungen ist mit jahrhundertelangen unergründeten und unausgelebten Sehnsüchten befrachtet. Bis vor kurzem gab es keine wirklichen Wegweiser. Von Frauen erwartete man nicht, daß sie allzuviel taten, und man empfahl ihnen schon ganz bestimmt nicht, daß sie die Dinge in die Hand nahmen. Und dann kommt eine wirklich talentierte Mutter daher (meine Mutter), die eine wirklich talentierte Tochter hervorbringt (mich), und durch ihre eigenen Frustrationen fungiert sie als Katalysator für den Ausdruck ihrer Tochter – das könnte man durchaus als ein negatives Rollenmodell bezeichnen.

Mir war zumindest klar, was ich *nicht* wollte. Daraufhin wurde Mutter mit dem konfrontiert, was eindeutig das unausgelebte Potential ihres eigenen Lebens war. Natürlich waren ihre Kinder die Monumente ihres Lebens, aber wir führten jetzt unser eigenes Leben. Was blieb ihr noch?

Mutter wäre nie auf den Gedanken gekommen, mich für meinen Erfolg auszuschelten. Sie freute sich nicht nur für mich, sondern ich weiß, daß sie sich zu Recht weitgehend für meinen Erfolg verantwortlich fühlte. Nein, ihre Einstellung zum Erfolg hatte mehr mit ihrer eigenen Sicht über sich als Frau zu tun als mit mir. Für sie waren Warrens Erfolge etwas Unvermeidliches, etwas Selbstverständliches. Von Männern erwartete man, daß sie große Leistungen vollbrachten. Aber ich? Ich glaube, das war schwierig für sie. Das ganze komplizierte Hin und Her wurde komprimiert in einer Szene eingefangen, zu der es kam, als Mutter nach einer Blasenoperation im Krankenhaus lag.

Ich flog zum John Hopkins Hospital in Baltimore, um bei ihr zu sein. Warren würde später nachkommen. Andere kamen, weil sie angeblich »Mutter besuchen« wollten, aber die meisten ihrer Besucher hatten gehört, daß Warren und ich auch dort sein würden.

Mutter berichtete mir darüber. Sie war stolz. Ein Mann war ganz besonders wild darauf gewesen, Warren zu begegnen. Mutter war absolut offen und ruhig, als sie im Bett saß und sagte: »Ich habe dem Mann gesagt, Warren käme erst nächste Woche, und er müßte sich eben damit begnügen, nur die Nummer zwei zu treffen – dich.«

Ich spürte, wie es mir den Atem verschlug. Ich brachte kein Wort heraus. Ich wußte, daß sie fest an das glaubte, was sie sagte. Als ihr klar wurde, was sie gesagt hatte, schlug sie sich die Hand vor den Mund, als wollte sie die Worte ersticken. Aber es war zu spät. Unabsichtlich hatte sie ausgesprochen, was für sie schon immer wahr gewesen war.

»O Shirl«, sagte sie und war entsetzt über sich selbst. »Das ist ja furchtbar, daß ich das gesagt habe, findest du nicht auch?«

Meine Reaktion darauf war vermutlich scheinheiliger als alles andere. »Es ist nicht schlimm, wenn du es ernst meinst, Mutter«, sagte ich. »Wenigstens sagst du die Wahrheit, so, wie du sie siehst. Und außerdem habe ich das schon immer gewußt. Mir war klar, wie du empfindest.«

Dann tat ich etwas, was ich niemals hätte tun sollen. Ich zeigte ihr nicht, wie stark sie mich und meine Gefühle verletzt hatte. Ich wollte, daß sie von mir dieselben Wunder erwartete wie von Warren. Aber das konnte ich ihr nicht zeigen. Am liebsten hätte ich sie angeschrien: »Wie kommst du dazu, bloß, weil ich ein Mädchen bin, geringere Erwartungen an mich zu stellen? Wie kommst du dazu, bloß, weil du eine Frau bist, nie Erwartungen an dich zu stellen?«

Aber ich tat es nicht. Ich saß aufrecht auf meinem Stuhl neben ihrem Bett. Ich konnte spüren, wie sich mein Mund bebend zu einem Lächeln verzog. Die Tränen bahnten sich ohnehin gewaltsam einen Weg in meine Augen. Ich senkte die Lider, wühlte in meiner Handtasche herum und setzte eine Brille auf, bis die Wogen meiner Gefühle sich geglättet hatten.

In dem Moment waren unser beider Leben als Frauen aufeinandergeprallt. Die Wahrheit war die, daß Mutter nie geglaubt hatte

134

und wahrscheinlich auch nie glauben würde, irgendeine Frau könnte oder dürfte sich an einem Mann messen wollen. Männer waren von Natur aus autoritär und dementsprechend sollte man ihnen gehorchen und sie respektieren. In ihren Augen wäre es Ketzerei erster Güte gewesen, sich ihrem eigenen Vater, ihrem Bruder und ihrem Ehemann gegenüber anders zu verhalten.

Wenn ich mich ohne einen Mann, der mir eine Stütze war, als funktionsfähigen, kompletten Menschen ansah, dann war das in ihren Augen eine unechte, unausgelebte Identität. Wie sie so oft zu mir gesagt hatte: »Was weißt du schon wirklich über das Leben und die Liebe und Kompromisse? Du lebst allein.«

Vielleicht sollte ich jetzt wirklich eine dauerhafte Ehe in Betracht ziehen. Nicht, weil ich jemanden brauche, sondern weil darin die Dynamik für eine interessantere Zukunft stecken könnte. In jeder Beziehung, die ich gehabt hatte, schien es immer zwei Seiten zu geben – die positive und die negative. Wenn ich in diesen Gegensätzen jetzt etwas sehen konnte, was ein produktives Ganzes erschuf, dann konnte ich vielleicht zu der Erkenntnis kommen, daß zwei Menschen, die gemeinsam zurechtkamen, eine glücklichere Lösung sein könnten als eine freie Seele allein. Die Frage war nur die: War ich bereit dazu? Oder gab es noch andere Dinge, die ich vorher allein tun mußte?

Wieder war es meine Mutter, die mich zu einer weiteren Oktave des Wachstums angeregt hatte.

ZWEITER TEIL

VATER BÜHNE

7. Kapitel

ZURÜCK ZUR BÜHNE

Das Filmen ist eine Kunst, die Geduld, Toleranz, Respekt vor den Einzelheiten und emotionales Vertrauen erfordert. Es ist im Grunde genommen das, was ich als den weiblichen Ausdruck bezeichnen würde. Wenn man bei gesundem Verstand bleiben will, muß man sich selbst zurücknehmen und die Zeitvergeudung, mißverstandene Anweisungen und Autoritätsfiguren akzeptieren, die die Studios leiten, ohne etwas von den Filmen zu verstehen.

Etwas ganz anderes dagegen ist es, im Theater aufzutreten. Das erfordert aggressivere Zielstrebigkeit und größere Selbstbehauptung, ein analytisches Bewußtsein, das von der linken Gehirnhälfte kommt und flink funktioniert, und mehr als alles andere ein sicheres Gespür dafür zu entwickeln, wann man Macht ausübt und über ein Publikum herrscht. Dies kommt dem männlichen Ausdruck sehr nahe.

Das Filmen ist ein intimeres Abenteuer. Auf der Bühne geht man aus sich heraus. Man stellt sich vor ein Publikum und verlangt von ihm, daß es einem nicht nur Aufmerksamkeit schenkt, sondern jeder List und Tücke erliegt. Man muß sich in jeder Hinsicht durchsetzen, denn andernfalls entgleitet einem die Kontrolle, und nichts klappt mehr. Nur man selbst steht im Scheinwerferlicht. Das Publikum ist das Dunkel; man selbst ist das Licht. Ein ganzes Symphonieorchester mit rund vierzig Musikern muß sich dem Rhythmus des Hauptdarstellers unterwerfen, seiner Phrasierung, seinen Übergängen, seinem emotionalen Takt, seinem inneren Willen. Man hat es tatsächlich in der Hand, die Gefühle des Publikums auf direkte Art zu manipulieren. Und so muß es sein, damit man seine Sache gut machen kann. Man muß sich ganz sicher sein, daß diese Macht einem behagt, und man muß es sogar genießen, sie nach Lust und Laune einzusetzen.

Nur wenn man die Macht über es hat, fühlt sich das Publikum sicher. Wenn einem diese Macht entgleitet, wird es unsicher. Es gibt keine Demokratie, wenn man als Solodarsteller auf der Bühne steht. Es ist eine professionelle und kunstvolle Diktatur. Das Teamwork hinter den Kulissen dient ausschließlich demjenigen, der auf der Bühne steht. Und wenn der persönliche Rhythmus derer, die für einen arbeiten, während man im Rampenlicht steht, nicht im Einklang mit dem eigenen Rhythmus ist, dann müssen sie eben gehen. Es existiert eine Familie hinter den Kulissen, aber der Bühnenschauspieler ist nicht das Kind (wie im Film). Derjenige oder diejenige ist der Vater, der mit sämtlichen maskulinen Reflexen arbeitet, mit Talent und Instinkten, die Voraussetzung für die patriarchalischen Ansprüche sind.

Nachdem *Grüße aus Hollywood* fertiggestellt war, entschloß ich mich, wieder auf die Bühne zurückzukehren. Seit sechs Jahren hatte ich das nicht mehr getan. Ich vermißte diese Seite meiner selbst. Ich glaube, sie gehörte zu meinen privaten Vorsätzen, den weiblichen und den männlichen Aspekt in mir ins Gleichgewicht zu bringen, und natürlich waren diese Entschlüsse dadurch angeregt worden, daß ich in den Fünfzigern war. Mit Sicherheit fehlte mir die Liebe des Live-Publikums. Aber mir fehlte es auch, die volle Verantwortung zu tragen. Wenn ich ein paar Minuten hintereinander für die Filmmaschinerie spielte, frustrierte mich das Gefühl, nur bruchstückhaft und zusammenhanglos etwas geleistet zu haben. Ich brauchte die direkte Reaktion. Der *Moment* wurde mir zusehends wichtiger. Im allgemeinen dauerte es ein Jahr, bis ein Film geschnitten, mit Musik unterlegt und freigegeben worden war. Ich mußte es sofort wissen.

Bei meinen Bühnenauftritten lag die gesamte Verantwortung bei mir. Ich war für alles zuständig. Meine Leistungen, mein Geschmack und meine Ideen entschieden darüber, ob es ein Erfolg oder ein Mißerfolg wurde. Auch für die Fehler war ich allein verantwortlich. Ich wollte mein eigenes Los unbedingt selbst in die

Hand nehmen. Und wie meine späteren Erfahrungen beweisen sollten, war es mir ein tieferes Bedürfnis denn je, mein Schicksal selbst in der Hand zu halten. Das bedeutete, sich auf einer weit tiefergehenden Ebene mit Erfahrungen auseinanderzusetzen. Und es erwies sich, daß ich mich ernsthaft mit Aspekten meines Lebens und meiner Herkunft auseinandersetzte, die nichts mit dem Showbusineß, sondern vor allem mit meinem Vater zu tun hatten.

Ich bin nicht sicher, ob ich die Entscheidung getroffen hätte, zu meinen beruflichen Wurzeln, der Bühne zurückzukehren, wenn ich gewußt hätte, welche körperlichen, emotionalen und spirituellen Qualen ich durchmachen würde. Ich vermute jedoch, unser aller Rettung besteht darin, daß uns im allgemeinen nicht bewußt ist, wie sehr ein Schritt das ganze Leben ändern könnte, weil wir Erfahrungen machen, die sich auf die Menschen beziehen, von denen wir geprägt sind. Genau das stieß mir zu. Meine Rückkehr zum Tanz ermöglichte es mir, mich aus den Fesseln zu lösen, die mich festhielten, Fesseln, die mir überhaupt nicht bewußt waren, Fesseln, die ich ein für allemal aufknotete, um mich loszureißen. Der freie Fall war zeitweilig beängstigend. Aber das liegt in der Natur des freien Falls.

Offensichtlich folgen alle Menschen, die sich die Härten und die Freuden des Theaters auferlegen, einem tiefen inneren Ruf, wahrscheinlich einer tiefverwurzelten Sehnsucht nach liebevollem, kollektivem, sofortigem Beifall – wir waren menschliche Batterien, deren Elektrizität durch den Beifall des Publikums aufgeladen wurde. Man kann nicht Abend für Abend mit Magenkrämpfen und trockenem Mund auf die Bühne treten, wenn man die Belohnung nicht unbedingt braucht; und um es wert zu sein, mußte die Belohnung die Angst übersteigen. Für mich ging es jetzt um mehr als nur das. Mein Körper und meine Kondition hatten nachgelassen. Das wußte ich. Ich mußte abnehmen und Muskeln wieder trainieren, die ich seit sechs Jahren nicht mehr benutzt oder auch nur bewußt wahrgenommen hatte. Und doch, sagte ich mir, ging es in meinem Alter weniger um den Körper als um das Bewußtsein, wenn ich physisch trainierte. Ich hatte bereits den leisen Verdacht geschöpft, die Theorie, ohne Leiden ließe sich nichts erreichen, sei kein korrekter Arbeitsansatz. War es möglich, jeden Morgen mit der Hoffnung und der selbstgewählten Haltung aufzustehen, ich würde keine Qualen durchmachen? Ich wollte sehen, ob das wahr war.

Acht Wochen lang kam jeden Morgen eine Tanzlehrerin in meine Wohnung in Malibu; die Umhängetasche baumelte an ihrer Schulter, und das glatte blonde Haar hing hinter ihren durchstochenen Ohren. Mary Hite war klapperdürr, sichtlich angespannt und kräftig – kräftiger als jede Tänzerin, mit der ich je gearbeitet hatte –, und sie war sehr, sehr nett.

In ihr lebte ein selbsterhaltender Zorn – eine Wut, die sie nach einem Unfall vor Jahren als Antrieb benutzte. Sie war von einem Wagen angefahren worden, und bei dem Aufprall war ihr Körper weitgehend zerschmettert worden. Die Ärzte sagten, sie würde nie wieder laufen können. Sie entschied sich, gegen diese Diagnose zu kämpfen, indem sie sich intensiv mit allen Sehnen und Muskeln des menschlichen Körpers befaßte und sich, mit diesem Wissen ausgerüstet, selbst ans Werk machte. Durch pure Disziplin und harte Arbeit gelang ihr ein Wunder.

Ich fragte mich, ob sie sich mit dem arrangiert hatte, was ihr zugestoßen war. Was empfand sie für den Fahrer des Wagens, der sie angefahren hatte? Sie sagte, sie »arbeitete noch daran«, aber es war deutlich zu erkennen, daß ihre Wut bei ihrer Genesung eine Rolle gespielt hatte, denn diese Wut mußte irgendwie ihre Willenskraft angespornt haben. Ich machte mir viele Gedanken über Mary. Wie wäre ich mit einer derartigen Behinderung umgegangen? Ich bemühte mich gerade, alle wütenden und negativen Emotionen zu eliminieren. Würde das heißen, daß ich Schwierigkeiten damit haben würde, mit widrigen Umständen umzugehen? War Wut notwendig, um zu überleben?

Mary und ich lagen auf dem Boden und ließen zum Rhythmus der Wellen von Malibu die Hüften kreisen und zogen die Knie an, ruhig und gelöst. Wir taten all das ohne laute, durchdringende Musik, ohne anspornende Zurufe und absolut schmerzfrei. Meine Muskeln kamen mir trainiert, aber nicht überstrapaziert vor.

Wir machten Relevés (zogen uns stehend auf den Fußballen), setzten uns mit den Händen hinter dem Kopf auf, hoben die Beine und streckten die Arme. Das Strecken der Arme diente dazu, in den Schultern »den Atem zu fühlen«. Je mehr »Luft« wir in uns hatten, desto geringer wurde der Druck auf die Muskeln. Ich empfand nichts von dem, was wir taten, übermäßig anstrengend, kein einziges Mal brach mir der Schweiß aus.

Wir trainierten täglich drei bis dreieinhalb Stunden, und innerhalb von zwei Wochen sah ich, wie sich mein Körper verändert hatte und daß ich neue Kraft verspürte. Ich hatte immer geglaubt, nach einem Gymnastiktraining müßte ich mich erschöpft fühlen. Mein Glaubensbekenntnis hatte darin bestanden, sich dem *Schmerz* der Disziplin zu weihen und hart zu arbeiten. Diesmal war es anders. Ich arbeitete korrekt und nicht qualvoll.

Das Geheimnis lag in einer lockeren Ausrichtung, in einer korrekten Haltung, die einem Kraft gab. Wenn ich »in die Schultern einatmete«, fühlte ich mich leichter, und das nahm bei Kniebeugen die Last von meinen Schenkeln. Wenn mein Rücken über das Brustbein »Luft« bekam, wurde er nicht belastet. Ich war erstaunt. Ich dachte an all die Jahre, in denen ich mit »muskulösem Körperbau« und Gewalt gearbeitet hatte und nicht mit Atem, Luft und Gleichschaltung; wie sehr hatte ich gekämpft und meinen Körper gezwungen, sich meinem Willen zu beugen. Ich hätte mir vierzig Jahre Schmerz ersparen können. Aber der Schmerz war für mich wie eine Sucht gewesen. So geht es jedem Tänzer. Es fällt nicht leicht, den Schmerz herzugeben. Wenn man es gelernt hat, an den Schmerz zu glauben, hat man das Gefühl, ohne Schmerz brächte man nicht nur das Durchhaltevermögen nicht auf, sondern setzte auch sein Talent außer Kraft. Man lernt, Leistungen am Schmerz zu messen. Je schmerzhafter, desto besser. Ich fragte mich, ob es mir bei meinen Auftritten auch etwas nutzen würde, wenn ich mich vom Schmerz lossagte.

Sowie Mary das Gefühl hatte, ich sei soweit, machten wir in einem Übungsraum weiter. Ich zog meine Stöckelschuhe an. Sie zuckte angesichts des Irrsinns zusammen, daß ich in solchen Schuhen trainieren wollte, doch sie wußte, daß ich es tun mußte. Früher hatte ich mit Fünfundsiebzig-Millimeter-Absätzen gearbeitet, weil sie schöne Knöchel machen und den Beinen schmeicheln. In dem Moment, in dem ich sie anzog, konnte ich spüren, wie meine

Muskeln sich wieder erinnerten. Tänzer kennen das Phänomen, daß Muskeln sich unabhängig vom Verstand an Schritte erinnern. Aber diesmal hatte die Sache einen Haken. Meine Muskeln erinnerten sich an die alte Arbeitsweise. Sie mußten sich daran gewöhnen, auf eine neue Weise zu trainieren.

Ein heftiger Schmerz zuckte durch meine Knöchel und die Achillessehne. Meine Waden erinnerten sich an meine früheren Techniken. Jetzt reagierten sie nicht. Ich geriet in Panik. Es gelang mir noch nicht einmal, halbwegs anmutig durch den Saal zu laufen. Dann versagte mein Rücken. Es war, als sei die Erinnerung meiner Muskeln so stark, daß sie mich in die Vergangenheit zurückzerrte.

Mary war unbeirrt. Sie hatte soviel Schlimmeres durchgemacht. »Das ist nur eine Zeitfrage«, versicherte sie mir, »und du solltest dir wirklich überlegen, ob du nicht etwas flachere Schuhe anziehen willst.«

Am nächsten Tag gingen wir zu meinem Schuster, der jedes Paar Schuhe in mühseliger Handarbeit anfertigte. Er sagte, wenn ich die Absätze gekürzt haben wollte, würde der Schuh in der Form nicht mehr sitzen. Er mußte vollkommen neue Schuhe anfertigen.

Wenn eine Tänzerin ihre Absätze verkürzt, und sei es nur um einen Zentimeter, dann ist das, als arbeitete sie mit einer völlig neuen Choreographie, denn mit jedem Zentimeter verlagert sich der Körper völlig anders. Das heißt, daß die Muskeln die Schritte von neuem lernen. Das war keine unbedeutende Entscheidung, aber wir trafen sie. Wir kürzten die Absätze. Das hieß, daß ich in meinem Alltag den ganzen Tag lang dieselbe Absatzhöhe tragen mußte, um meinen Körper an die neuen Gewichtsverlagerungen zu gewöhnen. Daher trug ich die neue Absatzhöhe im Wagen, beim Einkaufen, beim Abendessen, zu Hause.

Außerdem mußte ich mir die Füße mit Pflastern bekleben, damit sich keine Blasen bildeten, denn auch die Druckstellen hatten sich jetzt verlagert.

Wohin ich auch ging, ich hatte Klebeband, eine Schere und Pflaster in meiner Handtasche. Eine Blase konnte ein paar Tage Arbeitsausfall bedeuten.

Die Diät war so wichtig wie die richtige Gymnastik. Mindestens acht Gläser Wasser waren erforderlich. Wasser hält den Körper giftfrei, und gleichzeitig bleiben die Muskeln und Sehnen gleitfähig.

Fleisch war notwendig, weil ich die Enzyme brauchte. Ich stellte jedoch fest, daß Lammfleisch für meine Begriffe zu viel Harnsäure hatte. Steaks waren mir recht. Milchprodukte verstopften meine Arterien, und Fett war natürlich verboten. Zucker war eine psychologische Belohnung, aber zuviel davon (mehr als ein Nachtisch) machte mich zu gierig auf mehr. Meine Diät setzte sich aus Obst, Gemüse, Fisch, Nudeln, Huhn, Reis und Steaks zusammen. Proteine zum Frühstück (Eier, Huhn, Fisch) halfen mir beim Abnehmen, weil Proteine den ganzen Tag lang Fett verbrennen. Entscheidend war die Zusammenstellung der Nahrungsmittel: Proteine mit Gemüse, niemals mit Obst. Nudeln mit Gemüse, niemals mit Fleisch. Obst vor dem Essen, nie hinterher. Und nie später als acht Uhr abends etwas essen. Wasser, Wasser, Wasser. Noch mehr als die vorgeschriebenen acht Gläser am Tag. In meinem Wagen lagen die Evian-Plastikflaschen herum. Eisgekühlt ließ es sich leichter trinken. Wenn man den Körper mit derart viel Flüssigkeit durchspült, muß man zusätzliche Vitamine einnehmen, mindestens zehntausend Milligramm, und außerdem täglich eine Kombination aus Oxydationsbremsen.

Ich kaufte eine Matratze, die in Japan hergestellt worden war und in die kleine Magnete eingearbeitet waren, die dazu beitrugen, die elektromagnetischen Frequenzen des Körpers den Vibrationen der Erde anzupassen. Die Japaner hatten angefangen, diese magnetischen Matratzen in ihren Krankenhäusern einzusetzen, als sie festgestellt hatten, daß Patienten, die darauf schliefen, wesentlich schnellere Heilerfolge erzielten.

Mit jedem Trainingstag wurde ich kräftiger. Ich verlor Gewicht, aber entscheidender war, daß mein Körper fest und stramm und geschmeidiger wurde.

Ich versuchte, mich an meine körperliche Verfassung und meine Haltung vor sechs Jahren zu erinnern. Es schien mir eine Ewigkeit her zu sein. Hatte ich damals ein solches Trainingsprogramm mitgemacht? Ich konnte mich wirklich nicht erinnern. Erinnern konnte ich mich dagegen, wie ich vor *fünfzehn* Jahren ur-sprünglich beschlossen hatte, zur Bühne zurückzukehren. Das war die große Entscheidung gewesen.

Ich hatte sechzehn Kilo Übergewicht gehabt und dreißig Jahre keine Pliés mehr gemacht. O Gott, bei der Erinnerung an diese Leidensherrschaft traten mir heute noch Tränen in die Augen, wenn ich daran dachte.

Ich war von einer Chinareise zurückgekehrt und hatte ausgese-hen und mich gefühlt wie die Figur aus der Goodyear-Werbung. Beim Film bekam ich keine anständige Rolle, und ich hatte mir beim Fernsehen mit einer gräßlichen Serie den Rest gegeben, die niemand sah (mich inbegriffen) und die *Shirley's World* hieß. Ein Jahr lang hatte ich für George McGovern an seiner Wahlkampa-gne mitgearbeitet, doch nur, um hinterher festzustellen, daß die Demokraten genauso wirr waren wie ich. Jemand hatte vorge-schlagen, eine Show für Las Vegas zusammenzustellen (genau das taten damals die strauchelnden Filmstars, wenn es ihnen an richti-ger Arbeit fehlte). Ich zog mich selbst aus der Misere und fing noch einmal ganz von vorn an. Gott sei Dank klappte es, doch die Erinnerungen daran, was es mir abverlangte, ließen mich heute noch manchmal unruhig schlafen.

Ein paar Wochen lang stand ich jeden Morgen um sechs Uhr auf, um fünf Stunden lang Berge zu besteigen, und dann ging ich zum Aerobic-Kurs, dann zum Gewichtheben, und dann brachte ich zehn Kilometer Jogging hinter mich. Anschließend trainierten Mary und ich drei Stunden lang, und hinterher stieg ich noch ein-mal vier Stunden in den Bergen herum. Das Ganze lief auf etwa vierzehn Stunden Training am Tag hinaus, und es war Wahnsinn. Nichts davon würde ich auf der Bühne brauchen, und da ich zu neuen Erkenntnissen gelangt war, was die Überanstrengung an-geht, hörte ich mit all dem auf. Bis zum letzten Schritt durchzu-halten – das entsprach meinem alten Ich. Die *Qualität* des Kilome-ters, den ich zurücklegte, war jetzt wichtiger. Angelo Dundee, der Boxkampftrainer, hatte mich einmal gewarnt: »Laß deinen Kampfgeist nicht in der Turnhalle!« Ich verließ die Übungsräume und arbeitete lockerer. Das war die beste Entscheidung, die ich körperlich in meinem ganzen Leben getroffen habe.

Gleichzeitig mit dem körperlichen Training mußte ich meine Singstimme wieder ausbilden. Ich wußte, daß ich keine allzu gute Sängerin war, aber ich konnte eine Melodie schmettern und sie tragen. Und doch wußte ich auch, daß es bei der Kunst, Laute von sich zu geben, einen besseren Ansatz gab, als mir bisher bewußt gewesen war.

Etwa zur selben Zeit, zu der ich einen neuen Ansatz brauchte, rief mich ein Freund an, um mir einen Vorschlag zu machen. Es gab einen Stimmausbilder in der Stadt, der mit einer selbstentwickelten Technik arbeitete, bei der musikalische Laute nicht von der »Maske von Nase und Gesicht« produziert wurden, sondern eher, indem man die Muskulatur der Kehle zwang, sich zu öffnen, damit der Laut wirklich im eigentlichen Zentrum des Körpers produziert wurde. Zwar waren die meisten seiner Schüler Sänger, doch er erzielte außerordentliche Erfolge bei Menschen, die an einer unheilbaren Erkrankung der Stimme litten, die sich spastische Dysphonie nannte (ersticktes Sprechen). Ich glaubte, eine solche Technik würde sich auch bei mir als gut erweisen.

Wir trafen uns. Ich hatte meine erste Stunde, Gary Catona war ein dürrer Mann von Mitte Dreißig, der eine Baseball-Mütze trug und italienische Opern liebte. Er war Sänger gewesen, und durch eine unangemessene Ausbildung hatte er selbst die Stimme verloren. Er war außerstande, einen Laut von sich zu geben. Aus purem Unwillen entwickelte er eine Technik, wie man die kräftige, zurückschnellende Kehlenmuskulatur öffnete, um einen Weg freizumachen, auf dem Laute herauskommen konnten. Er katalogisierte das Wiedererlangen seiner Stimme und legte damit den Grundstein für sein System zum Aufbau der Stimme.

Bis dahin hatte man ihm beigebracht, die Stimmbänder seien empfindlich, und man müsse sie verhätscheln. Gary dachte anders darüber. Er zwang die Stimmbänder durch seine Techniken der weit offenen Kehle, widerstandsfähiger zu werden, und als er versuchte, Laute hervorzubringen, stellte er fest, daß die Töne, die sich jetzt nach einer neuen Plazierung der Stimme ausrichteten, ihm nicht nur seine Stimme zurückgaben, sondern es ihm ermöglichten, stundenlang zu singen, ohne heiser davon zu werden.

Er arbeitete mit Larry Carlton, einem Sänger und Jazzgitarristen, dessen Stimmbänder durch einen Schuß in die Kehle nur noch ein Flüstern hervorbrachten. Gary glaubte, solange auch nur noch ein Stückchen eines gesunden Stimmbands intakt war, könnte er auf dem, was übriggeblieben war, eine normale Stimme aufbauen. Es funktionierte – Larry redet ganz normal und singt wieder. Und andere, die glaubten, sie seien für den Rest ihres Lebens zur spastischen Dysphonie verdammt, sprechen, als ein Resultat von Garys Techniken, in einem vollen Bariton. Gary ist weder ein Arzt noch ein Stimmtherapeut. Er sagt, als ein »Stimmbauer« arbeitet er außerhalb aller herkömmlichen Ansätze. Meine Erfahrungen mit dem Öffnen meiner Kehle waren traumatischer als alles, was ich je bei Tanzproben durchgemacht hatte.

Zuerst einmal war ich in der falschen Methode so lange ausgebildet worden, daß Gary sagte, meine Kehle sei die verkrampfteste und zusammengeschnürteste, die er je gehört hatte. Daher beschlossen wir, die Kraft dieser angespannten Kehlenmuskulatur dahingehend umzuleiten, daß sie meine Kehle gewaltsam öffnete und den Klang meiner Stimme freisetzte.

Wenn ich mich auf etwas einlasse, dann lasse ich mich voll und ganz darauf ein. Manchmal bis hin zur Peinlichkeit. Während der allerersten Stunden würgte ich, übergab mich, spuckte, hustete, bekam Erstickungsanfälle und stammelte. Ich dachte schon, ich müßte mich in irgendeiner Klinik in Arizona einer Hals- und Nasentherapie unterziehen. Zu jeder Stunde brachte ich eine große Schüssel und eine Schachtel Kleenex mit. Ungeachtet des Traumas meiner Kehle stellte ich fest, daß ich nach den Stunden nie heiser war. Meine Stimme wurde tatsächlich sogar kräftiger und bekam mehr Resonanz. Das genügte mir, denn zwei Auftritte am Abend über einen Zeitraum von vier Wochen, garantieren einem Heiserkeit.

Langsam öffnete sich meine Kehle, und ich fand heraus, daß meine natürliche Singstimme kein Mezzosopran, sondern Alt war. Meine Stimmlage umfaßte von Natur aus drei Oktaven, aber in den tieferen Tonlagen fühlte ich mich weit wohler.

Gary wies mich auf etwas hin, was ich mir schon die ganze Zeit gedacht hatte. Ich hatte mich gezwungen, bei Auftritten zu hoch zu singen, weil man mir immer wieder gesagt hatte, dann sei der

Klang »heller«. Wenn ein Mensch die eigene natürliche Stimme findet, ihr die Tonarten entsprechend anpaßt und mit offener Kehle singt, statt nasal durch die »Maske« des Gesichts, dann ist die Stimme kräftig und zu einer bemerkenswerten Elastizität fähig.

Als ich mit Gary anfing zu arbeiten, hatte ich gleich das Gefühl, ihn nicht nur zu kennen, sondern mich an seine Technik erinnern zu können, die ich in einer längst vergangenen Zeit an einem anderen Ort einmal kennengelernt hatte. Als erstes Resultat seiner Arbeitsweise konnte ich spüren, wie sich mein Kehlen-Chakra öffnete. Gary wußte nicht viel über das Chakra-System, und doch arbeitete er mit Bewußtseinstechniken, wenn er unterrichtete.

Als ich ihm erklärte, daß das Kehlen-Chakra das Energiezentrum der Kommunikation und des Ausdrucks ist, leuchtete ihm das aufgrund der Erfahrung vieler seiner Schüler ein. Er sagte, sie erlebten in zunehmendem Maße traumähnliche Zustände, die sich um Bereiche in ihrem Leben drehten, die durch Kommunikation und Ausdruck gelöst werden mußten. Er sagte, viele von ihnen nähmen eine entschiedene Beschleunigung bei der Auseinandersetzung mit lange geleugneten Problemen wahr, die sie mit ihren Eltern, ihren Ehepartnern oder den Menschen an ihrer Seite austragen mußten. Sie begannen außerdem, tiefer mit sich selbst zu kommunizieren, und empfanden es als leichter, gewisse Aspekte ihres Lebens auszudrücken, die lange zurückgedrängt worden waren. Mit den Bewußtseinsveränderungen seiner Schüler ging einher, daß sie sich nur noch selten Erkältungen oder Halsweh zuzogen, weil die Blutzufuhr zur Kehlengegend bei der Bildung von Vokalen erhöht war.

Als wir über all das redeten, erkannten wir plötzlich, daß, wenn das Kehlen-Chakra geöffnet wurde, sich auch dadurch ganz selbstverständlich das emotionale Zentrum der Kommunikation, für das das Kehlen-Chakra stellvertretend steht, öffnet. Allein schon die Vorstellung, daß Laute aus dem Zentrum eines Menschen kommen, aus dem Kern des Seins, mußte zudem das Herz-Chakra aktivieren, was sich in einer liebevolleren Form der Kommunikation äußerte. Und die Kommunikation hat zwei Aspekte – die mit anderen und die mit sich selbst. Dadurch wurden ganz neue, interessante Perspektiven sichtbar.

Als ich den Klang meiner eigenen Stimme und die Laute Garys und einiger seiner anderen Schüler hörte, hatte ich das Gefühl, mich an eine Zeit zu erinnern, in der ich diese menschlichen Laute aus einer längst vergessenen Vergangenheit gehört hatte. Fast so, als ob es eine weniger verkrampfte Phase der Kommunikation hätte sein können. Vielleicht waren wir in der Lage gewesen, ehe wir unsere Gefühle und ihren offenen, ungehemmten Ausdruck einschränkten, miteinander zu kommunizieren, ohne in diesem speziellen Energiezentrum blockiert zu sein. Mir leuchtete das ein, und als ich es Gary gegenüber aussprach, fand auch er es einleuchtend. Er glaubte überhaupt nicht, solche Vorstellungen seien lächerliche Phantasiegespinste – ganz im Gegenteil. Als ich anfing, ihm von manchen aufblitzenden Erinnerungen an frühere Leben zu berichten, die mir während einer Stimmöffnungsstunde durch den Kopf geschossen waren, sagte er tatsächlich, viele seiner Schüler hätten ihm von derselben Erfahrung berichtet; ohne jegliche Vorkenntnisse in Metaphysik hatten sie nicht gewußt, was ihnen da zustieß.

Ich erkannte, daß ich in Mary und Gary zwei neue Lehrer gewonnen hatte, die mir pragmatische neue Wege wiesen, und zwar aus meinem Innern heraus zu arbeiten. Fast jedes Training in meinem ganzen Leben war von außen gekommen. Mit fortschreitenden Jahren stellte ich jetzt fest, daß ich Menschen angezogen hatte, die auf ihren selbstgewählten Gebieten einen eigenen Weg einschlugen und die unter den widrigsten Umständen nur noch Zuflucht zu ihrer inneren Stärke nehmen konnten, zu inneren Techniken und inneren Erkenntnissen.

Mary erzählte mir, meine Bücher hätten sie aufgrund ihrer metaphysisch-spirituellen Sichtweise des Lebens ihre furchtbaren Jahre im Krankenhaus durchstehen lassen, und Gary kannte mich kaum als Schauspielerin, dafür aber als Autorin. Als ich ihm sagte, ich glaubte, seine Techniken entsprängen einem Wissen, das er vor Ewigkeiten einmal besessen hatte, sagte er, das klänge ihm vertraut. Die Lehrer (Mary und Gary) tauchten also auf, als die Schülerin (ich) für sie bereit war. Wir stellten auch tatsächlich fest, daß wir einander etwas beibrachten. Es blieb noch abzuwarten, ob ich die neuen Techniken bei Auftritten umsetzen konnte.

Im Lauf der Zeit stellte ich fest, daß ich mir zusehends weniger Zeit zum Meditieren ließ, zum Ausrichten meiner eigenen Chakras, mir kaum noch eine Stunde dafür nahm, allein zu sein und nachzudenken. Der Tag hatte nicht genügend Stunden, oder so schien es mir zumindest. Das war ein Fehler. Aber ich erkannte es nicht. Es gab vieles, was mir entging, während ich mich vorbereitete. Aber da alles ein Lernprozeß ist, würde ich mich im Leben bald mit der Wahrheit arrangieren müssen, nämlich daß ich nicht nur beschlossen hatte, zur Bühne zurückzukehren, um eine Show aufzuführen, sondern daß es noch um weit mehr ging. Doch das sollte ich erst später verstehen. Einer meiner Irrtümer bestand in der naiven Vorstellung zu glauben, ich könnte mir selbst geloben, daß ich im Leben nichts mehr tun würde, wenn es mir keinen Spaß bereitete. Das hieß wirklich, den Karren vor den Ochsen spannen. Ich hatte mir dieses Recht verdient, soviel stand fest, aber schon bald sollte ich lernen, daß es nicht so leicht war, wie es klang, »seinen Spaß zu haben«. Es sollte eine Weile dauern, bis ich das einsah, aber von Anfang an hatten Zeichen darauf hingewiesen.

Während ich mich an meinen neuen Körper und meine neue Stimme gewöhnte, hatten die kreativen Arbeitstreffen, die erforderlich waren, um eine neue Show zusammenzustellen, schon begonnen. Mein altes Team arbeitete mit mir. Wir kannten einander, mochten einander und kommunizierten in einer Form von kreativem Steno.

Buz Kohan würde die Texte schreiben, Larry Grossman die Musik, und Alan Johnson würde die Inszenierung und die Choreographie übernehmen. Die Zeit war knapp, da jeder Beteiligte auch in andere Projekte verwickelt war. Wir hatten seit sechs Jahren nicht mehr zusammengearbeitet, und wir mußten einander über die Geschehnisse in unserem Leben wieder auf den neuesten Stand bringen.

Kreative Arbeitstreffen von Leuten im Showbusineß sind für keinen außenstehenden Beobachter verständlich. Deshalb wird auch jeder, der nicht im Showbusineß ist, als »Zivilist« bezeichnet. Ambitionen werden unverblümt geäußert, Gefühle werden offen ausgesprochen, persönliche Geheimnisse werden als Beispiele für erkennbare Wahrheiten benutzt, weil man weiß, daß sie von niemandem ausgebeutet werden. Witze und bissiger Zynismus dienen als Blitzableiter, und kreative Vorschläge unter Leuten, die einander kennen, werden selten mit behutsamen Entschuldigungen eingeleitet. Wenn man dem Team vertraut, kann man sich anhören, etwas sei »hundsmiserabel«, ohne sich persönlich verletzt zu fühlen.

Natürlich hat der Star das letzte Wort, und erst recht einer wie ich, der seinen »eigenen Kopf« hat. Das Einfühlungsvermögen, welches Unbehagen ein Vorschlag in mir wachrufen könnte, war einfach liebenswert. Jeder von uns vieren brachte die gleiche Sicherheit und Erfahrung mit, und keiner hatte je das Gefühl, ein anderer überschritte die Grenzen.

Die kreative »Weiterverarbeitung« fand weitgehend am Telefon statt, was mir manchmal das Gefühl gab, daß die Zeit drängte (wir hatten drei Wochen). Drei Wochen waren nicht genug. Aber das war alles, was uns blieb.

Bei diesen Brainstorming-Sessions entwickelte sich das Konzept für die Show, das gleichzeitig die Eröffnungsnummer diktierte. So weit, so gut.

In jeder Show ist es berüchtigt kompliziert, die zweite Nummer festzulegen. Man kommt auf die Bühne, begrüßt die Menschen mit der ersten Nummer, und was dann? Wenn die zweite Nummer hinhaut, hat man im allgemeinen mindestens die nächsten zwanzig Minuten in der Tasche. Alan schlug eine großartige Nummer vor, bei der die anderen Tänzer eingesetzt wurden.

Das nächste Problem bestand darin, wie man den ersten Akt beenden konnte. Ich wollte diesmal mit einer Pause arbeiten, weil ich Zeit brauchte, um meinen Körper in der Garderobe aufzuwärmen, damit er für die große Tanznummer bereit war. Wenn eine Tänzerin vierzig Minuten lang vor einer großen Tanznummer nur gestikuliert und redet und singt – keine nennenswerte körperliche Bewegung hat –, dann kühlt der Körper aus. Die Theaterbesitzer liebten Pausen ohnehin. Dann konnten sie ihren Besuchern Getränke und Süßigkeiten verkaufen.

Der erste Akt muß dramatisch enden und dem Publikum einen Anreiz bieten, wieder auf die Plätze zurückzukehren.

Ich entschied mich für »Rose's Turn« aus *Gypsy*, eine dramatische Gesangsnummer, in der ich ansonsten nur minimal als Schauspielerin gefordert wurde. Wie damals alle Bühnenschauspieler fragte ich mich, was Frank Rich von der *New York Times* wohl denken würde, falls ich mich entschließen sollte, in New York aufzutreten. Ich wußte, daß er Tyne Daly in dieser Rolle grenzenlos bewunderte. Und so ging es mir übrigens auch. Trotzdem entschied ich mich, allabendlich etwas zu tun, was mir Freude machte, statt mich dem zu beugen, was Rich vielleicht nur einen Abend lang hassen würde.

Den zweiten Akt würde ich mit meiner Glanznummer eröffnen, einem tänzerischen Gewaltakt, der eigentlich eine Hommage an einige der Choreographen war, mit denen ich gearbeitet hatte (ich hoffte nur, ich würde die neueste Version der Nummer durchstehen), und den Rest der Show würden ein paar humorvolle Parodien meiner »New Age«-Glaubensbekenntnisse und Wiederaufnahmen einiger Nummern bilden, die in meinen Filmen vorgekommen waren (mein Nutten-Potpourri) und »I'm Still Here«, der Sondheim-Song, den ich in *Grüße aus Hollywood* gesungen hatte.

Ich machte viele Witze und redete zwischen den Nummern mit dem Publikum, was ich nur allzu gern tat. Wenn dann noch eine große musikalische Einführung meiner Truppe hinzukam, die es jedem gestattete, ein kurzes Solo zu bringen, dann hatten wir mehr als genug Material für die Show.

Die Herausarbeitung des Konzepts schien sich erfreulich zu entwickeln.

Wir engagierten eine Band. Ich beschloß, unabhängig sein zu wollen, was hieß, daß wir mit acht Musikern reisten (zwei Keyboards, Baß, Gitarre, Saxophon, Drums, Percussion und einem Pianisten, der den anderen Musikern die Einsätze gab), statt in jeder Stadt ein Orchester zu engagieren, das durch eine bestehende Rhythm Section erweitert wurde.

Ich mochte meinen früheren Dirigenten Jack French zwar sehr, aber er hatte nicht genügend mit Synthesizern gearbeitet. Daher engagierten wir einen Dirigenten aus Vegas, der mehr Erfahrung damit hatte. Er wurde uns als ein Mensch empfohlen, der in Krisenzeiten gelassen bleibt und musikalisch äußerst versiert ist.

Wir suchten uns einen Proberaum mit Fenstern und guten Restaurants in der Nähe, der zentral gelegen und für alle leicht erreichbar war. Er hatte einen guten Holzfußboden (jede andere Form von Fußböden, wie Zement oder Linoleum, ist durch die mangelnde Nachgiebigkeit und Federung tödlich für einen Tänzer). Die Fußböden von Fernsehstudios können Tänzer verkrüppeln, weil sie mit Zement gemauert sind (damit die Kameras geschmeidig dahingleiten können). Die Unnachgiebigkeit dieser Fußböden führt bei Tänzern zu Knochenwucherungen am Schienbein und kaputtem Rücken.

Oben gab es ein kleineres Studio für die Gesangsproben, in dem aber auch die Musiker proben und ihre Synthesizer mit Klangmaterial programmieren konnten, während Alan und ich und die Tänzer uns unten abmühten.

Wir begannen mit einer neuen Tanznummer. Ich habe nie verstanden, wie Choreographen den Druck ertragen können, tanzende Menschen auf unterhaltsame Art und Weise auf einer Bühne zu bewegen und eine zweistündige Show in wenigen Wochen zu produzieren. Was träumen sie bloß, wenn sie einschlafen? Und schlafen sie überhaupt je? Ich habe mit vielen von ihnen gearbeitet. Sie leiden alle an Stimmungsschwankungen, Ängsten, Illusionen von Größe, einer so tiefgehenden Empfindlichkeit, daß sie oft grausam sind, und – was noch wichtiger als alles andere ist – an dem glühenden Verlangen, geliebt und anerkannt zu werden.

Choreographen haben Jahre des mühseligen Schuftens und des Leidens hinter sich, erst in erbarmungslosen Tanzkursen und dann unter der Vormundschaft eines anderen Choreographen, der ebenfalls die Konditionierung zum Leiden durchgemacht hat. Es ist eine Art heikler Liebesbeziehung mit dem Sadomasochismus. Die nie endende Aufgabe der Choreographen besteht darin, dem Körper die Form und die Linie aufzuzwingen, die sie vor ihrem geistigen Auge sehen. Der Körper hat seine Grenzen. Eine Phantasie hat sie nicht. Daher kann ein Choreograph einer Truppe von Tänzern qualvolle Übungen immer wieder auferlegen, bis er sich entweder mit den Grenzen des Körpers abfindet oder die Liebe und den Respekt seiner Tänzer verliert. Die Tänzer werden jedoch durchhalten, denn auch sie sind ihr Leben lang zu harter Arbeit trainiert worden. Sie sind darauf konditioniert, sich Autoritäten zu beugen, und irgendwie identifizieren sie sich tatsächlich mit dem Leiden. Ein Tänzer wird nie das Gefühl haben, er hätte etwas erreicht, wenn es ihm leichtgefallen ist. Der Choreograph weiß das und benimmt sich entsprechend.

Alan Johnson dagegen ist anders. Ich bat ihn immer wieder um seine Hilfe beim Zusammenstellen einer Show, weil er nicht nur talentiert und kreativ, sondern noch dazu auffallend nett ist. Ich konnte nie verstehen, warum er anders war als die anderen. Er war ein strenger Lehrmeister, doch dabei blieb er immer ein Gentleman. Wenn seine Gefühle verletzt waren, schlug er nie mit brutaler Feindseligkeit zurück. Er war ausgeglichen und beherrscht und ruhte in sich selbst, und sein Talent konnte sich prächtig entfalten.

Er ließ vortanzen, aber wir wußten beide, welche vier Tänzer er nehmen würde. Er hatte mit allen vieren bereits gearbeitet. Ich hatte mit zweien gearbeitet. In Kalifornien fanden Tänzer jetzt nicht mehr so leicht Arbeit, da die Varieté-Veranstaltungen im Fernsehen abgesetzt worden waren. MTV herrschte über den Markt und brachte vorwiegend Rap – abgehackte, athletische Bewegungen, die mehr an einen unterhaltsamen und abwechslungsreichen Aerobic-Kurs erinnerten als an die Kunst des traditionellen Tanzes. Als Alan bekanntgab, daß er Leute suchte, hatte er daher die Auswahl unter den besten Tänzern.

Damita Jo Freeman war eine Tänzerin, mit der ich vor zehn Jahren gearbeitet hatte. Sie war von brillanter Intelligenz und ebenso begabt. Sie hatte Joe Layton assistiert, als er Shows für Diana Ross und Lionel Richie, aber auch für Whitney Huston und Cher choreographiert hatte. Sie war selbst Choreographin, und als sie anrief, um zu fragen, ob sie mal wieder »richtig« tanzen könnte, nahmen Alan und ich sie augenblicklich.

Blane Savage war als Solotänzer in *Dancin'* von Bob Fosse aufgetreten, und er spielte eine Hauptrolle in dem Film *A Chorus Line*. Er war blond, sah unglaublich gut aus, war komisch und besaß eindeutig die Qualitäten eines Stars.

Keith McDaniel war Solotänzer bei der Alvin Ailey Company in New York. Er war dynamisch und kräftig und hatte einen muskulösen Körper, der auf der Bühne Respekt einflößte.

Jamilah Lucas hatte im Fernsehen jahrelang eine Hauptrolle in *Sophisticated Ladies* und *Solid Gold* gespielt. Sie sah umwerfend gut aus und war kräftig und geschmeidig.

Sämtliche Tänzer waren Solisten, und jeder einzelne wäre absolut in der Lage gewesen, allein aufzutreten. Es ehrte mich, daß sie bei mir mitarbeiten wollten. Ich fragte mich auch wirklich, ob ich ihnen gewachsen war.

Die Proben begannen. Alan hatte mich nicht gern dabei, wenn er neue Ideen entwickelte. »Komm nicht zu den Vorproduktionen«, sagte er. »Ich will, daß du es dir ansiehst, wenn ich fertig bin; dann sagst du mir, was du davon hältst.« Das konnte mir nur recht sein.

Mich hatte es immer begeistert, mit anzusehen, wie aus blauem Himmel der Zauber erschaffen wurde. Für mich war es das reinste Wunder, aber das war, ehe ich »einschüchternd« wurde. Ich hatte immer noch die Mentalität einer Revue-Tänzerin und empfand mich als Mitglied der Truppe, und daher fiel es mir manchmal schwer, die Wahrheit zu akzeptieren, daß sich die elektrische Ladung in der Luft kaum merklich verschob, wenn ich den Proberaum betrat. »Was hält sie davon?« »Beobachtet sie mich?« »Entspricht es ihren Erwartungen?« ... und so weiter. »Die Chefin ist da«, verbarg sich indirekt dahinter. »Jetzt aber mit Vollgas ran.«

Auch wenn das Arbeitsverhältnis noch so intim ist, klafft doch immer eine Kluft zwischen dem »Star« und allen anderen. Der Star ist natürlich der zugkräftige Name, und damit wird ihm unausgesprochen der Vorrang eingeräumt. Der Star zahlt die Gehälter, die Flugtickets, die Hotels, die Kostümbildner – sämtliche Rechnungen. Der Star ist daher für die weiteren Verträge aller Beteiligten zuständig. Selbst das kreative Talent hinter den Kulissen hat das unterschwellige Bedürfnis, sich bei dem Star einzuschmeicheln, um sich seinen sofortigen Beifall zu sichern.

Das heißt nicht, daß sie einem nicht die Wahrheit sagen. Ganz im Gegenteil, vor allem, wenn sie einen wirklich mögen. Aber die Kluft ist immer da. Die Idiosynkrasien und die Launen und die Makken anderer »Stars« sind ein nie versiegender Quell für üppig wuchernden Klatsch; und schon während man selbst an diesem Klatsch teilnimmt, weiß man, daß man in dem Moment, in dem man die Tür hinter sich zumacht, derjenige ist, der den Klatsch für den nächsten Tag liefert.

Der Star und seine Ängste, der Star und seine Talente, der Star und sein Ehemann, sein Freund oder sonstige Einflüsse von außenstehenden Personen sind ein beliebtes Gesprächsthema, und so sollte es auch sein. Die anderen sind da, um dem Star zu dienen, und das weiß jeder.

In meinem Fall boten diese Themen natürlich noch brisanteren Stoff für Mutmaßungen und Klatsch, weil *ich* Bücher darüber schrieb, wie man es erreichte, ruhiger, ausgeglichener und frei von den negativen Eigenschaften zu sein, die eine so große Rolle in den aufgebauschten Geschichten spielten, von denen jeder Star wie von einem Strudel umgeben ist. Der eigentliche Druck würde auf mir lasten. »Wie würde sie damit umgehen?« »Würde sie ihrem Ruf als zäh und perfektionistisch gerecht werden?« »Würde sie alle anderen derart fordern, wie sie sich selbst forderte, oder hatte sie durch das eigene Schreiben und ihre Erkundungen gelernt, mit den Dämonen der Angst und einer möglichen öffentlichen Demütigung gelassen fertig zu werden?«

Im Showbineß dreht sich alles darum, geliebt zu werden und jede Ablehnung möglichst zu vermeiden. »Gesunde Menschen haben selten ein derartiges Bedürfnis, ständige Bestätigung in übermäßigem Beifall zu suchen. »Gesunde« Menschen können sich damit abfinden, ihren Beitrag zum Leben in einer befriedigenderen und streßfreieren Ausdrucksform zu leisten. »Gesunde« Menschen haben es nicht nötig, sich stümperhaft mit den Grundlagen der »Magie« zu befassen, um sich ausgefüllt zu fühlen. »Gesunde« Menschen haben es nicht nötig, jemand zu sein, damit sie sich glücklich fühlen.

Somit spiegelt der Star all diese unausgesprochenen Ängste und Befürchtungen wider, die in »gesunden« Menschen schlummern.

Schöpferische Köpfe, die als Team zusammenarbeiten, damit ein Star groß herauskommt, sind mindestens genauso kompliziert wie der Star, in dessen Dienst sie stehen, vielleicht sogar noch komplizierter.

Die Aufgabe eines Texters besteht darin, die Wertvorstellungen und die echten Gefühle des Stars so einwandfrei nachzuempfinden, daß seine Worte wahr klingen, wenn sie aus dem Mund des Stars kommen. Das Publikum spürt jede Heuchelei. Da Stars nie das Gefühl haben, sie könnten sich auf der Bühne mit Worten ausdrücken, verlassen wir uns auf Texter, die uns das abnehmen. Und wenn sie uns das abgenommen haben, ändern wir die Texte ab! Eine symbiotische Beziehung, um es mild auszudrücken. Wenn sich ein Texter oder ein Drehbuchautor ganz in einen anderen hineinversetzt, dann ist das eine Form von Aufgabe der eigenen Identität, aber gleichzeitig ist es auch eine Ausweitung der eigenen Identität. Ein wirklich guter Texter *wird* zum Star, wenn er Glanzleistungen vollbringt.

Als nächstes wird die musikalische Interpretation des Körpers und der Stimme des Stars von einem Komponisten umgesetzt, dessen Begabung in der Kombination von Noten, Akkorden und Musikstilen liegt, die die natürliche musikalische Ausdrucksweise des Stars zu sein scheinen. Sie sind bestens im Bilde über die Stimmlage des Stars, über seinen emotionalen Ausdruck in der Musik und darüber, ob ein Publikum dem Star einen Song glauben wird oder nicht.

Jeder meiner kreativen Mitarbeiter hatte bereits mit vielen anderen Stars gearbeitet, und daher brachten alle den Respekt und die Erfahrungen mit, die immer eine Grundlage für das Vertrauen sind, wenn sich die unvermeidliche Unsicherheit regt. Mich erstaunt immer wieder das Einfühlungsvermögen, das jedem kreativen Menschen eigen ist, dessen Aufgabe darin besteht, sich in den Dienst des Stars zu stellen und ihn nach Kräften zu unterstützen.

Während der Proben bauschen sich die Ängste überdimensional auf – alle Arten von Ängsten. Charakterzüge, die besonders lästig sind, schieben sich dann offensichtlich in den Vordergrund, und man muß mit ihnen arbeiten und Lösungen finden. Proben sind manchmal besser als jede Therapie. Der Körper, der Verstand und letztendlich auch das spirituelle Gleichgewicht kommen ins Spiel, wenn man etwas Neues lernt und gleichzeitig versucht, es darzustellen.

Manche Menschen lernen schnell, behalten das Gelernte aber nicht. Andere kommen nur schwerfällig voran, lernen aber gründlicher und machen tiefere Erfahrungen. Musiker haben den

Vorteil, eine gemeinsame musikalische Sprache zu sprechen, die festgehalten werden kann und die sie ablesen. Tänzer haben keine Möglichkeit, Bewegungen in einer wirklich klaren Form aufzuzeichnen, außer natürlich auf Videokassetten (die wir später auch benutzten).

Daher experimentiert der Choreograph mit den Körpern der Tänzer, bis er das sieht, was er will. Dieser Prozeß kann anstrengend sein, während er gleichzeitig dazu herausfordert, die körperliche Zähigkeit und Ausdauer überzustrapazieren und zu festigen. Während eine Kombination nach der anderen immer wieder wiederholt wird, behalten die Muskeln, was von ihnen verlangt wird, als besäßen sie selbst ein Gedächtnis. Wir kennen dieses Gefühl des »Muskelgedächtnisses«; wenn ein Tänzer es lernt, sich darauf zu verlassen, ist es nur noch erforderlich, daß er sich selbst nicht im Weg steht und es seinen Körperteilen gestattet, sich zu erinnern und eigenmächtig zu handeln. Es ist fast so, als besäßen die Zellen ein eigenes Gehirn und hätten Gefühle, als seien sie zur Autonomie fähig.

Das wußte ich aus jahrelanger Erfahrung, und doch war der Lernprozeß für mich jetzt irgendwie anders als früher. Jetzt ging ich an die Schritte und die Bewegungen vom Standpunkt einer Schauspielerin heran. Es waren keine mechanischen Bewegungen mehr, die sich durch reine Routine und Wiederholung einprägten; jetzt mußte ich wissen, wozu jede Bewegung gut war. Ich mußte buchstäblich motiviert werden! Immer und ewig fragte ich die Choreographen: »Warum?« Und in der Welt des Tanzes gibt es kein »Warum«. Aber wenn es jemandem gelang, mir eine Antwort zu geben, die mir einleuchtete, vergaß ich einen Schritt nie mehr. Ich konnte die Rede von Gettysburg aufsagen und gleichzeitig tanzen, wenn ich *wußte, warum* ich einen Schritt machte. Aber es gibt einige Kombinationen von Schritten, zu denen mich niemand motivieren konnte. Manchmal spielt das »Warum« keine große Rolle. Zu einem solchen Moment kam es während unserer Proben, als Alan mich mit einer neuen Kombination von Tanzschritten mit komplizierten Rhythmen und ungleichmäßiger Phrasierung konfrontierte. Diese Schritte waren von jedem Motivationsdenken losgelöst, doch bei den anderen Tänzern, die sie in wenigen Minuten gelernt hatten, sah es toll aus. Jetzt war ich dran. Ich war der Star. Von mir wurde erwartet, daß ich diesen Schritten einen Pfiff gab, den niemand sonst ihnen geben konnte, oder ich wäre kein Star mehr gewesen.

Die Truppe stand da und beobachtete mich. Alan machte mir die Schrittfolge vor. Ich probierte es. Da ich kein Motiv dafür finden konnte, erinnerte ich mich an gar nichts mehr, und meine Arme und Beine bewegten sich im Widerspruch zueinander, und selbst den Rhythmus und den Takt konnte ich nicht mehr hören, geschweige denn, dazu tanzen.

Ich versuchte verzweifelt, einen klaren Gedanken zu fassen. Dann dachte ich zu weit voraus, eine selbstzerstörerische Neigung, von der ich geglaubt hatte, ich hätte sie abgelegt. Doch die Angst vor einer potentiellen Demütigung vor einem Live-Publikum kann lähmend wirken. Statt mich auf die Schritte, ihren Rhythmus und die Phrasierung zu konzentrieren, konnte ich nur an den Termin der Eröffnungsvorstellung denken und daran, wie wenig Zeit mir blieb, in den Schritten, die ich lernte, Sicherheit zu gewinnen. Ich geriet in Panik. Erstarrt vor Furcht stand ich mitten im Raum und hatte das Gefühl, sämtliche Bewohner dieses Planeten starrten mich an und warteten nur darauf, daß ich endlich begriff. Gehirnleere. Und dann eine Woge der Demütigung, der Verlegenheit. Ich fühlte mich wie der letzte Idiot: Tränen traten mir in die Augen, ich klappte zusammen und fing an zu weinen.

Alan beraumte augenblicklich eine Kaffeepause an und kam zu mir, um mit mir zu reden und mich zu trösten. In dem Moment kam ich mir vermessen und eingebildet vor, weil ich mir ausgemalt hatte, ich könnte heute noch auf eine Bühne treten und Menschen unterhalten. Ich war noch nicht einmal in der Lage, dieses Zeug zu lernen, und noch viel weniger würde es mir gelingen, etwas daraus zu machen, was ein erfreulicher Anblick für die Leute war. Der lähmende Wahnsinn, der zuschlägt, wenn die Unsicherheit einen packt und in Krisen stürzt, läßt sich unmöglich beschreiben. Ein weniger erfahrener Choreograph hätte mir erzählt, wie wunderbar es klappen würde, und er hätte die Realität eines kleinen Zusammenbruchs gänzlich geleugnet. Genau das wollen darstellende Künstler nie hören. Wir wollen genaue Anleitungen, wie wir wieder schrittweise Land gewinnen können. Wir wollen einen Plan, eine Vorgehensweise, eine Strategie, um uns den Weg zum Licht wieder freizuräumen.

Alans Strategie bestand darin, mir eine andere Choreographie zu geben. »Du bist der Star«, sagte er, »oder hast du das vergessen? Du brauchst ja nicht mitzumachen, was die anderen im Hintergrund tun.« Das genügte mir noch nicht. »Warum kann ich nicht mehr so schnell lernen wie früher?« jammerte ich. »Was ist nur los mit mir?« Und dann: »O Gott, vielleicht bin ich für all das einfach schon zu *alt*.« »Nein«, sagte Alan, »du hast sechs Jahre lang nur als Schauspielerin gearbeitet. Dein Ansatz ist der einer Schauspielerin.«

Ich dachte darüber nach – einen Moment lang leuchtete es mir ein, und dann kamen mir weitere Zweifel. All meine Ängste brachen gleichzeitig über mich herein: Ob alles rechtzeitig fertig sein würde, die Kostüme, die Kulissen, die geplante Beleuchtung, und wie wir die Probevorstellungen und die Vorbesprechungen hinkriegen sollten. »Können wir die Eröffnungsvorstellung nicht um eine Woche verschieben?« fragte ich. »Warum tue ich das bloß! Gibt es keine einfacheren Methoden, um sich den Lebensunterhalt zu verdienen?«

Alan lachte nicht. Er hob auch nicht hervor, daß es wohl kaum darum ging, wie man sich den Lebensunterhalt verdient. Dazu war er viel zu einfühlsam, und außerdem hatte er bei anderen Schauspielern viele kleine Zusammenbrüche miterlebt. Mich tröstete es immer wieder sehr, von den Problemen anderer zu hören. Das hieß zumindest, daß ich nicht die einzige Verrückte war; nein, die einzige verunsicherte Vollidiotin. Das hieß, daß Leute, die ich für weit begabter als mich selbst hielt, auch von Dämonen verfolgt wurden und ihre eigenen Mittel und Wege gefunden haben mußten, um diese Dämonen zu vertreiben. Ich wußte, daß manche zu Tricks wie Schnaps und Tabletten griffen, an denen ich keinerlei Interesse hatte, in erster Linie, weil ich dann die Kontrolle über mich verloren hätte, und ich wollte meine Entscheidung, unsicher zu sein, ganz eindeutig selbst in der Hand haben! Der durchtrainierte Körper eines Tänzers und die Drogen- und Trinkerszene lassen sich ohnehin nicht miteinander vereinbaren.

Alan legte mir eine Hand auf den Arm. »Denk an die anderen Male«, rief er mir ins Gedächtnis zurück. »Du hast das schon öfter durchgemacht; das machen alle durch, und jeder findet einen Ausweg. Du wirst auch eine Lösung finden. Mach dir jetzt erst mal keine Sorgen wegen dieser Schritte; und wenn wir nicht fertig werden, dann befassen wir uns damit, ob wir die Eröffnung verschieben.« Sein Tonfall war tröstlich und einfühlsam. Er sah, wie ich mich entspannte. »Und jetzt«, sagte er, »werde ich das Kleingeld in Puss' Dose klimpern lassen.«

Puss war Alans Terrier, und man hätte ihn für sein Kind halten können. Alan nahm ihn mit, wohin er auch ging, auch zu den Proben. Puss war neben seinem kleinen Reisekörbchen mit einer Leine ans Klavier gebunden. Puss sang leidenschaftlich gern. Wenn der Pianist bei den Proben zu »I Hear Music When I Look at You« ansetzte, stimmte Puss ein hohes C an und hielt es für die Dauer seiner Arie. Wenn er sich schlecht benahm, schüttelte Alan eine Dose Kleingeld, ließ sie an seinen Ohren klimpern und drohte ihm damit, ihn als Tableau Vivant an die Wand zu nageln. Auf Puss übertrugen sich auch die Spannungen seines Herrchens, die Alan selbst so gekonnt verbarg.

Puss hatte die Spannung von *Legs Diamond* mit Peter Allen am Broadway überstanden, eine Wiederaufnahme von *Can-Can* mit Chita Rivera, die Auftritte von Peter Allen und Bernadette Peters, zahlreiche Produktionen der *West Side Story*, die vielen Academy Awards Shows und jetzt auch noch mich.

Ich hob die Evian-Flasche an den Mund und versuchte, die erste des Tages zu leeren, denn ich wußte, daß ich mindestens noch einen weiteren Liter Wasser in mich hineinschütten mußte, damit meine Muskeln und Gelenke sich geschmeidig bewegten. Die anderen Tänzer hatten sich diskret zurückgezogen, und die Musiker arbeiteten Gott sei Dank in einem Raum im oberen Stock. Ich tätschelte Puss den Kopf und lief im Proberaum auf und ab.

Alan hatte recht. Ich hatte allerdings *die Panik* schon mehrfach durchgemacht – genaugenommen jedesmal, wenn wir eine neue Show einstudierten. Ich brachte wenig Geduld auf. Ich war gnadenlos in den Anforderungen, die ich an mich selbst stellte, und ich wollte das morgige Pensum schon heute erledigen.

Ich erinnerte mich an die Panik, die ich am Abend der Eröffnungsvorstellung im Palladium in London verspürt hatte. Sie war so lähmend, daß ich vollständig geschminkt und kostümiert in meiner Garderobe einschlief und beim Erwachen hörte, wie die Ouvertüre gespielt wurde. Unbewußt hatte ich mich vollständig bis zu dem Moment ausgeklinkt, in dem mein Name angekündigt wurde. Trotz begeisterter Kritiken fragte ich mich, warum Menschen gutes Geld dafür zahlten, daß sie mich sehen durften. Wie konnte es ihnen das wert sein, mich live erlebt zu haben? Fremde Länder und Kulturen gingen mir durch den Kopf, als ich im Proberaum auf und ab lief – die einmonatige Tournee durch Deutschland, bei der wir jeden Abend in einer anderen Stadt auftraten, und die Angewohnheit des Publikums, beim Klatschen mit den Füßen aufzustampfen. In Berlin war ich von der riesigen Bühne abgetreten, hatte mich abgeschminkt und stand unter der Dusche, als der Theaterbesitzer mich zurückholte, damit ich mich noch ein letztes Mal verbeugte. Ich hatte nur mein Handtuch um mich geschlungen, als ich auf die Bühne trat. Wogen tosenden Beifalls spülten über mich hinweg. Ich verstand nicht wirklich, warum.

Das sofortige Wechselspiel zwischen einer kollektiven Menschenmasse und einem Schauspieler ist eine Hymne auf eine Form von Stammesriten. Wenn alles gutgeht, dann kommt es zu einer Transformation, die die Geister in göttliche Sphären erhebt, und Leidenschaften werden mit einer kollektiven Kreativität ausgelebt, die uns daran erinnert, daß der Ruf der Massen ebenso liebevoll wie grausam sein kann. Die Grausamkeit einer Menschenmenge kann aber auch informativ sein. Mir fiel wieder der Abend der Eröffnungsvorstellung im Palace in New York City ein. Während eines Geplänkels bezeichnete ich New York als die Karen Quinlan unter den Städten (an ein Sauerstoffgerät angeschlossen, weder tot noch lebendig). Die Menge buhte. Dieser Reinfall ließ mir nicht nur den Schweiß ausbrechen, sondern ich konnte ihn auch so schnell nicht wieder gutmachen.

Dann gab es die Zeit in Wien. Ich hatte hohes Fieber, Grippe und vier Auftritte in zwei Tagen. Das Publikum war so wohltuend, daß meine Temperatur nach dem ersten Auftritt fast auf normale Werte zurückging. Natürlich hatte ich hart gearbeitet und den Virus weitgehend rausgeschwitzt, aber ich konnte die heilende Energie des Publikums spüren.

In Australien hatte ich mir an einer schlechten Auster eine Lebensmittelvergiftung zugezogen und übergab mich zwischen den Nummern bei dem Auftritt in Sydney in einen Eimer hinter den Kulissen. Wenn man dort steht und die Lichter auf einen zurasen sieht und die Musik jede Bewegung unterstreicht, die man unter Schmerzen auszuführen versucht, wenn die Mittänzer einen anspornen, weil sie selbst wissen, daß die einzige Lösung darin besteht, es zu *tun*, dann tut man es eben. MAN TUT ES, und schon bald schwingt man sich in die Lüfte auf und taucht herab und läßt sich auf den elektrischen Strömen der Reaktion des Publikums treiben und vergißt ganz das, wovon man glaubte, es ließe sich unmöglich durch etwas anderes als reine Willenskraft bezwingen. Wenn man feststellt, daß es heilsam sein kann, sich ganz der Freude hinzugeben, einem Publikum Vergnügen zu bereiten, dann ist man verwandelt. Der Trick besteht darin, sich an die Transformation zu *erinnern* und sich darauf zu verlassen, daß es immer wieder dazu kommen wird, ganz gleich, was alles schiefgeht.

Ich konnte mich nicht an diesen Zauber erinnern, als ich jetzt im Proberaum auf und ab lief. Vielleicht wollte ich es gar nicht. Vielleicht brauchte ich Hindernisse, die ich überwinden mußte, weil man mir den Glauben so tief eingeimpft hatte, nichts könnte Glück und Freude bereiten, solange ich nicht qualvoll darum kämpfte. Vielleicht mußte ich den Kampf jetzt gründlicher denn je ausleben, um zu erkennen, daß er nicht notwendig war. Andererseits hatte ich mir gelobt, ich würde keine Show mehr machen, solange ich es nicht lernte, Spaß daran zu haben. Somit konstruierte ich einen eingebauten Konflikt. Ich brauchte beides, und beides war miteinander unvereinbar.

Als ich die Leidenschaften und Gefühle dieser Branche durchlitt, sah ich wieder einmal, wie viele Analogien zwischen dieser Arbeit und dem Leben bestehen. Wie viele Situationen, Familien, Beziehungen und Affären setzten sich mit eben solchen Konflikten – wie verdient man sich Glück und Kreativität, ohne beidem mißtrauen zu müssen – auseinander?

Ich war nicht die einzige, die persönliche Kämpfe ausfocht. Als das Datum unseres ersten Probelaufs näher rückte, wurden alle mit heftigen Empfindungen konfrontiert, die durch Unsicherheiten entfacht worden waren. Es war etwas ganz anderes, als einen Film zu drehen, denn dort gibt es keine sofortige Kritik und keine grausige Demütigung vor einem Publikum. Man kann eine Szene immer noch einmal drehen oder sie im Schneideraum zurechtbiegen.

Sämtliche Tänzer hatten etwas an ihren Kostümen auszusetzen. Das verletzte die Gefühle des Kostümbildners. Wenn einen die Erfahrung auch noch so oft lehrt, Dinge nicht persönlich zu nehmen, dann ist Ablehnung doch jedesmal wieder von neuem ein schmerzlicher Schock.

Der Bühnenbildner hatte das Gefühl, die Zeit reiche nicht aus, um das Podium für die Musiker richtig aufzubauen. Die Instrumentierungen trafen nicht rechtzeitig ein, und so konnte sich die Band nicht genügend mit der Musik vertraut machen, was ein schlechtes Licht auf den Komponisten warf. Ein Teil des geschriebenen Materials traf mit Verspätung ein, und daher waren wir unsicher, wie lange die Show eigentlich dauern würde.

Der Schuster war mit seinen Bestellungen im Rückstand, was hieß, daß wir nicht in den richtigen Schuhen arbeiten konnten.

Die Synthesizer waren im Proberaum so laut, daß wir uns selbst nicht singen hören konnten.

Die Kostüme würden erst fertig werden, wenn wir tatsächlich vor einem zahlenden Publikum in San Antonio, Texas, spielten, denn dort hatten wir den ersten Auftritt.

Trotz all dieser Hindernisse ging die kreative Arbeit weiter. Es kann einen ernstlich lähmen, aber es kann auch die gegenteilige Wirkung auslösen, wenn man sich auf dem Grat der verstärkten Furcht vor einer Demütigung bewegt und einem die Zeit als eine wohltuende Pufferzone fehlt. Dieses aufgezwungene Phänomen zeigt deutlich die Schwächen eines jeden auf, der auf der Bühne bestehen will. Es ist das, was Mervyn LeRoy als »mehr als Talent« definiert hat. Damit hat er nicht nur Blut, Schweiß und Tränen gemeint. In Wirklichkeit ist es eine undefinierbare Eigenschaft, die ein darstellender Künstler in diesem Krisenmoment aufbietet, um sich zu befähigen, über persönliche Ängste, Unsicherheiten und

Selbstkritik hinauszugehen und sie mit der ursprünglich geplanten Vorstellung zu vermengen – die eigene Reichweite zu überschreiten, weiterhin Vertrauen in den Traum zu setzen und sich der Phantasie soweit hinzugeben, bis man eins mit dieser Vorstellung wird.

Es spielt keine Rolle, ob die Krise darin besteht, vor sechs Uhr abends zweitausend Pailletten angenäht zu haben oder in einer Szene in einem tragischen Moment das Komische zu finden, um die Erwartungen zu erfüllen, die das Publikum an einen Star stellt – die Überforderung ist dieselbe. Das Ziel ist gefährdet, solange man nicht alle Aspekte der Produktion und das eigene ungenutzte Potential zur Realisation des Traums unter einen Hut bringt.

Wenn ein Komponist einen Song geschrieben hat, der von einem talentierten Musiker musikalisch nicht realisiert wird, dann muß er eine Möglichkeit finden, diesem Musiker taktvoll etwas mehr Ausdruck zu entlocken. Wenn ein Publikum aufgrund der fehlerhaften Beleuchtung die komplizierten Bewegungen bei einer Tanznummer nicht sehen kann, dann muß die Magie des Farbspektrums angezapft und so genutzt werden, daß alles zu sehen ist. Wenn ein Dirigent ein so hohes Tempo vorlegt, daß es dem Publikum versagt bleibt, etwas zu *empfinden*, dann muß er seine Gefühle dahingehend sensibilisieren, daß er sich harmonischer mit der kollektiven Reaktion verbindet. Und wenn der Star aus Unsicherheit heraus das Material zu komprimiert und überstürzt bringt, dann entzieht er dem Publikum die eigentliche Grundlage für sein Erscheinen.

Mit anderen Worten, im Theater herrschen so starke Schwingungen, daß es allen Beteiligten, ungeachtet ihrer Funktion, abverlangt wird, ihre Reizbarkeit gegen die Harmonie aufzuwiegen. Wie weit geht der persönliche Jähzorn, ehe er die Harmonie des Ganzen gefährdet? Und welche Personen sind fähig, den Moment zu erkennen, in dem sie zurückstecken und als integraler und doch einfühlsamer Bestandteil des Teams funktionieren müssen?

Natürlich spielt der »Star« die Hauptrolle, aber er ist nicht notwendigerweise wichtiger als irgend jemand sonst, denn die Prinzipien des Theaters begründen sich auf gegenseitiger Abhängigkeit. Es spielt keine Rolle, wie wunderbar man eine Szene spielt, wenn das Publikum einen nicht sehen kann. Es spielt keine Rolle, mit welcher Stimmgewalt man ein Lied singt, wenn das Publikum einen nicht hören kann. Es spielt keine Rolle, wie gut *man* tanzt, wenn die anderen Tänzer nicht als Ensemble da sind, an dem man sich messen lassen kann.

Im Lauf der Proben und der kreativen Prozesse (im allgemeinen vier Wochen) ist es unvermeidlich und möglicherweise sogar erstrebenswert, daß Persönlichkeiten aufeinanderprallen. Das ist die Zeit, in der sich Cliquen bilden und in der Schutzlinien gezogen werden. Kreativen Künstlern ist es lieb, wenn sie ihre eigenen Leute zu ihrer Unterstützung haben. Anfangs behindert es den Fluß der Phantasie, wenn man lernen muß, mit neuen menschlichen Rhythmen zu arbeiten, und es ist erforderlich, daß man sich Zeit läßt, sich mit individuellen Ablaufformen vertraut zu machen. Dann kann die Dynamik der Zusammenarbeit all das ablösen. Menschen, die einander kennen, entwickeln schöpferische Gedanken in Steno und können Kritik unbeschadet hinnehmen, weil sie wissen, daß Freundschaften gegen das Persönlichnehmen von Streitigkeiten siegen werden. Wenn alles gut klappt, ist es ein immens befriedigender Prozeß.

Aber manchmal prallen die Cliquen innerhalb des Ensembles aufeinander. Das kann sich verheerend auf ein Projekt auswirken, es sei denn, bei dem Zusammenstoß sprühen Funken, die einen völlig neuen Prozeß entfachen. Es ist eine graduelle Frage, glaube ich. Solange auch nur eine Person, die in den Aufeinanderprall kreativer Meinungsverschiedenheiten verwickelt ist, dem gegnerischen Lager gegenüber aufgeschlossen bleibt, sind solche Kriege produktiv. Ein einziger Mensch genügt schon. Und wir stellten fest, daß jeder von uns dieser Mensch war.

Der Truppe um mich herum war außerdem äußerst klar, daß es nicht nur darum ging, das höchste Ziel zu erreichen, das man sich in der Vorstellung gesteckt hatte. Tatsächlich wurde der Prozeß selbst zusehends lehrreicher. Wir redeten oft über diesen Arbeitsansatz. Das Theater veränderte sich aufgrund unserer persönlichen Einstellungen. Ebenso das Filmemachen. Ja, beim Film hatte der Regisseur das letzte Wort: Und bei einer Show wie meiner hatte der Star das letzte Wort. Jemand mußte in dieser Position sein. Aber während bisher weder das Theater noch das Filmen als demokratisch angesehen worden war, herrscht heutzutage eine aufgeschlossenere Kreativität vor.

Es hatte etwas damit zu tun, wie die Leute in unserer Branche sich persönlich weiterentwickelten. Immer mehr Menschen verbrachten ebensoviel Zeit wie mit einem kreativen Projekt damit, an sich selbst zu arbeiten. Wir sahen allmählich ein, daß unser Talent nicht fruchtbarer sein konnte als unsere persönlichen Einsichten. Wenn wir uns selbst und anderen als menschliche Individuen blind gegenüberstanden, wie konnten wir dann auch nur das geringste Verständnis für das Publikum aufbringen? Wir lernten, daß wir in anderen nur sehen konnten, was wir in uns selbst zu sehen imstande waren. Andernfalls riß der Kontakt, und wir kapselten uns in Ideen und Standpunkte ab, die uns von unserer eigenen Schöpfung und von dem Publikum entfernten, für das wir etwas erschufen.

In jeder kreativen Arbeitssitzung hängt das Ergebnis davon ab, wie bereitwillig die Beteiligten aus sich herausgehen. Wenn sie wirklich aus sich herausgehen, entwickelt sich eine Atmosphäre des Vertrauens, und daraus resultieren neue und innovative Formen der Unterhaltung. Das Publikum kommt, um etwas zu empfinden. Es kommt, um sich an einen anderen Ort versetzen zu lassen. Es kommt, um sich verwandeln zu lassen. Wenn das der Fall war, mußten wir – die Tänzer, die Musiker, der Regisseur – uns in den Prozeß der eigenen Transformation verlieben. Diese Gelegenheit boten uns die Wochen, in denen wir probten.

Nach anfänglichen emotionalen Kämpfen kamen praktischere Dinge. Ich bekam Mittelfußschmerzen im linken Fuß. Es war ein scharfer, stechender Schmerz. Ich konnte nicht tanzen. Ich rief meine Freundin Anne Marie Bennstrom an, die Ärztin und Chiropraktikerin ist. »Nun, meine Liebe«, sagte sie, »du weißt ja, daß die Füße stellvertretend für die letzte spirituelle Verbindung mit der Erde stehen, weil wir auf ihr laufen. Wenn du glaubst, du hättest deine Einsichten und die Harmonie in jeder Hinsicht verinnerlicht, dich aber trotzdem noch etwas belastet, dann wirst du es in den Füßen spüren. Etwas belastet dich, stimmt's?«

Etwas, was mich belastet? Das mußte wohl ein Witz sein. Wie wäre es mit meinem ganzen Leben? Mir machte es zunehmend Sorgen, daß ein Teil meines Textmaterials verspätet eintraf. Ich hatte das Gefühl, ich würde nicht mehr die Zeit haben, es zu lernen und wirklich etwas daraus zu machen. Wut auf Buz, den Textschreiber, staute sich in mir auf. In allem, was ich tat, drückte sich unterschwellige Frustration aus.

Ich überlegte mir, was ich tun könnte. Wenn Anne Marie mit meinem Fuß recht hatte, dann mußte ich das Problem mit dem Kopf und dem Herzen lösen. Ich setzte mich eine Zeitlang allein hin – man könnte es als Meditation bezeichnen, im westlichen Stil. Langsam dämmerte mir, daß Buz, obwohl er langsam war, gut war *und* vielleicht selbst Probleme haben könnte.

Ich rief Buz an. Statt ihn wegen der Verspätung zu beschimpfen, hielt ich es für besser, ihm Komplimente für das zu machen, was er bereits abgeliefert hatte, und ich sagte, ich könnte es kaum erwarten, die neuen Sachen von ihm zu kriegen. Daraufhin fing er sofort Feuer. »Es hat dir wirklich gefallen?« »Ja«, sagte ich, obwohl ich ihm das schon vor Wochen gesagt hatte. »Mein Gott, das ist ja wunderbar«, sagte Buz. »Manchmal fühle ich mich, als sei ich wieder in der Schule und müßte meine Jahresarbeit bei einem Lehrer abliefern, der mich nicht versetzen will.« Wie oft hatte ich das von jedem wirklich guten künstlerisch schaffenden Menschen gehört, den ich kannte. Es schien, als versuchte jeder, der überhaupt etwas taugte, ständig, Eltern, Lehrern oder diversen anderen Autoritätsfiguren aus der Kindheit Lob abzuringen. Die Vergangenheit ließ uns keinen Moment lang in Ruhe, und sie quälte und inspirierte uns abwechselnd.

»Die Sachen sind einfach großartig«, fuhr ich fort, »und sowie ich deine neuen Sachen kriege, bin ich bestimmt auch begeistert.« Ich wartete einen Moment. »Und noch etwas, Buz... ich habe dich schrecklich gern.«

Ich hörte ein tiefes Seufzen durch das Telefon. »Es tut ja so unglaublich gut, das zu hören«, sagte er. »Ich danke dir.«

Am nächsten Tag kam das Material. Mich wunderte nicht, daß die Schmerzen in meinem Fuß gleichzeitig verschwanden.

Diese Lektion lehrte mich, einen Teil meiner Anspannung abzulegen. Es ist so leicht, sich sagen zu lassen, daß Anspannung noch nie jemandem geholfen hat. Ich *weiß* das. Wir wissen es alle. Aber ohne sie zu leben und zu wissen, daß es unsere freie Entscheidung ist, uns von der Anspannung zu befreien, das würde wahrscheinlich den Kernpunkt der nächsten Wochen ausmachen. Meine Show würde einen guten Background dafür abgeben, nicht nur mit diesem Prozeß zu experimentieren, sondern auch mit den Ergebnissen... dies sollte meine nächste Lektion werden.

Eines Tages erzählten wir uns in einer Pause alle unsere immer wiederkehrenden Alpträume. Zu meinem großen Erstaunen hatte jeder einen. Sämtliche Tänzer hatten immer wieder einen Traum, in dem sie unerwartet auf der Bühne standen und die Choreographie vergessen hatten. Alans nächtliche Ängste waren die, daß sich das Datum der Eröffnungsvorstellung ständig änderte. Der Bühnenbildner quälte sich allnächtlich mit einem Gewerkschaftsstreik herum. Einer der Musiker träumte ständig, Fluglinien verschlampten sein Gepäck (die Baßgitarre). Mike Flowers (der Manager unserer Truppe) träumte immer, das Gepäck sei verschollen, und er könnte keine Termine machen.

Mein Traum war einer, den ich schon seit meiner Kindheit hatte. Er war jedesmal leicht abgewandelt, aber die Prämisse war immer dieselbe. Ich suchte aus irgendeinem Grund ein Theater auf, und jedesmal wieder wurde mir mitgeteilt, am selben Abend sei meine Premiere. Ich wußte überhaupt nicht, daß ich ein Engagement hatte. Ich war total uninformiert. Und statt meinen Agenten anzurufen und zu fragen, was hier vorging, stürzte ich in die Theatergarderobe, zog mir irgendeinen auffälligen Flitterkram an, rief die Tänzer und die Musiker auf die Bühne und machte mich an den Versuch, in der halben Stunde, die mir blieb, ehe der Vorhang hochgezogen wurde, eine zweistündige Show einzustudieren. Ich konnte die Leute im Saal hören, und ich war davon besessen, meiner scheinbaren Verpflichtung nachzukommen und ihnen eine gelungene Show vorzusetzen.

Die Angst steigerte sich, während ich mir überstürzt Schritte, Texte und Abläufe einzuprägen versuchte. Nicht ein einziges Mal kam ich auf den Gedanken, das sei ungerecht – ich bräuchte keine Show aufzuführen. Ich *mußte* es tun. Mein Leben hing davon ab.

Dann ging der Vorhang hoch, das Publikum applaudierte bei meinem Anblick, aber mir graute so entsetzlich, daß ich davon erwachte.

Immer wieder hatte ich diesen Traum. Es war ein gräßliches Gefühl, eine tiefe lähmende Angst, weil ich mir selbst als Kind gelobt hatte, den Erwartungen zu entsprechen, die an mich gestellt wurden. Wer erwartete soviel von mir? Jedesmal, wenn es bei den Proben zu einem schwierigen Augenblick kam, brach der Traum wieder über mich herein. Ich wußte von nichts, ich hatte nicht geprobt, ich war unbegabt, ich hatte keine Ahnung, ich war unvorbereitet; und doch kam ich nie auf den Gedanken, ich bräuchte nicht aufzutreten.

Ich brachte meine Mutter mit diesem immer wieder auftretenden Traum in Verbindung, und das nicht nur wegen der Erwartungen, die sie in mich setzte, sondern weil sie von ihren Kindern wollte, daß sie den unerfüllten Erwartungen entsprachen, die sie an ihren Mann stellte.

Unserer Familie lag ein verborgenes Schema zugrunde. Warren und ich wurden nicht nur angespornt, die unrealisierten Träume unserer Eltern auszuleben, sondern dabei sollten wir auch noch unter Beweis stellen, daß Mutter mit dem Ehrgeiz, den sie in uns setzte, *trotz* der Befürchtungen unseres Vaters und seiner schroffen kritischen Haltung gegenüber unserem Streben richtig lag. Sie wollte gewaltsam beweisen, daß ihr Mann mit seiner kritischen Einstellung falsch lag. Sie wollte dafür sorgen, daß ihre Kinder in dieser Welt erfolgreich waren, nicht nur um ihretwillen, sondern auch, weil sie in ihrem Mann einen enttäuschenden Versager sah. Er hatte natürlich dasselbe Bild von sich, und aus dem Grund setzte er uns so streng zu.

Wir *mußten* es tun. Wir *mußten* in Erscheinung treten. Wir konnten weder die Mutter enttäuschen noch das Publikum, noch uns selbst, und wir mußten unseren Vater widerlegen. Das heißt mit anderen Worten, für Warren und mich war es ausgeschlossen, keine Stars zu werden. Das war uns von den Eltern eingebleut worden, die miteinander im Wettstreit lagen. Ein Elternteil glaubte krampfhaft an den Erfolg. Der andere fürchtete sich davor.

Mein Dad war die meiste Zeit seines Lebens Lehrer gewesen. Er war noch dazu ein guter Lehrer. Außerdem war er der Vorsteher mehrerer Schulen gewesen, die ich besucht hatte. Das Unterrichten machte ihm großen Spaß, aber sein Wunsch war es gewesen, ein großer Musiker zu werden, und er hatte ein Stipendium angeboten bekommen, bei einem ausgezeichneten Geigenlehrer in Europa zu studieren. Er entschied sich dagegen. Seine Begründung war, wie er mir später sagte, die, daß er das Gefühl hatte, mit einem großartigen Lehrer in Europa hätte er einiges in seine musikalische Zukunft investiert, und das nur, um dann festzustellen, daß er doch nach New York zurückkehrte und achtmal in der Woche im Orchestergraben eines Theaters am Broadway spielte, mittwochs und samstags zweimal – nicht gerade seine Vorstellung von hoher Kunst.

Irgendwie wußte ich, daß seine negative Haltung nicht nur daher rührte. Er benutzte sie als Vorwand, um für das Wagnis, etwas zu erreichen, nicht bestraft zu werden. Seine Mutter hatte ihn extrem grausam behandelt, ihn buchstäblich mit Metzgermessern gejagt und ihn einmal zwei Tage lang in einen Kleiderschrank eingesperrt. Sein persönlicher Mut war in frühen Jahren verkrüppelt worden. Er hatte es gelernt, sich bereits vor einem Versuch zu fürchten. »Äffchen«, sagte er oft zu mir, »eins hat meine Mutter mir wirklich beigebracht, und das war das Fürchten. Ich bin Experte im Angsthaben.«

Sie schalt ihn an jedem entscheidenden Punkt aus und zertrampelte seine Träume und sein Streben, ehe er auch nur Gelegenheit hatte, je eigene Träume und Wünsche zu entwickeln. Seine Erfolgserwartungen waren somit gleich Null. Wenn man riskierte, ein Wagnis einzugehen, dann waren einem Ablehnung, Leid, Demütigung und schlechte Behandlung bereits garantiert. Er sagte mir auch wirklich oft, daß Erfolg bedeuten würde, anderen auf die Füße zu treten. Er hatte gelernt, Erfolg mit Korruption gleichzusetzen, und damit wollte er absolut nichts zu tun haben.

Ich glaube, all diese Faktoren lagen seiner Beurteilung seiner Kinder und manchmal auch seiner Grausamkeit ihnen gegenüber zugrunde. Angeblich, um uns vor den Verheerungen zu bewahren, die das Wagnis, es zu etwas bringen zu wollen, zwangsläufig nach sich zog, nahm er Zuflucht zur Verachtung und zu furchtbaren Warnungen vor Fehlschlägen. Ich fragte mich oft, welche Brutalität seine *Mutter* wohl erlebt hatte. Ihr mußte Tiefgreifendes und Dauerhaftes zugestoßen sein, wenn sie ihrem Sohn mehr als alles andere die Angst einbleute.

Ich steckte also in dem Dilemma, daß ich mit der kritischen Haltung meines Vaters fertig werden und ihn als eine Probe für die rauhe Welt da draußen ansehen mußte, wenn ich mich nicht von der Behauptung kleinkriegen lassen wollte, ich besäße tatsächlich keinerlei Talent und sollte es noch nicht einmal versuchen. Wofür ich mich auch entschied – beides war eine Garantie dafür, daß es tiefe Ängste in mir wachrufen würde, wenn ich auf eine Bühne trat. *Warum* also es tun? Ging es mir um den Beifall des Publikums? Nein, eigentlich war es ein Flehen um die Liebe meines Vaters.

In meiner Kindheit war er zeitweise in seinem Urteil und in seinen Äußerungen zu den Anfängen meiner Karriere grausam und gefühlsmäßig brutal und demütigend, aber ich glaube, ich verstand intuitiv, daß seine Äußerungen in Wirklichkeit ihm selbst galten und daß er *sich* streng dafür verurteilte, daß er nicht mehr Mut aufgebracht hatte, seine eigenen Talente zu entwickeln. Und woher hätte er den Mut nehmen sollen, wenn er Eltern gehabt hatte, die ihm extrem kritisch gegenüberstanden?

Als ich in der Highschool zum ersten Mal bei einer Schulveranstaltung sang, war das Publikum von meiner komischen Interpretation von »I Cain't Say No« aus *Oklahoma!* begeistert. Doch er schalt mich dafür aus, daß ich glaubte, überhaupt singen zu können, und er deutete an, die Texte und die Musik von Rogers und Hammerstein sollte ich bloß nie wieder entweihen. Das tat ich auch nicht – jahrelang.

Als ich in der Produktion der Washington School of the Ballet von *Cinderella* die Hauptrolle nicht bekam und dazu degradiert wurde, statt dessen die Fee zu tanzen, war ich am Boden zerstört. Statt mich zu trösten, hielt Dad mich auf der Treppe fest und warf mir allen Ernstes vor, es sei meine Schuld, ich sei zu sehr gewachsen, und er hob sadistisch hervor, eine allzu gute Tänzerin sei ich ohnehin nicht. Ich versuchte, ihm zu entkommen und in meinem

Schlafzimmer Zuflucht zu suchen, aber er ließ mich nicht vorbei. Er wollte mir nachdrücklich seine Ansicht klarmachen, ich sollte aufgeben und nicht versuchen, mehr aus mir zu machen, als sich aus mir machen ließ. Je heftiger ich weinte, desto heftiger griff er mich an. Mir wurde übel, und ich erbrach mich auf die Treppe. Das schreckte ihn überhaupt nicht ab. Ich erinnere mich noch, daß Mutter hilflos zusah. Schließlich sackte ich auf die Knie. Auf Dads Gesicht stand ein Ausdruck gequälten Triumphs.

Er hatte es nicht zum Spaß getan. Er schien unter dem Zwang zu stehen, mich so behandeln zu müssen. So, wie ihn zweifellos seine Mutter behandelt hatte.

Bald darauf machte ich bei einem wichtigen Leichtathletikturnier in der Highschool beim Staffellauf mit. Bei der Übergabe ließ ich das Schlagholz fallen. Demzufolge verlor unser Team das Rennen. Mein Vater hatte mich von den unüberdachten Tribünen aus beobachtet. Ich kam nie über das gräßlich nagende Gefühl hinweg, daß ich ihm recht gegeben hatte, weil ich so dumm gewesen war, dieses verdammte Schlagholz fallen zu lassen.

Schmerzlicher als das mangelnde Selbstvertrauen meines Vaters waren die Erinnerungen an meine Demütigung, wenn ich das Gefühl hatte, er fände, ich hätte meine Sache nicht gut gemacht. Ich litte nicht nur unter dem Gefühl, daß er mein Talent geringschätzte, sondern auch unter der Erkenntnis, daß mein Versagen meiner Mutter jede Hoffnung nahm. Ich *mußte* etwas aus mir machen, nicht nur, um ihn ins Unrecht zu setzen, sondern auch, um *ihr* zu einem Sieg über ihn zu verhelfen. Sie hatte die grundlegenden Regeln für die Familie aufgestellt. *Wir* mußten um jeden Preis Erfolg haben, um ihre Frustration zu lindern. Da sie unsere emotionale Stütze war, ging es vor allem darum, sie im Kampf gegen Dad zu unterstützen, indem wir erfolgreich waren. Unser Familienverband war damals dazu geschaffen, Übermäßiges zu leisten und um jeden Preis zu gewinnen. Das mußten wir, wenn wir geliebt werden wollten.

Dad war aus Angst vor dem Versagen gegen den Erfolg voreingenommen, und Mutter war ihm gegenüber voreingenommen, weil er nichts aus seinem Talent machte. Warren und ich würden für sie beide etwas »erreichen«.

Ich erinnere mich noch, daß ich sie mehrfach über den Konflikt ausfragte, den es darstellte, eine Familie und eine Karriere zu haben. Sie antwortete ausweichend. »Du kannst beides schaffen«, sagte sie dann. »Du wirst ohnehin jemanden haben, der auf die Kinder aufpaßt.« Ihre Wertvorstellungen waren von dem Bedürfnis nach Erfolg durchdrungen, weniger von der Erfüllung in einer liebenden Familie. In ihrer Vorstellung hatte kein Zweifel daran bestanden, daß aus uns Leute würden, »die in den großen Metropolen der Welt Anerkennung finden würden«. Sie setzte stillschweigend voraus, daß wir eine Familie und eine Karriere mühelos miteinander verbinden konnten. Worauf sich diese Schlußfolgerung gründete, ist mir nie klar geworden. Aber da sie unsere Mutter war, mußte sie recht haben. Sie hatte jedoch nicht recht.

Irgendwo in unserem Innern waren wir immer noch Kinder, und das Publikum war jetzt für uns ein kollektives Symbol für die Eltern. *Sein* Beifall war es, den wir so dringend brauchten – wir brauchten die Liebe des Publikums, weil diese Liebe in unserem eigenen Leben nicht gegenwärtig genug war. Diese Dynamik war oft sehr subtil, aber da sich alle Kinder für das emotionale Überleben interessieren, spielten wir das Spiel der familiären Wechselwirkung, so gut wir es eben konnten. Von früh an lernten wir die Tricks, wie wir unser potentielles Talent manipulierten, denn davon schienen Liebesbezeugungen abzuhängen. Aber wir waren nie wirklich darauf vorbereitet und konnten einfach nicht wissen, was liebevolles Vertrauen um seiner selbst willen war.

Vielleicht hatte im Showbusineß jeder einen Hintergrund, in dem Konkurrenzdenken mit Liebe belohnt wurde. So viele, die ich kenne, reagierten ähnlich. Wir schienen uns selbst als ewige Kinder zu sehen, die von der Schule des Lebens dringend gute Zeugnisse bekommen mußten, während wir durch unsere kreativen Erfahrungen schlingerten und die Uniform des Tages trugen, uns nie verspäteten, immer zuverlässig waren, mit einem Lächeln im Gesicht und einem unruhigen Magen, und wir lebten buchstäblich für die ersehnte Liebe und den Beifall all derer, die wir herausforderten, ein Urteil über uns zu fällen. Relativ gesprochen war jedes Publikum ein kleiner Fisch im Vergleich zu dem gierig ersehnten Beifall der Kritik.

Vielleicht litten manche Zeitungs- und Fernsehkritiker unter denselben Schwierigkeiten wie die Schauspieler und waren nur so streng, weil sie noch nicht die richtigen Kanäle gefunden hatten, um sich bei ihren eigenen Eltern und Autoritätsfiguren einzuschmeicheln, und diese Frustration äußerte sich oft in einer beredten und geistreichen Feindseligkeit, die darauf versessen war, mit der eigenen schriftstellerischen Begabung anzugeben, statt eine aufrichtige Einschätzung dessen wiederzugeben, was sie gesehen hatten. Ich habe nie jemanden im Showbusineß kennengelernt, der frei von der Angstkrankheit war – niemand, den ich kannte, war zum reinen Vergnügen Schauspieler geworden, frei von dem Verlangen, anderen zu gefallen. Die Arrogantesten, Unmöglichsten und Launischsten fürchteten sich noch mehr als alle anderen. Sie wählten den offensiven Angriff, um ihre Unsicherheiten zu verbergen. Noch trauriger war, daß manche zum Alkohol oder zu Drogen Zuflucht nahmen, um den inneren Schmerz zu betäuben. Und es war schon immer klar, daß Psychologen und Psychiater in Hollywood ein Bombengeschäft machen konnten.

Manche kreativ schaffenden Künstler sprachen ihre Ängste offen und ehrlich aus. Barbra Streisand sagte mir, sie würde nicht nur nie mehr live auftreten, sondern sie *könnte es nicht mehr*, weil sie ganz sicher sei, daß sie den Text vergessen würde. Sinatra sagte, seine Angst sei die, daß er den Mund aufmachte und nichts herauskäme. Liza Minnelli machte die Vorstellung nervös, die Kreativschaffenden im Hintergrund könnten noch nervöser sein als sie. Pavarotti und Domingo testeten den ganzen Tag lang ihre Stimmen, um sich selbst zu vergewissern, daß sie abends in der Lage sein würden, auch nur einen Laut hervorzubringen. Baryschnikow war nicht sicher, ob ihn seine Knöchel tragen würden. Julie Andrews hatte Angst, sie wüßte nicht, wie sie mit dem Publikum reden konnte.

Ich dagegen verließ mich nicht darauf, daß der kollektive Zauber entstehen würde. Es gab nichts Bestimmtes, was ich auf der Bühne besonders gut gekonnt hätte, aber ich wußte, daß ich es irgendwie hinbekam, einen intimen Zauber entstehen zu lassen. Daher mußte ich mich mehr als die meisten anderen auf die Beleuchtung, den Ton und die Musik verlassen. Ich konnte nicht auftreten, wenn nicht all das im Einklang miteinander war. Wenn einer meiner Leute wegen Krankheit ausfiel, machte ich mich verrückt, weil *ich* es ohne denjenigen nicht schaffte. Wenn der Ton ausfiel, schlug mir das auf die Ohren, weil mir meine Stimme peinlich war. Wenn nach dem Ende einer Nummer zu spät ausgeblendet wurde, war ich sicher, daß der Effekt extrem entstellt war. Wenn ein Kostüm riß, hätte ich schwören können, daß das ganze Kleid an mir runterrutschen würde – und manchmal kam das auch vor.

Einmal löste sich bei einer Tanznummer das Oberteil meines Kostüms, und ich war von der Taille aufwärts entblößt. Die Spontaneität eines solchen Augenblicks begeistert das Publikum. Nichts freut die Leute mehr, als dagewesen zu sein, wenn etwas *Unvorhergesehens* passiert. Als ich die Situation rettete, indem ich an mir herunterschaute und sagte: »Jetzt wissen Sie wenigstens, daß sie echt sind«, jubelte das Publikum. Die Tatsache, daß die Garderobiere auf die Bühne kam und mich für den Rest der Show in das Kostüm nähte, trug nur noch zur allgemeinen Heiterkeit bei; das Publikum freute sich, weil *wir* auch nicht anders sind als andere Leute. Oh, ja, irgendwie klappt es immer, aber das Höllische ist, die Probleme vorherzusehen, ehe sie auftreten.

Daher versuchen wir bei den Proben, die Zukunft vorwegzunehmen. Es ist nicht gerade eine leichte Übung, sich darauf zu verlassen, daß alles irgendwie klappen wird, wenn man voraussetzt, daß unsere negativen Phantasien immer schlimmer als die Realität aussehen.

Nur ein einziges Mal ging die Realität über das hinaus, was man sich möglicherweise hätte vorstellen können, und für mich wurde sie tatsächlich lebensbedrohend. Ich spielte in Oslo. Norwegen gehört zu den drei Ländern auf Erden, bei denen die Stromversorgung nicht elektrisch geerdet ist. Das heißt, daß stromführende Drähte während eines Gewitters ernstlichen Schaden anrichten können.

Am Abend meiner Eröffnungsveranstaltung ging ein Regenguß herunter. Blitze rissen derart dramatisch den Himmel auf, daß ich das Gefühl hatte, ein neuer Frankenstein werde geboren. Der Theaterdirektor kam, um mir zu sagen, falls ich mein Mikrofon benutzte, könnte er mir versichern, daß trotz der verstärkten Elektrizität in dem Kabel nichts passieren würde. Gegen den Verlust meines Lebens konnte er mich jedoch nicht versichern!

Über tausend Leute saßen im Publikum, und jeder hatte fünfundsiebzig Dollar für die Eintrittskarte bezahlt. Das Theater, in dem wir auftraten, war ein Projekt, das von der Regierung finanziert wurde. Hätte ich die Show ausfallen lassen, dann hätte das einen echten Skandal nach sich gezogen. Ich verhielt mich also wie in meinem periodisch wiederkehrenden Traum und tat, was von mir erwartet wurde. Ich zog die gesamte Show ohne Mikrofon durch. Hinterher hatte ich ein paar Tage lang keine Stimme, aber wieder einmal war ich meinen Verpflichtungen nachgekommen, und die norwegische Regierung blieb von Skandalen verschont.

Ich beschloß, bei meiner neuen Show die bewußte Entscheidung zu treffen, weniger ängstlich zu sein. Ich würde einige meiner Ratschläge annehmen, und ungeachtet der Programmierung in meiner Kindheit, die mich fürs Leben konditioniert hatte, würde ich mich ermächtigen, mich selbst zu ändern. Etwa in der dritten Probenwoche hatte ich meine Ängste mehr im Griff. Wenn ich einen Schritt nicht gleich hinkriegte, ließ ich ihn stillschweigend bleiben und arbeitete für mich allein in einer Ecke daran weiter. Wenn ein Song nicht dramatisch genug wirkte, verließ ich mich darauf, daß sich die Eindringlichkeit später einstellen würde. Ich wußte, daß ich sowieso keine Sängerin war. Ich war eine Schauspielerin, die sang. Ich mußte mir Zeit lassen.

Ich hatte drei Szenen aus Filmen in die Show eingearbeitet. Wenn die Requisiten nicht fertig waren, blieb ich ruhig und sagte mir selbst, mit solchen mechanischen Problemen könnte ich mich später noch auseinandersetzen. Im großen und ganzen schloß ich also einen Pakt mit mir selbst, ich würde mich von der Zeitknappheit oder möglichen Katastrophen nicht unterkriegen lassen. Schon bald sollte mein Pakt auf die Probe gestellt werden.

Seit ein paar Wochen hatte ich bereits dumpfe Zahnschmerzen. Nichts, was einem Schlaflosigkeit bereitet hätte, und doch hatte ich gelernt, medizinischen Fragen immer nachzugehen, ehe ich zu einer Tournee aufbrach.

Ich ging zu meinem Zahnarzt, der mich einer Reihe von Untersuchungen unterzog, die sich um eventuelle Wurzelbehandlungen zu drehen schienen. Er empfahl einen Wurzelkanalspezialisten. Dieser erzählte mir eine Geschichte von einem Patienten, den er behandelt hatte, der die Fähigkeit besaß, sich durch Meditation in einen so wohligen Zustand zu versetzen, daß er überhaupt keine Narkose brauchte, noch nicht einmal für die Kieferchirurgie.

Dieser Mann hatte sich ausgemalt, er räkelte sich in der strahlenden Sonne an einem Strand, und die Wellen umspülten sachte seine Füße. Er konnte Möwen hören, das kalte Wasser auf den Zehen spüren und das Salz auf den Lippen schmecken. Er sagte, der Mann hätte sich vollständig in die Kulisse hineinbegeben, die er sich in seiner Phantasie ausgemalt hatte, und keinen Moment lang hätte er sich vom akuten Schmerz bei der Kieferoperation ablenken lassen.

An einem Punkt jedoch hatte der Mann den operativen Eingriff unterbrochen. Er holte sich eine trockene Decke aus seinem Wagen! Der Arzt wartete, während der Patient sich vorstellte, die saubere Decke auszubreiten und dicht an der Brandung unter dem Himmel wieder eine bequeme Haltung einzunehmen. Auf sein Signal hin setzte der Zahnarzt die Operation fort. Er berichtete mir, der Mann hätte weit weniger als üblich geblutet, und der Heilprozeß sei schneller als sonst verlaufen.

Soweit war ich noch lange nicht, und daher entschied ich mich für Lachgas.

Da ich nie irgendwelche Medikamente nehme, fühlte ich mich körperlich vollkommen erschlagen, als es vorbei war. Ich konnte auch wirklich zwei Tage lang nicht richtig tanzen. Mir war schwindlig, ich war benommen und konnte das Gleichgewicht nicht halten. Ich konnte es nicht leiden, wenn ich mich nicht unter Kontrolle hatte. Ich war froh, daß wir den richtigen Zahn gefunden hatten und daß ich es hinter mich gebracht hatte. Dabei blieb es allerdings nicht lange.

Zwei Tage später bei der Nachuntersuchung sagte der Arzt, auch in dem Zahn daneben sei der Nerv am Absterben – eine zweite Wurzelkanalbehandlung müsse vorgenommen werden. Dafür hatte ich jedoch keine Zeit mehr.

Ich rief einen befreundeten Lehrer an, der Metaphysik in bezug auf den Körper unterrichtet. Mich interessierte, was absterbende Zahnwurzeln bewußtseinsmäßig bedeuteten. Er sagte, absterbende Nerven stünden für alte Wertvorstellungen, die im Sterben liegen. »Wurzelkanalbehandlungen werden oft nötig, wenn Menschen ihre bisherigen Vorgehensweisen aufgeben«, sagte er. Dann fragte er, ob ich in der Sichtweise meines Lebens und in der Einstellung zu meiner Arbeit bedeutende Veränderungen durchmachte. Ich wußte kaum, was ich darauf antworten sollte. Ich war aufgewühlt, um es milde auszudrücken.

Er sagte noch dazu, wenn man sich mit einer neuen Sichtweise auf Gebiete vorwagte, dann würde das oft von Zahnproblemen begleitet, bei denen der Gaumen und die Nerven eine Rolle spielen. Um sich hinauszuwagen, waren neue Nerven erforderlich, und daher mußten die alten absterben und weichen. Als ich zur zweiten Wurzelkanalbehandlung ging, sagte ich mir, daß all das einen Grund hatte – es gehörte zu meinem Wachstum, war Teil meiner Weiterentwicklung. Es war notwendig zuzulassen, daß das Alte dahinschied, um Platz für das Neue zu machen. Das war ein Teil einer Harmonie, auf die ich vertraute, die ich aber nicht ganz verstehen konnte.

In dem Moment war es mir nicht klar, aber eine solche Sichtweise würde mir zur zweiten Natur werden müssen, wenn ich die nächsten sieben Monate überstehen wollte.

Der Abend unseres ersten Probelaufs (ohne Kostüme und Beleuchtung) rückte näher. Das Podium für die Band war aufgebaut. Die Musiker hatten die Synthesizer programmiert. Die Tänzer hatten ihre Rollen gründlich einstudiert, und wir würden alles einmal durchspielen.

Wir mieteten das Theater der Pepperdine University, um ein paar hundert Leute einzuladen, damit wir eine Reaktion auf das bekamen, was wir bisher erarbeitet hatten.

Grüppchenweise trudelten die geladenen Gäste ein; nachdem ich sie persönlich begrüßt hatte, plauderte ich mit ein paar Freunden und zeigte mich vollkommen entspannt bei der Aussicht, in wenigen Minuten auf die Bühne zu treten.

Ich bandagierte mir die Füße (gegen Blasen und dergleichen), brachte mein Ansteckmikrofon mit seinen Batterien an, machte einige Pliés, und wir begannen.

Wenn ein Schauspieler weiß, daß er jetzt gefordert wird und Menschen unterhalten muß, die endlich im Zuschauerraum sitzen, dann setzt eine andere Realität ein. Dann kommen all die Jahre der Erfahrung mit dem Timing, das Improvisationstalent, die Atemtechnik und das Wissen, wie man den Leuten Freude macht, ins Spiel. So ging es mir an jenem Abend. Die Energien, die bei einer Vorstellung freigesetzt werden, bewegen sich in einer anderen Dimension als die Energien, die bei Proben freigesetzt werden. Natürlich sind es größere Energien, aber sie sind auch intensiver, und man nimmt außer dem Publikum nichts mehr wahr. Ich bin schon aufgetreten und habe erst nach der Show gemerkt, daß ich mich verletzt hatte.

Ich griff tief in mich selbst hinein, zog all die Jahre meiner Bühnenerfahrung heraus und brachte eine gute Show. Das Publikum war begeistert. Die Tanznummern waren Glanzleistungen. Ich konnte mich an alles erinnern. Die komödiantischen und die dramatischen Effekte gelangen, und natürlich war allen klar, daß sich der Zauber noch mehr verstärken würde, wenn die Beleuchtung und die Kostüme hinzukamen.

Als es vorbei war, verbeugte ich mich. Mein Vater schoß mir durch den Kopf. Ob es ihm wohl gefallen hätte? Ich hatte das Schlagholz beim Staffellauf nicht fallen lassen. Und ich wußte, daß das, was wir erarbeitet hatten, weitgehend so bleiben konnte.

Ein paar Tage später reiste die gesamte Truppe nach San Antonio, Texas. Wir hatten uns diese Stadt für die ersten Auftritte ausgesucht, weil uns da das Theater zur Verfügung stand und wir in Ruhe die Beleuchtung und den Ton ausprobieren und das Podium für die Bühne aufbauen und ein paar Probevorstellungen geben konnten, ehe wir offiziell eröffneten. Die Tournee hatte begonnen. Das echte Publikum erwartete uns.

Ich nahm Mary Hite mit, um nicht vor dem Training zurückzuschrecken. Ihre Art des sanften und doch kräftigenden Trainings hatte meinem Rücken und meinen Hüften wieder die richtige Ausrichtung gegeben. Ich trug Einlagen in den Schuhen, und daher lief ich anders, und mein Kreuz war bislang schmerzfrei.

Gary Catona kam auch mit. Er hatte meine Stimme umgestaltet, denn jetzt war meine zusammengeschnürte Kehle geöffnet. Ich trat als ein brandneues 1990er Modell meiner selbst auf die Bühne! Wie ich schon bald lernen sollte, erforderte das eine ganze Menge Gewöhnung.

8. Kapitel

DIE TOURNEE

San Antonio ist ein malerisches, anheimelndes Städtchen, das unter der Schirmherrschaft von Bürgermeister Henry Cisneros reizvoll ausstaffiert worden ist. Die entspannte Umgebung wirkte sich wohltuend auf mich aus. Ich ging am Fluß spazieren (er hatte mehr von einem Kanal); und mit unserem Komponisten Larry Grossman und einigen der Musiker saß ich in der Sonne, und wir aßen Huevos Rancheros und tranken Eistee wie echte Zivilisten.

Jeder einzelne hatte seine eigenen Probleme mit der Premiere unserer Show. Alle Gespräche waren mit einer heiklen Spannung unterlegt, wenn die Leute miteinander, mit mir und mit dem Technikerstab plauderten und klatschten, der die Verantwortung für den letzten Schliff trug. Wenn man mit einer Show auf Tournee geht, fühlt man sich wie eine Familie auf Reisen. Die Mitglieder beäugen einander, fassen ihre Vorlieben und Abneigungen, finden ihre Lieblinge und nehmen nahezu instinktiv die Hackordnung wahr.

Im Showbusineß gibt es eine alte Weisheit. In jeder bestehenden Truppe ist es gut, wenn man jemanden hat, den man hassen kann. Dadurch werden aufgestaute Spannungen freigesetzt. Im allgemeinen richtet sich der Zorn gegen den »Star« oder den Regisseur oder irgendeine andere Person, die eine Machtposition innehat. Oft hat der Star ein Alkohol- oder ein Drogenproblem oder ist aus Unsicherheit heraus launisch, und das macht ihn zum naheliegenden Kandidaten, auf den man die unausgelebten, verborgenen Frustrationen abwälzt. Stars arbeiten entweder zu hart oder nicht genug mit der Truppe, brauchen entweder zuviel Aufmerksamkeit oder bleiben total auf Distanz. Wie dem auch sei. Wenn sich der Klatsch der Truppe um den Star drehen kann, ist das Problem gelöst, wenn nicht, dann müssen sich die Mitglieder anderswo umsehen.

Ich persönlich hatte keine der obengenannten Idiosynkrasien, oder zumindest trug ich keine davon zur Schau, und daher begann der Prozeß der Auswahl des Opfers seinen natürlichen Lauf zu nehmen.

Alan, der Regisseur, war zu nett, um als Kandidat in Frage zu kommen; und außerdem nahm er sich Zeit für die Leute und ging auf sie ein und schalt seinen Hund abwechselnd aus oder schmuste so liebenswert mit ihm, daß sich der Klatsch über ihn nur um seine Beziehung zwischen Hund und Mensch drehte, und somit war die Ausbeute automatisch dürftig.

Mike Flowers, der Manager der Truppe, der für die Bühnenarbeiter verantwortlich war, für die Unterbringung in Hotels, für die Gehaltsschecks und die Reisevorbereitungen, war – nach Meinung aller – fair, liebenswürdig, freundlich und lobenswert umgänglich. Abgesehen davon, daß er selbst ein Filmstar hätte sein können und daß niemand eine Ahnung von seinem Privatleben hatte, konnte man über ihn absolut nicht klagen.

Ich konnte das Problem bei den Proben erkennen. Wen konnten sich die Leute zur Zielscheibe wählen? Da es an einem eindeutigen Kandidaten fehlte, wandten sie sich gegeneinander.

Lager begannen sich zu bilden. Es entstanden Lager in den Rängen der Musiker. Es entstanden Lager unter den Tänzern, in die auch ein paar Leute von der Garderobe hineingezogen wurden, die selbst Rollen spielten.

Pete Menefee, der Designer der Kostüme, arbeitete seit fünfzehn Jahren mit mir. Er war früher selbst Tänzer gewesen und kannte die Mentalität der Tänzer in- und auswendig. »Du hast dir die besten Tänzer der ganzen Branche geangelt«, sagte er zu Recht. »Das heißt aber auch, daß du es mit vier Divas und Stars zu tun hast.«

Und warum auch nicht? Divas können jedoch bissig sein, und manchmal wirken sich Starallüren im Umgang mit anderen grausam aus. Da die Tänzer einander in den Garderoben praktisch auf die Füße traten, ließen der Mangel an Intimsphäre und eine große Bandbreite explosiver Talente heftige Gefühlswallungen aufkommen. Die Geistesgegenwärtigen, die Durchsetzungsfähigen und die Egozentrischen tragen den Sieg davon. Die anderen bleiben auf der Strecke. Und doch besitzen Tänzer die Sensibilität, die Klugheit und die Intuition, daß schließlich alle im Überlebenskampf bestehen, wenn sie erst auf der Bühne auftreten.

Ich beobachtete, wie sich das Drama entspann. Eines der Mädchen ließ sich mit einem der Typen ein, und das ließ sofort unterhaltsame Spekulationen aufkommen, die beiden hätten eine Affäre miteinander, und alle waren sich darüber einig, daß damit Schluß sein würde, sobald sie eine Stadt mit wirklich guten Einkaufsmöglichkeiten erreicht hatten und er pleite ging.

Mehrere der Musiker hatten Schwierigkeiten mit dem Dirigenten, der ein entscheidender Faktor für ihre Unzufriedenheit war, weil er ihnen nie einen festen Takt gab.

Der Garderobenchef war ein intelligenter junger Mann, der im Scherz sagte, lieber würde er meine Kostüme selbst tragen, als sie mir anzuziehen. Rogers Domäne war das Untergeschoß jedes Theaters, in dem er und »seine Damen« nähten, klatschten, flickten und die Entscheidung trafen, wem sie kleinere und größere Gunstbezeugungen erweisen würden. Mike erwies sich als geschickt, denn er bestellte zwischen den Proben köstliche Mahlzeiten und vergewisserte sich, daß sich die Leute in ihren zugeteilten Zimmern wohl fühlten.

Als die Premiere näher rückte, stellte ich erfreut fest, daß ich nicht allzu angespannt war. Unser Hotel und das reizende Städtchen San Antonio bereiteten mir wirklich Freude.

Larry und ich nahmen ein paar Mahlzeiten gemeinsam ein, und dabei redeten wir über unser Leben und das Wechselspiel innerhalb der Truppe. Mir war nicht klar gewesen, daß er selbst auch Probleme mit der Cliquenbildung und der Aufspaltung in Lager durchgemacht hatte wie wir alle.

Buz kam nicht mit uns nach San Antonio, denn er hatte eine Benefiz-Veranstaltung im Weißen Haus mit Barbara Bush und einigen Literaten. Ich fand es nicht besonders klug von ihm, uns im

Stich zu lassen. Wir hatten oft zusammen gearbeitet, und Larry und Buz taten dies seit zwanzig Jahren zusammen. Zu den mysteriösen Dingen im Showbusineß gehört, daß wir einander nie so gut kennen, wie wir einander zu kennen glauben. Natürlich ist das Spielen unser Geschäft. Aber beim Spiel geht es grundlegend um das Konkurrenzdenken. Wenn wir auch während des kreativen Prozesses in einem noch so hohen Maß persönlich aufrichtig sind und offen miteinander reden, haut es uns doch immer wieder um, wenn einer von uns sich unvorhersagbar benimmt und gegen die Abmachungen verstößt.

Meiner Ansicht nach war das der Fall, als Buz nicht da war. Die Show stand im großen und ganzen fest; aber ohne einen Texter an meiner Seite fühlte ich mich im Stich gelassen, obwohl ich schon oft selbst Änderungen vorgenommen und der Publikumsreaktion entsprechend Texte umgeschrieben hatte. Ich vermißte Buz. Die anderen auch. Eins der wichtigsten Mitglieder unseres »Teams« hatte etwas Besseres zu tun. Sein Ausbleiben lieferte Klatsch für einen Tag, der sich aber schnell legte, da unsere Premiere bevorstand.

Ich trainierte jeden Morgen mit Mary in unserer Hotelsuite. Ich fühlte mich körperlich ziemlich gut. Meine Stimme konnte sich behaupten. Und ich vermute, man konnte sagen, ich sei auf den Moment vorbereitet, in dem die Lichter im Zuschauerraum erloschen.

Die Musiker nahmen ihre Plätze auf dem Podium ein. Ich trat im Dunkeln auf die Bühne und fand die markierte Stelle, wartete auf mein Stichwort. Dann ertönte ein Akkord, und das Scheinwerferlicht fiel auf mich. Ich war geblendet. Das Publikum brach in Beifall aus. Ich konnte absolut nichts sehen. Ich hatte vergessen, mit welcher Wucht einen das Scheinwerferlicht traf und wie isoliert man sich fühlte. Das schockierte mich. Lauter und anhaltender Beifall wurde gespendet. Man hätte meinen können, ich sei ein Leben lang nicht aufgetreten und nicht nur sechs Jahre. Ich fragte mich, ob sich die Wahrnehmung meiner Person verändert hatte. Hatten meine Bücher und meine »New Age«-Philosophie das Publikum verwirrt?

Da mich das Scheinwerferlicht immer noch blendete, konnte ich mich nur auf meine Ohren verlassen. Daher lauschte ich dem Beifall und wartete, bis er sich legte, und dabei hoffte ich, meine Augen würden sich an die Dunkelheit gewöhnen. Ich schaute in den Zuschauerraum. Alles war schwarz, bis auf die Lichtstrahlen, die anscheinend direkt auf meine Augen gerichtet waren. Ich fand den Horizont im Dunkeln nicht und fühlte mich orientierungslos, als würde ich das Gleichgewicht verlieren. Sogar die Leuchtschrift über den Ausgängen war verschwunden. Ich sah keine menschlichen Gesichter, wenn ich die Leute auch hören konnte. Der vordere Bühnenrand fiel steil ins Dunkel ab.

Ich trat zögernd vor und hatte Angst, ich würde die markierte Linie überschreiten; mir fiel wieder ein, daß Marlene Dietrich einmal in den Orchestergraben gefallen war und sich den Arm gebrochen hatte.

Der Beifall legte sich, und ich hörte die Begleitmusik. Als es still im Saal wurde, fing ich an, den Text des ersten Songs zu singen. Ein Körpermikrophon, das so entworfen war, daß es wie ein Schmuckstück aussehen sollte, hing um meinen Hals.

Als ich meinen Text sang, fiel mir auf, daß ich mich selbst nicht hören konnte. Ich sang lauter. Ich hob die Hand zum Mikrophon. Ich hätte mich ganz darauf konzentrieren sollen, wie ich die Nummer spielte, doch statt dessen ließ ich mich vollkommen davon ablenken, ob mich das Publikum hören konnte oder nicht. Den Tontechniker konnte ich nicht fragen, da er rechts in den Kulissen saß, und ich konnte ihn nicht sehen. Der Dirigent schaute in seine Noten, da er noch nicht genügend mit der Show vertraut war. Ich fühlte mich restlos im Stich gelassen, im Schweinwerferlicht gefangen und ohne jede Stütze, die mir sagte, ob mein Beitrag rüberkam oder nicht.

Angespannt und jämmerlich beendete ich die Nummer und sang blind und taub, wie schrecklich es mich freute, wieder auf der Bühne zu stehen.

Während des gesamten ersten Akts hätte ich ein Zuschauer sein können, der sich am Telefon an einer Sendung beteiligt. Ich konnte mich absolut nicht hören. Die Band war zu laut. Die Musiker konnten mich auch nicht hören. Ich beendete den ersten Akt mit »Rose's Turn«, und nachdem die Lichter ausgegangen waren, verließ ich die Bühne und begab mich für die Pause in meine Garderobe.

Ich packte das Mikrophon, das ich um den Hals hängen hatte. Was ging hier vor? Wenn sich Darsteller durch ihre eigenen Bühnenmonitore nicht hören können, dann ist wirklich etwas faul. Darüber sind unzählige Geschichten im Umlauf. Manchmal wird das Tontechnikerteam auf der Stelle gefeuert. Wer bei Engelbert Humperdinck als Tontechniker arbeitete, ließ sich hinterher T-Shirts drucken, auf denen stand: »Ich habe Humperdinck überlebt – mehr als einmal.« Andere Darsteller steckten sich Stöpsel in die Ohren, bis die Tontechniker den Klang richtig hingekriegt hatten.

Die Klangregulierung auf der Bühne ist zweischneidig. Das Publikum und die Darsteller hören nicht dasselbe. Es gibt einen Tontechniker am Mischpult vor der Bühne, der den Ton für das Publikum mischt, und einen Tontechniker in den Kulissen, der den Ton für die Darsteller mischt. Ich lernte jetzt, daß der Einsatz von Allrichtungsmikrophonen, die man am Körper trug, ein Problem darstellte, weil sie sämtliche Nebengeräusche auf der Bühne auffangen. Mit anderen Worten heißt das, die Band kam so laut durch mein Mikrophon, daß ich nicht mehr zu hören war. Im Zuschauerraum war es besser als auf der Bühne, aber für einen Darsteller zählt, was er selbst hört. Und ich wurde übertönt. Wenn das passiert, versucht man es mit Gewalt, man will sich durchsetzen. Das ist eine automatische Reaktion, die einen garantiert die Stimme kostet.

Ich bemühte mich, in meiner Garderobe ruhig zu bleiben, während ich mich gleichzeitig abtrocknete und mir die Beine für die Tanznummer im zweiten Akte wärmte. Ich dachte voraus. Wie konnte ich ein Handmikrophon benutzen, ohne die Wirkung zu zerstören? Das hatte zuviel von Las Vegas, und meine Show war vom Theater geprägt, nicht von Saloon-Auftritten. Außerdem hatte ich drei lange schauspielerische Sketche eingebaut, die Requisiten und Kostüme erforderten. Wie hätte ich das Mikrophon in der Hand halten können, während ich mit Requisiten hantierte und meine Kostüme wechselte? Zwischen den Pliés und den Streckübungen für die Achillessehnen fand ich keine Lösung. Fünfzehn

Minuten lang sorgte Mary dafür, daß ich mich aufwärmte, ehe wir hörten, daß die Musiker ihre Plätze wieder einnahmen.

Für den zweiten Akt trug ich ein Trikot, das die Batterien für das Mikrophon im Schritt vorsah. Ich hoffte, beim Spagat würde nichts passieren. Das Mikrophon selbst klemmte zwischen meinen Brüsten und hob sie noch höher. Ich mußte über den absurden Zauber lachen, den hohlen Glanz, den wir Schauspieler auf die Bühne brachten, während wir in Wirklichkeit mit allen raffinierten mechanischen Vorrichtungen verdrahtet und verschraubt und verkabelt waren, die der Audiobranche bekannt sind. Und doch führten all diese Tricks nicht zu den gewünschten Ergebnissen.

Ich fragte mich, ob wohl Schweiß in die Batterien rinnen und mir einen tödlichen Stromschlag versetzen könnte. Das wäre etwas ganz Neues gewesen, was man im Showbiz bisher noch nicht erlebt hatte.

Ich fand meinen Weg zurück auf die Bühne. Ich hielt mich am Geländer des Podiums fest und schwang ein Bein in die Luft; ich wußte, daß diese Übung das Publikum beeindrucken würde, aber in Wirklichkeit tat ich es nur, um zu testen, ob die Batterien rutschen würden – und hinterher fühlte ich mich keineswegs sicherer. Mir blieb nichts anderes übrig, als weiterzumachen.

Die Nummer begann. Beim Tanzen ging es nicht darum, ob man mich hörte; jetzt ging es darum, daß ich auf den Beinen blieb. Ich arbeitete mit neuen Schuhen. Plötzlich öffnete sich die Schnalle des Riemchens um meine Fessel. Ich spürte es nicht – ich sah es. Tänzer nehmen intuitiv wahr, wenn ein Verhängnis droht, und irgend etwas sagte mir, ich sollte an mir herunterschauen. Wenn ich es nicht gesehen hätte, wäre mir der Schuh vom Fuß geflogen.

Statt dessen bückte ich mich und schloß die Schnalle wieder. Als ich mich bückte, verrutschten die Batterien. Ich griff mir von hinten unter das Trikot und rückte sie wieder zurecht. Himmel. Wer hatte behauptet, wenn man erst einmal auf der Bühne stand, würde schon alles klappen?

Ich beendete die Nummer und war froh, sie heil und ganz überstanden zu haben. Ich hatte keine Ahnung, ob es den Leuten im Zuschauerraum gefiel oder nicht. Die Musik, die Lichter, der salzige Schweiß in meinen Augen, die überdehnten Muskeln, die anstrengende Atemtechnik, das nasse Haar, die Präzision der Bewegungen, die letzten qualvollen Schritte, die die fünfundzwanzigminütige Tanznummer zum Abschluß brachten, und endlich war es vorbei. Irgendwie hatte ich es *doch* hinter mich gebracht.

Die Tänzer verbeugten sich und traten von der Bühne ab. Ich zog mir eilig ein schwarzsilbernes perlenbesticktes Kleid über mein klatschnasses Trikot. Es wog rund zehn Kilo. Aber nicht lange. Als ich mit majestätischer Haltung im gedämpften Scheinwerferlicht stand und mir das Recht auf ein paar ruhige Momente mit dem Publikum verdient hatte, spürte ich etwas am Ärmel. Eine Paillettenschnur hatte sich losgerissen, und das Kleid fiel auseinander. Je heftiger ich daran zog, desto weiter riß es auf. Vielleicht war das symbolisch für die bevorstehenden Ereignisse. Ich hielt eine Handvoll aufgereihter Pailletten fest, als ich die Show beendete, die dem Publikum trotz allem anscheinend Freude bereitet hatte. Wie konnte man sich darauf in einem Proberaum vorbereiten? Nur, wenn man sich immer wieder sagte, wie gern das Publikum sieht, daß Schauspieler auch nicht anders sind als es selbst – daß auch sie Pechvögel sein und in Ungnade fallen können.

Zu den tontechnischen Problemen, für die wir dringend eine Lösung finden mußten, kam noch hinzu, daß ich mich entschlossen hatte, diesmal ohne einen persönlichen Assistenten auf Tournee zu gehen. Ich wollte selbst dafür verantwortlich sein, was um mich herum vorging. Ich konnte es noch nie leiden, wenn mir jemand ständig über die Schulter schaute. Das hieß, daß ich am Morgen nach dem letzten Auftritt früh aufstehen und selbst packen mußte. Wir legten die Strecken an den spielfreien Tagen zurück, um am Abend darauf in der nächsten Stadt die Eröffnungsvorstellung geben zu können. Da ich auf einer magnetischen Matratze schlief, die ich mitgebracht hatte, konnte ich nicht alles am Vorabend packen. Um neun Uhr morgens sammelte Mike Flowers das Gepäck im Korridor vor unseren Zimmern ein. Wenn wir um drei Uhr morgens ins Bett fielen (den Rhythmus hatten wir inzwischen alle), dann blieb uns nicht viel Zeit zum Schlafen. Allmählich erkannte ich einige der Härten, die die Tournee mitbringen würde – keine freien Tage und samstags und sonntags jeweils zwei Auftritte hintereinander.

Als ich am Montag wach wurde, am letzten Morgen in San Antonio, fühlte ich mich körperlich, als sei ich von einem Lastwagen angefahren worden. Ich schüttelte mir Magnesiumsulfat ins Badewasser und versuchte, mich zu strecken und zu lockern.

Ich ertappte mich dabei, wie ich zum Frühstück Schokoladentrüffel und Waffeln und süße Pfannkuchen bestellte. Ich vermute, damit wollte ich mich trösten und belohnen.

Außerdem brauchte ich die Kohlenhydrate, um in Gang zu kommen. Ich hatte so gut wie keine Stimme mehr, weil ich sie bei den Auftritten überbeanspruchte – die Leute vom Zimmerservice fragten mich, ob ich eine schlimme Erkältung hätte. Allzu sehr lagen sie nicht daneben. Die Erkältung bekam ich, sowie wir in Dallas eröffneten. Und natürlich fing es mit Heiserkeit an. Wieder konnte ich mich selbst während der Vorstellung nicht hören, die Band konnte mich nicht hören, und ich sang gepreßt aus geschlossener Kehle.

Ich fühlte mich elend – ich keuchte und hustete und konnte nicht durch die Nase atmen. Aus metaphysischer Sicht fand ich es interessant, daß die Probleme, die ich hatte, mit der Kommunikation zu tun hatten. Meine Kommunikationsfähigkeit war gestört. Keiner konnte mich hören. Ich fragte mich, was mir das wirklich sagte. Ja, mir machte es Sorgen, ob man mich verstehen würde, da ich durch mein Schreiben eine gewisse Verwirrung ausgelöst hatte. Aber würde sich diese Sorge tatsächlich auf der Bühne in eine manifestiertere Realität umsetzen? Natürlich, aber das erkannte ich erst später. Noch schob ich die gesamte Schuld auf die Tontechniker und ihre mangelhafte Ausrüstung.

Ich stellte fest, daß mir noch etwas anderes zustieß, was wahrscheinlich bedeutsam war. Das Hotel Crescent Court hatte mir eine außerordentlich luxuriöse Suite freigehalten. Aber ich wollte sie nicht haben. Es hatte nichts mit den Kosten zu tun (wir bekamen ungewöhnlich hohe Rabatte). Mir ging es um die Behaglichkeit und um das Praktische.

Ich wollte nichts weiter als ein Schlafzimmer wie alle anderen auch – nur einen Raum, keine Suite mit Wohn- und Eßzimmer, keine Kochnische mit einem Kühlschrank, in dem kalter Champagner und Kaviar zu erwarten war, und ich wollte nicht von einem Zimmer ins andere laufen, um ans Telefon zu gehen. Ich wollte nichts weiter als ein ruhiges Schlafzimmer mit einem Farbfernseher und einem Fenster, das sich öffnen ließ.

Der Hoteldirektor wirkte ein wenig schockiert, als würde ich überflüssige Unannehmlichkeiten erleiden. Aber ich hatte längst gelernt, daß man als Alleinreisender in der Nähe der Tür sein will, wenn der Zimmerservice kommt, und daß man das Telefon mitnehmen will, wenn man die Tür aufmacht. Außerdem hatte ich den Verdacht, daß es mir ein Bedürfnis war, meine Umgebung unter Kontrolle zu haben. Wenn sich schon auf der Bühne alles meiner Kontrolle entzog, dann wollte ich wenigstens dort, wo ich schlief, alles unter Kontrolle haben.

Mein pragmatischer Standpunkt machte dem Hoteldirektor Schwierigkeiten, aber er fand trotzdem ein kleines Zimmer mit einem Fenster, das sich öffnen ließ, und einer langen Telefonschnur für mich. Ich war glücklich.

Trotz der Probleme mit der Tontechnik und meiner heftigen Erkältung ging am ersten Abend alles recht gut.

Die Reaktion des texanischen Publikums war überwältigend. Fünf Minuten lang bereitete man mir stehende Ovationen, und die Leute sagten, das sei ungewöhnlich für ein Publikum mit Premierenabonnement. Ich war begeistert. Vielleicht würde doch noch alles gutgehen. Das mit den Kritikern war eine ganz andere Angelegenheit.

Da ich gesagt hatte, meine Show sei noch in der Entwicklungsphase, weil die Tournee sich fortsetzen würde, bis ich New York erreichte, fühlten sie sich vermutlich berufen, kreative Hilfe zu leisten. Sie sahen in meiner Show einen Las-Vegas-Auftritt, bei dem es um Beine, prunkvolle Tanznummern und gebündelte Energie ging. Die Sketche, in denen ich Sousatzka, Quiser und Aurora spielte, drei meiner Filmrollen, gefielen ihnen nicht, und sie unterstellten mir, es sei Eigenreklame, diese drei Rollen auf einer Bühne zu spielen, wenn man doch mühelos aus dem Haus gehen und sich ein Videoband des Originals kaufen konnte. Wenn man mich der Selbstverherrlichung beschuldigte setzte mir das immer zu, weil ich wußte, daß es sich auf meine Philosophie bezog: »Du mußt dich selbst lieben, ehe du einen anderen lieben kannst.«

Die Sketche waren wirklich gut gemacht, und die Kostüme, die Frisuren, und das Make-up waren fast exakte Nachbildungen meiner Filmrollen. Dem Publikum schienen sie zu gefallen, und die Leute applaudierten immer, sobald sie ein Kostüm erkannt hatten, noch bevor ich die Rolle spielte. Das Publikum schien an den Höhepunkten im Leben eines Schauspielers seine Freude zu haben. Irgendwie haben die Kritiker Schwierigkeiten mit der Vorstellung, Darsteller könnten ihren Spaß haben (führt es ihnen die eigene verkümmerte Kreativität vor Augen?). Oder machen sich die Kritiker etwa Gedanken über das, was das Publikum insgeheim fühlte, aber aus Höflichkeit nicht ausdrückte? Bestimmt nicht. Man merkt immer, wenn ein Publikum »im Keller« ist. Ich war besorgt.

Direkt nach der Eröffnungsvorstellung in San Antonio reiste mein kreatives Team ab, weil es der Meinung war, daß die Show jetzt stünde. Die Besprechungen der Kritiker zogen ausgedehnte Telefonate nach sich, die sich fortsetzten, als wir in Dallas spielten. In all diesen Gesprächen drückte sich eine Verteidigungshaltung aus, und wir einigten uns auf die Ansicht, daß Kritiker ohnehin nicht wissen, wovon sie reden. Nichtsdestoweniger herrschte Gereiztheit, es kam zu heftigen Ausbrüchen und Abwehrhaltungen. Wenn ich die Filmsketche weglie2, war der erste Akt nicht mehr lang genug. Die Filmsketche begeisterten das Publikum. Warum also sollte ich mich angegriffen fühlen? Und dann hieß es schließlich: »Warten wir doch erst mal ab, was sie in Denver sagen«, denn das war unsere nächste Station. Ich stimmte zu.

Das Problem mit der Tontechnik war immer noch nicht gelöst worden, und kein Ende war in Sicht. Nach jeder Show setzten wir uns mit den Technikern zusammen und diskutierten über Mischpultregler und neue Mikrophone aus Deutschland und andere mechanische Wunder, die ich nicht verstehen konnte. Nicht nur, daß uns die Tontechnik auf der Bühne immer mehr frustrierte, jetzt machten auch noch die Musiker Probleme, die uns zeigten, wie sehr bei Live-Auftritten alle Bereiche voneinander abhängig sind.

Unser Dirigent war ein ausgezeichneter Musiker, der die Synthesizer äußerst gekonnt mit Klängen programmiert hatte, die ein Dreißig-Mann-Orchester wiedergaben. Er war ein äußerst zurückhaltender Orientale und hatte eine so stoische Art, daß man nie wußte, was er wirklich dachte.

Ich konnte deutlich sehen, daß die Musiker nach einer stärkeren Führungspersönlichkeit lechzten. In der Hinsicht nahm unser Schlagzeuger Cubby O'Brian die Dinge in die Hand. Jemand mußte die Führung an sich reißen. Daraufhin wurde unklar, nach wem sich die Musiker eigentlich richten sollten. Ich wußte, daß sich der Dirigent noch nicht ganz mit der Musik angefreundet hatte, und daher hatten sich seine kreative Freiheit und seine Experimentierlust noch nicht zeigen können. Es ist ein großartiges Gefühl, wenn die Band harmonische musikalische Risiken eingeht, da jedes Mitglied im Grunde genommen ein Solist ist. Dazu kam es nicht. Die Musiker hatten schon Schwierigkeit damit, lediglich das zu spielen, was von ihnen erwartet wurde, weil sie keinerlei Armbewegungen sehen konnten, die ihnen Direktiven gaben, und vielleicht gab ihnen wirklich niemand die Einsätze.

Ich fragte mich, ob ich meinen früheren Dirigenten Jack French hinzuziehen sollte, der ein echtes Potential zur Menschenführung besaß und noch dazu kreativ war. Jack kannte sich sehr wenig mit Synthesizern aus, aber diesen Übergang hatte der neue Mann bereits erfolgreich verwirklicht.

Ich stand jetzt vor der Entscheidung, ihn zu feuern, von Ansteckmikrophonen auf Handmikrophone überzugehen, die schauspielerischen Einlagen zu streichen und die Pause ausfallen zu lassen, die mir Gelegenheit gegeben hatte, meinen Körper für die fünfundzwanzigminütige Tanznummer im zweiten Akt aufzuwärmen. Mein Team war hilfreich, aber ich wußte, daß die Entscheidung letztlich bei mir allein lag.

Als uns gerade das Wochenende mit zwei Auftritten am Tag bevorstand, erwischte mich die Grippe. Ich konnte einfach nicht glauben, daß ich mir so etwas antat. Aber ich tat es. Ich bekam kaum noch Luft. Ich verlor die Stimme, die ich auf der Bühne ohnehin nur mit Mühe gefunden hatte. Meine Gelenke und Muskeln schmerzten. Meine Besorgnis steigerte sich, und ich fragte mich, was zum Teufel ich im Showbusineß zu suchen hatte. Ich hätte lieber morgens frische Brötchen ausfahren sollen.

Alle vier Stunden sog ich mit der Nase warmes Salzwasser ein. Es hat eine äußerst heilsame Wirkung. Damit wird auf natürliche Art eine verstopfte Nase garantiert frei. Bei jeder erdenklichen Gelegenheit nahm ich Bäder mit Magnesiumsulfatzusätzen. Ich trank genug Wasser, um ein Schiff darin zu versenken, und ich schluckte Vitamin C, bis ich Sodbrennen bekam.

Ich sprach mit Mike Flowers über mein Problem mit dem Dirigenten. Er hatte schon früher mit ihm gearbeitet und konnte nicht verstehen, warum er sich der Band gegenüber ganz anders als sonst verhielt. Ich wußte, daß sich alles herumsprechen würde, wenn ich es einmal ansprach, ganz gleich, wie diskret ich war. In unserer Branche braucht nur ein Musiker in Dallas einem anderen in Los Angeles etwas zu erzählen, und schon weiß von der Ostküste bis zur Westküste jeder, daß etwas vorgefallen ist. Und wenn man darauf besteht, daß etwas geheimgehalten wird, dann breiten sich die Neuigkeiten garantiert nur um so schneller aus.

Als ich gerade soweit war, den Dirigenten zu entlassen, riß er plötzlich die Führung an sich. Dazu kam es an dem letzten Tag in Dallas, an dem wir zwei Auftritte hatten. Als er sich derart steigerte, empfand ich es als ungerecht, ihn zu feuern. Mike hatte in der Zwischenzeit dafür gesorgt, daß Jack French in Denver zu uns stoßen sollte.

Die Grippe, meine Stimme, die versagte, und mein allgemeines Unbehagen lösten aus, daß ich das Ansteckmikrophon ablegte und zu einem Handmikrophon überging. Das hieß, daß ich sofort meinen Posten am vorderen Bühnenrand einnehmen mußte, aber irgendwie würde ich das schon hinkriegen. Ich führte ein langes Gespräch mit Otts Munderloh, dem führenden Tontechniker im ganzen Land, der für alle Broadway-Shows arbeitete, und er sagte, es sei von vornherein eine Dummheit gewesen. Solange ich meine Band hinter mir auf der Bühne hatte und Ansteckmikrophone benutzte, bräuchte ich mit keinem ausgewogenen Klang rechnen. Eine klare Aussage. Mit kleinen Abänderungen in der Choreographie ließ sich einiges ändern.

Das einzige Problem bestand jetzt darin, daß ich mit den Filmnummern anfangen würde. Ich konnte die Szenen nicht spielen und dabei ein Mikrophon in der Hand halten. Das hätte die Illusion zerstört, und außerdem hätte ich sie so umgestalten müssen, daß alle Requisiten und jeder Kostümwechsel wegfielen. Es schien, als sei die Entscheidung, diese Sketche rauszuschneiden, für mich getroffen worden. Trotzdem wollte ich noch sehen, was die Kritiker in Denver zu den Sketchen sagen würden.

Ich entschied mich, für die Songs das Handmikrophon und für die Sketche das ursprünglich geplante Ansteckmikrophon zu benutzen. Endlich konnte ich mich hören, wenn ich sang. Die Band konnte mich auch hören, und somit fielen einige Spannungen weg.

Für die schauspielerischen Nummern blieb das Mikrophon wie ein Schmuckstück um meinen Hals eingenäht, damit ich es beim Kostümwechsel nicht abstreifte. Manche Frauen lassen sich das Mikrophon ins Haar nähen, wenn sie Perücken tragen. Bei mir ging das nicht, weil ich beim Tanzen schwitzte. Bei Mikrophonen im Haar stellte sich das Problem, daß das Publikum die Kabel sehen kann, die vom Mikrophon zu den Batterien führen und über den Rücken laufen. Wenn das Haar einer Frau lang genug ist, geht das in Ordnung, aber ich hatte kurzes Haar. Daher nähte der Mann von der Garderobe die Kabel unter die Träger meines Kostüms. Während der Sketche konnte ich den Kopf nicht bewegen, da sich der Klang sonst veränderte und damit die Aufmerksamkeit auf den Sitz des Mikrophons gelenkt wurde. Auf der Bühne ist Illusion einfach alles. Ich wollte sie soweit wie möglich aufrechterhalten.

Ich quälte mich durch das letzte Wochenende in Dallas, packte am Montag morgen meine Matratze und meine Kleider zusammen und zog nach Denver weiter, denn dort würden wir am kommenden Abend die Eröffnungsvorstellung geben.

Ich dachte viel über die Künstler nach, die in jeder Stadt jeweils nur ein Gastspiel geben und in Bussen reisen und schlafen. Die Busse sind wie luxuriöse Hotelzimmer mit Doppelbett, Bars und Fernsehen ausgestattet, aber das hätte ich nie tun können. Mir fiel wieder ein, wie ich vor Jahren auf eine Party gegangen war und im Schlafzimmer des Gastgebers meinen Mantel auf all die anderen

Mängel gelegt hatte, die sich auf dem Bett türmten. Darunter hatte sich jemand bewegt. Eine zierliche dunkelhaarige Frau hatte lächelnd zu mir aufgeschaut. Es war Margot Fonteyn. Sie war mit dem Ballet Theater in der Stadt, und das war ihr freier Abend. Ich fragte mich, ob ich je die Disziplin aufgebracht hätte, mich dazu zu erziehen, daß ich unter diesen Bedingungen schlafen und mich ausruhen und trotzdem noch auftreten konnte.

Ich verließ das Hotel Crescent Court in Dallas mit angenehmen Erinnerungen an mein gemütliches kleines Zimmer und die Spezialitäten, die der Zimmerservice anbot und die ich sehr ins Herz geschlossen hatte. Am liebsten war mir dort das dunkle hausgemachte Gebäck mit den Rosinen gewesen. In San Antonio war es die Tortillasuppe gewesen. Wenn im Showbusineß eine Truppe auf Tournee ist, dann werden sämtliche Lieblingsspeisen etwa um ein Uhr nachts verzehrt. Ohne Zimmerservice rund um die Uhr käme eine Truppe nicht eine Woche lang über die Runden.

Von dreißig Grad im sonnigen Texas zogen wir in den Schnee von Denver weiter. Höhenlagen machen Sauerstoffmasken in Kulissen und Chromtabletten vor jedem Auftritt erforderlich. Chrom trägt dazu bei, den Sauerstoffgehalt im Blut zu erhöhen. Am Lake Tahoe und in Mexico City hatte ich sie oft genommen.

Wenn einen die Höhenkrankheit während eines Auftritts befällt, dann spürt man sie zuallererst in den Extremitäten. Die Finger, Lippen und Füße fangen an zu prickeln. Das ist die Warnung. Von dem Moment an liegt es an einem selbst, wie man damit umgeht. Wenn man tiefer einatmet, kann das Hyperventilation auslösen, und das führt nur noch schneller zur Ohnmacht. Ich nehme im allgemeinen die Muskelkraft zurück, mit der ich arbeite. Ich gehe bei jedem Schritt ein wenig verhaltener vor. Ich strapaziere beim Singen das Zwerchfell weniger. Ich bin nie auf einer Bühne ohnmächtig geworden, aber in Mexico City wurde ich einmal *nach* einer Show bewußtlos. Ich glaube immer noch, daß das mehr an einer unvernünftigen Diät als an irgend etwas anderem gelegen hat.

Ich stellte fest, daß die wichtigsten Nahrungsmittel bei so vielen Auftritten Proteine und Kohlenhydrate waren. Fette gaben einem den Rest, und Milchprodukte produzierten beim Singen Schleim.

Daher lebte ich von Brot, Suppe, Fleisch, Fisch, Gemüse und Obst. An meinen freien Tagen tobte ich mich mit Süßigkeiten aus.

Zu dem schwierigsten Auftritt meines Lebens kam es eines Abends in Las Vegas, nachdem meine Truppe und ich uns mit deftigem mexikanischem Essen den Bauch vollgeschlagen hatten. Die Bohnenpaste, der Käse, das Fleisch, die Zwiebeln und die scharfe Soße stießen mir bei jedem Schritt auf. Ich hatte das Gefühl, die Füße nicht vom Boden heben zu können, und selbst wenn es mir gelang, hatte ich Angst davor, wieder auf den Boden zu treffen.

Bei Live-Auftritten muß das ganze Leben vorschriftsmäßig und geregelt ablaufen. Wenn man einen Tag lang so dumm ist, die Vernunft zu ignorieren, dann kann das zu Herzschmerzen, Sodbrennen und Verletzungen führen. Man kann es sich nicht leisten, zügellos durch den Regen zu laufen, sich in einer Disco gehenzulassen oder zu einem siebengängigen französischen Essen eine Flasche Wein zu trinken. Mitten in einer Nummer zahlt man dafür mit Zins und Zinseszins.

Und der Schlaf? Man braucht acht Stunden. In einem Hotel nimmt man als erstes den Hörer von der Gabel, damit die Vermittlung nicht versehentlich entgegen den Anweisungen, daß man nicht gestört werden will, Anrufe durchstellt. Das Schild »Bitte nicht stören«, das an der Hotelzimmertür hängt, weiß man sehr bald zu schätzen; und wenn man einen leichten Schlaf hat wie ich, dann hat man immer eine Schlafmaschine bei sich, die das weiße Rauschen erzeugt. Ihr stetiges Surren übertönt alle anderen Umweltgeräusche und blendet sie aus, sei es der Verkehr auf der Straße oder ein Paar, das sich im Nebenzimmer heftig liebt.

Man lebt in einem ständigen Ausnahmezustand, und nur in den ersten Stunden nach dem Erwachen ist man frei von projizierten Ängsten. Ab drei Uhr drehen sich das Leben und das Denken nur noch darum, was man am Abend wenige Stunden lang tun wird. Auf den ersten Blick betrachtet, scheint das absurd, aber so geht es jedem Schauspieler, der live auftritt. Beim Filmen ist dieser Zustand weniger intensiv, weil es viele Möglichkeiten gibt, die erstrebte Perfektion zu erreichen. Auf der Bühne hat man pro Nacht nur eine Chance. Irgendwie steht dabei das ganze Leben auf dem Spiel. Bei einem Film spielt der Regisseur mit seinem Leben.

Die Rocky Mountains ragten also unter uns auf, als wir über Denver kreisten. Der Anblick war erfrischend und belebend. Ich hatte Freunde in Denver und freute mich darauf, sie wiederzusehen. Vielleicht würde dieses Engagement ein wenig normaler verlaufen. Vielleicht würde es mir hier gelingen, mich wie ein echter Mensch zu fühlen, ein Wesen aus dem wahren Leben, das sich an Kleinigkeiten wie einem Spaziergang im Park erfreuen konnte, an einem Einkaufsbummel oder sogar an einem Hamburger und einem Film.

So sollte es jedoch nicht kommen. Kein Mensch hatte erwähnt, daß wir auf einer Zementbühne tanzen würden. Auswüchse am Schienbein sind eine übliche Folge vom Tanzen auf Zement. Auch andere Knochenprobleme und Muskelverletzungen treten auf. Zementfußböden sind der Alptraum eines Tänzers.

Sobald ich das Theater betrat, das sich Auditorium nannte, spürte ich, wie mein Rücken und meine Beine erstarrten. Muskeln erinnerten sich daran, was Zement ihnen früher einmal angetan hat. Meine erinnern sich nur zu gut, und sie rebellieren schon von dem Moment an, in dem sie mit Zement in Kontakt kommen.

Aber daran ließ sich nichts ändern. Die Bühne war nicht nur zementiert, sondern sie war noch dazu nicht eben. Sie hatte Schrammen, und der Fußboden war die reinste Hölle. Schmerz zuckte uns über den Rücken und durch die Schultern. Zu allem Überfluß kam noch hinzu, daß der Dirigent wieder dazu überging, keinen klaren Takt zu geben, weil die Tontechnik versagte – was außerdem hieß, daß ich mich wieder einmal selbst nicht singen hören konnte. Meine Requisiten waren nicht auffindbar, und um das Ganze noch zu krönen, ging mein Schuh kaputt.

Nach dem ersten Akt kam ich von der Bühne, hob die Arme über den Kopf, trommelte gegen die Wand meiner Garderobe und schrie: »Ich hasse es! Ich hasse, hasse, hasse es.«

Mike Flowers, der meinen Ausbruch beobachtete, schien schokkiert zu sein. Er wußte, wie fest ich damit gerechnet hatte, daß die Tournee mir Spaß machen würde, und das war offensichtlich nicht der Fall. Er versuchte, mich zu trösten. Wenn ich ausstieg, wären alle anderen arbeitslos gewesen.

Ich versuchte, mich für den zweiten Akt aufzuwärmen, aber ich konnte meine Wut und meine negative Einstellung nicht länger beherrschen. Ich war außer mir vor Zorn, der aus der Angst heraus entstanden war, alles hätte sich gegen mich verschworen, um mich vor meinem Publikum zu demütigen.

»Ich gehe nicht mehr auf die Bühne«, kreischte ich. »Ich hasse es. Ich hasse den Fußboden, ich hasse die Sketche, ich hasse mein Material, ich hasse immer noch diesen verdammten Klang, und dieser erbärmliche Dirigent und Pianist hält sich wohl für Liberace!« (In Wirklichkeit war er ein guter Begleiter, aber nicht für mich. Wie hätte jemand für mich der Richtige sein können, wenn es schon soweit gekommen war?).

Mike sah mich entgeistert an. So hatte ich mich noch nie benommen. Das sollte spirituell sein? Das also war ein erleuchtetes menschliches Wesen? Ich hatte es entschieden nötig, aus einem meiner eigenen Bücher zu lernen, aber der Adrenalinstoß, der einem Entertainer normalerweise förderlich ist, wendet sich gegen einen, wenn man in Schwierigkeiten steckt, und bei mir hatte sich das gesamte Adrenalin in Wut umgesetzt.

Während der gesamten Pause stampfte ich in meiner Garderobe herum und schlug um mich und bot hinter der Bühne einen besseren Auftritt als das, was ich dem Publikum geliefert hatte.

»Wie kann ich dir helfen?« fragte Mike, der sich bemühte, nett zu sein, aber in Wirklichkeit mehr als alles andere entsetzt war.

»Mit wem muß man eigentlich ins Bett gehen, um aus der ganzen Sache rauszukommen?« kreischte ich. Mike wußte nicht, ob er lachen sollte oder nicht. Ich funkelte ihn so erbost an, als sei alles seine Schuld.

»Ach, ich weiß auch nicht, Mike, was los ist. Ich weiß es wirklich nicht«, sagte ich. »Ich muß in dieser Show so viele Änderungen vornehmen, um es überhaupt zu schaffen, daß ich gar nicht mehr weiß, wo ich anfangen soll. Ich brauche Jack French, aber ich fühle mich schuldbewußt, wenn ich den Kerl feuern soll, den wir haben. Er ist ein guter Dirigent, aber offensichtlich nichts für mich. Er ist Shows in Las Vegas gewohnt, Darsteller, die ohne Nuancen spielen. Er braucht sie nicht zu dirigieren, weil ein Song auf den anderen folgt. Ich bin ganz anders. Ich weiß selbst nicht, was ich bin, aber jedenfalls nicht das, was er gewohnt ist.«

»Ich weiß«, sagte Mike. »Jack ist schon da, aber er kann erst in zwei Wochen einspringen. Kannst du dieses Engagement und dann noch das nächste in Seattle durchstehen?«

Ich zuckte die Schultern.

Ich zog mir das Trikot an, denn ich wußte, daß ich wieder auf die Bühne gehen würde, selbst wenn ich mir auf dem Zementfußboden das Genick gebrochen hätte.

»Sehen wir mal, was die Kritiker hier meinen«, sagte ich. »Wenn sie dieselben Klagen wie in Dallas äußern, dann ändere ich die Show und nehme die Pause raus.«

Mike sah mich verständnislos an. »Du willst tanzen, ohne dich vorher aufzuwärmen?«

»Ja«, sagte ich, während ich mir Puder auf die Nase klatschte und mich beruhigte. »Und jetzt muß ich gehen.«

»Du wirst also das Trikot anbehalten?« fragte er und erkannte das Problem sofort.

Was er meinte, war, daß ich unter den Umständen ein neues Kostüm brauchte, das ich über dem Trikot trug.

»Kannst du am Telefon mit Pete Menefee ein Kostüm entwerfen?« fragte Mike. »Was ist mit den Anproben, und wird es unter das Kostüm für ›Roses Turn‹ passen?«

»Ja, ja, ja«, sagte ich. »Das läßt sich machen, und wir haben drei Tage Zeit, weil ich die Show vor dem Wochenende ändern will.«

»Okay«, sagte Mike. »Ich mache mich sofort ran.« Er blieb in der Tür stehen und drehte sich um. »Weißt du noch, du hast gesagt, du wolltest es nur dann wieder tun, wenn es dir Spaß macht.«

Ich sah ihn an. »Allerdings, genau das habe ich gesagt. Ich frage mich, ob es je dazu kommt.«

Ich verließ die Garderobe und trat wieder auf die Bühne.

Ich erinnerte mich an ein Sprichwort, das meine Mutter mir als Kind oft vorgesagt hatte: »Man weint, weil man keine Schuhe hat, bis man einen Menschen trifft, der keine Füße hat.«

Welches Recht hatte ich, über meine lächerlichen Probleme zu klagen, wenn es soviel Leid auf der Welt gab? Es war einfach lachhaft. Aber ich vermute, alles ist relativ. Die beeindruckendste menschliche Eigenschaft war in meinen Augen das Mitgefühl, das ein Mensch für kleinste Schwierigkeiten aufbringen konnte, die eine andere menschliche Seele durchmachte. Kein Gefühl war bedeutungslos – keins bedeutender als irgendein anderes –, weil alle Schwierigkeiten, die sich im Leben eines Menschen stellten, Gründe hatten. Lektionen mußten gelernt werden, Wissen angehäuft werden. Nur Schwierigkeiten ließen einen dazulernen. Und jedes Wissen förderte die Selbsterkenntnis. Ich wußte aus Erfahrung, daß ich aus widrigen Umständen immer mehr gelernt hatte, als aus Erfolgen. Welche Lektionen hatte ich jetzt zu lernen, und wie trug ich dazu bei, mir selbst Hindernisse in den Weg zu stellen?

Am Tag nach der Eröffnungsvorstellung in Denver erwachte ich mit grausigen Schmerzen am ganzen Körper, und in den Zeitungskritiken stand, ich sollte die Sketche aus dem Programm nehmen.

Ich saß wieder einmal in einer Badewanne mit Magnesiumsulfatzusätzen, während ich über eine Konferenzschaltung ein ausgiebiges Gespräch mit meinem kreativen Team führte. Meine Leute verstanden die Kritiker nicht und wollten, daß ich die Show so ließ, wie sie war. Ich sträubte mich; die Kritiken schadeten dem Geschäft. Wir hätten ausverkauft sein sollen, und wir waren es nicht. Ich wußte, daß es unvermeidlich war, die Sketche rauszuschneiden und die Pause wegfallen zu lassen, und somit blieb mir sehr wenig Zeit, um mich für die Tanznummer aufzuwärmen. Ich biß in den sauren Apfel und entwarf mit Pete am Telefon das neue Kostüm, das ich als unterstes tragen würde, schrieb zwanzigtausend Dollar für ausrangierte Garderobe ab und bereitete mich darauf vor, allmorgendlich zwanzigtausend Hüftschwünge mehr zu machen als ursprünglich geplant – einen für jeden rausgeworfenen Dollar.

Ich hatte eine Unterredung mit dem Dirigenten. Er war auch nicht glücklicher mit mir als ich mit ihm, und das lag vor allem daran, daß er das Gefühl hatte, mich nicht zufriedenstellen zu können. Das stimmte. Wir einigten uns darauf, daß er nach den Auftritten in Seattle aussteigen und Jack die Leitung übernehmen lassen würde. Die Musiker waren froh über diese Entscheidung.

Pete ließ in Los Angeles Pailletten auf das neue Kostüm nähen.

Und ich bemühte mich, weniger zu essen, damit nach jedem einzelnen Schritt nicht ganz soviel auf dem verdammten Zementboden landete.

Während der Woche in Denver tauchte plötzlich mein Agent Mort Viner in meinem Hotelzimmer auf, um mit mir zu reden. Mort hat mich seit dem Tag vertreten, an dem ich aus New York kam. Natürlich gab es damals bei MCA in Los Angeles ältere und erfahrenere Agenten, die alles überwachten, aber Mort und ich wurden gemeinsam in der Branche groß. Er war derjenige, der mich zu dem berühmten Schriftzug »Hollywood« fuhr, sowie ich aus dem Flugzeug ausstieg, und sinngemäß sagte er: »Heute nur ein Schriftzug – morgen die ganze Welt.«

Er hatte mich liebevoll durch Filme, Fernseh- und Bühnenauftritte gescheucht. Außerdem hatte er sich über das Verlagswesen informiert, um sich in der Welt der Bücher auszukennen. Er behauptete, seit *Black Beauty* hätte er kein Buch mehr gelesen, und er sei nicht sicher, ob er dieses Buch verstanden hätte. Was meine Bücher anging, wußte er nur, daß viele andere Leute sie verstanden haben mußten, weil sie Geld einbrachten.

Der PR-Mann von Bantam, Stu Applebaum, hatte immer wieder versucht, Mort dazu zu bringen, daß er ein Buch über Hollywood und einige seiner Klienten schrieb. Mort weigerte sich natürlich und berief sich auf das bestehende Vertrauensverhältnis, aber er sagte, er könnte zumindest einen großartigen Titel liefern: *Hollywood und Viner*. Was dann noch folgte spielte keine große Rolle mehr. Mort und ich hatten vieles gemeinsam durchgemacht. Zwischen Agenten und Stars entwickelt sich oft eine sehr enge Beziehung, wenn sie Vertrauen zueinander haben. Das war bei uns der Fall. Er sah in mir und Dean Martin (den er neben vielen anderen ebenfalls vertrat) seine Kinder, deren Leben er beschützen und in die Hand nehmen mußte.

Er war ein paarmal verheiratet gewesen (ich war immer der Meinung, es gäbe eine Ehefrau mehr, als er glaubte), und er hatte nie Kinder gehabt, weil ihm die Vorstellung nicht gefiel, mitten in der Nacht aufzustehen und sich mit Keuchhusten und Masern zu befassen, und alle Frauen, in die er sich verliebte, verstanden, daß seine Filmfamilie für ihn an erster Stelle stand.

Mort hatte unsere »Phantom-Tournee«, wie er sie nannte, gebucht, ehe ich endgültig eingewilligt hatte. »Man muß Bälle in der Luft haben«, sagte er lachend, während er darauf wartete, ob ich mich auf die Tournee einlassen oder ein Filmdrehbuch lesen würde, das mir zusagte. Mort sah nie viel Sinn darin, etwas zu tun, wenn es einem keinen Spaß machte. Als er zum stellvertretenden Vorstandsvorsitzenden von ICM ernannt wurde, nahm er den Posten nur unter der Bedingung an, daß man sein offizielles Bild mit Hemd und Krawatte aufnehmen würde, während seine untere Hälfte in einer Trainingshose steckte. Mort liebte Scherze, aber er war ein gerissener Geschäftsmann und ein guter Beobachter und Menschenkenner. Man lernt viel, wenn man die Schikanen Hollywoods vierzig Jahre lang übersteht. Zudem war Mort sehr einfühlsam, was die Empfindungen anderer Menschen anging.

Er setzte sich auf meine Bettkante und trank Orangensaft (Mort rauchte nicht und trank nicht). Lange Zeit sah er mich an. Dann sagte er: »Es macht dir überhaupt keinen Spaß, stimmt's?«

»Nicht allzuviel«, antwortete ich. »Ich weiß auch nicht, was los ist. Vielleicht bin ich aus all dem hinausgewachsen. Vielleicht bin ich zu alt zum Tanzen. Vielleicht interessiert es mich einfach nicht mehr wirklich.«

»Warum?« fragte Mort. »Was glaubst du, woran es liegt? Macht es dir Spaß, wenn du erst auf der Bühne stehst?«

Darauf fand ich keine Antwort. »Ich weiß es nicht. Früher schon, aber vielleicht war ich damals genauso nervös wie heute. Warum ziehe ich bloß all diese Schwierigkeiten an?«

Mort hatte es gelernt, meine metaphysische Philosophie zu akzeptieren und zu tolerieren und Teile davon sogar ernstlich anzuwenden. Er rümpfte keineswegs die Nase darüber. Viele seiner eigenen Freunde befaßten sich ebenfalls damit.

»Tja«, sagte er. »Es dauert eine Weile, bis eine Show Gestalt annimmt. In welcher Branche man auch ist, man muß immer Änderungen vornehmen, bis man die richtige Form gefunden hat. Aber ich frage mich, ob es dir Spaß machen wird, ins Scheinwerferlicht zu treten, wenn du die endgültige Form für die Show gefunden hast? Ich bin nicht sicher, und das macht mir Sorgen.« Wieder konnte ich nichts darauf sagen.

»Macht es dich an, wenn das Publikum applaudiert, wenn die Leute lachen, wenn sie dir stehende Ovationen bringen?« Er stellte genau die richtigen Fragen, aber ich konnte ihm nicht darauf antworten.

»Zum Teufel mit dem Geld«, sagte er. »Diese Mühe ist es nicht wert. Wir finden schon etwas anderes, um die Rechnungen zu bezahlen.«

In meiner Vorstellung zogen die Bühnen auf der ganzen Welt an mir vorbei, auf denen ich herumgetollt war und nicht nur anderen, sondern auch mir selbst Freude bereitet hatte. Warum kam es jetzt nicht dazu?

»Du siehst doch gern Leute in verschiedenen Städten, die wiederkommen und dich zum Abendessen einladen, stimmt's? Ich meine, das Reisen macht dir doch noch Spaß?«

»Ja.«

Er wartete einen Moment und legte sich die nächste Frage sorgsam zurecht. »Was geht in dir vor«, fragte er, »wenn du im Scheinwerferlicht stehst und weißt, daß du das Publikum mit dem begeisterst, was du tust?«

Mort war so klug. Er hatte den Nagel auf den Kopf getroffen. Und doch war ich nicht sicher, wie ich ihm antworten sollte. Ich war selbst noch nicht dahintergekommen.

»Also«, sagte ich, »im ersten Moment fürchte ich mich. Dann ist es okay. Aber vielleicht komme ich mir einfach wie eine Heuchlerin vor, weil ich weiß, was erforderlich ist, um den Zauber zu erschaffen. Es ist alles ein Trick. Ich mag keine Tricks.«

Mort schien verwirrt zu sein. »Aber das ganze Showbusineß arbeitet doch nur mit Tricks. Es geht darum, Illusionen zu erzeugen. Das weißt du, und das weiß das Publikum. Weshalb also setzt dir das zu?«

»Ich weiß es nicht«, sagte ich. »Mir scheint, ich sollte mehr dazu beitragen, das Bewußtsein der Leute zu fördern, statt sie mit Tricks abzuspeisen.«

»Du könntest immer noch als Präsidentin kandidieren, aber das ist ein noch größerer Bluff als alles andere.«

»Ja, allerdings«, sagte ich. »Wirklich komisch.«

»Jetzt hör schon auf«, sagte er, »du magst die Tricks; du liebst den Zauber. Er hat dich immer begeistert. Was hat sich daran geändert?«

Ich lief im Zimmer auf und ab und aß ein Roggenbrötchen mit Rosinen, das vom Frühstück übriggeblieben war. Ich war mir selbst nicht im klaren über meine Gefühle.

»Vielleicht sehe ich einen Konflikt darin, mich einerseits dem natürlichen Lauf der Dinge hinzugeben und andererseits eine Bühne und ein Publikum ganz und gar unter Kontrolle zu haben, damit der Zauber wirkt. Ich widerspreche dem, wozu ich allen anderen rate. ›Beugt euch der natürlichen Ordnung der Dinge‹, sage ich zu den Leuten, aber wenn ich mich mit einer Zementbühne, mit Ansteckmikrophonen und mit einem unpräzisen Dirigenten abfinde, bricht meine ganze Show in sich zusammen. Was also habe ich im Showbusineß zu suchen, wenn es dort um nichts anderes als um vollkommene Kontrolle geht?«

Mort blinzelte. »Jetzt kann ich dir nicht mehr folgen«, sagte er. »Oder ich glaube zumindest, daß ich nicht mehr mitkomme. Aber warte mal einen Moment. Gibt es keine Möglichkeit, beides zu tun und darin keinen Widerspruch zu sehen?«

»Klar«, antwortete ich. »Für dich ist das leicht – du bist Republikaner.«

»Ich muß keiner sein«, sagte er. »Nicht, wenn es mich unglücklich macht.«

Er ruckelte unruhig herum und nahm auf der Bettkante eine andere Haltung ein. Ich sah ihm an, daß ihm *diese* Form von Gesprächen im Showbusineß neu war.

»Du willst mir also sagen«, sagte er, »daß du das Gefühl hast, immer die Wahrheit sagen zu müssen?«

»Ja, doch.«

»Schön. Dann sag dem Publikum, wie dumm es ist, wenn es Eintrittskarten kauft, weil dir verhaßt ist, was du tust. Sag den Leuten, wie weh dir die Beine tun und wie unfähig der Dirigent ist, und dann bring noch die Tatsache ins Spiel, daß du selbst nicht hören kannst, was du singst. Sieh dir nur an, wie gern die Leute das hören. Sieh dir doch an, wieviel Wahrheit das Publikum wirklich hören will. Die Zuschauer kommen in ein Theater, weil sie sich etwas vormachen lassen wollen. Oder etwa nicht? Ich meine, wenn du auf die Schnauze fällst und aufstehst und einen Witz machst, dann wollen die Leute nicht wissen, daß du dir die Nase gebrochen hast. Oder? Ich weiß nicht, vielleicht bin ich verrückt.«

Ich lachte.

»Worauf es hinausläuft«, fuhr er fort, »ist, daß du einfach aufhören solltest, wenn es dir keinen Spaß macht; laß es doch sausen. So einfach ist das.«

Ich vermute, so einfach war es wirklich. Aber *warum* machte es mir keinen Spaß?

»Macht dir das Filmen noch Spaß?« fragte er.

»Ach, ich weiß es selbst nicht.«

»Ach, ja?«

»Doch, schon.«

»Und warum?«

»Das weiß ich auch nicht. Es ist, als könnte ich nicht abwarten, bis die Dreharbeiten fertig sind, damit ich endlich zu Dingen komme, die mir wichtig sind.«

Morts Gesichtsausdruck veränderte sich. Ich redete jetzt ernsthaft mit ihm. Er saß auf der Bettkante, und sein Gesicht drückte tiefe Sorge aus, und doch stießen wir vielleicht zum Kern der Sache vor. Dann zuckte ein belustigtes Lächeln über sein Gesicht. Er warf die Arme in die Luft.

»Vielleicht bist du wirklich aus dem Showbusineß herausgewachsen«, sagte er. »Vielleicht macht es dich nicht mehr an, weil man irgendwie ein Kind sein muß, um im Geschäft zu bleiben. Vielleicht solltest du einfach mit deiner Metaphysik weitermachen und Seminare abhalten und Bücher schreiben.«

Sein Gesicht drückte Verständnis aus, obwohl ich sicher bin, daß er etwas Derartiges für mich nie für möglich gehalten hätte.

»Also«, sagte ich, »jedesmal, wenn ich ein Interview gebe oder mich mit irgend jemandem auf ein langes Gespräch einlasse, dann ist es dieses metaphysisch-spirituelle psychologische Zeug, was mich interessiert. Es begeistert mich, dem Verhalten und dem Glauben von Menschen auf den Grund zu gehen und über die Zusammenhänge zu reden, die jemand in seinem Leben herstellt und auf die er andernfalls vielleicht nie käme. Das macht mich wirklich an. Was im Showbusineß geredet wird, langweilt mich, aber was ich nicht verstehe, ist, warum ich immer noch darauf beharre, daß bei meiner Show alles stimmen muß. Ich bin derart gelangweilt, daß es mir egal sein könnte. Warum beschäftige ich mich überhaupt noch damit?«

»Weil du eine Perfektionistin bist. Du bist ein Profi. Du hast nie halbe Sachen gemacht.«

»Stimmt«, antwortete ich. »Und trotzdem weiß ich nicht, worüber ich eigentlich rede.«

Mort half mir bei der Suche. »Haben dir deine Seminare Spaß gemacht, hat es dir Spaß gemacht, jedes Wochenende achtzehn Stunden lang über Metaphysik zu reden?«

»Ja.«

»Und es hat dich nie gelangweilt?«

»Nein.«

»Hat es dich gewurmt, wenn etwas nicht gleich geklappt hat?«

»Es hat immer alles geklappt.«

»Es muß doch Dinge gegeben haben, die dir gefehlt haben.«

»Das ist mir nicht aufgefallen.«

Er stand auf, trat ans Fenster und schaute auf den Stadtplatz von Denver hinaus. Die Glocke auf dem Platz läutete zwei Uhr morgens. Er drehte sich um.

»Du hast mit Mike Nichols gearbeitet, mit Meryl Streep, Dennis Quaid, Gene Hackman und Richard Dreyfuss. Stimmt's?«

»Stimmt.«

»Meiner Meinung nach ist das die Crème de la Crème.«

»Der Meinung bin ich auch.«

»Und trotzdem macht es dich nicht glücklich?«

»Doch, vermutlich schon.«

»Hat dir das Filmen je Spaß gemacht?«

»Vielleicht habe ich einfach geglaubt, ich sollte es tun, weil sich bei mir immer alles überschlagen hat. Aber ich habe schon immer die Tage gezählt. Es sieht so aus, als hätte ich immer die Tage gezählt, und erst jetzt würde mir das klar.«

Ich hatte nicht beabsichtigt, einen derart alarmierenden Eindruck zu machen, aber ich war so aufrichtig, wie es mir nur irgend möglich war. Wirkte sich meine heutige Geisteshaltung auf meine Wahrnehmung der Vergangenheit aus? Lag ich in der Einschätzung meiner Gefühle auch nur halbwegs richtig? Hier saß ich jetzt und erzählte meinem Agenten, daß mir der Beruf, den ich seit fast vierzig Jahren ausübte, in Wirklichkeit nie viel Spaß gemacht hatte. Stimmte das überhaupt? Hatte ich mich auf die Welt des schönen Scheins eingelassen, weil ich es genoß, meinen eigenen Zauber zu erschaffen, oder hatte ich es nur getan, weil es von mir erwartet wurde? Wieder ging mir meine Mutter durch den Kopf. Dann ragte mein Vater vor mir auf und schalt mich für meine Versuche aus, einen eigenen Ausdruck zu finden. Ich fühlte mich wie in einer Tretmühle, in der es darum ging, Zauber zu erschaffen, um anderen Menschen Freude zu bereiten.

Wenn ich ein gutes Drehbuch in die Hand bekommen hätte, hätte ich die Rolle angenommen und vergessen, daß ich bei den Dreharbeiten etwa in der dritten Woche nur noch auf meine freien Tage warten würde. Wenn ich für meine Show ein gutes Engagement bekommen hätte, hätte ich es angenommen, weil ich das Reisen liebte, und ich hätte nicht daran gedacht, daß es mir eigentlich die größte Freude bereitete, in ein Hotelzimmer zurückzukehren, allein zu sein, nachzudenken und zu schreiben oder mir einen Film anzusehen.

War ich im Grunde meines Lebens ein Einsiedler? Wollte ich am liebsten gar nichts tun? Ich schien so extrem zu sein – ich trat vor diese Menschenmassen, und dann kostete ich die Stille aus, wenn ich mit mir selbst allein war. Ich war liebend gern wochen- und monatelang allein. Einmal hatte ich mein Haus am nordwestlichen Pazifik drei Monate lang überhaupt nicht verlassen. Irgendwie hatte ich ein reiches Innenleben und schien keine Menschen, keine Parties und keine »Aktion« zu brauchen. Aber wenn ich mich dann in die Welt hinauswagte, war ich geselliger als jeder andere – ich kam als erste und ging als letzte.

Vielleicht fielen mir diese Widersprüche in mir selbst auch nur zum ersten Mal auf. Vielleicht benutzte ich die Filme und diese Show, damit sie Teile meiner grundlegenden Antriebskräfte im Leben widerspiegelten. Schließlich brach Mort das Schweigen.

»Erinnerst du dich noch, wie wir in London diese Schokoladenmünze geworfen haben, um zu entscheiden, ob du die Spielzeit im Apollo verlängerst?«

»Ja.«

»Laß uns jetzt genauso damit umgehen. Was du auch tun willst, es läßt sich machen. Ich kann die Tournee absagen. Wir werden ein paar juristische Probleme haben, aber was soll's? Dein Leben und dein Glück sind wichtiger als alles andere. Mir ist alles recht, was du entscheidest. Aber ich muß dir eins sagen. Ich glaube, wenn du erst wieder auf einer Holzbühne stehst und die Show nach deinen Vorstellungen kürzt, Jack French wieder als Dirigenten hast und in einem Haus in den Bergen ankommst, dann wirst du dich gleich ganz anders fühlen. Vielleicht täusche ich mich, aber wie ich dich kenne, brauchst du wahrscheinlich nur eine Weile Ruhe.«

Ich lachte. Er kannte mich ziemlich gut. Er hatte schon mehr als einmal in diesem Leben apokalyptisches Gerede von mir und anderen zu hören bekommen. Vielleicht übertrieb ich. Depressionen können alles entstellen. Vielleicht hatte er recht. Ich würde abwarten.

Mort ging, und ich versuchte zu schlafen. Spielte ich wirklich mit dem Gedanken, aus der Welt des Entertainment auszusteigen, ehe sie mich abschob? Holte mich das fortschreitende Alter so schnell ein, daß ich vorsichtshalber zu weit in die Zukunft dachte? Ich schien nicht mehr in der Lage zu sein, ganz im Moment aufzugehen. Ich projizierte alles zu weit in die Zukunft, und genau das löste meine Ängste aus. Aber selbst wenn ich nur fünf Minuten vorausdachte, nahm ich der Gegenwart die Freude. Das Showbusineß und insbesondere ein Live-Auftritt ist eine Kunstform, die die Spontaneität des Augenblicks verlangt. Wenn man zu weit vorausdenkt, zerstört man den Genuß. Und doch schien ich mein Leben lang die Angewohnheit gehabt zu haben, das Pferd am Schwanz aufzuzäumen.

Wenn ich dem Glauben anhing, jeder von uns sollte für alles in seinem Leben die Verantwortung auf sich nehmen, dann mußte ich selbst die Verantwortung für alles auf mich nehmen, was mir zustieß. Vielleicht war alles eine Lektion darin, jeden einzelnen Moment auszukosten und nichts allzu ernst zu nehmen.

Am nächsten Tag traf das neue Kostüm ein. Es saß ziemlich gut, und optisch gefiel es mir. Das Wochenende mit zwei Auftritten täglich stand bevor. Ich ließ die Sketche *und* die Pause weg und brachte die Show so, wie ich sie mir vorstellte. Es klappte prima. Ein Kritiker, der bei der Eröffnungsvorstellung Vorbehalte geäußert hatte, kam wieder und schrieb eine Bombenkritik. Als jedoch am Sonntag abend der zweite Auftritt näher rückte, war ich reif für ein Sanatorium. Die Tänzer auch.

Mich lockte mein Haus am Mount Rainier, und der Gedanke daran hielt mich trotz Wogen der Erschöpfung aufrecht. Als das Telefon um sieben Uhr morgens läutete, wußte ich, daß das keine gute Nachricht sein konnte. Um diese Tageszeit ruft mich nie jemand an, wenn ich auf Tournee bin. Es war Mike, der sich um mein Haus kümmert. Es tat ihm leid, daß er mich geweckt hatte, aber im Haus war der gesamte Strom ausgefallen – kein Licht, kein warmes Wasser, kein Herd, vielleicht sollte ich doch lieber in einem Hotel bleiben.

Das Leben setzte mir reichlich zu. Vielleicht sollte ich meine elektromagnetische Matratze einfach auf eine Flutwelle legen und mich aufs Meer hinaustreiben lassen.

Nach der Ankunft in Seattle ging ich ins Four Seasons Olympic Hotel. Ich blieb über Nacht, stand früh auf, um eine Pressekonferenz zu geben, und fuhr dann in einem Leihwagen nach Hause. Mich interessierte nicht, ob es Strom im Haus gab. Ich wollte lediglich in meinem eigenen Bett schlafen und mit meinen Hunden spielen.

Der Berg, der Fluß, alle meine Bäume redeten mit mir, sobald ich ankam. Ich ging zwischen den Blumen spazieren und fütterte die Fische im Teich. Ich tollte mit meinen Hunden herum und berichtete ihnen von meinen Kümmernissen. Ich beobachtete, wie der Mond über dem Berg aufging, und ehe ich einschlief, war ich ein paar kurze Stunden lang im Paradies.

Am nächsten Tag fuhr ich zum Paramount-Theater und war in einer Stunde da; nach dem Soundcheck, mit dem ich ziemlich zufrieden war, eröffneten wir. Es lief sehr gut. Ich erzählte, wie sehr es mich freute, daß ich in meiner heißgeliebten Stadt auftreten durfte, und jedes Wort war ernst gemeint. Die Kritiken waren ausgezeichnet, und zum ersten Mal war ich mit der Show zufrieden. Ich vermute, mir lag es mehr, ohne Pause aufzutreten; es lief glatter ab, das Tempo stimmte, die Energie baute sich auf, und ich konnte sie halten.

Ich rief Alan, Buz und Larry an und berichtete ihnen, was ich getan hatte und daß es sich als gut erwiesen hatte. Das Orchester war glücklicher, weil ich es war. Ich hatte tatsächlich das Gefühl, Seattle brächte mir Glück. Dort nahm die Show Gestalt an, und wir wußten alle, daß wir es jetzt richtig hingekriegt hatten. Die lange Heimfahrt abends nach der Vorstellung machte mir große Freude, und im Publikum saßen so viele Leute, die ich kannte.

Ich war müde, und mein Körper schmerzte immer noch von der Bühne in Denver, aber allmählich sah ich das Licht am Ende des Tunnels. Vielleicht hatte Mort wirklich recht gehabt.

Vor dem Auftritt am Freitag abend sorgte ich dafür, daß ich mindestens eine Stunde hatte, um mich aufzuwärmen. Ich wollte gut auf das Marathon-Wochenende vorbereitet sein. Anschließend sah unsere Terminplanung vor, daß wir eine Woche frei hatten, ehe wir in San Francisco auftraten.

Als ich auf die Bühne trat, wußte ich, daß nun alles klappen würde. Alles stimmte – der Ton, die Beleuchtung, die Musik, das Tanzen, das Publikum. Es war faszinierend. Ich fühlte mich prächtig und kostete es aus. Es war fesselnd.

Dann kam die Tanznummer, die Hommage an die großen Choreographen. Ich brachte den ersten Abschnitt hinter mich – eine Hommage an Bob Fosse. Ein Riesenerfolg. Manche Leute im Publikum standen auf. Es folgte der Cancan, dann die Hommage an Michael Kidd. Unsere Röcke flogen, wir schwangen die Beine über die Köpfe, und das Publikum applaudierte ohne Punkt und Komma. Dann waren wir auf der Zielgeraden, hatten noch sechzehn Pirouetten und Turn-Kicks nach innen hinter uns zu bringen, und ich hielt meinen Rock fest, weil ich glaubte, der Saum sei aufgegangen, und ich wollte nicht mit dem Absatz darin hängenbleiben. Bei der nächsten Drehung korrigierte ich minimal den Schwung meiner Hüften, und plötzlich hörte ich ein Knacken. Ich stürzte zu Boden.

Ich konnte nicht aufstehen. Ich war derart entgeistert, daß ich keinen Schmerz spürte. Ich wußte nicht, was passiert war. Ich versuchte mich auf die Füße zu ziehen, doch mein rechtes Knie gab unter mir nach. Ich konnte es nicht belasten. Innerhalb von einem Sekundenbruchteil wurde mir klar, daß ich die Show entweder abbrechen oder alles so umchoreographieren mußte, daß ich mein linkes Bein mit meinem gesamten Gewicht belastete. Da es mir von meiner Natur her unmöglich war, einfach aufzugeben, änderte ich die Choreographie entsprechend, und die Tänzer waren, Gott sei Dank, so geschickt, daß sie sich darauf einstellen konnten. Sie alle wußten, daß etwas passiert war. Nach diesem Teil der Tanznummer fragten sie mich, was los war. Ich mußte sagen, daß ich es nicht wußte; es klang, als hätte ich mir etwas gebrochen, und ich konnte mein rechtes Bein nicht belasten. Ich beendete den Rest der Nummer. Wie ich das schaffte, wußte ich selbst nicht.

Während ich dann die letzte halbe Stunde hinter mich brachte, in der ich sang und Geschichten erzählte, spürte ich, wie mein Knie streikte. Ich konnte mich nicht umdrehen. Das Publikum spürte, daß etwas nicht stimmen konnte, aber ich sagte kein Wort, gab keine Erklärungen ab und entschuldigte mich nicht.

Nach der Show brach ich zusammen. Jemand hob mich hoch und trug mich in die Garderobe, in der schon ein Arzt wartete. Er diagnostizierte eine verrenkte rechte Kniescheibe, die er wieder zurechtrückte. »Sie werden eine ganze Weile nicht laufen können«, sagte er dann. »Vom Tanzen ganz zu schweigen.«

Das waren die gefürchteten Worte, von denen ich immer fest geglaubt hatte, ich würde sie nie zu hören bekommen. *Ich* und nicht tanzen? Warum, schließlich hatte ich schon mit verstauchten Knöcheln getanzt, mit gebrochenen Knöcheln. Aber ein Knie? Das war etwas anderes – und ich wußte es.

Ich war sehr wütend. Ich verfluchte mich selbst, meine Dummheit, weil ich gestürzt war, die Bühne (konnte ich mit dem Absatz in dem Vorbau über dem Orchestergraben in einem Ritz steckengeblieben sein?). Anscheinend wollte ich die Schuld auf etwas oder jemand anderen schieben. Es fiel mir schwer zu akzeptieren, daß *ich* mich tatsächlich *selbst* verletzt hatte. Ich hatte mir all meine Verletzungen zugezogen, als ich noch wesentlich jünger war. In den letzten zwanzig Jahren hatte ich keinen einzigen Auftritt ausfallen lassen, und damit wollte ich jetzt nicht anfangen.

Über und unter der Verletzung waren mir Eisbeutel am Knie

befestigt worden. Die Sprecherin der Tänzer, Damita Jo, kannte sich genau mit ausgerenkten Kniescheiben aus, da sie es selbst durchgemacht hatte. Sie kümmerte sich um mich, während Mike Flowers und der Arzt leise darüber redeten, was das heißen würde. Der Veranstalter, der mich für Seattle engagiert hatte, ein bezaubernder Mann, der gerade heiraten wollte und geglaubt hatte, mein Engagement böte ihm die Gelegenheit, es sich eine Woche lang gutgehen zu lassen, trat ein. Sein Gesicht wurde weiß, als er instinktiv verstand, daß er an diesem Wochenende mehr als zehntausend Menschen kontaktieren mußte, um ihnen mitzuteilen, daß ich nicht auftreten konnte.

Ich entschuldigte mich. Ich war außer mir. Zum ersten Mal in meinem privilegierten Leben wurde mir eine Entscheidung von den Umständen abgenommen. Ein alter Freund und früherer Assistent von mir hatte an jenem Abend im Publikum gesessen. Er sah meinen Sturz, kam nach dem Auftritt hinter die Bühne und erbot sich, mich nach Hause zu fahren. »Es muß einen Grund dafür gegeben haben«, sagte er. »Und jetzt beruhige dich, und überleg dir, warum es dir passiert ist.«

Als ich wieder zu Hause war, vereiste ich mein Knie von neuem (Eis ist der beste Freund der Tänzer) und stieg wie ein Krüppel ins Bett. Furchtbare Schuldgefühle setzten mir zu – ich fühlte mich *schuldig*, weil ich mir, dem Veranstalter und dem Publikum das angetan hatte. Ich hatte gehört, daß für die Matinee am nächsten Tag mehrere Busladungen aus Vancouver gekommen waren. Es war zu spät, um sie noch aufzuhalten. Ich konnte die Gesichter der Leute vor mir sehen, wenn sie aus den Bussen stiegen und feststellen mußten, daß ihnen nichts anderes übrigblieb, als umzukehren und wieder nach Hause zu fahren.

Ich konnte überhaupt nicht schlafen. Wieder und immer wieder durchlebte ich den Moment meines Sturzes. Es war bei einer Drehung passiert, bei der ich ein Bein hoch in die Luft geschwungen hatte. Was hieß das? Warum gerade dann? Wenn alles eine Bedeutung hatte, und daran glaube ich, wofür stand dann dieser Schritt? In der Metaphysik gibt es verzwickte Erklärungen für solche Dinge. Es ist erstaunlich, wie einleuchtend diese Erklärungen sind, wenn man sie erst einmal erfährt.

So stehen beispielsweise die Füße für die Thematik des ersten Chakra – Angst, Kampf oder Flucht und für die Erde... das Fußfassen sozusagen. Wenn man mit den Füßen den Halt verliert (die grundlegende Sicherheit verliert), dann hat man es vor allem mit Fragen der Zuversicht zu tun. Mein Selbstvertrauen war gerade im Begriff, einen Wendepunkt zu erreichen, sich vom Negativen ins Positive umzukehren. Ich stürzte inmitten einer Drehung.

Knie stehen für die Beweglichkeit (wie auch Knöchel), und in ihnen drückt sich ein verborgener Zorn aus. Es war einleuchtend, daß ich wütend über alles war, was sich bisher ereignet hatte, und ich war furchtbar sauer, daß ich alles versaut hatte, als meine Show gerade an einem Wendepunkt angelangt war, von dem an sie zu einer erfreulichen Erfahrung geworden wäre. Offensichtlich gab es mehr Dinge, mit denen ich mich in Ruhe auseinandersetzen mußte, weil es so nicht weitergehen konnte. Was mich wütend machte, waren wesentlich tiefergehende Themen. Ich brauchte Zeit, um mich mit ihnen auseinanderzusetzen, und daher hatte ich mit meinem Sturz erreicht, daß ich zwangsweise Pause machen mußte. Eine ausgerenkte Kniescheibe hieß, daß ich die Angst, die bislang dort gesessen hatte, an einen anderen Ort verlagerte. Manchmal hat eine Verletzung ihre verborgenen Vorteile. Sie rüttelt verborgene Leiden wach. Sie erfordert Nachdenken. Sie zwingt einen nachdrücklich, innezuhalten und eine Bestandsaufnahme vorzunehmen. Nichts fördert die Weiterentwicklung so sehr wie eine Verletzung!

Ich wußte, daß nichts auf dieser Welt geschieht, ganz gleich, wie tragisch es erscheinen mag, was nicht einen positiven gedanklichen Lernprozeß in sich trägt. Eine Tragödie mag noch so schlimm sein oder gar Leben kosten, aber an diesem Glauben halte ich fest. Natürlich rührt mein Glaube von der Erkenntnis her, daß unser körperliches Dasein nichts weiter ist als Momente auf einer prachtvollen Leinwand der Zeit im kosmischen Plan von Milliarden von Lernprozessen.

Ich glaubte nicht länger daran, daß der Tod real war; der Tod war ein *Glaube*, wenngleich auch die Angst vor ihm alles bestimmte, was wir taten und empfanden. Wie ungeheuerlich, an einer Überzeugung festzuhalten und ihr Nahrung zu geben, die derart negative Begleiterscheinungen nach sich zieht! Daher kam es, daß selbst eine Verletzung als ein kleiner Tod empfunden wurde, weil sie dazu diente, dem Verletzten seinen Glauben an seine Sterblichkeit wieder ins Gedächtnis zu rufen.

Aber wenn der Glaube an die Sterblichkeit als ein *einengender* Glaube und nicht als Faktum angesehen werden konnte, dann veränderte er doch die persönliche Einstellung zu »Tragödien«. Das gleiche ließe sich auf alles »Böse« anwenden, was uns zustieß. Es gab Gründe dafür, daß sich Dinge ereigneten; mit Sicherheit gab es keine Unfälle. Aber auch zu Ereignissen kommt es nicht einfach; *wir* führen sie herbei. Ob wir dann wirklich etwas daraus lernen, hängt von unserer Einstellung ab.

Manche von uns bringen mehr Leid über sich als andere. Ein großer Teil der Welt hat beigebracht bekommen, daß für die Erleuchtung Leiden notwendig ist, und die betonte Suche nach persönlicher Macht, Geld und Status, die habgierige und dickfellige Verschmutzung unseres Heimatplaneten und der weitverbreitete Hang zu militanten »Lösungen« der politischen Probleme dieser Welt weisen mit Sicherheit auf einen starken Drang hin, der Lehre zu entsprechen, daß wir leiden müssen.

Aber auch das Leiden selbst war ein Glaube. Unsere Realität war tatsächlich immer nur eine Frage davon, wie wir sie wahrnahmen. Wenn ich ein Ereignis nicht als tragisch ansehen wollte, dann war das meine Entscheidung. Somit konnte ich meine Realität verändern, weil ich meine eigene Wahrnehmung der Wirklichkeit bewußt verändern konnte. Wir alle kennen Menschen, die den glücklichsten Ereignissen – der Geburt eines Kindes beispielsweise – mit gräßlichen Vorahnungen begegnen. Unsere Realität liegt bei jedem einzelnen von uns, und durch unsere Entscheidung, wie wir sie wahrnehmen wollen, wird unser Leben entweder zerstört oder erhöht.

Wir haben uns daran gewöhnt zu glauben, daß Krankheiten und der Tod tragisch sind, aber so viele meiner Freunde, die an AIDS erkrankt waren und daran starben, brachten uns übrigen bei, daß es mystische Dimensionen gab, in denen großer Friede und Verständnis herrschten. Wenn Menschen, die im Sterben liegen, einen Zustand des »Friedens, der jedes Verständnis überschreitet«, erreichen, dann ist das unbeschreiblich schön. Viele von ihnen scheinen in ihrem tiefen Inneren zu wissen, daß sie nicht sterben, sondern eher zu einer anderen Verständnisebene weiterziehen. Wenn dieser Zustand erreicht ist, lassen körperliche Schmerzen nach. Aber wenn ein Mensch aus Angst heraus gegen den Tod ankämpft, führt das zu schmerzlichem, qualvollem Leiden.

Ich hatte diesen »Frieden« bei meinem Vater und bei einigen anderen engen Freunden erlebt. Eins der größten Geschenke, die mein Vater mir je machte, war auch tatsächlich, daß es mir vergönnt war, bei ihm zu sein, als er im Sterben lag. Diese Monate gehörten zu den friedlichsten und glücklichsten Zeiten, die wir gemeinsam erlebten. Endlich hatte er sich selbst akzeptiert, seine Schwächen, sein Versagen. Er redete nur noch von Liebe. Er sprach davon, seine Eltern zu besuchen, Lehrer, die er sehr gemocht hatte, und Verwandte, die längst verstorben waren. Die Ärzte glaubten, er halluziniere. Ich glaubte, daß er mit anderen Dimensionen in Berührung gekommen war, denn er war in dem Prozeß begriffen, sich von seinem Körper zu lösen.

Alles, was er sagte, hatte mit Liebe zu tun. Er sagte, es gäbe nichts Wichtigeres auf Erden als die Liebe und Gott, und das müßten wir alle lernen. Ich hatte immer das Gefühl, daß er nur so lange durchhielt und zwischen den beiden Welten von »Leben und Tod« verharrte, weil er die Krankenschwestern, die Ärzte, Freunde und Familienmitglieder lehrte, daß nichts anderes zählte als die Liebe und Gott.

Deshalb war es auch eine solche Erfüllung für mich. Ich konnte mich nicht einmal mehr an seine Roheit erinnern, seine Grausamkeit, an seine eigene Enttäuschung, die ihn anderen gegenüber so unnachgiebig machte. An nichts von alledem konnte ich mich erinnern, während ich ihn nur noch als die personifizierte LIEBE sah. Demzufolge empfand ich sein langsames Hinscheiden nicht als tragisch. Ich sah darin die grandiose Kommunikation, in der die seligen Momente des verständnisvollen Schweigens, das zwischen uns herrschte, eine unausgesprochene Lektion darin waren, alles, was uns je verletzt hatte, mit Liebe zu vergelten.

Wenn jemand sich an sein Leben klammert und gegen den Tod ankämpft, dann sehen manche Menschen darin Mut und »Lebenswillen«. Bei meinem Dad jedoch sah ich in diesem prachtvollen Mut einen Akt der Hingabe an Gott, von dem er behauptete, er lebte in allem. Er sagte, es sei eine Schande, daß man sterben müßte, um das endlich zu verstehen.

Am nächsten Tag kam Mort Viner mit seinem Koffer zum Krankenhaus und traf mich dort. »Ist das nicht ein bißchen sehr extrem?« scherzte er. »Ich hätte dich auch leichter aus dieser Tournee loseisen können!«

Dann wurde sein Gesicht ernst. »Und wie geht es dir wirklich?«

»Ich bin okay«, sagte ich. »Ich habe nur Schmerzen, wenn ich lache.«

»Du wirst jetzt genau das tun, was der Arzt sagt, und ich werde dafür sorgen, daß er konservativ vorgeht.«

Ich nickte, als die Krankenschwester mich in ein Röntgenzimmer führte und Kontrastmittel in mein Knie spritzte, damit der Arzt es röntgen konnte; diese Prozedur wird Arthrographie genannt.

Ich konnte spüren, wie der flüssige Brei sich in meinem Knie verteilte, und sie sagten, es würde ein paar Tage lang ein unangenehmes Gefühl sein; sie sagten auch, ich sollte unter allen Umständen stillhalten. Die Aufnahmen zeigten, daß keine ernstlichen Verletzungen der Bänder, Sehnen oder Muskeln vorlagen, abgesehen von der Kniescheibe.

»Wenn Sie sich schon verletzen mußten«, sagte der Arzt, »dann hätten Sie sich kaum etwas Besseres aussuchen können.« Er schickte mich zu einem Bewegungstherapeuten, der mich Übungen für die Knöchel und die Oberschenkel machen ließ, die schnell ihre Kraft einbüßen, wenn sie nicht benutzt werden. Er sagte, ich sollte ein oder zwei Wochen lang nicht tanzen. Vielleicht hatte er seine eigenen Richtlinien.

Es erleichterte mich, daß nichts Ernstliches passiert war, einmal abgesehen von den Denkprozessen, für die ich meine plötzlich gewonnene Zeit jetzt nutzen mußte, um zu sehen, was ich in meinem Leben ändern sollte. Und dann begriff ich, daß ich mir damit selbst ein Geschenk gemacht hatte.

9. Kapitel

WIEDERAUFNAHME

Wenn ich in meinem Haus am nordwestlichen Pazifik allein bin, dann hat das auf mich eine heilsame Wirkung. Ich wünschte, jeder könnte ein Fleckchen Erde mit hohen Bäumen, Wasser, einem klaren, weiten Himmel und genügend Zeit haben. Wie wesentlich das ist, wird mir immer wieder dann erst klar, wenn ich in diese Umgebung zurückkehre.

Die Natur ist die größte aller Lehrmeisterinnen, und die Bäume sind die besten Ausbilder. Der Vorstellung, man könnte sie schlicht um des Gewinns willen fällen, liegt ein gravierendes Mißverständnis darüber zugrunde, was ein wirklicher Gewinn ist. Die Bäume reden, sie hören zu, sie verstehen, und sie heilen. Und doch sind auch sie verletzbar, was sich allzu deutlich zeigt, wenn ein Sturm mit hundertdreißig Stundenkilometern vorübergezogen ist. Wenn ich auf den Bergpfaden spazierengehe und manchmal über einen der stolzen gestürzten Giganten steige, dann frage ich mich, warum es ausgerechnet dieser Baum sein mußte und nicht irgendein anderer. Vielleicht hatte er seinen eigenen Lernzyklus abgeschlossen, und sein Bewußtsein ist auf eine andere Verständnisebene weitergezogen.

Man konnte sich immer darauf verlassen, daß in der Abfolge der Jahreszeiten, in denen die wildwachsenden Blumen blühen, Rhythmus und Harmonie herrschen, und die Insekten, die mit dem Jahreslauf einhergingen, erinnerten mit ihrem Eifer täglich an die schöpferische Reproduktion der Vögel, der Bienen und des Lebens.

Diesmal erlebte ich innerhalb eines einzigen Tages sechs krasse

Klimawechsel. Der Morgen, der sich in dichten Frühnebel hüllte, gab mir das Gefühl, von etwas Schützendem umgeben zu sein. Um die Mittagszeit drang die Sonne durch und ließ die funkelnden Tautropfen auf jedem Blatt und jeder Knospe wie unzählige blinkende Diamanten leuchten, die auf Tabletts mit grünem Samt ausgestellt waren.

Dann kam eine Brise auf und trieb die flüssigen Diamanten vor sich her, bis sich die unsichtbare Bewegung zu einem Wind hochschaukelte, der die Wolken schneller als das Flugzeug, das über ihnen flog, am Himmel weiterwehte.

Plötzlich wurde die Luft frisch und gespenstisch still, und das Laub regte sich nicht mehr, bis ein Hagelsturm aus kristallenem Eis herunterprasselte und von dem smaragdgrünen Teppich abprallte.

Die Sonne tauchte wieder auf, ein meisterlicher Beleuchter, und sie malte einen kreisförmigen Regenbogen über den Mount Rainier. Und dann kam das eigentliche Wunder, ein sachter Schneefall, bei dem die großen feuchten Flocken auf den Büschen und Kiefernzapfen schmolzen, ehe ich mich vergewissern konnte, daß jede der Flocken tatsächlich anders geformt war als die anderen.

Es war eine grandiose Abfolge, ein so ehrfurchtgebietendes Schauspiel der Schönheit der Natur, daß ich versteinert dastand und es noch nicht einmal fertigbrachte, meine Kamera herauszuziehen. Das geschah einen Tag, nachdem ich mir das Knie verletzt hatte. Das war es wert.

In den nächsten zwei Wochen saß ich still und bewegte mich langsam durch mein Haus. Ich war die meiste Zeit allein. Ich wollte es so haben. Ich brauchte es. Mike ging für mich einkaufen und hielt das Haus sauber; aber ansonsten saß ich einfach da, schaute auf den Berg hinaus, schrieb, telefonierte ab und zu, dachte nach und machte meine gymnastischen Übungen.

San Francisco war weit weg. Irgendwie würde ich es bis dahin schaffen. Im Moment ging es nur darum, daß ich nachdenken mußte.

Meine Verletzung erschien mir wie ein kleiner Tod. Sie ließ mich mehr Mitgefühl für Menschen aufbringen, die *wirklich* in

Schwierigkeiten stecken – wirklich im Sterben liegen. Ich versuchte, etwas von ihnen zu lernen. Es gab so viele, die derzeit starben. Was machten sie durch? Bisher hatte ich immer versucht, es zu verstehen, wenn ich mit ihnen redete. Jetzt fühlte ich es ihnen wirklich nach. Jeder einzelne Freund, der im Sterben lag, mußte sein eigenes Programm abwickeln und eine Bilanz ziehen. Was hatte das Leben bedeutet und warum?

Und bei jedem einzelnen Freund, der im Sterben lag, galt die Hauptsorge den Eltern. Überall herrschten die Verzweiflung, die Verwirrung und die Zwangsvorstellung, die Konflikte mit den Eltern vor dem Sterben bewältigen zu müssen. Nichts und niemand schien bedeutsamer zu sein. Selbst wenn es hieß, diesen Versuch zu unternehmen, obwohl die Eltern verstorben waren, dann bemühten sie sich, um des Verständnisses willen ins Grab vorzudringen. Und in jedem einzelnen der Fälle hatten sie das Gefühl, die Krankheit sei durch zu geringe Selbstachtung ausgelöst oder verschlimmert worden, die in hohem Maß auf die Eltern zurückzuführen war.

»Meine Eltern haben sich selbst nicht geliebt, und daher habe ich das auch nie gelernt.«

»Meine Eltern haben mich nicht geliebt, wie also hätte ich mich lieben können?«

Immer lag die Einsicht vor, daß die Eltern selbst Kinder von Eltern gewesen waren, die dieselbe Selbstverachtung und Furcht durchgemacht hatten. Der Apfel fiel nie weit vom Stamm.

Die Probleme, die ich jetzt hatte, ließen mich mehr und mehr über meinen Vater nachdenken. Ich erinnerte mich, daß er ständig von seinen Eltern und von deren Eltern geredet hatte, als er im Sterben lag (er hielt sechs Monate länger als erwartet durch). Die Familie seiner Mutter wurde ihm zur Besessenheit, während er versuchte dahinterzukommen, wie sie zu dem geworden war, was sie war. Die Passivität seines Vaters setzte ihm gewaltig zu und war wohl letztendlich der Aspekt seiner Kindheit, den er am wenigsten verstehen konnte. Die Tyrannei des Passiven ließ sich nicht fassen und erfüllte einen mit tiefen Schuldgefühlen, wenn Wut darüber geäußert wurde. Daher wurde der Stammbaum für meinen Vater zu einer Zwangsvorstellung.

Gegen Ende sprach er ständig von dem Talent, das Warren und ich besaßen. Es war ihm ein Rätsel. Woher rührte es? Er sah den Ursprung niemals in sich selbst. »Das müssen eure schottisch-irischen Gene sein, aus längst vergangener Zeit«, sagte er dann. Und schon zog er das nächste Buch über die Abstammung unserer Familie hervor.

Ich empfand es als symbolisch und geradezu ergreifend, daß er an Leukämie starb, einer Blutkrankheit – das Blut symbolisiert die Familie. Sein Herz und seine Lunge waren kräftig – das Herz symbolisiert die Seele (die Meister glauben, daß die Seele im Herz-Chakra wohnt), und die Lunge symbolisiert den Glauben an Gott (Gott, der selbst in der Luft liegt, die wir atmen).

Nein, mein Dad hatte krankes Blut. Seine Eltern hatten ihn im Stich gelassen und ihm eine schwer verständliche Lektion erteilt. Ihre Eltern wiederum hatten dasselbe getan. Es war eine endlose Lektion darin, die eigene Selbstachtung zu finden. Ich kannte meine Großeltern und hatte manche der Dramen zwischen ihnen selbst miterlebt. Aber für mich waren damit keine emotionalen Angelhaken verbunden. Meine emotionalen Angelhaken waren von meinen eigenen Eltern ausgeworfen worden, ebenso wie Daddy an den Haken seiner Eltern zappelte. Ich beobachtete seine Schwester Ruth bei seinem Begräbnis. Sie saß stocksteif da, das Abbild ihrer Mutter. Ihr war eine Form von zähem Pioniergeist anzumerken, aber sie vergoß keine Tränen. Sie stammte aus einer Familie, in der es anscheinend wenig Freude gegeben hatte und in der man seinen Kummer nicht zeigte. Das Leben mußte weitergehen. Der Schmerz und das Leiden des einzelnen waren Bestandteile des Lebens, die man schlicht und einfach überstehen mußte. Sie und mein Vater hatten auch miteinander niemals Frieden geschlossen.

Mir war nie klar, worin ihr Problem bestand. Konflikte zwischen Geschwistern können nur die beteiligten Personen wirklich verstehen. Ich fragte mich, ob meine Tochter sich je den komplizierten Reigen aus tiefer Geschwisterliebe und Rivalität würde vorstellen können, den Warren und ich miteinander tanzten. Wir konnten kaum mit der Überspanntheit unserer Gefühle füreinander umgehen. Das lag in erster Linie daran, daß wir unsere Eltern nicht klar zu fassen bekamen, und jetzt war einer der beiden von uns gegangen und hatte einige der Anhaltspunkte mit sich genommen.

Ich hatte mich immer gefragt, welches Wetter wir für das Begräbnis meines Vaters haben würden. Es regnete – ein reinigender, friedlicher Schauer.

Die Ärzte vom John Hopkins Hospital äußerten sich. Sie sagten, sie alle hätten von seiner Menschlichkeit gelernt, von seinem Humor und von seiner Gabe, Freundschaften zu schließen. Sie priesen ihn als einen großartigen Lehrer und Ausbilder; aber mehr als alles andere bewunderten sie diesen Menschen für seine Heiterkeit, seinen Elan und seine schillernde Persönlichkeit.

Mutter weinte nicht. Sie war ebenso zäh wie Ruth. Sie konnte nicht ganz so stocksteif dasitzen, doch ihr stählernes Rückgrat war kaum gebeugt.

Aber später, als Daddy in der Erde begraben war, brach Mutter zusammen. »Wir können ihn doch nicht einfach allein dort draußen im Regen lassen«, klagte sie. »Die gute alte Seele braucht mich doch.«

Das traf wirklich auf die fünfundfünfzig Jahre zu, die sie gemeinsam verbracht hatten.

Mutter war stolz darauf, daß es in ihrem Leben nie einen anderen Mann gegeben hatte, und sie glaubte, wahrscheinlich zu Recht, daß Dads Flirts nur leere Gesten gewesen waren.

Sie hatten für sich selbst eine ausgeklügelte Choreographie des Lebens entworfen, die buchstäblich jeden anderen ausschloß, der ihren Rhythmus auch nur annähernd hätte verstehen können. Ihre Auseinandersetzungen waren berüchtigt, und jeder von den beiden sagte: »Wenigstens verhindert es die Langeweile.« Ich erinnerte mich, einmal gehört zu haben, wie jemand Langeweile als halbherzige Feindseligkeiten definierte.

Ich dachte wieder an den Nachmittag, an dem Mutter Dad endlich im Krankenhaus besuchte. Sie hatte es vor sich hergeschoben, weil es ihr furchtbar zusetzte. Er forderte sie nie auf, ihn zu besuchen. Sie verständigten sich durch die Krankenschwestern miteinander, nie durch Warren oder mich. Sie setzten ihren Tanz bis zum Ende fort.

Sie beugte sich herunter, um ihm einen Kuß zu geben. Daraufhin hob er schelmisch den Kopf. Ich machte einen Schnappschuß – eine Erinnerung, die Zeugnis dafür ablegt, daß jeder von den beiden im Leben des anderen den Mittelpunkt bildete. In ihrem Drama waren sie die beiden Hauptdarsteller. Die Kinder und auch andere Verwandte waren unwesentliche Mitspieler.

Als Mutter sich umdrehte, um sich einen Stuhl zu holen, stolperte sie und hätte fast den Ständer mit der intravenösen Lösung umgeworfen. Daddy schrie: »Die Frau versucht, mich umzubringen. Schafft sie von hier weg, ehe es ihr gelingt. Mit der verdammten Technik konnte sie noch nie umgehen. Laßt sie bloß nicht wieder rein. Ich will am Leben bleiben.«

Ich wich zum Fenster zurück. Sachi auch. Die Stars spielten ihre dramatische Komödie in vollen Zügen.

Mutter sagte erst einmal gar nichts. Statt dessen nahm sie Haltung an, ging mit geschmeidigen Bewegungen um sein Bett herum, als sei nichts geschehen, und setzte sich.

Da es ihm nicht gelungen war, sie auf die Palme zu bringen, klingelte Daddy nach der Krankenschwester, die augenblicklich kam. »Schaffen Sie diese Frau hier raus«, ordnete er an. »Sie ist so furchtbar ungeschickt, daß man sie nicht in die Nähe von Kranken lassen darf.«

Die Krankenschwester sah Mutter an und war verständlicherweise bestürzt. Mutter lächelte nur. Sie schlug ein Bein über das andere, stieß mit der Schuhspitze an das Fußende seines Bettes und sagte: »Ira, ich bin über Sachis Handtasche gestolpert, das ist alles. Es ist nicht das geringste passiert.«

Ich sah Sachi an. Sie hielt ihre Handtasche in der Hand. Unauffällig schaute ich auf die Stelle neben dem Bett, wo Mutter gestolpert war. Dort lag nichts.

O Gott, dachte ich. Das war der Tanz, mit dem ich aufgewachsen war. War es denn möglich, daß ich meine eigenen Schritte mit derselben Geschicklichkeit wie diese beiden ausführen konnte? Wenigstens schob ich die Schuld nicht auf etwas anderes, wenn ich stolperte!

Sobald Mutter gegangen war, traten Tränen in Daddys Augen, und er sagte: »Ich liebe es einfach, ihr Gesicht am Fußende des

Ein belegtes Sandwich – französisch und italienisch.

Ein genetisches Phänomen, das zwar niedlich ist, Sachi aber manchmal zu schaffen macht. (Allan Grant, Life Magazine Copyright Time Warner, Inc.)

Sachi beim Schwimmenlernen im Alter von zwei Jahren.

Sachi und ich lernen das Lieben.

Sachi mit drei, als sie lernte, Grimassen zu schneiden.

Sachi in Japan.

Linke Seite:
Nach meiner *Can-Can*-Darbietung sagte Chruschtschow: »Das Gesicht der Menschheit ist schöner anzusehen als ihre Rückseite.«

John F. Kennedy als Kulturminister, der sich um Filmstars kümmert.

Indira Gandhi, als sie die Kulturministerin Indiens war.

Ich mochte Queen Elizabeth II. Sie verstand, wie hart wir auf der Bühne arbeiteten. Ebenso Lord Grade (neben ihr), der eine Zeitlang mein Arbeitgeber war. (Doug McKenzie Photographic Services, Ltd.)

Rosalyn Carter nach meinem Broadwayauftritt ... eine echte Stahlmagnolie. (Richard Braaten)

Zwei Südstaatler. (Offizielles Foto des Weißen Hauses)

Damals wußte ich noch nicht, daß ich neben dem zukünftigen Schlächter vom Tiananmen-Platz saß. (Offizielles Foto des Weißen Hauses)

Bella Abzug lernt gerade, wie man sich vor der Kamera gibt.

Mit George McGovern und Pierre Salinger, auf der Wahlkampagne im verschneiten New Hampshire. (Donald K. Dillaby)

Fidel Castro redet nonstop über alles mögliche.

Oben: Magnolien aus Stahl. Daryl Hannah war gerade gegangen, um eine Pizza zu holen.
Links: Ich versuchte dahinterzukommen, wie ich mit Debra umgehen sollte, persönlich und im Film. (Photofest)
Rechts: Jack und ich bei der Gala der New Yorker Filmkritiker, bei der wir beide für *Zeit der Zärtlichkeit* einen Preis gewannen.

Oben: Wenn man erst einmal sitzt, braucht man keinen Sturz mehr zu fürchten.
Links: Vielleicht habe ich zehn Jahre zu früh angefangen, Charakterrollen zu spielen. Trotzdem machte es Spaß, mit John Schlesinger einen Streifzug durch die Zukunft zu machen.
Rechts: Da ich die echte Tänzerin war, nahm man mich natürlich für die Rolle der Hausfrau, die das Tanzen aufgegeben hatte. Anne Bancroft spielte sich selbst. (Photofest)

Hoch die Hacken!
(Syndication International)

Meryl und ich erörtern Figurprobleme.

Debbie Reynolds und ich in unserer karmischen Beziehung – »Bitte keine Blumen.« (Aaron Amar)

Fosse, Gwen und ich auf meiner Geburtstagsparty bei den Dreharbeiten zu *Charity*.

Oben: Bob Fosse gab mir diese Rolle. Es geht nichts darüber, einen Star mit der Kehrseite zu stützen. (Pajama Game) (Photofest)

Rechts: Nach der ersten Kostümprobe wünscht man, man hätte die Füße eines anderen. Alan Johnson stimmte mir zu, wollte aber nicht mit mir tauschen. (Jean Guyaux)

Mein Lieblingsfoto von Mom und Dad.

Sachis Lieblingsfoto mit den beiden.

Ein Selbstporträt direkt vor dem Festmahl zum Erntedankfest.

Warren stellte scharf
und löste
selbst mit einem
seiner langen
Arme aus.

Ich und mein
kleiner Bruder.

Sachi und ich bei den Academy Awards an dem Abend, an dem ich Preisträgerin war.
(Wide World Foto)

Das neueste Bild von uns dreien auf Sachis Geburtstagsparty.
(Scott Downie, Celebrity Foto)

Bettes zu sehen, wenn ich die Augen aufschlage.« Sie waren George und Martha aus *Wer hat Angst vor Virginia Woolf?* Um sie zu verstehen, würde ich wahrscheinlich eines Tages Martha spielen müssen.

Daddy fragte mich einmal, ob ich glaubte, der Tod sei so, als würde man mit einem gewaltigen Satz gegen eine marmorne Mauer springen. Ich fand das Bild so komisch, daß meine metaphysischen Antworten im Vergleich dazu verblaßten. Dann sagte er, man hätte ihm in seinem Leben soviel beigebracht und die wichtigsten Dinge ausgelassen. »Niemand hat mir je beigebracht, wie man stirbt. Ich möchte es richtig machen, aber ich weiß nicht wie.« Ich war entgeistert, daß er selbst noch beim Sterben diese Selbstkritik betrieb.

Dann drehte er sich um und schilderte ausführlich seine Gewißheit, daß Gott in allem wohnte. Er sagte, er könnte die Farben um unsere Köpfe und Körper herum sehen, um die Blumen und Pflanzen in seinem Zimmer. Er sagte, er glaubte nicht an eine Trennung von Himmel, Hölle oder Erde – alles sei *jetzt* da, und wir seien davon umgeben.

Ein anderes Mal bat er Mutter, sich hinzusetzen und ihm »Invictus« vorzulesen. Sie räusperte sich, nahm eine ihrer kaum wahrnehmbaren Schauspielerposen ein, hielt seine Hand und sagte: »Ich habe mein Los in der Hand; ich bin Herr über meine Seele.« Er drückte ihre Hand, und Tränen sickerten durch seine Lider.

Wie auf ein Stichwort hin trat seine Krankenschwester ein. Daddy sah zu ihr auf. »Die Pißbrigade ist da«, sagte er. »Jetzt holt sie meine Pinkelflasche, damit ich meinen Beitrag zu den städtischen Abwasseranlagen leiste.«

Die Krankenschwester, die seinen derben ländlichen Humor offensichtlich gewohnt war, lachte und hielt ihm ein Glas Saft hin.

»Ist draußen ein Elch angebunden?« fragte er.

Sie schaute ihn verwirrt an. »Nein, wieso?« fragte sie.

»Weil dieser Saft wie Elchpisse schmeckt. Deshalb.«

Jetzt errötete sie und steckte die Hand unter das Bettzeug, um seine Urinflasche herauszuziehen. Daddy sah sie mit sadistischer Freude an.

»Sie finden sie schon«, sagte er. »Wahrscheinlich kennen Sie sich damit besser aus als ich.« Sie errötete wieder. »Ich möchte, daß Sie diese Flasche mit Pelz füttern«, sagte er, »damit ich mich richtig behaglich fühle.«

Der anzügliche Humor meines Vaters war noch primitiver als alles, was ich über die Bergvölker im Himalaja gehört hatte.

»Hier muß irgendwo ein Mann mit einem furchtbar wunden Pimmel rumlaufen«, sagte er zu einer der Krankenschwestern.

»Warum?« fragte man ihn. »Warum?«

»Weil hier mindestens vier schwangere Krankenschwestern rumlaufen«, antwortete er darauf.

Diese Form von Humor regte meine Mutter auf. »Ich finde, das ist überhaupt nicht komisch, Ira«, sagte sie. »Du bist vulgär und abstoßend.«

Daraufhin sagte er, er käme nie mehr nach Hause zurück, weil sie seine kleine Zusatzvorrichtung vom Toilettensitz abgerissen hatte. »Wenn ich mich zum Scheißen hinsetze, dann hängen mir die Eier im Wasser. Du hättest wenigstens warten können, bis ich sterbe. Dann kannst du mit meinen Eiern machen, was du willst. Ich habe sie sowieso nie benutzt.«

So ging es weiter – das ewige sexuelle Varieté. Als Sachi einmal ihren Verlobten mit nach Hause brachte, damit er Mutter kennenlernte, wollte Mutter nicht zulassen, daß er im Haus übernachtete. »Die Nachbarn werden reden«, sagte Mutter.

»Worüber?« fragte ich.

»Darüber, daß deine Tochter mit einem Mann schläft, mit dem sie nicht verheiratet ist.«

»Woher sollen sie das denn wissen?« fragte ich. »Vielleicht schlafen die beiden ja in getrennten Zimmern.«

»Die Nachbarn werden es ihr an ihrem Gang ansehen«, sagte Mutter.

Ich nehme an, ihre ausufernden sexuellen Phantasien zwangen sie zu ihrer konservativen Haltung. Sachi und ihr Verlobter mußten jedenfalls in ein Motel gehen. Mutter ließ sich nicht erweichen.

»Das ist bei mir Sitte«, sagte sie. »Und ich werde nie davon abgehen. Ich will es gar nicht. Du brauchst also überhaupt nicht zu versuchen, aus mir eine von deinen lockeren Kalifornierinnen zu machen.«

Es war nicht aufgesetzt. Sie meinte es ernst.

»Ich muß an meinen Bräuchen festhalten«, sagte sie. »Das ist das einzige, was mir noch geblieben ist.«

Ich verstand, worum es ihr ging.

Ein paar Tage nach Daddys Begräbnis schneite es. Die frischen Blumen auf seinem Grab erfroren.

Ich machte einen Spaziergang im Schnee. Ich wanderte zu meiner früheren Schule und lief durch die Gegend, in der ich aufgewachsen war. Als der Schnee unter meinen Schuhen knirschte, konnte ich Daddy in all seiner prachtvollen Komik und Verschmitztheit an meiner Seite spüren.

»Deine Mutter ist hilflos«, sagte er. »Sie kennt sich überhaupt nicht mit Geräten aus. Sie kennt sich eigentlich mit gar nichts aus.«

Er sagte immer wieder, sie hätten ein Abkommen getroffen, daß sie als erste sterben würde, weil er dann einsam zurückblieb. Aber daraus war nichts geworden. Er hatte sich bemüht, durchzuhalten und den Abmachungen zu entsprechen, aber vielleicht wußten sie beide, daß *er* derjenige war, den man nicht hätte allein lassen können.

Ich lief zu der Schule, in der ich erstmals bei den Leichtathletik-Turnieren mitgemacht hatte. Ich erinnerte mich noch daran, wieviel Spaß mir Weitsprung und Hochsprung machten. Kurz vor dem Turnier hatte ich eine Blinddarmoperation. Eine Woche später war ich wieder im Training, und dies machte Dad zornig, weil er befürchtete, ich würde mir Muskelrisse zuziehen und könnte dann nicht mehr tanzen.

Als ich jetzt durch den Schnee lief, ließ ich die Hände in die Taschen gleiten. Ich hatte eine von Daddys Pfeifen eingesteckt. Er hatte eine große Pfeifensammlung, die wir jetzt sorgsam einwickelten, in alten Zigarrenkisten verpackten und einlagerten. Er hatte einmal ein Essay über seine Liebe zu Pfeifen geschrieben. Sein Vater hatte Pfeife geraucht. Er mochte den schweren süßen Geruch des Tabaks sehr. Sein Vater erlaubte es ihm nicht, eine

Pfeife auch nur in die Hand zu nehmen, und daher hatte Daddy es sich angewöhnt, sich die Zahnbürste zwischen die Lippen zu stecken und daran zu ziehen. Als er alt genug war, rauchte er dann wirklich Pfeife, und seine Pfeifensammlung konnte gar nicht groß genug sein.

Er sagte, dann sei er von den Pfeifen zu Federhaltern übergegangen. Er besaß eine Sammlung von Pfeifen und Federhaltern aus der ganzen Welt. Für ihn stellten diese Gegenstände soviel mehr dar, als sie eigentlich waren, und ich vermute, das veranlaßte ihn dazu, Essays über die Bedeutung dieser Gegenstände zu schreiben. Als ich sie las, war ich ergriffen, weil diese Gegenstände für meinen Vater eine derart erschreckende Bedeutung hatten. Warum konnte er sich nicht mehr wünschen als eine neue Pfeife und einen neuen Federhalter?

Auch Armbanduhren liebte er. Bei seinem Tod besaß er etwa dreißig. Sein Vater war Uhrmacher gewesen, und vielleicht brauchte Daddy diesen Bezug zu seinem Vater, um die unvollkommene emotionale Bindung durch eine Objektverbindung zu ersetzen.

Es war eine Freude mitanzusehen, wie sehr mein Vater das kleinste Geschenk zu würdigen wußte, das man ihm von einem exotischen Ort mitbrachte. Eine Elfenbeinstatue, eine russische Ikone oder ein Mosaik aus Tunesien drehte er immer wieder um und würdigte die Schönheit, das meisterliche Handwerk und die kulturelle Aussage.

Er hielt kleine Manschettenknöpfe ins Licht, betrachtete sie stundenlang, nahm sie dann später wieder in die Hand, ließ sich endlos darüber aus, wie wunderbar sie waren, und dann packte er sie in eine Schublade und trug sie nie. Er »hob sie auf«, sagte er.

Mir fiel wieder ein, wie er mir erzählt hatte, daß seine Eltern ihm einen Geldgürtel unter die Kleider geschnallt hatten, als sie ihn ins College schickten. Die Welt war grausam; die Leute hätten einen bestehlen können. Er war immer für den Notfall abgesichert.

Er war ein so sensibler und fragiler Mann, der seinen Humor einsetzte, um tolpatschig mit jeder vorgegebenen Situation fertig zu werden, und er riß Witze, um seine eigenen Unsicherheiten zu verbergen – und doch war er der erste, dem das Unbehagen eines anderen Menschen auffiel. Andererseits hätte er einen Hund und eine Katze am Schwanz zusammengebunden, nur um sie kämpfen zu sehen.

Ich lief weiter. Dort war der Drugstore, in dem ich früher oft ein Cherry-Coke getrunken hatte, während ich auf meinen Freund wartete, der mich nach Hause begleiten würde. Jetzt war niemand auf der Straße. Eine Schneedecke ließ alles verstummen und dämpfte die Rufe von Kindern irgendwo in der Ferne.

Mein Vater war gerade gestorben, und doch lachten Kinder. Die Tränen gefroren auf meinen Wangen. Ich konnte ihn vor mir sehen, wie er aus seinem alten Lincoln stieg und sich schick herausgeputzt hatte, mit einem legeren karierten Jackett und einer hellbraunen Hose, und den Hut hatte er sich auf den Kopf gedrückt wie ein russischer Generalsekretär.

Er schlich sich unauffällig an den Zaun der Schule heran, um zu beobachten, wie ich mich beim Laufen oder beim Springen machte. Wenn ich mit meinem Freund »turtelte«, dann bekam ich das später beim Essen zu hören.

»Ich kann verstehen, daß man in den Korridoren schreit«, sagte er, »schreit, bis man beachtet wird. Wenn ich etwas nicht verstehen kann, dann ist das, wie man Händchen halten und schmusen kann.«

Genau darum ging es. Tiefe Frustration war ihm vertraut. Wohltuende Liebe ging über sein Verständnis hinaus.

Ich trabte im Schnee zum Bach hinunter, der für mich und viele meiner Freundinnen die Kulisse für pubertäre Streifzüge in die Sexualität gewesen war. Wo waren jetzt alle meine Freunde? Hatte der Tod von Ira O. Beaty für irgend jemand anderen eine Bedeutung? Wie konnte ein Mann wie er, der eine so ausufernde Gabe für Widersprüche besaß, übersehen werden?

Ich dachte an Willy Loman in *Tod eines Handlungsreisenden*. »Man muß beachtet werden.« Wenn ihn sonst niemand beachtete, dann würde ich ihn auf den Seiten meines Buches und in meinen Gesprächen mit anderen zum Leben erwecken. Er würde nicht unbemerkt bleiben, wenn es ihm auch noch so sehr widerstrebte, anerkannt zu werden. Er war zur Hälfte mitverantwortlich dafür, daß ich diejenige war, die ich war. An ihm lag es, daß ich die Ketten meiner eigenen Unsicherheit sprengen und erwachsen werden mußte. Es mochte zwar sein, daß er diese Unsicherheiten ausgelöst hatte, aber ich würde das Schema sprengen.

Er hatte mir ein Geschenk gemacht – einen Katalysator für Einsichten. Und ich würde dieses Geschenk auswickeln und es auch ins Licht halten, um es ganz genau zu betrachten. Nie mehr würde ich es in eine Schublade legen. Ich würde es benutzen, es genießen und hoffentlich die Geisteshaltung verstehen, aus der heraus mir dieses Geschenk gemacht worden war, bis ich mir mehr über meine eigenen Widersprüche im klaren war.

Ich ging noch ein oder zwei Stunden spazieren und fühlte die Gegenwart meines Vaters bei jedem Atemzug. Er würde Beachtung finden. Darum würde ich mich kümmern. Ich wußte damals noch nicht, wie weit ich gehen würde.

Als ich nach Hause zurückkam, aßen Mutter und ich zu Abend. Wir redeten nicht über Daddy. Wir redeten über Belanglosigkeiten. Uns beiden war während des Essens klar, daß ich aufbrechen mußte. Vor mir lagen ein langer Weg und Versprechen, die ich halten mußte.

Ich ging in mein Zimmer, um zu packen. Ich schaute auf die Stelle über dem Bett, an der das Bild meines Vaters hing. Es war fort. Als ich hinter dem Bett nachsah, stand es auf dem Fußboden; irgendwie mußte es von der Wand gefallen sein. Vielleicht zog er sich aus dem Haus zurück, damit wir unser Leben weiterleben konnten. »Ich werde immer neben deinem grünen Stuhl sitzen«, sagte er zu Mutter. »Immer dann, wenn du dich ohne mich besonders einsam fühlst, brauchst du bloß den Schaukelstuhl anzuschauen. Ich werde dort sitzen und dich beobachten, dir zuhören, dich lieben.«

Mutter hatte leise gelacht, um nicht laut zu schluchzen. »Dein Daddy kann so rührend und süß sein«, sagte sie später.

Er hatte sie gebeten, zu ihm zu kommen und sich neben ihm ins Bett zu legen. »Ich weiß«, sagte sie. »Er versucht schon seit Jahren, mich dazu zu bringen. Das ist nichts Neues.« Dann fuhr sie fort: »Wenn er anfängt, wie eine Turteltaube zu gurren, dann kann man wetten, daß er ein As im Ärmel hat, und ich denke gar nicht daran, darauf reinzufallen.«

Ich hob das Bild vom Boden auf und hängte es wieder an die Wand, denn ich wußte, daß Warren es so haben wollte. Es war schon einmal runtergefallen, und Warren hatte befürchtet, jemand hätte das Bild mitgenommen.

Ich stand da und sah mich im Zimmer um. Das war das Bett, in dem ich die meisten Nächte meiner Kindheit verbracht hatte; in diesem Bett hatte ich erstmals den Traum gehabt, der immer wiederkehrte. Jeden Abend hatte ich mir vor der Frisierkommode gründlich das Haar gebürstet, und oft hatte ich den Kleiderschrank geöffnet und beschlossen, ihn auszuräumen und die Vergangenheit wegzuwerfen. Irgendwie hatte ich das nie geschafft. Jetzt hingen meine Sachen zwischen Kleidern, die Mutter aufgehoben hatte. Manche davon hatte ich ihr aus Hongkong, aus Paris, »aus allen großen Metropolen der Welt« mitgebracht, wie sie zu ihren Freundinnen sagte. Bei anderen konnte ich mich erinnern, daß sie sie getragen hatte, als sie vierzig war.

Ich klammerte mich an die ananasförmigen Knaufe des vierpfostigen Mahagonibetts. Vor dem offenen Fenster fiel ein großer Klumpen Schnee von einem Baum. Oh, wie sehr hatte mein Bedürfnis nach offenen Fenstern unsere Familie gespalten. In der klaustrophobischen Atmosphäre eines Zimmers mit luftdicht geschlossenen Fenstern konnte ich nicht atmen. In meinem Schlafzimmer war es mir bei jedem Wetter erlaubt, die Fenster offenzulassen – in der Hitze des Sommers und in der eisigen Kälte des Winters.

Ich atmete tief ein und sah mich um, und ich wußte nicht, wann ich zurückkommen würde, aber ich war sicher, daß es mich dann erschlagen würde, das Haus zu betreten, in dem ich meinen Vater nie wiedersehen würde.

Langsam verließ ich mein Zimmer und schlenderte durch das Wohnzimmer. Ich kam an den Wedgwood-Schalen vorbei, an den Kristallgläsern und dem Frühstückstisch von George Mason. Es waren Gegenstände, die meine Mutter sehr in Ehren hielt – Daddy auch. Aber für mich rückten ihr Wert und ihre Bedeutung plötzlich in eine angemessene Perspektive.

Gypsy, Mutters Katze mit dem roten Fell, tollte auf dem Teppich herum. »Ich will keine Katze, Shirl«, hatte sie gesagt. »Wenn ich sie erst lieben lerne, was täte ich dann ohne sie?« Vielleicht stimmte es doch, daß jedesmal, wenn wir lieben, ein wenig von uns stirbt.

Ich schenkte ihr die Katze trotzdem, und jetzt würde sie ihr Trost sein.

Sie hatte ein Paar im Haus, das sich um sie kümmerte; aber in den langen einsamen Nachtstunden ohne Daddy würde sich Gypsy an ihre Wange schmiegen und sie daran erinnern, daß sie geliebt und gebraucht wurde.

Ich ging zu Mutters grünem Stuhl. Sie saß allein da, als erwartete sie ihre Hinrichtung. Meine Abreise würde schmerzlich für sie sein, und ich wußte nicht, wie ich es ihr hätte leichter machen können. Sie blickte zu mir auf. Ihre Augen hatten eine milchiggraue Farbe, als sie mir tief in die Augen sah. Dann verzog sich ihr Gesicht gequält, und sie streckte die Arme aus und klammerte sich an mich.

»Ich will nicht, daß du fortgehst«, schluchzte sie. Ich kniete mich hin und nahm sie sachte in den Arm. Mutter hielt mich einen Moment lang fest, dann löste sie sich von mir und schaute auf ihre Armbanduhr.

»Ich will aber auch nicht, daß du dein Flugzeug verpaßt«, sagte sie. »Du mußt gehen und dich an deine Arbeit machen.« Die Tränen strömten immer noch aus ihren Augen, aber sie richtete sich auf.

»Ich habe dich lieb, Mutter«, sagte ich. »Ich kann dir gar nicht sagen, wie lieb ich dich habe.«

»Ich weiß«, antwortete sie. »Es tut mir leid, daß ich an dem Abend eklig zu dir war, an dem der Wind das Laub so heftig geschüttelt hat. Es tut mir leid.«

Ich versuchte, sie noch einmal zu umarmen, aber sie reagierte nicht, sie rührte keinen Finger. Ich spürte, wie sie sich von mir losriß. Sie würde damit in der einzigen Form umgehen, die ihr geläufig war.

Ich stand langsam auf und ging zur Tür. Direkt bevor ich das Zimmer verließ, drehte ich mich um; vielleicht sollte ich doch noch einen Tag länger bleiben. Aber sie winkte mir zum Abschied, als hätte ich mich bereits in Luft aufgelöst.

Auf dem langen Weg zum Flughafen hatte ich stumm vor mich hingeweint.

Die Zeit in Washington ging vorbei. Ein paar Tage vor der Eröffnungsvorstellung in San Francisco kehrte ich nach Los Angeles zurück, um Stimmunterricht zu nehmen und mit Mary und Damita Jo zu arbeiten. Mein Körper war ziemlich entkräftet, und meine Widerstandsfähigkeit machte mir Sorgen, aber mein Knie schien gut zu heilen.

Ich war in meiner Wohnung in Malibu und machte meine gymnastischen Übungen, ehe Mary und Damita kamen: Ich freute mich über meine Fortschritte und absolvierte zum Aufwärmen ein paar Pliés. Dann ging ich zu Demi-Pliés über und machte eine kleine Drehung nach links, eine kaum wahrnehmbare Drehung. Mein Knie gab wieder nach – und hinter der Kniescheibe riß etwas. Ich sackte zusammen, und der Schmerz war unerträglich. Ich konnte nicht glauben, daß ich mir das angetan hatte, und ich fing an zu fluchen und laut mit mir selbst zu reden.

In dem Moment klingelte es an der Tür. Es waren die beiden Frauen. Gott sei Dank begriffen sie augenblicklich, was passiert war. Ich renkte mir die Kniescheibe wieder ein, und sie stürzten sich wie die Verrückten auf das Eisfach und brachten die lebensrettenden Brocken gefrorenen Wassers wieder auf meinem Knie an.

Jetzt blieben mir nur noch drei Tage für die Heilung. Damita erklärte, daß sie selbst schon seit Jahren mit ihrer Knieverletzung lebte. Sie war sich ständig absolut darüber im klaren, und es schien, als müßte auch ich mir jetzt über einen langen Zeitraum meine Verletzung bewußt machen. Vielleicht für den Rest meiner Laufbahn als Tänzerin.

Dann erklärte sie mir, daß sie bei den Proben in Gedanken alles umchoreographieren mußte, was Alan uns abverlangte, daß sie die Haltung bei jedem einzelnen Schritt nicht wahrnehmbar abänderte, um sich schmerzfrei bewegen zu können und um zu verhindern, daß ihre Kniescheibe ranssprang. Sie sagte, weder Alan noch die übrigen Tänzer wüßten von ihrem Problem, und keinem wäre es je aufgefallen. Dann fing sie an, mir zu zeigen, wie ich die gesamte Show anpacken mußte; ich würde bei jeder einzelnen Bewegung eine ganz neue Haltung einnehmen müssen, damit auch ich vor Zwischenfällen sicher war.

Am nächsten Tag gingen wir in einen Proberaum, und drei Tage analysierten wir jede Bewegung, jeden Schritt und jede Haltung, damit meine verletzte Kniescheibe nicht belastet wurde. Es war, als müßte ich die Show noch einmal von neuem lernen.

Einige der Gesangsnummern waren heimtückischer als das Tanzen, weil die Bewegungen nur verführerisch angedeutet wurden. Mir war nie klar gewesen, wie knifflig derart subtile Körperbewegungen waren. Bisher hatte ich mir darüber keine Gedanken machen müssen, und daher brauchte ich keine Aufmerksamkeit darauf zu verwenden. Jetzt mußte ich mich beim Training auf jede Gewichtsverlagerung von einem Bein aufs andere konzentrieren, auf die kleinste Verschiebung des Gleichgewichts und natürlich auf jede abrupte und athletische Bewegung. Die Gefahrenpunkte lagen jedoch in den angedeuteten Bewegungen.

Ich studierte die Show vom Standpunkt einer Behinderten ein. Das war eine bleibende Erfahrung, die ich noch öfter machen sollte.

Ich ging zu Doktor Leroy Perry, Sport-Chiropraktiker, Wissenschaftler und Erfinder, der das Internationale Institut für Sportmedizin in Los Angeles leitet. Wir redeten über mein Training mit Mary. Wir versuchten dahinterzukommen, was nicht stimmte. Er behandelte mich mit Ultraschall und Iontophorese wie so viele der verletzten Profisportler, um die er sich kümmert.

Jetzt fürchtete ich nichts so sehr wie meine eigene Furcht. Ich wußte nicht, wie ich auf die Energie reagieren würde, die auf der Bühne freigesetzt wird, auf die hellen Scheinwerfer, die das Gefühl für das Gleichgewicht und die räumliche Wahrnehmung beeinflussen, und auf das Tempo, das sich immer steigert, wenn man der Musik und dem Publikum innerlich ein paar Takte voraus sein muß. Die Notwendigkeit, vorsichtig zu sein, würde meine Bewegungen verlangsamen, ich würde zögernd und zurückhaltend wirken, und möglicherweise würde der Eindruck entstehen, ich könnte überhaupt nicht tanzen.

Perry bandagierte mein Bein nach einer ostdeutschen Technik achterförmig, um das Kniegelenk zu stabilisieren. Ich wußte, daß ich das rechte Bein schonen würde, und daher mußte ich mit Gewichten und gymnastischen Übungen die Muskulatur aufbauen.

Dann versuchten Doktor Perry und ich dahinterzukommen, warum ich wirklich gestürzt war. Unser Augenmerk richtete sich auf meine Schuhe. Eine Tänzerin, die so kräftig ist wie ich, sollte ein Ungleichgewicht mitten in der Bewegung korrigieren können. Mir war das nicht möglich gewesen. Perry gab sich nicht damit zufrieden, daß es ein Unfall war. Er sagte, für alles, was passierte, gäbe es eine Erklärung, und er war entschlossen, diese Erklärung zu finden.

Er untersuchte die Einlagen, die ich beim Tanzen in den Schuhen trug. Sie schienen in Ordnung zu sein, und doch hatte ich vielleicht mit meinen Übungen meine Körperhaltung genügend ausgeglichen und brauchte daher möglicherweise keine Einlagen mehr. Perry fragte sich, ob wir es jetzt vielleicht mit einer doppelten Korrektur zu tun hatten. Das war eine mögliche Erklärung.

Er rief Doktor Arnold Ross an, einen Fußpfleger für Sportler, damit die Einlagen noch einmal genau überprüft wurden. Die Korrekturen wurden vorgenommen. Nach Doktor Perrys Empfinden war ich als Tänzerin nichts weiter als eine Hochleistungssportlerin, und sämtliche Körperbewegungen – die Haltung und die Muskelbildung (Biomechanik, wie er es nennt) – mußten so früh wie möglich analysiert und korrigiert werden, wenn man von Gefahren verschont bleiben und doch sein Bestes leisten wollte. Er verstand mich als Sportlerin, die durch Überkompensation zu ihrem eigenen ärgsten Feind werden kann.

Drei Tage lang behandelte er mich, während ich die gesamte Show umchoreographierte, und dann ging es nach San Francisco. Ich wußte, daß mir die Auftritte dort Spaß machen würden, denn ich hatte dort viele Freunde, und im allgemeinen gefielen den Leuten meine Shows.

Wir luden die Instrumente und die Requisiten ein, und ich ging auf die Bühne, um mir gleich ein Bild von der Bodenbeschaffenheit zu machen. Ich schritt die Bühne von einem Ende bis zum anderen ab und sah mir wieder einmal den Vorbau über dem Orchestergraben an. Ich erinnerte mich noch von früher an das Orpheum-Theater, vor sechs Jahren. Nach etwa einer Woche fängt der Bühnenvorbau an, sich zu senken. Für uns Tänzer war das, als tanzten wir auf der Straße nach Birma. Während ich mir ein genaues Bild davon machte, führte ich mir die Bühne in Seattle wieder vor Augen. War ich wirklich, wie ich glaubte, mit dem Absatz in der Ritze des Vorbaus steckengeblieben?

Die ersten Tänzer traten ein. Seit Seattle hatte ich sie alle nicht mehr gesehen. Sie machten sich Sorgen um mich, sahen meinen Verband und sagten, ganz gleich, was auch passierte, sie seien da und würden mich unterstützen und mir notfalls Deckung geben. Wenn es zu eine Krise kommt, sind Tänzer wirklich in ihrem Element. Sie haben eine Krisenmentalität. Außerdem hatten sie eine lange Ruhepause gehabt und sehnten sich danach, wieder in Bewegung zu kommen. Nach langen Diskussionen kamen wir zu dem Schluß, ich hätte zu weit hinten auf der Bühne getanzt, als daß ich mit dem Absatz hätte steckenbleiben können. Es mußte an etwas anderem gelegen haben.

Wir änderten manche der schwierigeren Bewegungen, die viel Kraft kosteten, so ab, daß die optische Wirkung nicht beeinträchtigt wurde, sie aber nicht ganz so kompliziert auszuführen waren.

Ich hatte einen Teil des Textes vergessen; aber wenn ich mir nicht selbst im Weg stand, schienen meine Lippen von sich aus die richtigen Worte zu formen. Auch die Lippen hatten ein Muskelgedächtnis, nicht nur die Beine und die Füße.

Wir gingen die Show einmal durch, und am Abend gaben wir eine Probevorstellung. Es klappte gut. Ich versuchte, meinen Verband zu verbergen, aber ich wußte, daß ich ihn ein paar Wochen lang beim Tanzen brauchen würde. Die Kameras der Fernsehnachrichten schwenkten natürlich auf den Verband, und somit stand die Geschichte.

Am nächsten Abend eröffneten wir. Es war wunderbar. Ich schonte das Knie, aber ich glaube nicht, daß es jemandem auffiel. Die Kritiken waren wohlwollend, und ich war fest entschlossen, es mir gutgehen zu lassen, da ich in der Zwischenzeit viel gelernt hatte.

Dann passierte es wieder. Aber diesmal war es nicht das rechte

Knie. Mitten in meiner Nummer drehte ich den linken Knöchel und verstauchte ihn mir! Ein heftiger Schmerz zuckte durch meinen Fuß, und ich konnte die Nummer nicht so beenden, wie sie choreographiert war. Ich stand mehr oder weniger zwischen den Tänzern und wedelte mit den Armen. Sie gaben mir Deckung.

Nach der Show konnte ich nicht laufen. Ich versuchte, den Knöchel zu belasten, aber es ging beim besten Willen nicht. Ich hatte nur zwei Beine. Welches von beiden sollte ich von jetzt an schonen?

Ich rief Doktor Perry an. Er war entsetzt. »Da ist doch irgend etwas faul«, sagte er. »Es muß einen Grund dafür geben, daß diese Dinge passieren; schicken Sie mir noch mal ein Paar Schuhe.«

Ich schickte ihm sofort ein Paar per Expreß. Er sah sie sich noch einmal mit dem Spezialisten für Einlagen an. Dann telefonierte er mit dem Schuster. Selbst bei näherer Betrachtung schienen die Schuhe in Ordnung zu sein, aber Perry gab sich nicht damit zufrieden. Er berichtete von seinem Gespräch mit dem Schuster.

»Hören Sie«, sagte er, »unterscheiden sich ihre Schuhe in irgendeiner Hinsicht von denen, die Sie immer für sie angefertigt haben?«

»Nur die Sohle«, sagte der Schuster.

»Die Sohle?« fragte Perry. »Was soll das heißen?«

»Ach«, sagte er. »Ich fand, sie sähen zu klobig aus, als wir den Absatz gekürzt haben, und daher habe ich die Sohle abgeschrägt, um sie optisch zu verschönern.«

»Sie haben die Sohle abgeschrägt?«

»Ja«, sagte der Schuhmacher. »Das sieht doch gut aus, meinen Sie nicht auch?«

Perry zögerte. »Eine abgeschrägte Sohle? Das heißt doch, daß sie hin- und herrutscht, von einer Seite auf die andere, oder nicht?«

»Ja«, sagte der Schuster.

»Um wieviel ist ihre Bodenhaftung durch die Abschrägung verringert?«

»Etwa um siebzig Prozent, aber die Haftung wird besser, wenn die Schuhe erst eingelaufen sind«, antwortete er.

Perry explodierte. »Wollen Sie damit sagen, daß sie beim Tanzen auf der Bühne nicht mehr als dreißig Prozent Bodenhaftung hat?«

»Ja, sicher«, sagte der Schuster. »Macht das denn etwas aus?«

»Ob das etwas ausmacht?« sagte Perry. »Sie tanzt auf Schlittschuhen. Das ist die genaue Entsprechung. Sie kann sich nur auf die Sohlenmitte verlassen. Kein Wunder, daß sie sich verletzt. Ihre Füße suchen unablässig nach hundertprozentiger Bodenhaftung. Was sie tut, kann man nur machen, wenn man hundert Prozent Bodenhaftung unter sich hat!«

»Ach«, sagte der Schuster. »Tut mir leid. Das wußte ich nicht.«

Jetzt hatten wir es also. Perry wies ihn an, sämtliche Schuhe mit einem Keil zu unterlegen, um das Gleichgewicht wieder herzustellen. Ich konnte den Unterschied augenblicklich spüren. Einer der großen Vorteile der Arbeit mit Doktor Perry ist der, daß er sich mir gegenüber wie ein Arzt und Trainer verhält und verlangt, daß seine Sportler die effiziente Biomechanik einer guten Haltung für sich beanspruchen können. Die Korrektur an den Schuhen würde es mir ermöglichen, mit weniger Aufwand größere Leistungen zu vollbringen. Das Problem bestand jetzt darin, daß ich einen Stützverband am Knöchel und einen Stützverband am Knie tragen mußte. Nicht gerade kleidsam.

Ich machte eine Reihe von Übungen für meinen linken Knöchel, mein Knie und meinen Rücken. Tänzer können gar nicht genug Gymnastik und Streckübungen machen – wir müssen in Bestform bleiben und doch unsere Beweglichkeit erhalten. Mein Engagement in San Francisco schien tagsüber darauf hinauszulaufen, daß ich während der gesamten Spielzeit Gymnastik für beide Körperseiten trieb. Ich benutzte das Perry-Band, das weltweit von Sportlern benutzt wird, ein elastisches Bandübungssystem, den Orthopod, ein Gerät, das bei den Übungen die Achillessehnen, die Gesäßmuskeln und den Rücken streckte und gleichzeitig die Innenseiten der Oberschenkel und den Bauch kräftigte, damit ich allabendlich den Eindruck fesselnder Ausgewogenheit vermitteln konnte. Ich stellte den Orthopod immer vor meiner Garderobentür auf, um mich selbst an meine Streckübungen zu erinnern.

Ich hatte mir selbst eine wichtige Lektion erteilt. Bei Knöcheln ging es nicht nur um Beweglichkeit und Tragfähigkeit. Sie ermög-

lichten es einem, sich auf die Zehen zu stellen, den Kopf hochzu-
heben und bewußt aufzublicken und auf das Leben hinauszuschauen. Wenn man einen sicheren Halt auf den Füßen hatte, war
das möglich. Wenn man nur dreißig Prozent Bodenhaftung hatte,
war es ausgeschlossen.

Ich war mir meiner selbst und meiner Show nicht hundertpro-
zentig sicher gewesen. Ich hatte eine dreißigprozentige Sicherheit
gehabt. Ich war bei dem Versuch gestürzt, etwas daran zu »drehen«. Genau dieses Vorgehen hatte mich gelehrt, worüber ich mir
von Anfang an Gedanken gemacht hatte, nämlich, daß ich all das
angelockt hatte, um meine eigene Unsicherheit widerzuspiegeln.
Vielleicht hatte meine Unsicherheit daher gerührt, daß ich mich
dem Glauben an mich selbst nicht restlos hingegeben hatte.
Würde ich je die eingefleischten Haltungen überwinden, die mein
Vater mir eingeflößt hatte? Es mochte zwar sein, daß er friedlich
gestorben war, endlich zur Liebe bekehrt, aber sein Gesicht und
seine krankhaften Unsicherheiten waren für alle Zeiten in mein
Bewußtsein eingeritzt.

Nach der Spielzeit in San Francisco kehrte ich dankbar in mein
Haus am nordwestlichen Pazifik zurück. Da ich wieder einmal Zeit
zum Nachdenken brauchte, unternahm ich behutsame Spazier-
gänge in den Wäldern um das Haus herum; ich konnte zwar noch
lange nicht auf die Berge steigen oder meinen geliebten Fluß auf-
suchen, doch an diesem Ort herrschte Frieden, und ein Teil dieses
Friedens würde mich durchdringen. Ich fragte mich, wieviel die
Biber wohl am Teich herumgegraben haben mochten. Welche
Bäume waren dem letzten läuternden Sturm zum Opfer gefallen?
Hatten mutwillige Teenager Lagerfeuer angezündet und die Natur gefährdet?

Ich konnte spüren, wie sich das Wetter änderte. In den letzten
sieben Jahren hatte es jeden Sommer weniger geregnet. Mir fiel
wieder ein, daß im vorigen Jahr Wissenschaftler auf dem Wirt-
schaftskongreß von Davos die Abgesandten aus aller Welt vor der
globalen Erwärmung gewarnt hatten, die bereits eingesetzt hatte.
Sie sagten voraus, innerhalb von zehn Jahren würden die gemä-
ßigten Zonen des Planeten ein wüstenähnliches Klima haben, und
in den nördlichen Breiten würde ein gemäßigtes Klima herrschen.

Als ich in der ersten Aprilwoche durch die Felder lief, hatten wir achtundzwanzig Grad – zu warm für die Jahreszeit. Ich nahm das Ungleichgewicht in der Natur deutlich wahr, weil mein persönliches Gleichgewicht aus den Fugen geraten war. Aufgrund dessen, was mir zustieß, wurden mir die Mißgeschicke anderer bewußter.

Wir und unser Planet steckten in Schwierigkeiten, und das Bewußtsein, das wir brauchten, um wieder auf die rechte Bahn zu kommen, ließ zu wünschen übrig. Der Tod schien an jeder Weggabelung zu lauern, sei es durch Krankheit, durch wirtschaftliche Mißstände, durch Hungersnöte, Dürre oder Verbrechen. Mir wurde zunehmend bewußt, was sich in unserer Welt tat. Ich spürte es persönlich. Es begann mich zu erschrecken. Beziehungen waren gefährdet, Ehen zerbrachen, Eltern und Kinder konnten nicht mehr miteinander reden, Lehrer und Schüler lebten in zwei verschiedenen Realitäten.

Wir alle schienen wandelnde Widersprüche zu sein. Keiner von uns wußte wirklich voll und ganz, was wir eigentlich taten oder warum. Daher konnten wir einander natürlich nicht wirklich verstehen – Regierungen hatten den Kontakt zu denen verloren, die sie vertraten; die Polizei wurde so gewalttätig wie die Verbrecher, die sie verhaftete; Kirche und Staat waren korrupt; Krankheiten überschritten alle medizinischen Kenntnisse. Ich konnte erkennen, warum es von Propheten der Düsternis und des Weltuntergangs nur so wimmelte.

Als ich durch die Felder spazierenging, durch das grüne Gras und die wildwachsenden Blumen, akzeptierte ich, daß sowieso keine der Antworten von außen kommen würde. Dementsprechend versuchte ich auch, in mich zu gehen, um eine echte und dauerhafte Stütze zu errichten. Meine Verletzung hatte mich dazu gezwungen. Ich würde so tief vordringen, wie es eben sein mußte, um zu verstehen, was mich an diesen Punkt gebracht hatte. Nur dann würde es wirklich in meiner Hand liegen, welchen Weg ich beschritt.

Ich blieb stehen, um über einen der Hügel am Fuß des Mount Rainier hinauszuschauen, der hinter einer dichten Wolkendecke auftauchte. Ich kletterte auf einen Felsen, um eine bessere Sicht zu haben. Als ich das tat, spürte ich einen schmerzhaften Stich in meiner Kniescheibe. Für mich war das zu einer warnenden Stimme geworden. Ich beugte das Knie, und der Schmerz verging. »Ganz verheilt ist es noch nicht«, dachte ich. »Ich muß vorsichtig sein, auf der Hut – ich darf nicht unvorsichtig werden.« Es war ein schönes Gefühl, daß ich die Zeit hatte, einen stechenden Schmerz spüren zu dürfen, ohne gleich in Panik zu geraten, das Publikum könnte mich wieder in die Knie gehen sehen.

10. Kapitel

LOS ANGELES, LOS ANGELES!

Eine Woche später kehrte ich nach Los Angeles zurück, um mich auf eine Eröffnungsvorstellung in der Stadt vorzubereiten, in der die meisten meiner Freunde lebten. Ich fühlte mich gut, kräftig und ausgeruht. Ich hatte meinen Tunnel voller Dämonen durchschritten und war am anderen Ende herausgekommen.

Ich lachte in mich hinein, als ich an zwei Mädchen und einen Channeler dachte, die mir gesagt hatten, meine Auftritte in L. A. seien nur sehr verschwommen zu sehen, und wahrscheinlich würde es nicht dazu kommen. »Natürlich«, sagten sie, »kann das individuelle Bewußtsein jede Dynamik verändern; aber nach allem, was wir im Moment sehen, ist es sehr zweifelhaft, daß Sie in L. A. auftreten.«

Wenn man Medien und Lehrer aus spirituellen Bereichen um Rat fragt, dann wird vorausgesetzt, daß man mit seinem Bewußtsein das Schicksal beeinflussen kann. Und ich hatte mein Bewußtsein wirklich verändert, und das änderte die Voraussage ab.

Das erste Ereignis, das ich durchstand, war mein Geburtstag. Ein paar enge Freunde von mir gaben eine kleine Party, und wir feierten. Die Geburtstagstorte war wunderschön, und darauf brannten etwa zehn Kerzen. Als ich mir etwas wünschte und die Kerzen ausblies, brannten zwei Kerzen weiter. Das überrumpelte mich, da meine Lunge kräftig ist. Ich mußte mehrfach pusten, ehe die Flammen erloschen. Ich fragte mich, was das bedeutete.

Sachi, die sich jetzt vollständig von ihrer Operation erholt hatte, hatte eine Voraufführung des Stücks, in dem sie mitspielte, und daher schloß sie sich uns erst nach dem Abendessen an.

Wenn es mich auch ausgesprochen optimistisch stimmte, sechsundfünfzig zu werden, war mir doch bei der Party nicht ganz so wohl zumute. Es mag zwar unglaublich klingen, aber ich bin schüchtern; und als die Festrede gehalten worden war (die wirklich rührend war, mir aber Schwierigkeiten machte), wurde ich zum Glück von einem mexikanischen Trio gerettet, das Volkslieder spielte und fröhlichen Lärm aus dem Süden produzierte.

Ich war froh, daß ich mir am Nachmittag die Zeit genommen hatte, mir meine Zukunftspläne für das folgende Jahr auszumalen. Seit ich wußte, daß der exakte Moment meiner Geburt mir *gehörte*, machte ich jedes Jahr an meinem Geburtstag Zukunftspläne. Und da diese Energie für immer mein war, wollte ich sie dazu einsetzen, etwas daraus zu erschaffen. Das heißt, wenn man sich das, was man im kommenden Jahr tun will, so genau vorstellt, daß man es ertasten, fühlen, hören, sehen und sich dafür begeistern kann, und wenn man diese Vision damit begleitet, sich seine Ziele dreimal laut aufzusagen (einmal für die Seele, einmal für den Körper, einmal für den Geist), um sich dann ganz davon zu lösen – dann wird sich die Vision materialisieren. In den letzten sieben Jahren hatte ich das jedes Jahr getan. Meistens hatten sich meine Vorstellungen in der Realität manifestiert. Und wenn nicht, dann wußte ich, daß es immer an meinem mangelnden Vertrauen gelegen hatte.

Mit den Jahren stellte ich bei jedem weiteren Geburtstag irritiert fest, wie die Zeit über die Gesichter meiner Freunde schreitet, ihre Körper einhüllt, sich auf ihr Gedächtnis und ihren Körperrhythmus auswirkt, und ich fühle mich durch meine Freunde immer wieder daran erinnert, daß wir alle nur auf der Durchreise sind.

In meinen Freunden und im Spiegel sehe ich täglich mein Gesicht und meinen Körper. Die Falten und das lockere Fleisch stellen sich unbemerkt ein und überraschen mich manchmal, als hätten sich Falten, die einer anderen Person gehören, über Nacht entschieden, einen Frontalangriff auf meinen Bauch zu machen und sich über meine Hüften zu ziehen. Woher kamen plötzlich diese Pölsterchen? Was konnte ich tun, um sie zu verhindern? Und würde es die Sache wert sein?

Mir setzte es zu, schlaff herunterhängende Haut zu sehen. In meinen Augen stand das für Verfall, für die Unfähigkeit, über die Zeit und die Schwerkraft zu herrschen. Und ich konnte nie verstehen, oder besser gesagt, ich wollte nicht verstehen, warum ältere Menschen, die sich reichlich Bewegung verschafften, dennoch von diesem Los ereilt wurden. Ballettänzer beispielsweise – warum mußte ihnen die Haut schlaff herunterhängen, obwohl sie weiterhin täglich tanzten? Das schien mir ungerecht. Eine solche körperliche Disziplin hätte von den Göttern belohnt werden sollen.

Und erst der Gedächtnisverlust! Wie konnte mir das passieren? Meine Mutter war sechsundachtzig, okay. Aber *ich*? Es kam jetzt vor, daß ich vergaß, wen ich gerade anrief. Meine Aufmerksamkeitsspanne schien sich manchmal auf nicht mehr als zwanzig Sekunden zu beschränken! Wenn ich keine schriftlichen Notizen gemacht hätte, hätte ich meine Termine für den nächsten Tag nicht behalten. Meine Wagenschlüssel? Ich zwang mich, sie immer an dieselbe Stelle zu legen, wenn ich nach Hause kam, und sie dort liegenzulassen, bis ich wieder aus dem Haus ging. Zum Glück erinnerte ich mich wenigstens noch daran, wozu sie gut waren, wenn ich sie fand.

Manchmal erwachte ich mitten in der Nacht und setzte mich in heller Panik im Bett auf, während ich versuchte, mich zu erinnern, ob ich meine Vitamintabletten eingenommen hatte. Meine Gedanken wollten sich oft einfach treiben lassen, umherspazieren, schweben, in neutralen Bereichen verweilen, und sie reagierten zusehends weniger auf meine strengen Befehle, sich augenblicklich diszipliniert zu verhalten. Es kostete mich kaum Mühe, mir vorzustellen, wie ich ein ruhiges, fast abgeschiedenes Leben führte – es der Natur gestattete, ihren Lauf zu nehmen, und meinem Körper und meinem Geist erlaubte, dort zu verweilen, wo sie sich herumtreiben wollten. Vielleicht tanzte ich nur deshalb noch, weil ich wußte, wie grundlegend faul und träge ich sein konnte.

Es belustigte mich immer, daß die Leute in mir einen rasenden Derwisch sahen, einen Wirbelwind disziplinierter Aktivitäten, wo ich es in Wahrheit doch immer mehr vorzog, überhaupt nichts zu tun. Das Nichtstun hieß für mich natürlich, mich im »Augenblick« so rundum selig zu fühlen, daß ich nie auf den Gedanken gekommen wäre, mich mit der Zukunft zu befassen. Mir behagte das Gefühl immer mehr, die Zeit in Bahnen zu lenken. Mir fiel wieder ein, wie sehr mich die philosophische Vorstellung begeisterte, daß die Zeit durch uns hindurch läuft und nicht wir die Zeit durchlaufen.

Mein Geburtstag brachte mich also wieder einmal in Berührung mit meinem Zeitempfinden und der Sterblichkeit des Körpers. Vielleicht lag es an meiner Knieverletzung, daß ich mir plötzlich so viele Gedanken über das Alter machte, denn mir war durchaus bewußt, daß die Verletzung vielleicht meinem Alter zuzuschreiben war. Das war keine erfreuliche Vorstellung. Ich wollte es mir nicht eingestehen. Mein Körper hatte mir wie ein Arbeitsgaul gedient. Ich hatte nicht vor, ihn auf der Weide grasen zu lassen. Und doch... und doch...

In der Nacht nach meinem Geburtstag läutete das Telefon. Ich hörte eine Stimme, die mich heiter begrüßte. Es war Debbie Reynolds.

»Nun, meine Liebe«, sagte sie. »Alles Gute zum Geburtstag oder was du eben sonst willst.«

»Danke, Debbie«, sagte ich. »Laß dir auch nachträglich zum Geburtstag gratulieren. Hast du meine Blumen bekommen?«

»Natürlich habe ich sie bekommen, meine Liebe«, sagte sie. »Ich bekomme immer deine Blumen. Ich habe deine Blumen bekommen, als du mit den Dreharbeiten angefangen hast. Ich habe deine Blumen bekommen, als du mit den Dreharbeiten fertig warst. Ich habe deine Blumen bekommen, als ich mit *Molly Brown* Premiere hatte. Ich habe alle deine Blumen bekommen. Aber ich habe dich angerufen, weil ich dir etwas sagen wollte.«

»Und das wäre, Debbie?«

»Laß von jetzt an die Blumen weg, und schick mir einfach nur deine wunderbaren Briefe.«

»Oh«, antwortete ich. »In Ordnung.«

»Hast du Groucho gekannt, meine Liebe?«

»Ja, ein wenig, er hat mich zum Lachen gebracht, vor allem mit seinen Anzüglichkeiten.«

»Ja«, sagte sie. »Das kann man wohl sagen. Also, er hat immer gesagt, laß den Champagner weg, laß den Kaviar weg, ruf mich ganz einfach an! Und ich sage zu dir, laß die Blumen weg, ich will nur hören, was du zu sagen hast, wenn du schreibst.« Sie legte auf.

Am Dienstag, dem ersten Mai, sollten wir in dem Theater eröffnen, in dem ich nur einmal gewesen war – um Debbie Reynolds in *Goldgräber-Molly* zu sehen. Das erschien mir wie ein gutes Omen.

Am Freitag, dem siebenundzwanzigsten April, ging ich mit Alan und den Tänzern in den Proberaum. Wir hatten drei Wochen ausgesetzt (eine lange Zeit für einen Tänzer, keine komplizierten Schritte auszuführen). Alan wollte etwas mit ihnen besprechen und ein paar Kleinigkeiten ändern. Daher tanzten sie am Vormittag, und ich tanzte am Nachmittag.

Es war phantastisch, wieder weiterzumachen. Ich fühlte mich körperlich kräftig. Ich hatte mein Trainingsprogramm durchgehalten. Ich spürte zwar ab und zu das berüchtigte Stechen hinten in meinem Knie, aber ich war so froh, mit meiner Show weitermachen zu können, und ich wußte, daß ich mich darauf verlassen konnte, ganz gleich, was sich auf Erden und im übrigen Showbusineß tat. Und es machte mich glücklich, daß ich eine Möglichkeit gefunden hatte, mit dieser Schwäche zu arbeiten und Bewegungen leicht abzuändern, um das Knie nicht zu belasten. Die Probe lief gut.

Am nächsten Tag, einem Samstag, luden die Techniker unsere Ausrüstung im Pantages-Theater ab, während wir im Proberaum noch einmal die Show durchgingen. Für den Sonntag war eine Kostümprobe angesetzt, für den Montag abend eine Probevorstellung.

Alan änderte ein paar Schritte, um die Choreographie vorsichtshalber einfacher für mein Knie zu machen. Die Tänzer schlugen sich mit ihren eigenen Verletzungen herum (Achillessehnen und Rückenschmerzen).

Die Fenster waren offen. Die Sonne strömte herein. Auf dem Tisch lagen Vollkornplätzchen mit Honig, und die Evian-Flaschen standen da. Wir machten Witze, unsere Körper wirbelten herum, wir fanden neue darstellerische Aspekte in den Schritten, und wir ließen es uns einfach prächtig gehen.

Tänzer müssen tanzen. Wir hatten lange genug Pause gemacht. Wir nahmen uns den Schluß der Choreographen-Nummer vor. Keith und Blane und ich alberten herum und fanden neue Nuancen im Spiel miteinander.

Ich bereitete mich nach einer Drehung auf einen Sprung vor, machte einen Routineschritt – eigentlich war es überhaupt kein Schritt, sondern nur eine Haltung, die ich zur Vorbereitung auf den Sprung einnahm. Blane stützte mich, während ich aus einem Demi-Plié in die Luft sprang.

Dann passierte es. Das Stechen wuchs sich zu einem ungeheuren Reißen aus. Schmerzen wie in diesem Augenblick hatte ich noch nie gehabt, und der »Augenblick« schien sich unendlich hinzuziehen. Es hörte nicht auf. Ich schrie, während ich mitten in der Luft hing.

»Oh, nein!« schrie ich.

Ich hörte mich immer wieder schreien. Blane stellte mich sacht auf den Boden, und ich versuchte, mich hinzulegen. Der Schmerz hörte nicht auf. Ich konnte einfach nicht glauben, was hier geschah. Der Schmerz ließ volle zwei Minuten lang nicht nach. Niemand wußte, was er tun sollte.

»Eis... Eis... holt Eis.« Der ewige Schrei der Tänzer. »Holt Eis!«

Keith rannte aus dem Raum, um Eis zu holen. Damita beugte sich über mich und forderte mich auf, den Schmerz zu beschreiben, was ich auch tat. In all der Zeit glaubte ich, es sei ein Traum.

»Ist das ein böser Traum?« fragte ich die Tänzer. Alan sah mir in die Augen. Er wußte, wovon ich redete. Wenn wir alle unsere eigene Realität erschaffen, und wenn das Leben ein Traum ist, den wir erschaffen und aus dem wir lernen, was ging dann hier vor?

Ich schlug mir auf die Oberschenkel, weil ich hoffte, davon zu erwachen. »Sagt mir doch, daß das nur ein böser Traum ist, den ich mir selbst angetan habe.«

»Es ist wahr«, sagte Alan. »Es ist kein Traum. Du hast dir wirklich das Knie verletzt.«

»Welchen Tag haben wir heute?« fragte ich in meiner Verwirrung.

»Samstag«, sagte Alan.

Mein Verstand arbeitete mit der rasenden Geschwindigkeit eines Computers. Ich konnte die Kostümprobe am nächsten Tag auslassen, vielleicht sogar die inoffizielle Vorstellung am Montag ausfallen lassen, damit ich am Dienstag für die Eröffnung bereit war! Ich konnte es mir ganz einfach nicht leisten, die Premiere abzusagen – nicht nach Seattle und San Francisco. Dann würden die Leute wirklich glauben, mit mir stimmte etwas nicht und ich sei unzuverlässig. Ich wollte nicht, daß sie sagten, ich sei zu alt, um noch weiterzutanzen. Ich versuchte, mein Knie zu bewegen. Welche Haltung ich auch einnahm, der Schmerz war unerträglich.

»Holt Doktor Perry«, sagte ich verzweifelt. »Sagt ihm, er soll auf der Stelle kommen.«

Blane stürzte zum Telefon. Die ersten Vorschläge wurden gemacht – vielleicht sollten wir Sanitäter holen, vielleicht einen Krankenwagen. Bei alledem konnte ich an nichts anderes mehr denken, nur noch daran, wie ich auf diese Bühne im Pantages kam, koste es, was es wolle.

Der Schmerz begann ein wenig nachzulassen. Ich versuchte, mir optisch vorzustellen, was in meinem Knie passiert war. Der Schmerz kam von hinten, nicht von oben. Er kam von der Stelle, an der ich »das Stechen« gespürt hatte. Das Flüstern, dachte ich – ich hatte nicht auf das Flüstern gehört. Aber selbst wenn ich darauf gehört hätte, was hätte ich tun können?

Jemand brachte mich ins Büro, in dem ein Telefon stand. Ich rief Doktor Perrys Frau an. Sie sagte, sie erwarte bald einen Anruf von ihm.

Die Sanitäter kamen mit Geräten zum Messen des Blutdrucks und mit einer Tragbahre. Das war entschieden nicht das richtige für mich, aber die jungen Männer nahmen meine Ablehnung ganz reizend auf. Sie wünschten mir alles Gute und sagten, sie hofften, ich würde tanzen können. Oh, Gott, wie sehr es mir verhaßt war, diese Worte zu hören!

Mike Flowers war am Anfang bei den Proben gewesen und dann ins Theater gegangen. Er kehrte schockiert zurück und wußte, was dieses neue Problem wirklich bedeutete.

Ich wartete etwa eine Stunde auf einen Anruf von Doktor Perry, aber er war nicht auffindbar. Die Probe war offensichtlich beendet. Damita brachte mich nach Hause, und es gelang mir, zu meinem Wagen zu humpeln, denn ich fand jetzt schon Möglichkeiten, wie ich meinen Körper um den Schmerz herumlavierte.

»Glaubst du, ich werde tanzen können?« fragte ich sie, wie ein Mensch, der Zuspruch haben will, selbst dann, wenn es nicht der Wahrheit entspricht.

»Ich weiß es nicht«, sagte sie. »Wichtig ist jetzt nur, daß du gesund wirst und nicht zu früh wieder tanzt. Das ist das einzig Wichtige.« Sie hatte recht, aber das änderte in meinen Augen nichts.

Sobald ich zu Hause angekommen war, band ich mir Eis auf das Knie und wartete auf Perry. Alle erdenklichen dämonischen Überlegungen zuckten und schossen mir durch den Kopf, aber im Grunde drehten sie sich alle um die eine unvermeidliche Frage: War das wirklich das Ende meiner Karriere als Tänzerin? Mir fiel wieder ein, daß ein Freund von mir gekommen war, um mich in New York auf der Jahrhundertfeier der Freiheitsstatue am vierten Juli zu sehen, weil er glaubte, ich würde zum letzten Mal tanzen. Ich fragte mich, ob er recht gehabt hatte.

Natürlich nicht, dachte ich. Ich habe bereits zwei Monate lang getanzt. Würde ich jetzt besser singen lernen müssen, weil ich die Tanzeinlagen schon bald aus meiner Show streichen mußte? Würden die Leute überhaupt noch kommen? Kamen sie jetzt nur, um zu sehen, ob jemand in meinem Alter immer noch die Beine in die Luft schwingen konnte?

Vielleicht konnte ich lernen, jeden Song, der je geschrieben worden war, schauspielerisch so umzusetzen, daß die Leute kommen würden, um die wahre Bedeutung der Texte zu hören und zu sehen. Ich dachte an Julio Iglesias. Er war Sportler gewesen, wie mir jetzt einfiel, und durch einen Unfall hatte er singen *müssen*.

Doktor Perry traf ein, als ich gerade mitten in meinen paranoiden Spekulationen steckte. »Was zum Teufel ist passiert?« fragte er. Ich berichtete es ihm. »Ein Meniskusriß«, sagte er und schien augenblicklich zu verstehen, was passiert war. »Es hat wahrscheinlich mit der ursprünglichen Verletzung zu tun. Wir müssen ein MRI machen (Kernspintomographie). Wo ist Ihre Arthrographie aus Seattle?«

Ich sagte ihm, daß ich all das besorgen würde. Was ich wissen wollte, war, wie es um meine nahe Zukunft stand. Perry war ehrlich. Er wußte es nicht. »Aber ich bezweifle«, sagte er, »daß Sie am Dienstag abend auftreten werden.«

Ich starrte ihn an. »Wirklich?« fragte ich.

»Wirklich«, antwortete er. »Sie wollen sich doch nicht noch mehr verletzen. Darum hätte man sich in Seattle schon kümmern müssen.«

»Sich darum kümmern? Wie meinen Sie das?« fragte ich.

»Ich weiß es nicht. Wir werden es sehen. Nach dem MRI wissen wir mehr. Das hätte gleich nach der ersten Verletzung gemacht werden sollen. In Seattle ist die Arthrographie nicht richtig ausgewertet worden. Aber andererseits hat sie vielleicht auch nicht das volle Ausmaß Ihrer Verletzung gezeigt. Wir tappen jetzt im dunkeln. Haben Sie Geduld. Erinnern Sie sich noch, daß ich Ihnen bisher gesagt habe, Sie sollten weiterarbeiten und nicht aufgeben, weil Sie sonst niemals mit sich selbst zurechtkommen könnten?«

»Ja.«

»Also, jetzt sage ich Ihnen, arbeiten Sie *nicht* weiter, bis Sie wirklich ganz sicher sind, daß Sie sich nicht verletzen werden.«

Ich sagte nichts.

Er verband mein Knie. »Nehmen Sie den Verband nicht ab«, sagte er. »Ich habe direkt auf der Haut Filz angebracht. Filz zieht die Hitze und die Entzündung raus.«

»Darf ich mich massieren lassen?« fragte ich. »Bonnie kommt. Ich bin so angespannt. Mir tut jeder Muskel weh.«

»Ja«, antwortete er. »Mit einer Massage bin ich einverstanden.«

Ich dachte an meinen Schuster. Dem Mann war absolut nicht klar gewesen, was er tat. Ich dachte an Mary und daran, daß sie mir versichert hatte, ich würde die Tournee schmerzfrei hinter mich bringen. Ein wenig Schmerz hätte ich durchaus in Kauf genommen, wenn ich bloß ohne Verletzungen tanzen könnte.

Doktor Perry ging, als Bonnie kam. Er sagte, er würde es arrangieren, daß sich ein orthopädischer Chirurg am nächsten Tag meine Verletzung ansah. Ich brauchte ein MRI und mußte eine weitere Meinung außer seiner einholen. Ein Chirurg? »Soll das ein Witz sein?«

»Nein«, antwortete er ruhig. »Als erstes müssen wir sehen, was Ihnen fehlt. Wenn ein orthopädischer Eingriff notwendig ist, dann werden wir ihn vornehmen und sehen, was dann passiert.«

Dann erzählte er mir von all den Sportlern und Tänzern, die er behandelt hatte und die Operationen durchgemacht hatten und hinterher aktiver denn je waren. Ich hatte mir noch nie eine Verletzung zugezogen, die eine Operation erforderlich machte. Ich wußte nicht, wie ich damit umgehen sollte. Perry nickte, um mir Zuversicht zu geben, und ging.

Als Bonnie anfing, meine Muskeln zu massieren, fing mein verbundenes Bein an zu pochen. Der Verband saß zu eng. Ungestüm riß ich ihn ab.

»Vielleicht können Sie die Bänder massieren und sie wieder in Ordnung bringen?« fragte ich Bonnie. Sie nickte. »Ich kann helfen«, sagte sie. »Das weiß ich ganz genau.«

Als sie an meinem Knie arbeitete, stellte ich mir optisch vor, wie die Bänder und der Meniskus geheilt wurden. Ich war entschlossen, aufzustehen und zu tanzen. Bonnie bestand darauf, daß ich vorsichtig sein sollte, weniger im Augenblick, sondern in Zukunft.

»Sie wollen sich doch nicht jetzt zu etwas zwingen und sich dadurch Ihre Karriere verpfuschen«, sagte sie. Meine Karriere? Wieviel war denn überhaupt noch davon übrig? Ich hätte nie geglaubt, daß ich in diesen Begriffen dachte, aber es war so. Bonnie bearbeitete und knetete mein Bein von oben und unten und versetzte ihm leichte Schläge. Ich hatte das Gefühl, es sei richtig gewesen, den Verband zu entfernen, damit sie das tun konnte. Ich hatte mich jetzt auf den heiklen Tanz des Instinkts eingelassen. Kannte ich meinen Körper besser als der Arzt, und wußte ich genauer, was er brauchte? Das konnte ich nicht mit ja oder nein beantworten. So genau ließ sich das nicht sagen. Heute abend jedenfalls war eine Massage meiner Meinung nach eine bessere Idee als der Verband.

Während ich auf dem Massagetisch lag, steigerte ich mich in die Vorstellung hinein, daß das Publikum meine Eröffnungsvorstellung erwartete. Ich rief Alan an.

»Wie geht es dir, Schätzchen?« fragte er. »Was läuft?«

»Ich bin noch nicht ganz sicher«, antwortete ich. »Ich habe

nachgedacht. Was hältst du davon, wenn wir die Choreographen-Nummer rausschneiden und Material aus einer unserer alten Shows einarbeiten, mit dem wir Erfolg hatten? Vielleicht ist es ohnehin an der Zeit, daß ich mir allmählich Gedanken darüber mache, die Tanznummer wegzulassen.«

Am anderen Ende herrschte Schweigen. Dann: »Das wäre möglich«, sagte er. »Was hast du auf Lager, was sich in einem Tag einschieben läßt?« Ich zählte ihm das Material auf, von dem ich wußte, daß es sich machen ließ.

»Okay«, sagte er. »Ich rufe dich zurück.«

Ich rief Mort an und teilte ihm meine Überlegungen mit. Er hatte die Leitung des Pantages-Theaters noch nicht darüber informiert, was vorgefallen war.

»Ich wußte, daß du dir irgend etwas einfallen läßt, um diese Bühne betreten zu können, aber laß dir etwas sagen. Erstens habe ich dir schon öfter gesagt, daß nichts es wert ist, deine Gesundheit dauerhaft zu gefährden; und zweitens, wenn die Leute Eintrittskarten zu einer deiner Shows kaufen, dann erwarten sie von dir, daß du tanzt. Das heißt, *nein*, du kannst die Choreographen-Nummer nicht streichen. Du wirst einfach nicht auftreten, das ist alles – jedenfalls nicht jetzt. Vielleicht später. Okay?«

»Okay«, sagte ich ohne die leiseste Überzeugung.

Als ich am nächsten Morgen erwachte, fühlte sich mein Knie wie ein Brocken zusammengerolltes Fleisch an. Steif war nicht das richtige Wort – es war von innen heraus gequetscht. Ich konnte das Bein nicht schmerzfrei belasten. Vielleicht war es das Trauma »am Morgen danach«, dachte ich.

Ich stieg in meinen Wagen und fuhr zum Pantages-Theater, in dem für ein Uhr die Kostümprobe angesetzt worden war. Als ich durch den Malibu Freeway in die Stadt fuhr, versuchte ich zu erkennen, ob ich diese Fahrt in den nächsten fünf Wochen allabendlich machen würde. Ich konnte die Antwort weder sehen noch spüren. Wieder dachte ich an die Medien und die Channeler, die mir gesagt hatten, um L. A. stünde es zweifelhaft. Was ging hier vor? War alles bereits in den Wind geschrieben, oder wirkten wir daran mit?

Ich kannte die Antwort. Aber wenn sich die Dinge ereignen und man mitten drinsteckt, dann ist es eben schwierig, den eigenen Beitrag zu erkennen, den wir zur Realität der Geschehnisse leisten.

Ich fuhr zum Bühneneingang des Theaters. Langsam stieg ich aus meinem Wagen. Ein Mann bog um die Ecke, hielt seinen Wagen an und beobachtete mich, als ich zum Bühneneingang humpelte.

»He, Shirl«, rief er gutgelaunt. »Meinst du, du wirst tanzen können?«

Ich weiß nicht, wer dieser Mann war. Aber ich konnte ihn nicht leiden. Ich werde ihn nie vergessen. Er machte mich wirklich stinksauer. Ich bedachte ihn mit einem tödlichen Blick.

»Ja, du Idiot«, sagte ich barsch und machte auf dem Absatz kehrt, was einen stechenden Schmerz hervorrief. Ich humpelte durch den Bühneneingang in die Kulissen.

Die Musiker bereiteten sich gerade vor. Die Scheinwerfer wurden eingestellt. Der Tanzboden war verlegt worden, und die Kostüme hingen bereit für die Probe.

Ich wußte nicht, ob die Musiker es schon gehört hatten, denn die Tänzer waren noch nicht da. Für mich war eine Musikprobe angesetzt worden. Gary war da und erwartete mich, weil er in einigen meiner Songs die Vokalbildung noch einmal mit mir durchsprechen wollte.

Aber die Leute im Showbusineß, insbesondere die, die live im Theater auftreten, haben Nasen wie Bluthunde. Sie wittern aus heiterem Himmel jeden Ärger – und ich glaube, all das hat mit dem geschärften Selbsterhaltungstrieb zu tun, damit man im voraus weiß, wann man einen Job verlieren könnte.

Die Musiker und die Bühnenarbeiter sahen, daß ich humpelte. Ich konnte es nicht verbergen. Ich entschied mich jedoch, im Moment kein Wort darüber zu verlieren. Für den nächsten Tag hatte ich einen Termin für ein MRI, und für den Moment würde ich mich ganz auf die Musik konzentrieren.

Ich ging alles durch. Ich fand, daß es wirklich gut klang; sogar die Musiker äußerten sich zu meiner Stimme. »Wenigstens etwas, was bei mir noch funktioniert«, antwortete ich mit einem Sarkasmus, der wirklich echt war.

Ich konnte spüren, wie sich der Rhythmus der Bühnenarbeiter und der Techniker auf diese hilfreiche Weise beschleunigte, die den Leuten im Showbusineß eigen ist, denn wenn eine Krise droht, ist jeder für jeden in allen Bereichen da.

Die Lichteinsätze waren perfekt, der Klang war (Halleluja!) unglaublich rein, und die Bühne selbst erschien mir wie ein Theaterparadies; die Sicht war von allen Plätzen gut, es herrschte eine intime Atmosphäre, obwohl der Raum dreitausend, wenn nicht mehr, Besucher faßte. Das Theater war wunderbar ausgeschmückt, und es herrschte eine ausgeprägte theatralische Aura, die noch aus vergangenen Zeiten in der Luft zu hängen schien.

Oh, wie gern ich in diesem Theater spielen wollte! Warum hatte ich nicht vor ein paar Wochen selbstsicherer sein können? Dann wäre all das vielleicht nicht passiert.

Alan kam aus den Kulissen links neben der Bühne und hatte seinen Hund auf dem Arm. »Na?« fragte er. »Was meinst du?«

Ich erzählte ihm von dem MRI, das am Montag gemacht werden sollte. Und um mich klar zu äußern, sagte ich ihm, ich würde die Premiere trotzdem durchziehen.

»Hör mal«, warnte er mich, »warum läßt du es nicht ein für allemal in Ordnung bringen; und wenn das heißt, daß wir die Eröffnung verschieben, dann ist es eben so.«

Ich wandte mich von ihm ab. Wenn ich nicht akzeptieren konnte, was hier vorzugehen schien, wie wäre ich dann mit einer echten Katastrophe umgegangen – wie Krebs oder einem gräßlichen Autounfall? Würde ich es in derselben Form abstreiten? Oder dachte ich positiv? Und wo endete positives Denken, und wo begann die Selbstverleugnung?

Ich machte mich an einige der Tanzschritte. Ich konnte mich kaum bewegen, und doch beharrte ich darauf. Ich hörte Alan sagen: »Hier steht jeden Moment ein wirklich schlimmer Sturz bevor.«

Doktor Perry traf ein. Er sah mich tanzen und raste auf die Bühne.

»Das dürfen Sie nicht tun«, sagte er. »Sie machen alles nur noch schlimmer. Hören Sie auf mich. Warten Sie, bis wir wissen, was hier los ist.«

Ich hörte nicht auf ihn. In der Zwischenzeit arrangierte Doktor Perry, daß ich auf der Stelle einem MRI unterzogen wurde. Ich tanzte nicht mit voller Kraft, und auch der Schmerz nahm nicht zu; ich experimentierte mit den Körperbewegungen und den notwendigen Veränderungen in der Choreographie, aber ich *wußte* tief in meinem Innern, daß ich nicht weitermachen konnte. Ich wußte, daß die Energie, die bei einem Auftritt freigesetzt wird, mir gefährlich würde. Wenn man erst einmal auf der Bühne steht, ist es, als säße man mit einer Fahrkarte in einem Schnellzug. Es gibt kein Anhalten, bis man in den Bahnhof einfährt und es vorbei ist.

Ich drehte mich einmal zu oft und spürte wieder einen Stich; mein Bein sackte unter mir zusammen.

Perry schrie mich an, kam auf die Bühne und packte mich am Arm. Er sagte: »Ich habe alle Vorkehrungen für ein MRI in der Notaufnahme getroffen, und wir gehen jetzt sofort hin, ehe Sie sich noch mehr verletzen!« Ich drehte mich einmal um dreihundertsechzig Grad, nahm alles um mich herum wahr und fragte mich, wie die Theaterleitung auf die nächste Absage reagieren würde.

Das MRI ist eine röhrenförmige Maschine. Sie stecken einen hinein, und sie macht Aufnahmen von dem Gewebe, das von Röntgenaufnahmen nicht erfaßt werden kann. Ich hatte eine Werbung mit einem Jungen und einem Teddybär dafür gesehen.

Der Junge fragt seine Mutter: »Tut es weh, und kann ich Sam (den Teddy) mitnehmen?« Der kleine Junge kommt heil raus und Sam ebenso. Daher machte ich mir keine Sorgen.

Was in der Werbung unterlassen wurde, war der Hinweis, daß ein so hochtechnisiertes Gerät (zur Förderung der Gesundheit der Amerikaner) einem eintausendachthundert Dollar für eine einmalige Aufnahme kostet.

Ich wurde achtzehn Minuten lang in die Röhre geschoben (das hieß, hundert Dollar in der Minute). Man setzte mir HiFi-Kopfhörer auf und sagte mir, ich solle mich nicht rühren. Das war, als sagte man: »Meditieren Sie, und was Sie auch tun, denken Sie bloß niemals an einen weißen Elefanten.«

Doktor Perry erwartete mich, als ich fertig war. Dann setzten wir uns in der Klinik mit den Diagnostikern zusammen.

Ihre Schlußfolgerung: Ich hatte einen ernstlichen Bänderriß, und der Meniskus war verletzt. Ich hatte Knochenschäden am Knie, die sie für weit ernster erachteten als den Meniskusriß, und die Kreuzbänder, die für die Standfestigkeit und die Bewegung zuständig sind, waren geschädigt.

»Ich habe es Ihnen doch gesagt«, sagte Perry. »Jemand hat die Arthrographie in Seattle nicht korrekt ausgewertet. Sie haben in San Francisco mit ziemlich ernsten Verletzungen getanzt. Es ist nur gut, daß Sie einen Verband getragen haben.«

Für mich bestand keine Hoffnung mehr, am Dienstag zu eröffnen. Das war immer noch nicht wirklich zu mir vorgedrungen. Ich mußte immer wieder an die Voraufführung denken, zu der Gäste geladen worden waren, aber auch an all die Leute, die zur Premiere und zur anschließenden Feier kommen würden. Dann mache ich eben eine demütigende Erfahrung durch, sagte ich mir, doch gleichzeitig hätte ich mich am liebsten irgendwo in einer Höhle verkrochen. Mir war die Vorstellung unerträglich, alle im Stich zu lassen, ganz abgesehen davon, daß mir die Eröffnung hier nicht vergönnt war, auf die ich mich so sehr gefreut hatte.

Alte Tänzerinnen wie ich hielten sich stolz zugute, daß sie »da waren«. Wir waren zuverlässige Wesen, und wir manövrierten uns aus jeder Klemme. Wenn ich das negierte, in Abrede stellte, würde ich entweder innerlich daran zerbrechen oder daran wachsen.

Am nächsten Morgen arrangierte Perry für mich eine Untersuchung bei einem Chirurgen, der für Notfälle und Probleme zur Verfügung stand. Wir wußten, daß wir mehrere Meinungen einholen würden. Mit ihm würden wir anfangen. Sein Name wird unser Geheimnis bleiben, weil er in eine Fernsehserie und nicht in einen Operationssaal gehörte. Er war so gnädig, mich auf der Stelle zu empfangen, aber ich wünschte gewissermaßen, er hätte zuviel zu tun gehabt. Seine Persönlichkeit trug nicht gerade dazu bei, die größte Zuversicht zu wecken.

Mort und Perry gingen mit mir hin. Mort war im College Sportler gewesen und hatte sich beim Football selbst eine Reihe von Verletzungen zugezogen.

Doktor X war ein Mann, der an seinen beweglichen Stuhl auf Rollen gefesselt schien. Er stand nie auf, um etwas zu betonen, und er lief auch nicht umher, um etwas zu demonstrieren. Er verspürte jedoch anscheinend das Bedürfnis, auf seinem Stuhl herumzurasen und ständig zu reden. Ein Drehbuchautor hätte unter größtem Druck gestanden, wenn er sein Auftreten und seine Äußerungen hätte festhalten wollen.

Zuerst fuhr er auf seinem Stuhl mit den Rollen durch den gesamten Untersuchungsraum zu seinem Wandtelefon, um einen Anruf von seiner Sprechstundenhilfe entgegenzunehmen, die ihm offensichtlich Anweisungen gab, was er zu tun hatte. Als das Gespräch beendet war, fuhr er zu dem Untersuchungstisch zurück, auf dem ich lag, und sagte: »Ihr Mädchen seid bestimmt gescheiter als wir, stimmt's? Und jetzt zeigen Sie mir mal Ihr hübsches Bein.«

Es faszinierte mich, von einem Mann, der Chirurg und anscheinend noch dazu ein guter war, einen solchen Satz zur Eröffnung zu hören.

»In *Can-Can* haben Sie mir wirklich gefallen«, sagte er und schmeichelte sich damit noch mehr bei mir ein. »Werfen Sie die Beine immer noch so in die Luft? Dann verstehe ich, warum Sie gestürzt sind!« Er brach in brüllendes Gelächter aus. Ich überlegte mir, daß Ed Asner in der Fernsehserie eine gute Besetzung für ihn gewesen wäre.

»Na, dann ziehen Sie sich doch mal die Hose hoch«, forderte er mich auf, »damit wir uns anschauen können, was Sie sich angetan haben. Wenigstens blutet es nicht. Ich bringe alle Patienten in der Notaufnahme zum Lachen«, sagte er. »So bin ich eben.«

Das konnte man wohl sagen.

Ich zog mein Hosenbein hoch, während er vor mir herumrollte. Ich sah Perry an. Er verdrehte die Augen. Mort schaute jetzt schon aus dem Fenster. Ich wußte, daß er sich andere Chirurgen durch den Kopf gehen ließ.

Doktor X quetschte mein rechtes Knie. Seine Berührung war schlimmer als der Schmerz. »Wie fühlt sich das an?« fragte er. »Fühlt es sich an, als könnten Sie je wieder tanzen?«

Ich hätte ihm gern in die Eier getreten, aber er stand nicht.

»Ich schätze, ob ich je wieder tanzen werde, hängt davon ab, was Sie mir sagen«, antwortete ich, denn ich entschloß mich, die Karten lieber auf den Tisch zu legen, ganz gleich, wie die Alternative auch hätte aussehen können.

»Die Entscheidung liegt bei Ihnen«, sagte er und sah mit lächelndem Gesicht zu mir auf.

»Bei mir?« fragte ich.

»Tja«, fuhr er fort, »ich wette, Sie können gut Entscheidungen treffen, wenn es nicht gerade darum geht, wie Sie einen weiteren Sturz verhindern.« Er lachte wieder und freute sich schrecklich über sein angeborenes »komödiantisches« Talent, das dazu dienen sollte, Spannungen abzubauen.

Doktor Perry schritt sofort ein, um die Situation zu retten, denn er war schuld daran, daß ich überhaupt hier war.

»Wir haben ein MRI machen lassen«, sagte Perry. »Vielleicht möchten Sie gern mit den Diagnostikern in der Klinik reden, die die Bilder ausgewertet haben. Sie machen sich Sorgen wegen Knochenschäden, und das ist eindeutig ernster als ein Meniskusriß. Wir haben uns gefragt, wie ernst der Knochenschaden ist.«

Doktor X rollte wieder zum Wandtelefon. Er nahm den Hörer ab. »Was haben die für eine Nummer?« fragte er. Ich wußte selbst nicht, warum es mir so unangebracht erschien, daß sich ein Chirurg nach einer Telefonnummer erkundigte. Es trug nur einfach zu dem aufkeimenden rasenden Mißtrauen von meiner Seite bei.

Perry gab ihm die Nummer, die er an seine Sprechstundenhilfe weitergab. Er fuhr ein paarmal durchs Zimmer, und war zweifellos in tiefe chirurgische Gedanken verstrickt. Mort rang sich nicht einen Moment lang zu einem Lächeln durch. Perry verschränkte die Arme, als sei er entweder angewidert oder wollte einen körperlichen Schlag abwehren. Zugegeben, ich wollte um mich schlagen, aber es hätte nicht zwangsläufig ihm gegolten. Der Anruf wurde durchgestellt. Doktor X stellte sich vor und hörte sich die Auswertung des MRI an. Dann ließ er sich auf ein medizinisch-chirurgisches Gespräch ein, aber nicht, ohne es abschließend mit einer frechen Bemerkung zu beenden.

»Tja, die kleine Lady sitzt mir gerade gegenüber; das wird sie entscheiden.« Er legte auf und rollte wieder auf mich zu. Ich kam auf den Gedanken, er könnte tatsächlich gelähmt sein. Vielleicht konnte er wirklich nicht laufen. Er tastete mein Knie wieder ab. »Tja«, sagte er, »ich führe die Operationen unter Vollnarkose aus. Welche Form ist Ihnen am liebsten?«

»Was soll das heißen, daß Sie unter Vollnarkose arbeiten? Warum keine örtliche Betäubung?«

Er lächelte. »Weil Sie sich bewegen könnten, und das wäre ganz schlecht.«

»Warum?« fragte ich und hatte das Gefühl, mich auf ein sadistisches Geplänkel mit ihm eingelassen zu haben.

»Tja«, sagte er, denn ohne den Vorspann »Tja« schien er nicht einen Satz äußern zu können. »Ich benutze Instrumente, und wenn Sie sich bewegen, könnte das zu einer Knochenverletzung führen, die schlimmer wären als die, die Sie jetzt schon haben.«

»Ist diese Knochengeschichte wirklich ernst?« fragte ich.

Doktor X legte den Kopf zur Seite. »Tja, Sie haben Ihr hübsches Knie viele Jahre lang benutzt. Wenn man so lange darauf getanzt hat wie Sie, dann muß sich der Knochen zwangsläufig abnutzen. Früher oder später nutzen wir uns alle ab.«

Ich sagte ihm, ich hätte zwanzig Jahre nicht getanzt, ehe ich mich mit vierzig entschlossen hatte, wieder zur Bühne zu gehen. Es gab eine Pause von zwanzig Jahren ohne intensive sportliche Aktivitäten. Er hörte nicht, was ich sagte.

»Nachdem Sie sechsundfünfzig Jahre lang getanzt haben, muß man mit Schäden rechnen«, beharrte er.

Na, gut, dachte ich. Vielleicht kann man sich schon schädigen, indem man so lange lebt und über Zementbürgersteige läuft.

»Aber«, fügte er hinzu und schien nichts von dem wahrzunehmen, was ich gesagt hatte, »die Entscheidung liegt bei Ihnen.«

»Welche Entscheidung liegt bei mir?« fragte ich.

»Welche Form von Narkose Sie haben wollen«, antwortete er.

»Wollen Sie damit sagen, daß eine Operation unbedingt erforderlich ist?«

»Klar«, antwortete er, als sei das Messer die Lösung für alles. »Was halten Sie von zehn Uhr morgen früh?«

»Morgen?« fragte ich und konnte kaum glauben, daß ich diese lachhafte Charade immer noch mit ihm weiterspielte.

»Ja«, antwortete er, »und ich verspreche Ihnen, daß ich mich auch nicht rühre, wenn Sie sich nicht rühren!«

Ich sah Perry an, der so entgeistert war, daß er sich hinsetzte.

»Doktor X«, sagte Perry, »sagen Sie uns, wie Sie dieses Knochenproblem sehen. Wie Sie gehört haben, war einer der Diagnostiker in der Klinik weniger besorgt als der andere. Welchen Standpunkt nehmen Sie dazu ein?«

Doktor X sah Perry an, der jetzt auf seiner Augenhöhe war.

»Man könnte immer noch eine Knochenuntersuchung vornehmen. Dann wüßten wir mehr. Es könnte sogar sein, daß wir noch mehr Krisenherde im Körper finden.«

»Wie sieht diese Knochenuntersuchung aus?« fragte ich.

»Man injiziert radioaktive Isotope in die Blutbahn. Die Isotope zeigen dann die Krisenherde auf.«

»Ich soll mir freiwillig Radioaktivität injizieren lassen, um dahinterzukommen, wie krank meine Knochen sind? Die radioaktiven Isotope würden mich doch krank machen oder nicht?«

»Vielleicht«, sagte Doktor X. »Aber wenn Sie viel Wasser trinken, geht es bald vorbei.«

»Könnten Sie eine sofortige Knochenuntersuchung veranlassen, falls wir uns dafür entscheiden sollten?« fragte Perry.

Doktor X sagte, das ließe sich im Krankenhaus gleich gegenüber machen. »Sie brauchen nur über die Straße zu gehen, und es läßt sich innerhalb von wenigen Stunden machen.«

Ich sprang vom Tisch. »Gehen wir doch hin, und reden wir darüber«, sagte ich. »Danke, Doktor, das war äußerst informativ, ich danke Ihnen für die Zeit, die Sie sich genommen haben, für Ihre Erfahrung, Ihren Humor und dafür, daß Sie den Beweis erbracht haben, daß die Fernsehsender in diesem Land genau wissen, was sie tun, wenn sie Arztpersönlichkeiten wie Sie heranziehen, um die Einschaltquoten anzuheben. Bestimmt sind Sie sehr beliebt bei Ihren Patienten und Ihren Mitarbeitern, denn ich weiß, daß Sie im Fernsehen ein großer Erfolg wären.«

Doktor X sprang von seinem rollenden Stuhl auf. »Meinen Sie das wirklich?« fragte er. »Ich weiß, daß ich in der Notaufnahme immer alle zum Lachen bringe. Das ist wahrscheinlich schwerer als im Fernsehen, meinen Sie nicht auch?«

»Ja, ich denke schon«, antwortete ich. »Ich glaube, deshalb gehe ich jetzt besser.«

»Okay«, sagte Doktor X fröhlich. »Teilen Sie mir mit, wofür Sie sich entschieden haben. Und denken Sie daran, wenn Sie sich nicht rühren, rühre ich mich auch nicht!« Er lachte, bis wir den Aufzug erreicht hatten.

Ich war jetzt ein vollwertiges Mitglied der amerikanischen Bürgerschaft, die zunehmend von der idiosynkratischen Fachkenntnis des Ärztestandes abhängig war. Es änderte nichts, ob man eine Berühmtheit war oder nicht. Vielleicht wäre mir sein Humor sogar tatsächlich erspart geblieben, wenn er sich nicht gezwungen gesehen hätte, einer Schauspielerin etwas vorzuspielen.

Draußen auf der Straße holte ich meine Krücken aus dem Kofferraum des Wagens. Mort, Doktor Perry und ich blieben in der Sonne stehen, da wir einige Entscheidungen zu treffen hatten.

Zuerst einmal war im Foyer des Pantages-Theaters eine Pressekonferenz einberufen worden, damit man mich zu meinen Live-Auftritten in Los Angeles willkommen heißen konnte. Für mich stand jetzt fest, daß ich die Eröffnungsvorstellung ausfallen lassen mußte. Ich mußte entscheiden, wie ich damit umging, aber auch, ob ich diese vorgeschlagene Knochenuntersuchung über mich ergehen lassen sollte oder nicht.

»Was ist mit Doktor Finerman?« fragte Mort.

Perry stimmte ihm zu. »Genau den sollten wir meiner Meinung nach anrufen. Tut mir leid, daß wir bei diesem Typen waren. In der Notaufnahme leistet er gute Arbeit, und genau da sollte er auch bleiben. Finerman ist ausgezeichnet... ein orthopädischer Chirurg an der Universität of California in L. A. Der Chef der orthopädischen Abteilung. Aus Publicity macht er sich nichts... er ist eher zurückhaltend. Auf alle Fälle sollten wir als nächstes seine Meinung einholen. Ich brauche ein Telefon.«

Zu dritt begaben wir uns in die Eingangshalle des Krankenhauses und setzten uns.

»Die Pressekonferenz findet in fünfundvierzig Minuten statt«, sagte Mort. »Ich habe Stan Sieden (dem Direktor des Pantages) gesagt, daß es nicht gut aussieht, aber wer übernimmt es, die Presse zu informieren?«

»Okay«, sagte ich. »Ich werde die Knochenuntersuchung nicht durchführen lassen, solange ich Finermans Meinung nicht eingeholt habe. Ich esse alles andere eher als radioaktive Isotope, solange es nicht wirklich sein muß. Ich fahre rüber ins Pantages und teile es der Presse selbst mit. Ich will nicht, daß irgendein *National Enquirer* geheimnisvolle Spekulationen darüber anstellt, was mir ›wirklich‹ fehlt.«

Ich zog meinen Kompaktpuder raus und schminkte mich, während wir in der Eingangshalle saßen und Pläne schmiedeten, was wir mit der Truppe anfangen sollten, wenn bei mir eine Knieoperation erforderlich wurde.

Perry kehrte zurück. »Sie haben morgen früh um neun einen Termin bei Doktor Finerman«, sagte er. »Er sagte, es klingt ganz so, als müßten Sie operiert werden.« Ich bat Doktor Perry, zur Pressekonferenz mitzukommen, falls praktische Fragen auftauchen sollten, die ein Arzt besser beantworten konnte, und er willigte ein.

Mort holte meinen Wagen, damit ich nicht laufen mußte. Er und Doktor Perry folgten mir zum Pantages.

Ich parkte den Wagen auf dem Parkplatz, der mir zugeteilt worden war, stieg langsam aus, humpelte zum Kofferraum und holte meine Krücken raus; und als ich hinter die Bühne humpelte, war es mir mehr als nur ein wenig peinlich, daß ich einen Auftritt brachte, der Elizabeth Taylor besser gestanden hätte als mir. Genau das waren die Dinge, die mir einfach nicht passierten.

Meine Truppe würde nicht vor uns zur Probe kommen. Jetzt war es elf Uhr dreißig. Die Leute von der Theaterleitung beobachteten mich, als ich meine Krücken schwang und Schritt für Schritt näher kam. Sie zogen lange, besorgte Gesichter und wußten nicht, was sie sagen sollten.

»Es tut mir so leid, Leute«, entschuldigte ich mich, »aber ich werde es wieder gutmachen.«

»Nein, nein«, sagte Stan. »Das einzige, was zählt, ist, daß du wieder gesund wirst.« Er nahm mich in den Arm und führte mich ins Foyer, in dem mich die Presseleute erwarteten. »Weißt du«, sagte er, als ich gerade um die Ecke biegen wollte, »diese Kerle werden glauben, daß die Krücken ein Scherz sind.«

Es herrschte vollkommenes Schweigen, als ich den Raum betrat. Die Kameras surrten, und die Blitzlichter blinkten. Ich stand vor der Presse und hatte nicht einen Satz vorbereitet. Niemand stellte mir eine Frage, und daher begann ich zu sprechen.

Ich sagte, ich hätte gehofft, wir würden darüber reden, wie aufregend ich es fand, wieder in L. A. auf der Bühne aufzutreten, aber das sei im Moment nicht drin, da ich mir eine Verletzung zugezogen hatte, die wahrscheinlich einen arthroskopischen Eingriff erforderlich machte. Ich erklärte die Art der Verletzung näher und schloß mit den Worten, es sei eine typische Sportlerverletzung, und wahrscheinlich würde ich in sechs Wochen wieder tanzen können.

Jemand fragte mich, wie ich zu dem stünde, was passiert war, und ich sagte in etwa, das hätte ich mir wohl angetan, weil ich mir anscheinend die Zeit nehmen mußte, stehen zu bleiben und an den Rosen zu riechen, mir Gedanken über das Leben zu machen und das zu tun, was notwendig war, wenn ich sichergehen wollte, daß ich mit neunzig immer noch tanzen würde.

Es gab eigentlich keine Fragen. Die Journalisten machten sich entweder Gedanken über das, was ich gesagt hatte, oder es interessierte sie ohnehin nicht allzusehr. Sie wünschten mir alles Gute, und unsere kurze Zusammenkunft war zum Glück vorbei.

Ich ging in meine Garderobe und sah meine Kostüme durch, während Mort und Stan gemeinsam weggingen. Eine Stunde später kamen sie zurück. Stan hatte zufällig noch fünf Wochen im Pantages zur Verfügung, von Ende August bis Ende September. Sie einigten sich auf der Stelle. Ich würde nicht absagen – ich würde die Vorstellungen verschieben. Die Anzeige würde am nächsten Morgen erscheinen, und niemand würde meinetwegen arbeitslos werden. Der spätere Termin machte es uns wahrscheinlich sogar möglich, ein Engagement in Japan zu bekommen.

»Vielleicht läßt du dich bei all dem lenken«, sagte Mort. »Wie kommt es, daß bei dir immer alles klappt, sogar dann, wenn es Schwierigkeiten gibt? Weißt du überhaupt, wie selten es vorkommt, daß Stan eine Absage für fünf Wochen bekommt, die sich perfekt mit deinem Terminplan vereinbaren läßt?«

Das erstaunte mich nicht. Aber ich mußte mich wirklich mit der

Harmonie auseinandersetzen, die sich hier enthüllte. Die Musiker und Tänzer kamen in meine Garderobe. Mike Flowers kündigte die Termine für die Tournee im Sommer an, nachdem ich mich von der Operation erholt hatte. Im Anschluß daran ließ er L. A. im September und danach Japan folgen. Ich machte mir Sorgen, ob alle bei mir bleiben würden, und daher wollte ich ihnen zusichern, daß sie Arbeit bei mir bekommen würden. Jack French hatte Geburtstag, und wir feierten mit einer Torte und Champagner in Plastikbechern. Das Essen für die Party nach der Vorstellung war bereits bestellt worden, und daher wurden alle eingeladen, trotzdem zur Party zu erscheinen. Die Leute fingen an, sich ihre Terminkalender noch einmal anzusehen, um ihre freie Zeit so gut wie möglich zu nutzen. Ich bemerkte, daß einige von ihnen miteinander verglichen, wieviel Arbeit ihnen bei mir garantiert war und was sie eventuell ablehnen mußten, während sie die Termine abwarteten.

Ich bat sie zu warten, wenn es irgend möglich war, denn inzwischen waren wir alle wirklich eine Familie geworden. Ich sagte ihnen, ich hätte Verständnis, wenn sie nicht warten konnten – oder wenigstens halbwegs. Wir feierten fröhlich den Abschied voneinander und neckten Blane damit, er hätte mir die Verletzung eingebrockt, als er mich hochgehoben hatte, und wir scherzten, jeder einzelne von uns hätte diese Realität in seinem Leben erschaffen, damit er jetzt frei hatte. Wir mußten alle nur noch dahinterkommen, warum wir es getan hatten.

Ich bedankte mich bei jedem einzelnen, der sich verabschiedete und meine Garderobe verließ, für sein Verständnis. Cubby O'Brian, unser Schlagzeuger, wollte vor allem wissen, in welchem Krankenhaus ich liegen würde, damit er mir Blumen schicken konnte. »Laß die Blumen weg, Cubby«, sagte ich. »Viel wichtiger ist mir, daß du wartest und wieder mit mir arbeitest, wenn ich aus dem Krankenhaus rauskomme.« Er lachte herzlich, aber mir fiel auf, daß er sich nicht eindeutig dazu äußerte.

Nachdem alle gegangen waren, blieb ich noch eine Weile in der Garderobe sitzen und dachte über die Operation und sechs Wochen Erholung nach, denn das hatte ich jetzt statt des Geruchs der Fettschminke und des tosenden Beifalls der Menge zu erwarten. Ich rief Sachi schnell an, und wir beschlossen, ins Kino zu gehen.

Am nächsten Tag hatte ich meinen Diagnosetermin bei Doktor Finerman in der UCLA. Das medizinische Zentrum der UCLA ist ein Paradebeispiel für Bürokratie. Ohne die »blaue Karte« kommt man durch keine Tür, ganz gleich, wer einen auf der anderen Seite erwartet. Rom hätte in Flammen aufgehen können, während hier die Formalitäten abgewickelt wurden. Es dauerte fast eine halbe Stunde. Das machte nichts. Finerman kam selbst eine halbe Stunde zu spät.

Er war ein netter weißhaariger Mann mit einer Halbglatze – reserviert und gebeugt (von chirurgischen Eingriffen nahm ich an) und erfahren. Er sah sich die MRI-Aufnahmen an und machte sich an meinem Knie zu schaffen. Er war sachte und doch nüchtern. Ich mochte ihn, und ich spürte, daß er seinen Ruf zu Recht hatte.

»Die Knochenschäden machen mir keine Sorgen«, setzte er an. »Diese MRI-Aufnahmen sind bei weitem zu raffiniert. Sie und viele andere, die ich gesehen habe, kommen mit Knochen, die in diesem Zustand sind, blendend zurecht. Was mir wirklich Sorgen machte, ist Ihr Meniskus. Dieser Meniskus ist teilweise eingerissen, und es kann sein, daß wir die Hälfte rausschneiden müssen. Das heißt, Sie werden nicht mehr die Standfestigkeit und die Kontrolle darüber haben, die Sie gewohnt sind, wenn Sie auf Ihren Beinen landen. Aber damit können Sie leben, glaube ich. Dieser arthroskopische Eingriff ist keine größere Sache. Was bei Ihnen vorgenommen werden sollte, ist eine Kreuzbandrekonstruktion, weil bei Ihnen zwischen dem Oberschenkelknochen und dem Schienbein etwas locker ist. Das heißt, sie haben ein instabiles Knie und sind deshalb besonders auf die Bänder angewiesen. Aber das würde eine offene Knieoperation bedeuten, und dann könnten Sie ein Jahr lang nicht auftreten.«

»Ein Jahr!« keuchte ich.

»Ja. So sieht es mit einer echten Rekonstruktion aus. Aber hinterher hätten Sie bis auf die Lockerheit keine Probleme mehr. So haben sie nur eine Garantie von fünfzig Prozent.«

»Komme ich damit über den Sommer?« fragte ich.

»Das halte ich für möglich«, antwortete er.

»Für möglich?«

»Ja. Sie werden hart trainieren müssen, um die Oberschenkelmuskulatur und die Wadenmuskulatur zu stärken, d. h., indem man die Muskulatur stärkt, wird das Knie entlastet.«

»Kann ich in sechs Wochen wieder richtig tanzen?« fragte ich.

Er zögerte. »Wahrscheinlich, wenn Sie sich nach der Operation vernünftig verhalten.«

Ich sah selbst, daß er sich nach allen Richtungen absichern wollte. Doktor Perry nickte im Hintergrund, um mir zu bedeuten, das könnte ich.

Doktor Perry führte Doktor Finerman das Perryband vor, das er zur Wiederherstellung von Gelenken entwickelt hatte. Er war damit vertraut und mochte es. Ich kam mir vor wie ein Sportler, der sich auf das ganz große Ereignis vorbereitet.

»Und wann können Sie mich operieren?« fragte ich. »Je eher, desto besser.«

»Haben Sie heute morgen schon etwas gegessen?« fragte er.

»Ja.«

»Okay. Dann eben im Lauf des morgigen Vormittags. Das kriegen wir schon hin. Bringen Sie heute sämtliche Laborangelegenheiten hinter sich, und meine Praxis wird Ihnen noch den genauen Zeitpunkt morgen mitteilen.«

»Welche Form von Narkose verwenden Sie?« fragte ich.

»Wir werden Sie örtlich betäuben, und wenn Sie wollen, können Sie zusehen.«

»Aber was ist, wenn ich mich bewege?«

Er sah mich an, als hätte ich zwei Köpfe.

»Na, dann bewegen Sie sich eben«, sagte er. »Ich kann mich schließlich auch bewegen.« Hatte ich das nicht schon einmal gehört?

Finerman richtete sich auf, als wollte er Perry und mich verabschieden.

»Ich wäre im Operationssaal gern dabei, wenn das möglich wäre«, sagte Doktor Perry. »Wenn ich für die Rehabilitation verantwortlich sein soll, möchte ich sichergehen, daß wir nichts übersehen, und mir ist vollkommen klar, in welcher Lage sie ist.«

Finerman zögerte. Dann sagte er: »Okay, das kriegen wir schon hin. Sie werden es sicher interessant finden.«

Somit war alles abgemacht. Ich würde jetzt die Laboruntersuchungen vornehmen lassen und am folgenden Morgen zur Operation erscheinen. Mir war noch nicht klar, daß man keine Verletzung zu haben brauchte, ehe man sich durch das bürokratische Labyrinth des Krankenhauses vortastete, denn hinterher hatte man garantiert eine.

Ich gab meine kostbare blaue Karte nicht aus der Hand. Ich war wie ein Soldat, dem man gesagt hatte: »Wenn du einen Fluß durchquerst, darfst du ertrinken, aber paß auf dein Gewehr auf.«

Zuerst ging ich in die Abteilung für ambulante Eingriffe, denn dort würde man mir nähere Anweisungen geben. Eine Krankenschwester nahm meine blaue Karte, um mich einzutragen, und kurz darauf sagte eine andere Krankenschwester, ich sollte augenblicklich auf die Station gehen, wo man mir Blut abnehmen würde.

Ich machte mich auf den Weg zur Blutabnahme und verlief mich. Ein netter junger Arzt erbarmte sich meiner und zeigte mir die richtige Richtung. Als ich bei der Blutabnahme ankam, war der Raum gesteckt voll mit Menschen.

Ich setzte mich. Einige Leute baten mich um Autogramme. Ich wußte, worauf ich mich einließ, wenn ich Autogramme gab, aber alle starrten mich an. Ein Typ zuckte die Schultern; eine blonde Mutter lächelte. Ich entschloß mich, zu der Krankenschwester hinter der Glasscheibe des Büros zu gehen.

»Ja?« fragte sie.

»Ich bin zur Blutabnahme hier«, sagte ich. Alle Leute im Raum waren jetzt gespannt darauf, welche Blutprobleme ich wohl haben könnte.

Die Krankenschwester blickte nicht auf. Sie streckte die Hand aus. »Ihre blaue Karte?« sagte sie.

»Die hat die Krankenschwester im sechsten Stock.«

»Die brauchen wir aber«, versicherte sie mir.

»Ach so. Ja«, sagte ich. »Dann werde ich sie wohl holen müssen.«

Zwischen kreischenden Kindern und unverhohlen starrenden Gesichtern humpelte ich auf meinen Krücken wieder zurück.

»Sie sollten in Begleitung sein«, sagte die Krankenschwester. »Warum ist niemand bei Ihnen?«

Ich wußte nicht, was ich sagen sollte. Sollte es irgendwie meine Schuld sein, daß ich allein war? Doktor Perry rettete mich. »Ich habe meine blaue Karte nicht«, sagte ich. »Ich muß sie von der Krankenschwester im sechsten Stock holen.«

»Ich hole sie«, sagte er. »Warten Sie hier.«

Die Krankenschwester ging. Ich machte mich wieder auf den Weg in den überfüllten Raum. Eine dralle Krankenschwester mit freundlichem Gesicht kam, um mich zu holen. »Dasselbe Problem hatten wir schon mit Richard Chamberlain«, sagte sie. »Kommen Sie mit. Das allerletzte, was Sie jetzt gebrauchen können, sind Autogrammjäger. Das Schreiben würde Ihnen doch schwerfallen, wenn Sie selbst kaum auf den Füßen stehen können, oder nicht?«

»Ja«, sagte ich dankbar. In dem Moment kam ein Krankenpfleger, den ich aus dem sechsten Stock erkannte, auf uns zu. »Sie haben Ihre blaue Karte vergessen«, sagte er. Er reichte sie mir.

»Doktor Perry ist hingegangen, um sie für mich zu holen«, sagte ich. »Könnten Sie ihm sagen, daß ich die Karte jetzt habe und daß er sich keine Sorgen mehr zu machen braucht?«

»Wenn ich ihn sehe, sage ich es ihm«, sagte der Krankenpfleger.

Ein schwarzer Krankenpfleger kam auf mich zu. »Hallo«, sagte er. »Könnte ich bitte Ihre Anmeldeformulare haben?«

»Welche Anmeldeformulare?« fragte ich.

»Die, die man Ihnen im sechsten Stock hätte geben sollen«, antwortete er. Ich zog meine blaue Karte, die ich gerade erst wieder an mich gebracht hatte, aus der Tasche. »Genügt das?« fragte ich.

»Nein, das genügt nicht«, antwortete er.

»Oh. Soll ich vielleicht noch mal hingehen und die Anmeldeformulare holen?« fragte ich.

Er dachte einen Moment lang nach und sagte: »Was für eine Art von Operation wird bei Ihnen vorgenommen?«

»Arthroskopie am Knie«, antwortete ich.

»An welchem Knie?«

»Am rechten.«

»Okay«, sagte er. »Hier.« Er reichte mir eine kleine Plastikflasche. »Dann fangen wir jetzt mit dem Urin an, während ich im sechsten Stock anrufe.« Ich dachte an Perry, der jetzt wahrscheinlich wie ein Irrer meine blaue Karte suchte.

»Gleich links um die Ecke, dann rechts, dann wieder links. Dort finden Sie die Toiletten«, sagte er.

Ich machte mich mit meinen Krücken auf den Weg und verirrte mich. Ich humpelte durch Gänge, bis ich wieder an meinen Ausgangspunkt zurückkehrte.

»Kommen Sie, ich zeige Ihnen, wo diese Toiletten sind«, sagte der Krankenpfleger. Er begleitete mich ein Stück weit. Wie eine alte Dame in einem Pflegeheim fand ich schließlich die Türen, die nicht gekennzeichnet waren. Ich öffnete eine und trat ein.

Mit meinen Krücken fiel mir das Umdrehen sehr schwer. Ich ließ eine fallen. Bei dem Versuch, sie wieder aufzuheben, fiel mir die Plastikflasche in die Toilette, die keinen Deckel hatte. Ich stand auf einem Bein, als ich die Flasche aus der Toilettenschüssel fischte und sie mit etwas Toilettenpapier abwischte, das zu dünn war und sofort riß.

Als ich endlich die richtige Haltung eingenommen und meine Krücken an die Wand gelehnt hatte, zog ich den Reißverschluß meiner Hose auf und tat, was man von mir verlangte. Als ich damit fertig war, wünschte ich, ich hätte ein Gänseblümchen oder eine Rose oder irgend etwas gehabt, um dem Ganzen den letzten Schliff zu geben.

Es gab nirgends eine Möglichkeit, die volle Flasche abzustellen, während ich mir die Hose hochzog und wieder nach den Krücken griff. Auf dem gesunden Bein zog ich mich hoch, während ich die Flasche festhielt. Die Hose rutschte an meinem kaputten Bein runter. Ich konnte sie nicht hochziehen, weil ich keine freie Hand mehr hatte.

Schließlich schaffte ich es, indem ich mich wieder auf den Toilettensitz setzte, die Flasche auf den Boden stellte, aufstand, die Hose hochzog, mich wieder setzte, die Krücken in eine Hand nahm und die Flasche mit der anderen umklammerte, wieder aufstand, eine Krücke mühsam unter den anderen Arm manövrierte, die Tür mit der jetzt freien Hand öffnete und in den Gang hinaus humpelte.

In dem Moment wurde mir klar, daß ich nicht auf Krücken laufen und gleichzeitig die Urinflasche halten konnte. Jetzt saß ich also in dem Korridor des medizinischen Forschungszentrums der

UCLA fest und bereitete mich auf eine Operation vor, damit ich meine bombastische, unbefangene Karriere als Hochleistungssportlerin im Bühnentanz fortsetzen konnte, und dabei konnte ich noch nicht einmal meine eigene Pinkelflasche tragen und gleichzeitig laufen.

Der Krankenpfleger entdeckte mich und rettete mich und meine Flasche, und er führte mich wieder zu der Kabine, in der mir das Blut abgenommen werden sollte. Meine Anmeldeformulare waren eingetroffen, aber Perry suchte anscheinend immer noch nach meiner blauen Karte.

Der Assistenzarzt nahm mir schnell und schmerzlos Blut ab. Ich hoffte nur, daß er den richtigen Namen auf die Röhrchen klebte. Dann sagte er mir, wie ich zu dem Aufzug kam, der mich zur Röntgenstation bringen würde. Er sagte, er würde Doktor Perry zu mir schicken, sobald er zurückkäme.

Ich stand vor der Anmeldung der Röntgenabteilung. »Ich soll mich hier röntgen lassen.«

»Geben Sie mir Ihr Paket«, sagte die Krankenschwester.

»Welches Paket?« fragte ich.

»Im sechsten Stock hat man Ihnen ein Paket gegeben, das Sie vor einer Röntgenaufnahme unter allen Umständen vorlegen müssen.«

Inzwischen entsprach der sechste Stock meiner Vorstellung von der Hölle. Niemand hatte mir irgend etwas gegeben, und ich würde unter keinen Umständen dorthin zurückkehren. Das sagte ich dem Mann von der Röntgenabteilung. Er kaute Kaugummi und hörte jemand anderem beim Telefonieren zu. Ich entdeckte die Röntgenräume.

»Ich gehe jetzt da rein«, erklärte ich, »weil es nämlich keinen Grund gäbe, mich zu röntgen, wenn ich jetzt wieder in den sechsten Stock gehe und ein Päckchen suche. Es laufen so schon genug Leute durch die Gegend und suchen Sachen.«

Ich humpelte in die Röntgenabteilung. Ein Krankenwärter kam mir entgegen. »Legen Sie bitte Ihre gesamte Kleidung und Ihren Schmuck ab«, sagte er und reichte mir ein Krankenhausnachthemd, das am Rücken offen war.

Ich hinkte in die Umkleidekabine, balancierte vorsichtig auf den

Krücken und hob die Hände, um meine Kette aufzumachen. Ich konnte beim besten Willen nicht verstehen, warum man mir die Brust röntgen mußte, wenn ich Schwierigkeiten mit dem Knie hatte. Ich zog es jedoch vor, mich nicht auf eine Auseinandersetzung einzulassen, und daher kämpfte ich mit der störenden Halskette, einem Opal, der für mich eine Verbindung zu meinem Vater darstellte. Die Kette hatte einen Sicherheitsverschluß, der so klein war, daß ich ihn nicht sehen konnte. Ich mühte mich lange damit ab.

»Sind Sie soweit?« fragte der Krankenwärter.

»Gleich«, antwortete ich und kümmerte mich nicht mehr weiter um meine Probleme mit der Kette; statt dessen zog ich mich aus und trat in dem Krankenhausnachthemd aus der Kabine.

Die Tür ging auf. Es war Doktor Perry. Er schaute mich an und zuckte die Schultern. »Ich habe eine Safari durch den sechsten Stock unternommen. Ich schätze, Sie haben Ihre blaue Karte längst.«

»Ja«, sagte ich. »Aber jetzt brauche ich dieses Paket, was auch immer das sein mag, damit ich geröntgt werden kann.«

»Was für ein Paket?« fragte er.

»Ich vermute, das wird man Ihnen im sechsten Stock sagen.«

»Okay, ich hole es«, sagte er und wollte sich freundlicherweise wieder auf den Weg machen. Ich hielt ihn zurück. »Lee, könnten Sie mir diese Kette aufmachen? Ich schaffe es nicht allein.«

Er hob die Hände und öffnete mir den Verschluß. Ohne ihn hätte ich wahrscheinlich die ganze Operation sausen lassen.

Im Röntgenraum versuchte ich, mich nicht zu bewegen, als die Aufnahmen gemacht wurden. Das war schwierig, denn inzwischen hyperventilierte ich.

Nach dem Röntgen schickte man mich zum EKG in einer anderen Etage. Dort war man nett zu mir, aber doch streng. Als ich mit Elektroden an einen Tisch geschnürt war, sagte die Krankenschwester: »Wir machen hier ein EKG. Dafür muß man entspannt sein. Warum sind Sie derart verkrampft?«

Ich lachte nur und sagte: »Ich hätte jetzt am liebsten einen Herzstillstand, und sei es nur, um zu sehen, ob ich die richtigen Papiere für die Behandlung habe.«

Sie schien mich zu verstehen, sagte aber kein Wort mehr.

Nach den furchtbaren Vorbereitungen für die Operation fuhr ich nach Hause und versuchte, mich zu entspannen. Als es Abend wurde, konnte ich nur noch an das Publikum denken, das heute abend zu meiner Premiere erschienen wäre. Statt dessen hielt sich jetzt meine Truppe im Theater auf, nahm die vorbestellten Leckereien zu sich und feierte, während sich alle auf sechs Wochen Ferien freuten.

Um acht Uhr malte ich mir dann aus, ich sei im Theater und würde gleich mit meiner Show beginnen. Nach etwa hundert Wiederholungen würde ich beim Demi-Plié schwitzen, und die Träger des Trikots würden sich in meine Schultern schneiden.

Ich würde große Mengen Wasser trinken, ehe ich um das Podium lugte, das für die Musiker aufgebaut war; ich mußte mir ein Bild von den kastanienbraunen Stoffbezügen im Zuschauerraum machen, die auf leere Sitze hinwiesen. Mit reiner Willenskraft würde ich diese Sitze füllen.

Ich drehte eine Runde zwischen den Tänzern und den Musikern und fragte, wie es ihnen ging, aber ich hörte die Antworten nicht wirklich, weil ich nicht in meiner Konzentration gestört werden wollte. Wenn eine ihrer Geschichten zu lang wurde, lief ich weiter, denn ich sehnte mich danach, meine Ruhe zu haben.

Zwanzig Uhr zehn... Der erste Musiker (Cubby, der Drummer) würde die Bühne betreten, und einer nach dem anderen würden ihm die übrigen folgen. Dann kamen die Tänzer, die dieselbe Kleidung wie bei den Proben trugen, und schließlich kam ich.

Zwanzig Uhr zwölf... das Scheinwerferlicht fiel auf mich, und ich würde anfangen, darüber zu singen, wie nervös mich Live-Auftritte machten.

Ich hantierte in meiner Küche in Malibu herum. Ich mußte vor Mitternacht essen. Nach zwölf war kein Bissen mehr erlaubt, um zu verhindern, daß mir von der Narkose übel wurde. Ich haßte jede Narkose. Mir wurde immer schlecht davon, selbst wenn ich vorher einen ganzen Tag lang gar nichts aß. Ich erinnerte mich an die Operation einer verstopften Nebenhöhle, die in Indien vorgenommen worden war, in Bombay. Sie verabreichten mir Sodium-Pentothal, und hinterher heulte ich stundenlang. Morgen würde ich Versed bekommen, ein Valiumderivat.

Zwanzig Uhr dreißig... während ich einen Salat aß, ging ich mein Nutten-Opfer-Potpourri stumm durch. Ich würde mich in die rote Federboa hüllen, um mein Kostüm optisch zu verändern, ohne die Bühne verlassen zu müssen.

Die Nutten als Opfer – warum hatte ich so viele Rollen als Hure mit einer guten Seele bekommen? Hatte ich etwas in mir, was sich damit identifizierte? Hatte ich mich selbst damals als Opfer angesehen, und spiegelte sich in meiner Arbeit schlicht und einfach meine Vorstellung von mir selbst wider?

Und jetzt, mit dem fortschreitenden Alter, hatte ich den Übergang geschafft und spielte Rollen, die nicht nur kein Opfer waren, sondern schon fast Opfer verlangten – Frauen, die extrem schwierig, herrschsüchtig und fordernd sein konnten... Frauen, die dafür sorgten, daß alles so war, wie sie es wollten, und anderenfalls ließen sie es erst gar nicht dazu kommen.

Und ich hatte mich in diesen Frauenrollen genauso wohl gefühlt wie in den Rollen als Opfer. Je älter ich wurde, desto zänkischer wurde ich auch wirklich. Wenn jemand etwas nicht »richtig« machte, dann machte ich mir gar nicht mehr die Mühe, Geduld und Verständnis zu heucheln. Ich sprach laut aus, was ich dachte, und ich hatte keine Lust mehr, Fliegen mit Honig anzulocken. Wie jemand gesagt hatte: »Wer braucht schon Fliegen?«

Bei meinen geschäftlichen Beziehungen versuchte ich, ein gewisses Maß an Diplomatie zu bewahren, aber das fiel mir zunehmend schwerer.

In meinem Privatleben kam ich mit den alltäglichen Kontakten, den Botengängen und den beiläufigen Umgangsformen gut zurecht (Lebensmitteleinkäufe, Handwerker im Haus, Fans, telefonische Antwortdienste, Sekretärinnen, Stewardessen etc.), solange ich nicht an Menschen geriet, denen vollkommen egal war, wie ihnen ihre Arbeit gelang oder wie langsam sie mit ihrer Arbeit vorankamen. Das war eine Haltung, die mich wahnsinnig machte.

Ich stellte fest, daß ich dabei war, zu einer der Rollen zu werden, die ich in der letzten Zeit gespielt hatte. Ich wurde »ouiserfiziert« (Ouiser war meine bärbeißige Rolle in *Magnolien aus Stahl*), und zwar in einigen Hinsichten, und ich dachte gar nicht daran, etwas dagegen zu unternehmen.

Zwanzig Uhr fünfundvierzig... Jetzt wäre »Rose's Turn« gekommen – die Nummer, die das beste Beispiel für eine Mutter abgab, die alles für ihre Kinder getan hatte und verbittert war, weil sie selbst immer zu kurz gekommen war. Ich fand nichts in mir, was es mir ermöglicht hätte, mich mit diesen Gefühlen zu identifizieren, sondern ich stellte fest, daß ich Gefühlen Ausdruck verlieh, die meine Mutter gut gekannt hätte.

Das war für mich die schwierigste Nummer – über meine Mutter zu singen, dabei gleichmäßig zu atmen, Stufen hochzusteigen und auf den Flügel zu springen; und während der ganzen Nummer dachte ich nur daran, wie ich mich für die Choreographen-Nummer aufwärmen konnte, die direkt darauf folgte.

Einundzwanzig Uhr zehn... Ich setzte mich hin, um zu Abend zu essen, und massierte mein Knie. Jetzt würde ich tanzen – mir über jede Körperbewegung klar bewußt sein und mich fragen, wann die mächtige Hand des Schicksals wieder zuschlagen würde.

Wie würde es mir nach der Operation wirklich gehen? War Doktor Finerman pessimistisch, oder war seine Einschätzung richtig, ich könnte »möglicherweise« wieder tanzen? Lag im Grunde genommen alles nur an mir?

Einundzwanzig Uhr dreißig... Jetzt setzte ich zu einer Geschichte über Peru an; dort hatte ich einen großen Meister getroffen, der mir ein Mantra aufgegeben hatte, das wie Jimmy Durantes Titelsong klang. Ich würde mich über mich selbst, meinen Glauben und meine Bücher lustig machen.

Lehnten manche Menschen das ab, während andere den nicht allzu ernsten Ansatz besonders schätzten? Was dachten sie sich in Wirklichkeit alle, wenn sie mir zuschauten, während ich sang und tanzte und Geschichten erzählte, nachdem sie am Vorabend den x-ten Witz von Johnny Carson über mich gehört hatten? Waren sie selbst auf der Suche, oder ging es ihnen ausschließlich darum, sich einen schönen Abend zu machen?

Einundzwanzig Uhr fünfundfünfzig... Die Show war vorbei, stehende Ovationen (die bekam derzeit jeder), Scheinwerfer aus. Hinter der Bühne leerte es sich, das Publikum war gegangen... Und bis zum nächsten Abend blieb die Magie in der Schwebe.

Ich liebte es, mit meiner Show durchs Land zu reisen. Für mich war das immer etwas gewesen, worauf ich mich verlassen konnte, wenn sonst überhaupt nichts zu klappen schien. Trotz all der Ängste und der Aufregung war es letztendlich genau das, was ich liebte – die Unmittelbarkeit und die Lebendigkeit der Wechselbeziehungen mit den Tänzern und den Musikern. Die Erfahrung mit der Choreographie, der Inszenierung, der Beleuchtung, dem Ton – die gesamte komplexe Kreation, die ihren Höhepunkt in der überwältigenden Resonanz eines Live-Publikums fand. Davon wollte ich mich nicht abhalten lassen. Endlich wurde mir klar, wieviel mir das bedeutete und wie sehr ich es wirklich wollte. Und doch hatte ich in jeder erdenklichen Form versucht, mich daran zu hindern. Mußte ich wirklich einen Katastrophenrahmen stecken, damit ich etwas daraus lernen konnte? Es schien tief in mir zu sitzen, daß ich negative Haltungen als vertraut empfand – Hindernisse, die überwunden werden mußten. Vielleicht identifizierte ich mich wirklich mehr mit dem Geist des Überwindens als mit einer Geisteshaltung der Ausgeglichenheit und Heiterkeit.

Dieses Bewußtsein mußte sich in meinem Körper widerspiegeln. Wenn das stimmte, dann mußte ich die emotionalen Werte verschieben, an denen ich meine Identität maß – aber wie tut man das, wenn man immer gewohnheitsmäßig mit Schwierigkeiten gerechnet hat? Das war der Kern des Problems.

Meine Mutter und mein Vater hatten ihr Leben lang immer nur das Schlimmste erwartet, und diese Gewohnheit hatte ich geerbt. Geld mußte für mögliche zukünftige Sorgen gespart werden. Das Leben im Heute mußte der Zukunft geopfert werden, weil man nie wußte, welche Tragödien bevorstehen konnten.

Ich erinnerte mich wieder daran, wie ich meiner Mutter an ihrem vierundachtzigsten Geburtstag tausendfünfhundert Dollar geschenkt hatte. Sie weigerte sich, das Geld auszugeben; sie behauptete, sie hätte es fürs Alter zur Seite gelegt!

Mein Vater trug nie den Kaschmirpullover, den ich ihm schenkte. Auch er »sparte« ihn sich für irgendwann später auf, wenn er ihn möglicherweise dringender »brauchte«. Ein Pullover, über den man sich freut, das war in seinen emotionalen Anlagen nicht vorgesehen. Ein Pullover, den man »brauchte«, schon. Er trug seinen mottenzerfressenen Wollpullover, bis er starb, und nicht ein einziges Mal zog er zum Vergnügen den Kaschmirpullover an.

Ich war tatsächlich ganz ähnlich. Ich besaß ein paar edle maßgeschneiderte Kleider aus erlesenem Material, aber trug ich sie oft? Nein. Auch ich bewahrte sie auf – für eine Zeit, die vielleicht nie kommen würde. Statt dessen trug ich eher etwas, was ich noch »auftragen« sollte, ehe es in Fetzen riß.

Und warf ich etwa Sachen weg? Das fiel mir genauso schwer, wie mir etwas Neues zu kaufen, was wirklich teuer war.

Von meiner gesamten Mentalität her war ich wirklich maßvoll, zumindest wenn es um Geld ging. Ich war mit mittelständischen Wertvorstellungen aufgewachsen und würde wahrscheinlich auf der Speisekarte erst die rechte und dann die linke Spalte lesen und schließlich etwas in einer mittleren Preislage bestellen. Das Beste hatte ich nicht verdient. Aber ich hatte auch nicht gar nichts verdient. Es lag irgendwo dazwischen.

Man kann nicht behaupten, daß meine Eltern sich nicht über ihre bewahrenden Wertvorstellungen im klaren gewesen wären – ganz im Gegenteil. Sie sprachen offen darüber, wie sehr sie sich davor fürchteten, sich von etwas zu trennen, weil sie die Wirtschaftskrise miterlebt hatten. Eine solche Erfahrung war nicht bedeutungslos, und das wußte ich. Die Aussicht auf materielle Armut lähmte sie. Vielleicht entsprangen auch ihre Ängste in so vielen anderen Dingen diesem Erlebnis, und vielleicht lag es daran, daß sie sich nie wirklich entspannen und glücklich werden konnten. Sorgen und potentielle Katastrophen waren nur einen »Katzensprung« entfernt.

Diese Denkweise brachte mit sich, daß ich auch »mäßig« voreingenommen war, wenn alles zu gut klappte. Wenn mich ein Gefühl des Friedens und der Zufriedenheit überkam, wachte ich manchmal morgens auf und sah nichts anderes mehr vor Augen als eine kleine Unvollkommenheit in meinem Leben, und die spielte ich hoch, bis sie so explosiv wurde, daß unbedingt etwas dagegen unternommen werden mußte. Ich nehme an, das ist die Definition eines Perfektionisten. Jetzt begann ich zu erkennen, daß es auch die Definition für institutionalisierten inneren Aufruhr war.

Vielleicht war mein innerer Aufruhr schwächer als bei den meisten anderen Menschen; aber mit der Weiterentwicklung meiner Spiritualität hätte ich mich schon vor einer ganzen Weile vollkommen davon lösen sollen. Ich konnte nicht einfach »akzeptieren«, daß ich immer noch so war. Ich mußte mich ändern, und sei es aus keinem anderen Grund als dem, daß ich nicht mehr als zwei Knie hatte!

Ich konnte mir das nicht länger antun, nicht länger derartige physische Mißgeschicke einsetzen, um hervorzuheben, was in meinem Streben nach Glück noch nicht gelöst war. Ich hatte es zu einer hohen Kunst erhoben, mir selbst den Teppich unter den Füßen wegzuziehen. Ich stellte es so geschickt an, daß die meisten Beobachter die »zufälligen« Schwierigkeiten unterstrichen hätten, in die ich geraten war.

Niemand schien zu bemerken, daß ich aus dem tiefen Verlangen heraus, mich mit den Hindernissen meiner Kindheit auseinanderzusetzen und sie als Erwachsener ein für alle Male aus dem Weg zu räumen, wirklich angestrengt hatte, all diese Schwierigkeiten für mich selbst neu zu erschaffen. Ich hatte diesen Schuster angelockt. Ich hatte die anfänglichen Tonprobleme angelockt. Auf irgendeiner Ebene hatte ich gewußt, daß der Bühnenboden in Denver zementiert sein würde und zum Verschleiß meiner Knie beitrug. Ich hatte mich entschieden, in Seattle zu stürzen, damit ich mich in meinem Haus erholen konnte. Ich war sicher, daß ich mich in irgendeiner positiven Form daran gehindert hatte, in L. A. aufzutreten, ehe der rechte Zeitpunkt gekommen war.

Ich konnte nicht wirklich begreifen, warum. Aber die spirituellen Ratgeber hatten es wahrgenommen. Alles, was passierte, lief auf ein klares Ziel hinaus. Das verstand sogar *ich*. Ich mußte lediglich die Entscheidung treffen, ob ich meine Probleme weiterhin durch widrige Umstände bewältigen oder endlich aufgeben wollte. Wie lange würde ich mich noch selbst unterminieren, so sehr, daß mir keine andere Wahl mehr blieb, als mich endlich auf meine zwei eigenen Füße zu stellen?

Ich stand der Operation am kommenden Tag mit der Geisteshaltung gegenüber, alles geschähe nur zu meinem Besten. Ich mußte mich der bürokratischen Inkompetenz der Krankenhausbelegschaft anvertrauen. Gott sei Dank war es nur eine Knieoperation.

Sachi und ihr bester Freund David kamen mit – und außerdem Doktor Perry. Auf irgendeinem Formular, das man mir gegeben hatte, wurde in jedem Absatz ausdrücklich darauf hingewiesen, daß ich nur eine einzige Person mit ins Wartezimmer bringen durfte. Man setzte mich auf einen Stuhl, der bequem hätte sein sollen; doch statt dessen trug er ganz gewaltig dazu bei, das »Drehmoment« meines Knies noch mehr zu belasten, denn die Stuhllehne bewegte sich eigenmächtig nach hinten.

Eine Krankenschwester, die ich danach nie wieder sah, sagte mir, ich solle meine Kleider ausziehen und in meinem Krankenhausnachthemd auf die Leute warten, die gleich mit der Bahre kommen und mich abholen würden. Sie wußte nicht, was für eine Operation bei mir durchgeführt werden sollte.

Ich entschied mich zu warten, bis die Leute mit der Bahre kamen, ehe ich in einem kurzen, dünnen, am Rücken offenen Nachthemd in dem zugigen Warteraum rumsaß. Ich hatte recht. Sie kamen drei Stunden später. Die namenlose Krankenschwester hatte außerdem bekundet, es sei ihr lieber, wenn ich allein wartete, ohne Verwandte oder Freunde (wegen des Lärms), aber ich sagte ihr, meine einsamen Schreie wären lauter als unser Gespräch. Sie ließ mich mit meinen Begleitern reden.

Eine andere Krankenschwester kam und brachte mir bei, wie man auf Krücken läuft. Es war wissenschaftlich fundiert und sehr nützlich, aber natürlich für jemanden gedacht, der noch nie Krücken benutzt hatte. Ich fragte sie, welche Form von Therapie ich nach der Operation betreiben sollte. Sie sagte: »Das ist nicht nötig. Sie brauchen nur zu lernen, wie Sie Ihre Krücken richtig verwenden, und dann kommt schon alles wieder in Ordnung.«

Ich sah Doktor Perry an. Er verdrehte mit unbeweglichem Gesicht die Augen. Ich fragte mich, ob Doktor Finerman wußte, was die Krankenschwester empfahl. Ich fragte mich, ob es in der UCLA ein Rehabilitationszentrum gab.

Während ich Stunde für Stunde auf meinem Stuhl wartete, der

immer wieder zurückkippte, war ich nur allzu dankbar für Sachis, Davids und Perrys Gegenwart. Wenn ich allein gewesen wäre, wäre ich immer nervöser geworden. Ich dachte an all die Menschen auf Erden, die wirklich ernste Krankheiten ohne die Liebe von Mitmenschen durchmachten, die ihnen beistanden. Krankenschwestern können reizend und sehr aufmerksam sein, aber sie haben zuviel zu tun und müssen sich um zu viele Menschen kümmern.

Ich dachte an die neunzehntausend Todesfälle in New York City in einem einzigen Jahr, zu denen es durch Inkompetenz in Krankenhäusern gekommen war. Ich wußte, daß der Medizinerstand selbst schon Warnsignale von sich gab. Es gab einfach nicht genügend Krankenschwestern und Ärzte, um den korrekten Arbeitsablauf in einem Krankenhaus zu sichern, und es gab nicht annähernd genug Geld. Unsere Regierung gab Millionen von Dollar dafür aus, Feinde umzubringen, aber sie brachte nicht genug auf, um ihre eigenen Bürger zu retten.

Das macht jetzt nichts, dachte ich, als ich mit Sachi und David und Doktor Perry plauderte. Ich muß mich darauf verlassen, daß alles gutgeht. Man bekommt genau das, was man erwartet. Das, was man fürchtet, zieht man an. Ich wollte keine Ängste mehr akzeptieren. Ich würde nur noch das Beste erwarten. Endlich kamen die Leute mit der Bahre; und genau wie Filmregisseure wollten sie wissen, warum ich nicht fertig war. Ich fühlte mich immer schuldbewußt, wenn ich jemanden warten ließ. Dann sagte einer von ihnen: »Was wird bei Ihnen operiert?« Ich sagte es ihm. Es schien ihn nicht zu interessieren.

Ich gab Sachi zum Abschied einen Kuß. Sie sah mir in die Augen, tätschelte meine Hand und sagte: »Ich habe dich lieb.« David legte den Kopf auf die Seite und sagte: »Es wird bestimmt alles klappen.« Und Doktor Perry kam mit, da er dem operativen Eingriff beiwohnen würde.

Als ich auf der Bahre in den Aufzug gefahren wurde, mußte ich plötzlich auf die Toilette. Aber dafür war es jetzt zu spät.

Der Aufzug schien in den Keller zu fahren... ich weiß es nicht. Und als sie mich herausrollten, schienen die Korridore schmaler zu sein. Leute liefen in grünen Ärztekitteln herum.

Eine andere Krankenschwester beugte sich über mich. »Was wird bei Ihnen operiert?« fragte sie. Ich sagte es ihr. Allmählich fragte ich mich, ob irgend jemand wußte, was bei mir operiert werden sollte. Würde der Chirurg mich auch fragen? Mein Bewußtsein ließ immer mehr nach, obwohl ich mich nicht erinnern konnte, daß man mir irgendwelche Beruhigungsmittel verabreicht hätte. Doktor Perry tauchte mit einer Schutzmaske im Gesicht auf.

Ich konnte mich nicht erinnern, Doktor Finerman gesehen zu haben. Die Anästhesistin kam. »Sind Sie gegen irgend etwas allergisch?« fragte sie. »Ich glaube, gegen Kodein«, antwortete ich. »Was wird bei Ihnen operiert?« fuhr sie fort. Ich sagte es ihr. »Welches Knie«, fragte sie, »das rechte oder das linke?« Jetzt machte ich mir wirklich Sorgen. Wir hatten am Vorabend miteinander geredet, und sie hatte mir dieselben Fragen gestellt. Warum waren hier alle so uninformiert?

Ich lag auf dem Operationstisch im Operationssaal, der grau und antiseptisch und unpersönlich war. Die Anästhesistin stand neben mir. Ich weiß, daß ich an einem intravenösen Tropf hing, aber ich kann mich nicht mehr erinnern, wie oder wann es dazu kam. Während ich das Bewußtsein verlor, hoffte ich nur noch, sie würden das richtige Knie operieren.

Als ich aus dem Operationssaal kam, war ich wach genug, um zu merken, daß mir übel war. Ich übergab mich. Eine Krankenschwester regte sich auf, weil ich mich auch während der Operation übergeben hatte. Sie sagte, ich hätte mich wegen Schmerzen unten im Rücken ständig bewegt, und daher hätte mir die Anästhesistin eine stärkere Dosis verabreicht (Versed), als sie ursprünglich für notwendig gehalten hatte.

Ich kann mich nicht erinnern, wie ich mich für den Heimweg angezogen habe. Ich kann mich nicht erinnern, wie ich das Krankenhaus verlassen habe, nur daran, daß ich mit meinen Krücken im Sonnenschein stand und nahezu schlief. Ich kann mich nicht erinnern, wer mich nach Hause fuhr (es war Sachi). Deutlich erinnere ich mich jedoch daran, daß ich mich während der Autofahrt etwa neunmal übergeben habe (ich hielt ein Plastikschüssel auf dem Schoß). Ich hatte jedes Zeitgefühl verloren – ein verlorenes Wochenende.

Mein Knie steckte in einem Verband, der ständig rutschte, und ich trug einen elastischen weißen Stützstrumpf, der die Schwellung eindämmte. Ich kann mich nicht erinnern, wer bei mir war oder wer mir ins Bett half. Ich erinnere mich nur daran, daß Doktor Perry sagte, sich sollte drei Dinge gegen meine Übelkeit einnehmen – Vitamin B_6, Chlorophylltabletten und Coca-Cola-Sirup.

Jemand – Sachi? David? Yvonne (die für mich arbeitet)? – verabreichte mir diese Mittel, und fünf Minuten später war die Übelkeit verflogen. Die Schwester im Krankenhaus hatte mir Kodeintabletten gegen die Schmerzen gegeben, obwohl ich ihr gesagt hatte, ich sei allergisch gegen Kodein. »Das hätten Sie uns sagen sollen«, sagte sie. Ich sagte, ich hätte es gesagt.

Inzwischen habe ich in Erfahrung gebracht, daß die Vorstellung von einer zweifachen Absicherung jedes Vorgehens in diesem Krankenhaus darin bestand, daß das gesamte Personal, mit dem der Patient in Berührung kam, ihn fragte, worin das Problem bestand und wie es gelöst werden sollte. Ich konnte diese Fragebogenprozedur verstehen, hatte aber dennoch das Gefühl, *ich* sei am allerwenigsten in der Lage zu verstehen, was getan werden mußte, und das rief entschieden Angstgefühle hervor.

Als die Übelkeit vergangen war, konnte ich schlafen. Als die Anästhesistin anrief, um zu fragen, wie ich mich fühlte, verriet ich ihr das Heilmittel: Vitamin B_6, Chlorophyll, Coca-Cola-Sirup. »Das könnte auch anderen helfen, die sich auf dem ganzen Heimweg übergeben«, sagte ich. Sie bedankte sich bei mir und sagte, sie hätte noch nie davon gehört, aber wenn es sich bewährt hätte, dann sollte es ihr nur recht sein.

Am frühen Morgen des nächsten Tages rief Doktor Perry an und beharrte strahlend darauf, ich solle aufstehen und auf meinen Krücken herumlaufen. »Auf einer Verletzung von der Sorte dürfen Sie sich nicht ausruhen«, sagte er. »Sonst kommt es schnell zu Muskelschwund, und die Muskeln in der Umgebung bilden sich zurück. Es ist nur eine Frage von Tagen, und außerdem braucht das Knie auch Bewegung.«

Damit setzte meine Regenerationsphase ein. Sachi blieb bei mir und wurde durch Yvonne – die sich um meine Wohnung und das Wohnhaus kümmerte – und Bonnie entlastet, die kam, um mich zu massieren.

Ich benutzte die Krücken nur einen Tag lang, und das war wohl kaum die Lektion wert, die mir vor der Operation erteilt worden war. Am zweiten Tag begann ich, das Knie beim Laufen zu belasten. Am dritten Tag waren Laufen und Gymnastik dran, die aus Fahrradfahrten am Perry-Band bestand. Am vierten Tag mußte ich wieder laufen, treten wie beim Fahrradfahren, Gymnastik mit Gewichten machen und Yogaübungen praktizieren.

Perry brachte mir sein Gerät zur Muskelstimulation, das ich mindestens zweimal täglich benutzen sollte. Elektrische Impulse drangen durch die Muskeln und gaben ihnen Tiefenstimulanz.

Und natürlich Eis. »Das Eis ist Ihr bester Freund«, sagte Perry. »Und das wird es auch in Zukunft noch für lange Zeit sein. Jedesmal, wenn Sie tanzen, müssen Sie hinterher sofort Eis auf das Knie packen.«

Perry suchte mich jeden Abend auf. Sachi bereitete das Abendessen für uns zu. Vier Abende hintereinander sahen wir uns die rekonstruierte Videokassette über *Lawrence von Arabien* an. Der Film war ein Musterbeispiel für psyische, physische und geistige Ausdauer. Ich wußte, daß ich all das jetzt brauchen würde. Und in den kommenden Tagen sollte meine Fähigkeit, in jedem dieser Bereiche Ausgewogenheit zu erlangen, auf die Probe gestellt werden.

Da ich nicht das Gefühl hatte, eine Beziehung zu Doktor Finerman zu haben – ich wußte noch nicht einmal genau, wo ich ihn hätte anrufen können –, wurde Doktor Perry zu dem Fachmann, dem ich mich in den postoperativen Angelegenheiten anvertraute. Da der orthopädische Verband immer wieder an meinem Bein herunterrutschte, nahm ich ihn am zweiten Tag ab. Dann entfernte ich die Pflaster, die Doktor Finermans sauberen und gekonnten chirurgischen Eingriff bedeckten.

Perry brachte mir das Video von meiner Operation, und nachdem er es als den besten Film angekündigt hatte, in dem ich je mitgespielt hatte, erklärte er mir, was ich hier eigentlich sah. Soweit ich sehen konnte, hätte es eine Reise zum Mittelpunkt der Erde sein können.

Fleischfetzen schwebten und trieben unruhig umher, während die Mikrokamera das Abenteuer aufzeichnete. Zerrissenes Fleisch sah eher aus wie eine karmesinfarbene Seeanemone. Das Blut, das in den gerissenen Kreuzbändern verkrustet war, wies darauf hin, daß es in Seattle zu dem ursprünglichen Riß gekommen war, nicht in dem Proberaum in L. A.

Doktor Finerman hatte nicht verstanden, wie ich auf diesem Knie in San Francisco überhaupt hatte tanzen können. Perry sagte, er hätte während der Operation in etwa vor sich hingemurmelt, ich sei wirklich eine gerissene alte Tänzerin, weil ich meinen Körper kannte.

Die Farben meines Knie-Universums beschränkten sich auf zarte Rosatöne mit derben karmesinroten Pinselstrichen an den Stellen, an denen echte Schäden entstanden waren. Die Kneifzangenpinzette knabberte an dem Band und dem Knorpel, bis alles entfernt war, was gerissen war, und ich blieb mit einem halben Band und einem halben Knorpel zurück.

»Genug, um darauf zu tanzen«, versicherte mir Perry. »Das Band dient entscheidend dazu, das Knie zu stabilisieren. Sie werden die Muskulatur so stärken müssen, daß das Kniegelenk entlastet wird. Sie werden darauf achten müssen, daß Ihre Oberschenkel, Knie, Waden und Knöchel sehr kräftig bleiben. Sie werden beim Tanzen sämtliche Druckpunkte umchoreographieren müssen, aber genau das tut jeder Sportler, wenn er sich verletzt hat. Sie werden gut zurechtkommen. Sie werden sogar ganz ausgezeichnet zurechtkommen. Aber Sie müssen härter trainieren.«

Am nächsten Tag (dem vierten Tag) ging ich ins Institut für internationale Sportmedizin, um mit dem Training im Pool zu beginnen.

Doktor Perry hatte eine bemerkenswerte Technik der Rehabilitation durch Hydrotherapie erfunden. Er band mir fünfundzwanzig bis fünfzig Pfund Gewicht um die Taille, das an Gummibändern hing (den Perry-Bändern). Das Gewicht hing im Wasser nach unten, führte zu Hydrotraktion und nahm den Druck von meinem Rücken. Ich wurde in eine Schwimmweste mit ein paar

Luftkissen gezwängt, die um mich herum schwammen, damit ich an der Oberfläche trieb, während mich das Gewicht in der Mitte nach unten zog.

Dann band er mir ein Sandgewicht von zwei Kilo an den Knöchel, den ich regelmäßig heben sollte. Es dauerte fünfzehn Minuten, bis ich seetauglich war. Und dann traf etwas unter Wasser auf den falschen Druckpunkt; eins der Beingewichte fiel herunter.

Ich kehrte an den Beckenrand zurück und band es mir wieder um. Dann ging es wieder ins tiefe Wasser hinaus. Eine Stunde lang fuhr ich mit den Beinen unter Wasser Rad, während die Schwimmkissen mich an der Oberfläche hielten und die Gewichte den Druck von meinem Rücken und von meinem Knie nahmen.

»Sie wollen die Beweglichkeit doch so schnell wie möglich wiedererlangen«, sagte Perry. »Ich weiß, daß es unangenehm ist.«

Unangenehm war wahrhaftig nicht das treffende Wort, aber ich tat, was er sagte. Ich dachte an Ron Kavic in *Geboren am 4. Juli*. Ich dachte an Mary Hite, die diese Form von schmerzhafter Therapie sieben Jahre lang durchgemacht hatte, um die Kontrolle über ihren Körper wieder zu gewinnen. Ich dachte an Doktor Perry, dessen gesamtes linkes Knie von einem Lastenaufzug zerschmettert worden war. Jeder von ihnen hatte eine weit schlimmere Regenerationsphase mitgemacht als das, was ich durchmachte.

So kam ich in Doktor Perrys Pool mit den ersten anderen Menschen aus dem »wahren Leben« zusammen, die sich von wesentlich schlimmeren Verletzungen erholten als ich.

Ein Mann hatte wegen eines schweren Bandscheibenschadens sieben Jahre lang nicht sitzen können. Eine Musiklehrerin, die den ganzen Tag lang neben ihren Klavierschülern stand, hatte wegen einer Rückenverletzung ihren Beruf aufgeben müssen. Fünf Monate lang hatte sie auf dem Rücken gelegen, ehe ihr jemand von Doktor Perry und seiner Wassertechnik erzählte. Jetzt war sie in der Lage, sich aufzusetzen und sogar ein paar Stunden lang zu stehen, nachdem ihr jeder andere Arzt gesagt hatte, ein operativer Eingriff sei erforderlich, um das zu ermöglichen.

Als ich von dem Mann hörte, der bei der Arbeit auf seinem Dach den Halt verlor, ausrutschte, stürzte und sich das Genick brach, worauf man ihm sagte, er würde nie mehr laufen können, fragte ich mich, was der erhobene Finger des Schicksals ihm wohl sagen wollte. Dann hörte ich den Rest der Geschichte. Seine Frau starb gerade an Krebs. Sowie sie endlich dahingeschieden war, starb auch er. Vielleicht hatte er sich den Sturz geschenkt, um schneller wieder bei ihr sein zu können.

Während ich mir die Litanei von Verletzungen anhörte (»Eines Morgens bin ich aufgewacht, und seitdem kann ich einfach nicht mehr laufen«), fragte ich mich unwillkürlich, was jeweils noch hinter dem persönlichen Dilemma eines jeden verborgen war. Im Schwimmbecken tauschten wir Theorien miteinander aus. Jeder von uns hatte eine Lektion zu lernen; soviel stand fest. Aber welches Flüstern, das jeder einzelne von uns ignoriert hatte, war dem eigentlichen Schlag vorangegangen?

Wenn wir uns unser Leben genauer ansahen, konnten wir, wenn wir uns selbst gegenüber aufrichtig waren, die Unausweichlichkeit erkennen, langsamer zu treten. Der reine Verschleiß durch den Alltag erforderte das. Und entsprechend wollten die meisten von uns diese Unausweichlichkeit leugnen, und wir hatten versucht, sie zu ignorieren. Was also war es, was sich jeder einzelne von uns näher hätte betrachten sollen? Welche Mysterien unseres eigenen Bewußtseins konnten wir nicht entwirren? Darauf würde jeder von uns eine andere Antwort finden; und wenn wir uns freiwillig die Zeit zugestanden, der Antwort nachzuspüren, *fühlen* zu wollen, wie sie lauten könnte, dann würden wir sie auch erkennen.

Selbst diejenigen, die am festesten an den »Zufall« glaubten, sahen sich gezwungen, einen solchen Glauben zu überdenken, wenn sie sich wirklich ehrlich damit auseinandersetzten, was dem »Unfall« vorangegangen war. Auf einer gewissen Ebene hatte jeder einzelne von uns seinen jeweiligen »Unfall« herbeigeführt und dazu beigetragen, denn wir hatten das Gefühl, darin läge unsere einzige Möglichkeit, tiefer in uns zu schauen, um zu sehen, was unter unserem bewußten Verhalten steckt.

Während wir im therapeutischen Schwimmbecken paddelten und Rad fuhren, diskutierten wir diese Vorstellungen. Wir mußten die volle Verantwortung für unser Leben übernehmen, wenn wir wieder gesund werden wollten, und der erste Schritt hin zur

Verantwortung bestand darin, uns unsere unbewußte Mitwirkung einzugestehen. So konnten wir unsere eigenen Vollmachten wieder wahrnehmen.

Ich persönlich machte mir jetzt mehr Gedanken darüber, was ich getan hatte und warum.

Ich hatte mir eine Verletzung am rechten Knie zugezogen, meiner maskulinen Seite, die von der linken Gehirnhälfte regiert wurde. Sie stand in einem symbolischen Bezug zum Vater, der männlichen Autoritätsfigur.

Natürlich konnte ich mich erinnern, daß er mir vor Jahren gesagt hatte, ich sollte es nie anstreben, mehr als eine Tänzerin zu sein, doch selbst auf dem Gebiet sei ich nicht gut. Und natürlich wußte ich, daß er in meinem Ehrgeiz, Schauspielerin zu werden, nichts weiter als kindliche Hirngespinste sah, und mein Singen fand er gänzlich indiskutabel. Und doch war er schließlich gezwungen gewesen, meinen Ehrgeiz anzuerkennen, wenn auch noch so widerstrebend. Ich glaubte, die mangelnde Unterstützung bewältigt zu haben, und ich dachte, sie hätte mich in meinem eigenen Drang bestärkt, etwas zu erreichen und widrige Umstände zu bezwingen. Aber nein, jetzt spielte sich hier etwas anderes ab, was gar nicht allzuviel mit dem Showbusineß zu tun hatte.

Mit fiel jetzt wieder ein, daß ich den wahren Respekt meines Vaters erst lange nach meiner Kindheit errungen hatte, im Bereich des Gedankenguts. Ihn begeisterte, was ich in meinen Büchern ergründete. Ihn als einen Lehrer hatten meine Bücher mehr beeindruckt als alles andere, was ich je getan hatte. Ein gewisser intellektueller Snobismus erlaubte ihm nie, anzuerkennen oder vielleicht auch nur zu begreifen, daß jeder wirklich gute Lehrer als allererstes auf eine gewisse Theatralik zurückgreift, um die Aufmerksamkeit zu fesseln, ehe er übermittelt, was er zu sagen hat. Lehrer – *gute* Lehrer wie mein Dad – und *gute* Schauspieler haben viel miteinander gemeinsam.

Ich konnte den Schauspieler in ihm sehen. Er sah in mir eine innovative Forscherin, die das Wissen vermittelte, das ich über Metaphysik und paranormale Phänomene zusammengetragen hatte.

Als mein Vater starb, war er der Meinung, er hätte es mir übertragen, die Mysterien des Lebens zu ergründen. Ich hatte diese

Aufgabe akzeptiert, und es machte mir Spaß, anderen etwas zu vermitteln.

Wenn ich meine Seminare organisierte und lange Wochenenden mit dem Geben und Nehmen des Lehrens und Lernens verbrachte, hatte ich immer das Gefühl, meinen Dad an meiner Seite zu haben. Endlich würdigte er das, was ich tat! Bei jedem Seminar trug ich seinen Opal und hatte das Gefühl, daß dieser Stein mir dabei half, die richtigen Formulierungen zu finden, meinen Lehrauftrag korrekt umzusetzen und einfühlsam auf die Verwirrungen von Schülern einzugehen.

Ich spürte seine Energie in meinem Opal, als spräche er durch ihn zu mir. Wenn ich steckenblieb und nicht wußte, wie ich eine komplizierte metaphysische Frage weiterentwickeln sollte, berührte ich den Opal an meinem Hals, und augenblicklich fand ich die richtigen Worte.

Mir war jedoch nicht wohl dabei gewesen, mich als Lehrerin zu bezeichnen. Ich zog es vor, als jemand angesehen zu werden, der sein Wissen mit anderen teilt. Ich hatte das Gefühl, ich wüßte nicht genug, um zu unterrichten – ich kannte nichts weiter als meine eigenen Erfahrungen. Ich war eine unter vielen, die das Leben studierten.

Was also hatte das mit der Verletzung an meinem rechten Knie zu tun? Als ich meine neue Show zusammenstellte, bestand einer der Konflikte darin, ob ich ein Lehrer (ein Vortragender) oder ein Entertainer war. Wie konnte ich beides sein? Hatte ich das Recht, beides zu sein? Respektierte mein Vater mein Unterrichten nicht deshalb mehr als meine Schauspielerei, weil es das war, was *er* getan hatte?

Dann fiel mir wieder etwas ein, was meinen Vater als Erwachsenen sein Leben lang geprägt und verfolgt hatte. An der Johns Hopkins University, an der er unterrichtete, war seine Dissertation über musiktheoretische Komposition abgelehnt worden. Er hatte nie seinen Doktortitel bekommen; und er hatte gesagt, es läge nur daran, daß seine Professorin, Doktor Bamberger, ihn als ihren Freund im Stich gelassen hätte.

Sie war eine ältere Frau, die laut Mutter »sein Ego zerstört hatte«. Sie hatte »verursacht«, daß er in seinen weiteren Bestrebungen versagte, denn sie glaubte nicht genug an ihn, um seine Dissertation anzunehmen. Ihre Ablehnung seiner Arbeit beeinflußte ihn für den Rest seines Erwachsenendaseins.

Sie hatte ihn katastrophal darin bestärkt, nicht an sich selbst zu glauben. Er verlor den Willen zum Erfolg, legte das Streben ab, etwas aus sich selbst zu machen – ebenfalls Äußerungen, die auf Mutter zurückgehen. Er war ein wahrhaft großer Mann, der seine Größe leugnete. Er wollte der Menschheit etwas geben und kannte keine andere Form als das Lehren. Aber ohne Abschlüsse und Titel sah er sich selbst nie als wirklich qualifiziert an.

Einige Jahre später wurde die Ablehnung von Doktor Bambergers Seite richtiggestellt, denn die Johns Hopkins University verlieh ihm einen Ehrendoktortitel in den Geisteswissenschaften. Er war begeistert und fühlte sich entschädigt. Ich glaube, es war der größte Wunsch meines Vaters, Menschen zu bilden.

Gegen Ende seines Lebens sah er mich eher als eine Forscherin und Lehrerin und weniger als eine darstellende Künstlerin an, ungeachtet meiner Erfolge im Showbusineß. Ich wagte mich in Bereiche menschlicher Spekulationen vor, die er schon immer gern erkundet hätte. Als er im Sterben lag, war für ihn nichts so wichtig wie die Frage, warum wir hier waren und woher wir kamen. Mir erging es sehr ähnlich. Und doch liebte ich auch meine Arbeit.

Seit seinem Tod hatte sich der Konflikt zwischen den beiden Ausdrucksformen für mich immer deutlicher gezeigt. Sollte ich mich den »tieferen« Fragen des Lebens widmen und meine Suche weiterführen, meine Seminare fortsetzen, mehr Bücher schreiben und vielleicht Menschen dabei helfen, ihre eigenen Geheimnisse zu erkunden, oder sollte ich es mir gönnen, den Leuten mit meinen unbedeutenden Songs und Tänzen Freude zu bereiten, während ich durch die Welt tingelte und es auskostete, mit fortschreitenden Jahren immer »kecker« zu werden? Es war mir ein Rätsel. Und doch mußte ich mir in meinem Alter eingestehen, daß sich der lange Arm meines geliebten, komplizierten Vaters aus dem Grab gestreckt und mich in diesen Sturm gerissen hatte, weil ich seine Wünsche wahrnahm, als ich gerade einen Wendepunkt erreicht hatte. Anscheinend hatte ich die Frage nicht gelöst, was ich eigentlich tun wollte.

Mir ging auf, daß ich dem unbewußten Konflikt mit meinem Vater eventuell gestattet hatte, mich in die Knie zu zwingen – buchstäblich. Ich hatte auf die verborgenen Wünsche meines Vaters mit »weichen Knien« reagiert. Ich war nicht in der Lage, auf meinen eigenen Beinen zu stehen, weil ich spürte, wie er mich drängte, mich seiner Berufung zu weihen – dem Lehren.

Ob er tatsächlich wollte, daß ich das tat – ich weiß es wirklich nicht. Es spielt keine Rolle. Was zählt, ist, daß ich *glaubte*, er wollte es, und da ich mich ihm nicht widersetzen wollte, ging ich in die Knie. Bis jetzt hatte ich dazu nicht die geringsten Spekulationen angestellt. Ich war überhaupt nicht auf den Gedanken gekommen, als ich in Seattle stürzte. Ich hatte geglaubt, ich sei wieder gesund. Aber nein, ich werde nie gesund, wenn ich die Gründe der Krankheit nicht verstehe.

Jetzt begann ich – erstmals – zu verstehen, daß mir mein längst begrabener Konflikt nicht bewußt geworden wäre, wenn ich mich nicht verletzt hätte.

In den Wochen nach der Operation hatte ich den starken Drang verspürt, meinen Opal zu tragen. Jetzt verstand ich warum – ich mußte den Konflikt mit meinem Vater ausräumen. Ich wußte, daß er es wußte und wahrscheinlich von seinem günstigen Blickwinkel aus alles tat, um mir begreiflich zu machen, worum es ging.

Wir arbeiteten Hand in Hand. Wie hätte ich mir sonst die Zeit gelassen? Eine Knieverletzung war ein geringer Preis dafür, den Konflikt zu verstehen, den ich für mich persönlich immer noch lösen mußte – wer ich war und was ich werden wollte.

Natürlich gab es Menschen, die sich auf den Standpunkt gestellt hätten, meine gesamten metaphysischen Überlegungen seien überflüssig. Ich sei schlicht und einfach gestürzt und hätte mir ein Knie verletzt – ein Unfall, der es nicht wert war, mühsam nach seinen verborgenen Bedeutungen zu suchen. Aber ich wußte es besser. Es gab keine Unfälle, es gab keine Zufälle. Ursache und Wirkung bestimmten grundlegend jedes Ereignis. Allmählich kam ich den Dingen auf den Grund.

Während meiner Rekonvaleszenz hörte ich ab und zu von Mitgliedern meiner Truppe und auch von Leuten, mit denen ich seit Jahren keinen Kontakt mehr gehabt hatte. In meinem Wohnzimmer standen so viele Blumen wie beim Begräbnis eines Gangsters. Viele Menschen, die derselben arthroskopischen Operation unterzogen worden waren, riefen an, um mir mit Kleinigkeiten bei der Genesung zu helfen.

Während ich mich auf meine körperliche Disziplin konzentrierte, wurde mir immer deutlicher bewußt, wie das Alter sich auf meinen Körper auswirkte. Meine Knochen schienen in unvorhersagbaren Augenblicken zu ächzen. Meine Hüft-, Knöchel-, Hand- und Fingergelenke wurden steif.

Wasser... ich wußte, daß ich unbedingt weiterhin mindestens acht Gläser Wasser am Tag trinken mußte. Ich machte mir nicht gerade viel aus Wasser, aber es gab viele Dinge, die ich nicht unbedingt mochte und die jetzt für mein weiteres Leben notwendig waren.

Zeitweilig schien mein Verstand langsamer zu funktionieren, sich einem Traumrhythmus zu fügen. Ich dachte und fühlte jetzt unter der Oberfläche meiner Gedanken, statt mir selbst immer um ein paar Schritte voraus zu sein. Ich war körperlich kräftiger denn je (ich stand wieder auf der Bühne und bemerkte, daß ich selten atemlos war). Ich ging mein Trainingsprogramm wissenschaftlicher und zielstrebiger an als je zuvor.

Aber ich stellte fest, daß die alltäglichen Bewegungsabläufe mir jetzt schwerer fielen als das, was ich auf der Bühne tat. Es lag an der Unvorhersehbarkeit. Auf der Bühne wußte ich genau, was geschehen und wie es sich abspielen würde. Im Leben wußte ich nie, ob ein Wagen direkt vor mir unvermittelt aus einer Parklücke schießen würde, während ich eine Straße überquerte, oder ob mir jemand nachrufen würde, um meine Aufmerksamkeit auf sich zu lenken, was auslöste, daß ich mich abrupt umdrehte und mir etwas verzerrte. Im Leben fühlte ich mich älter als auf der Bühne. Das Leben konnte ich nicht proben. Ich konnte es nicht auf meine Persönlichkeit und meine Bedürfnisse maßschneidern. Das Leben lief nach seinem eigenen Rhythmus ab und hatte seine natürlichen Gezeiten, ob ich nun im Einklang damit war oder nicht.

Meine Freunde starben, einer nach dem anderen. Ich hatte endlich den Punkt in meinem Leben erreicht, an dem der Tod eine Konstante war. George Burns' Bemerkung begeisterte mich. Er sagte, er sei so alt, daß er täglich die Todesanzeigen las, um dahinterzukommen, ob er noch am Leben sei. Wenn er seinen Namen dort nicht fände, wüßte er, daß ihm ein erfreulicher Tag bevorstand.

Ich suchte Jill Ireland zwei Tage vor ihrem Tod auf. Ihr Einfühlungsvermögen anderen gegenüber, während sie selbst Qualen durchlitt, erfüllte mich mit tiefer Bewunderung. Sie war sich durchaus der Probleme anderer Menschen bewußt und ging auf sie ein. Sie war ausgeglichen und im Frieden mit sich selbst; wenn sie auch wütend auf ihren Krebs war, war sie doch bereit zu sterben.

Ich fragte mich, wie sie eine solche Toleranz erlangt hatte. War ein derartiger innerer Frieden nur den Sterbenden gegönnt? Mein Vater hatte vor seinem Tod denselben glückseligen Seinszustand erreicht. Warum konnten wir nicht mit diesem Bewußtsein *leben*?

War es das, worauf ich Jagd machte? Lief ich der Seligkeit nach, wie Joseph Campbell es gesagt hatte?

Viele meiner Freunde im Showbusineß und in der Welt des Tanzes starben an AIDS. Jede Woche fand ein Begräbnis statt. Viele waren nicht in der Lage, für sich selbst zu sorgen, und sie brauchten Zuwendung, Kleidung und Nahrung. Projekte und Organisationen wurden gegründet, die sich sowohl derer annahmen, die mit AIDS lebten, als auch derer, die daran starben.

Etwa zwanzig Menschen, mit denen ich eng zusammengearbeitet hatte, waren an AIDS gestorben, und etwa fünf wirklich enge Freunde boten mir die Gelegenheit, sie Schritt für Schritt auf diesem Weg zu begleiten, und das war in manchen Fällen gräßlicher, als ich es mir je hätte vorstellen können. Ich bemühte mich, das Leiden zu verstehen, den langsamen Tod und die Lektionen, die sich in diesen Erfahrungen ausdrückten. Ich hatte Schwierigkeiten mit einer blödsinnigen Verletzung. Sie verloren ihr Leben.

Als bei Sammy Davis jr. Kehlkopfkrebs diagnostiziert wurde, gab ich sogar die seltenen Zigaretten auf, die ich manchmal in Gesellschaft rauchte. Ich hatte den Rauch nie inhaliert, aber was änderte das schon? Sein Kehlkopf war befallen, nicht seine Lunge.

Sammys Krankheit ging mir sehr nahe, wie all seinen anderen Freunden auch. Sammy kostete das Leben aus, als sei es seine letzte Henkersmahlzeit. Es schien nichts zu geben, was er unversucht ließ – Alkohol, Frauen, Rauschgift, Zigaretten, Eindrücke, Instrumente, Stimmen, Tanzschritte, Dramen, Komödien, Musicals, Autos, Häuser, Schmuck und diverse Religionen.

Ich wünschte, ich hätte die Freiheit und die Spontaneität besessen, ohne jede Sorge um die Zukunft alles auszuprobieren, was er ausprobiert hatte. Er lebte ausschließlich in der Gegenwart und schöpfte sie maßlos aus, bis sie zur Zukunft wurde. Er kam nie auf den Gedanken, er könnte etwas übertreiben. Das Leben war dazu da, es zu leben, es zu lieben und darüber zu lachen.

Sammy sagte mir, er würde wieder gesund. Ich hatte arrangiert, daß Gary seine Stimme wieder herstellen würde. Gary glaubte, seine Technik könnte Sammys Stimme nach der Therapie helfen, weil er schon öfter mit Patienten gearbeitet hatte, die einer Strahlenbehandlung unterzogen worden waren. Sammys Haltung war optimistisch, wenn er in spätnächtlichen Talk-Shows auftrat und sich für Zeitschriften fotografieren ließ.

Aber als wir irgendwo nach einer Benefizveranstaltung hinter der Bühne zusammensaßen, warnten mich seine Augen, daß der Tod hinter ihnen lauerte. Er sprach nie von der Furcht – ganz im Gegenteil –, doch er konnte die Wahrheit nicht verbergen. Sein fragiler Körper war für mich ein energiegeladenes Wunder gewesen, und er schöpfte aus einer Quelle, die anscheinend niemandem sonst zugänglich war.

Sammy war ein Mann, der alles tat, um geliebt zu werden, und das wußten wir alle. Welchen Exzessen er sich auch hingegeben haben mochte – er war begierig darauf, zu geben und zu nehmen.

Ich machte mir Gedanken über seine Kindheit. Seit er drei Jahre alt war, hatte er im Scheinwerferlicht gestanden, war er im Scheinwerferlicht gezüchtet und gehegt worden, und nur wenn der Scheinwerfer auf ihn gerichtet war, war er in seinem Element. Somit war sein Lebensgefühl gewaltig und theatralisch, denn so sah für ihn die Realität aus.

Mir fiel wieder ein, wie mich Frank Sinatra zu Sammy mitgenommen hatte, als wir in den fünfziger Jahren gemeinsam einen Film drehten. Er konnte nicht nur auf allen Gebieten mithalten, sondern beherrschte alles, was er in Angriff nahm. Als wir nach der Show alle in seine Garderobe hinter der Bühne gingen, hatte ich das Gefühl, ihn schon immer gekannt zu haben – aufgrund seines Bedürfnisses, sich mit anderen zu identifizieren, konnte er augenblicklich eine Beziehung zu Menschen herstellen. Seine Garderoben waren immer mit einer Ansammlung von skurrilen Persönlichkeiten angefüllt – einige angenehm, andere nicht.

In England sprach er mit einem britischen Akzent – in Paris mit einem französischen… usw. Er war ein großartiger Imitator.

Als ich in Mexiko *Ein Fressen für die Geier* drehte, sah ich mir an den Wochenenden seine Auftritte in Mexico City an. Wir redeten bis lang in die Nacht hinein über die Tricks unseres Gewerbes, die Tücken von Live-Auftritten. Als wir zusammen in *Sweet Charity* spielten, hatten wir lange und tiefe Gespräche über den Rhythmus des Lebens, die durch den Jazz-Gospel-Song angeregt wurden, den er sang. Bald darauf brach er zu seiner Suche in andere Religionen auf.

Sammy hatte eine Art, die einem das Gefühl gab, man bekäme das Showbusineß ins Wohnzimmer geliefert. Oft holte er mich (und andere) zu sich auf die Bühne, weil er einem das Gefühl gab, Live-Auftritte seien etwas Intimes, etwas Privates. Als ich zum ersten Mal live auftrat, holte ich mir Rat von Frank, Liza und Sammy ein. Frank sagte: »Mach dir keine Sorgen. Denk immer daran, daß du durch dein Auftreten den Raum veränderst.«

Liza sagte: »Tu es, weil du etwas zu sagen hast.« Sammy sagte: »Halte dich nicht zurück; zieh alle Register, laß alle Hemmungen fallen.«

Im Lauf von vierzig Jahren kreuzten sich unsere Wege oft, und jede Erneuerung unserer Bekanntschaft war eine eindringliche weiter gehende Erfahrung, als sei zwischendurch keine Zeit vergangen. Als Dean, Frank, Liza und ich am Abend vor Sammys Begräbnis gemeinsam zu Abend aßen, hatten wir das Gefühl, als sei eine Ära beendet, obwohl wir alle schon seit einiger Zeit das Unausweichliche gewußt hatten.

Wir tauschten Erinnerungen über alte Zeiten und unseren Clan aus. Im Lauf der Jahre haben sich unsere Beziehungen gehalten. Ich bin nicht sicher, warum. Ich glaube, daß es mehr mit dem gegenseitigen Respekt vor dem Talent der anderen als mit irgend etwas sonst zu tun hat – und mit einem Sinn für respektlosen Humor, der uns miteinander verband. Laufend spielten wir einander Streiche. Das Leben mit den Clan-Mitgliedern war eine Theaterparty, bei der der Schlaf und jede Form der Schonung dem SPASS untergeordnet wurden. Damals fragte ich mich tatsächlich, ob es nicht wichtiger war, seinen Spaß zu haben, als Disziplin aufzubringen und sich um seine Gesundheit zu sorgen.

Als ich jetzt mit dem Clan zusammensaß und wir Erinnerungen an Sammys Leben austauschten, das nach nicht mehr als vierundsechzig Jahren endete, befielen mich wieder Niedergeschlagenheit und Langeweile. Ich fragte mich, ob man in der Vergangenheit nicht andere Prioritäten hätte setzen sollen. Abgesehen von Liza, die sich für Disziplin und Nüchternheit entschieden hatte, saß ich mit Freunden zusammen, die mir plötzlich wie alte Männer vorkamen. Als sähe man sich selbst ganz unerwartet in einem Spiegel, sah ich sie und somit auch mich selbst mit einer unerwünschten Klarheit. Im Dialog zeigte sich die Vergeßlichkeit, und es kam zu Wiederholungen, die Körperbewegungen waren zögernd und stockend. Geschichten wurden mehrfach erzählt, und die Erinnerung von vergangenen Ereignissen schien klarer vor ihren Augen zu stehen, als das, was sich im Moment abspielte.

Was wurde aus uns? Wies ich dieselben Anzeichen des Alters auf? Endete im Showbusineß eine Ära der Live-Auftritte, wurden Texte und Liebeslieder und üppige Orchestrierungen und Ausschmückungen nicht länger gewürdigt und zugunsten von athletischen Bewegungen in einem erbarmungslosen Marathon musikalischer Berieselung durch MTV ohne jeden Sinn und ohne Feinheit der Nuancen aufgegeben? Waren Auflehnung und asoziales Verhalten jetzt so »in«, daß davon jede romantische Kommunikation verdrängt wurde?

In dem Moment fühlte ich mich selbst immer mehr wie eine Matrone, ein gealtertes Idol, während ich Jahr für Jahr in einer Branche überlebte, die ihre eigenen Jungen verschlang und dann ausspuckte. Das Wissen, das ich zusammengetragen hatte, war mir kostbar, aber in diesem Augenblick hatte ich nicht mehr das Gefühl, noch dazuzugehören, einen passenden Platz zu haben. Ich wollte nicht alt sein, aber ich wollte auch nicht jung sein. Alles schien nur ein Übergangsstadium zu sein, ohne Dauer. Die Gegenwart wurde zur Vergangenheit, ehe sie auch nur eine Chance hatte, die Zukunft zu überleben. Sammys Tod setzte einen Punkt hinter dieses Übergangsstadium.

Ich brauchte immer mehr Zeit für mich allein, für meine tiefsten Gedanken und für mein Schreiben. Ich verstand den Slang und das »Argot« der neuen Ausdrucksformen im Showbusineß nicht mehr, wie es von den meisten Stämmen der Rock 'n' Roll-Musiker gesprochen wurde. Ich hatte mir eine jugendliche innere Haltung bewahrt, die doch durch einen Seufzer der Erfahrung erhärtet wurde. Es war, als wollte ich auf meinem Lieblingssessel sitzen und mir den Tumult auf Erden anschauen. Sie würden sich ohnehin nicht lange halten. Ich fühlte mich, als stünde ich irgendwie außerhalb der Zeit und wartete darauf, mich mittreiben zu lassen.

Der Konkurrenzkampf auf Erden und in unserer Branche verlangte derartige Manöver. Ware mußte verkauft werden. Ich fühlte mich von den habgierigen, hinterhältigen Vermarktungstechniken umzingelt, die ich um mich herum beobachten konnte. All das schien von sämtlichen Beteiligten absolut akzeptiert zu werden, weil der Profit so lohnend war. Aber ich konnte es nicht akzeptieren. Studios wollten jetzt die großen »Hits« rausbringen und nicht mehr Filme. Oft willigten sie nur zu gern ein, ihre eigenen Zaubertricks aufzudecken, um damit ein noch größeres Publikum anzulocken. Es ging jetzt mehr darum, das *Busineß* der Show aufzuzeigen, als darum, die inspirierte Abstraktion vorzuführen – die Show, die glaubwürdig und ergreifend ist, weil sie, ob mit komischen oder tragischen Mitteln, eine Wahrheit über das Leben aufzeigt. Statt dessen *zeigen* die Geldmogule jetzt die Brutalität, *zeigen* den Sex, streichen in einem verzweifelten Versuch, dem Publikum ein Gefühl von Authentizität zu geben, Gewinne ein, indem sie Schockeffekte liefern.

Natürlich gab es auch noch engagierte kreative Talente, die es fertigbrachten, mit den überdrehten und halsabschneiderischen Taktiken im Showbiz fertig zu werden und doch innovative und ehrliche filmische Aussagen zu produzieren. Es faszinierte mich, daß sich Kevin Costner mit seiner kreativen Leidenschaft *Der mit dem Wolf tanzt* durchboxte. Dick und Lilly Zanuck bewiesen mit *Miß Daisy und ihr Chauffeur*, daß sich mit authentischen Filmen immer noch Geld machen ließ. Es gab immer die Künstler, die sich den aufdringlichen Effekten und den »Erfordernissen« der großen Premiere nicht unterwarfen. Aber in unserer Branche drehte sich jetzt weitgehend alles nur noch um Geld.

Und bei all dem wollte ich gewaltsam an meiner eigenen Identität festhalten, *während* ich selbst noch auf der Suche danach war.

Ich wollte die Erfahrung machen, frei von Geldsorgen und Rivalität und der Überspanntheit des Showbiz zu sein, aber das war zu kompliziert. Ich vermute, es machte mich nicht glücklich, mich einfach mit dem Weitermachen zu begnügen.

Ich spielte mit dem Gedanken, eine exzentrische Schriftstellerin zu werden, die sich im Abstand von mehreren Monaten aus der Zurückgezogenheit hinauswagte, und das nur, um sich um der geistigen Gesundheit willen wieder in die Einsiedelei zurückzuziehen.

Manchmal malte ich mir sogar in Tagträumen aus, mich aus dem Showbusineß zurückzuziehen. Wenn man im Scheinwerferlicht stand, hatte das den negativen Aspekt, daß man dem egozentrischen Infantilismus, selbst an erster Stelle stehen zu wollen, nicht entkommen konnte, der der menschlichen Psyche zugrunde lag und ständig von den Anforderungen eines Berufes, in dem man gesehen werden wollte, bekräftigt und sogar gerechtfertigt wurde. Das war die Voraussetzung, wenn man gut sein wollte. Es war alles die reinste Ironie. Ich war auf der Suche nach mir selbst, aber ich hatte keine Lust, ständig über mich selbst nachzudenken, oder zumindest hatte ich keine Lust, darüber nachzudenken, was andere Leute über mich dachten.

Ich fragte mich, ob es mich glücklich gemacht hätte, wenn ich irgendwann eine große Familie und einen Bauernhof irgendwo gehabt hätte... Scharen von Enkeln, die herumliefen und mit denen ich spielen und denen ich etwas beibringen konnte. Ich weiß es nicht. Wahrscheinlich hätte es mich nach einer Weile gelangweilt, obwohl ich mich darauf freute, daß Sachi vielleicht eines Tages Kinder haben würde.

Wo also stand ich? Zeitweise hatte ich das Gefühl, ich hätte mich verstrickt; aber es gab auch Zeiten, in denen ich die riesigen Sprünge genoß, mit denen mein Verständnis voranschritt.

Ich spürte, wie die Welt sich schneller drehte. Es war, als seien die Erfahrungen von sechzig Sekunden in jeder beliebigen Minute jetzt die von hundertzwanzig Sekunden. Es fiel schwer, Schritt zu halten. Irgendeine Form von Energie beschleunigte selbst die Luft, die wir einatmeten, und den Boden, auf den wir traten. Die Energie war unsichtbar, doch ihre Gegenwart drängte sich allen Lebewesen auf, als wollte sie ihnen sagen: »Eilt euch – eilt euch, wenn ihr nicht zurückgelassen werden wollt. Eilt euch, und haltet Schritt mit der Beschleunigung, die eingesetzt hat. Eilt euch, wenn ihr kein Mißklang in der Harmonie der Symphonie des Lebens werden wollt.«

Oder konnte es in einer alternden Welt, zu der ich jetzt auch gehörte, schlicht und einfach heißen: »Eilt euch, denn die Zeit wird knapp«?

Während meiner Genesungsphase nahm ich mir die Zeit, den nordwestlichen Pazifik aufzusuchen, um dort allein zu sein und nichts zu tun, und ich hoffte, dort würde es zu einer Offenbarung kommen. Nichts dergleichen geschah. Aber eine neue Phase schien zu beginnen, eine Art Hochplateau im Heilungsprozeß vielleicht. Es widerstrebte mir immer mehr, mir auch nur irgendwelche persönlichen Veränderungen auszumalen oder sie gar zu erwarten. Ich fühlte mich nahezu auf Eis gelegt, als wartete ich nur darauf, daß sich mir etwas offenbarte.

Wenn ich meditierte, schlief ich ein. Wenn ich einen Baumstamm umschlang, hörte ich keine Stimme mehr aus seinem Innern. Der Gesprächston innerhalb der Natur hatte sich verlagert, und ich konnte ihn nicht mehr dechiffrieren. Ich fühlte mich auf eine seltsame Art unruhig und im Stich gelassen; ich wollte nicht mit Menschen zusammen sein, und doch wurde ich mit mir allein nicht mehr so froh wie früher. Es war keine wirkliche Niedergeschlagenheit: Es war einfach ein Nichts. Vielleicht erfordert jede Genesung eine solche Phase. Ich ging diszipliniert, aber ohne Freude an meine Übungen heran. Ich wollte viel schlafen und fühlte mich doch gedrängt, früh aufzustehen.

Ich ertappte mich dabei, daß ich meinen Kleiderschrank immer wieder umsortierte, die Schuhe, die Handtaschen, die Jacken, die Hosen, als wollte ich die Inhalte meines Lebens umorganisieren. Es kam jedoch nichts anderes dabei heraus als ein Hin- und Herbewegen von Gegenständen.

Es gab Zeiten, in denen das Leben einen traumähnlichen Charakter hatte, als bewegte ich mich durch eine Landschaft, statt ein Teil von ihr zu sein, als träumte ich die Umgebung, statt in ihr zu leben. Die Buddhisten würden sagen, das sei die wahre Realität.

Die Zeit schien sich zu krümmen und zu schimmern, als könnte ich sie sehen, und irgendwie verschmolzen die Vergangenheit und die Zukunft zur Gegenwart. Oft tauchte ich in eine andere »Zeit« ein und begab mich an einen anderen Ort und war sicher, daß es tatsächlich JETZT dazu gekommen war. Solange ich es mir nicht erlaubte, mich zu fürchten, war es wirklich recht angenehm, geradezu spielerisch.

Wenn ich mit meiner Mutter redete, erzählte sie mir, sie hätte nichts von meinem Vater gehört. Sie wußte nicht, warum er nicht nach Hause kam. Sie fürchtete, er hätte sie wegen eines Streits verlassen, den sie kürzlich miteinander hatten.

Ich mußte sie daran erinnern, daß Daddy vor etlichen Jahren gestorben war. Auf einer tieferen Ebene, die sich meinem Zugriff entzog, identifizierte ich mich jetzt mit dem Seinszustand meiner Mutter. Ich konnte ihren Gedächtnisverlust fühlen und verstehen. Ich konnte ihre Panik spüren, allein zu sein. Ihre beste Freundin war kürzlich gestorben, und damit war ihr der Trost genommen worden, der jeden Morgen durch die Telefonleitung gekommen war. Als ich sie gefragt hatte, wie alt Evie gewesen war, sagte Mutter: »Oh, sie war erst in den Fünfzigern.«

Ich sagte: »Mutter, *ich* bin in den Fünfzigern. Evie muß Ende Siebzig gewesen sein.«

Mutter war schockiert. »*Du* bist in den Fünfzigern?« fragte sie und konnte sich nicht daran erinnern, wann sie mich geboren hatte.

»Ja, ich bin sechsundfünfzig«, antwortete ich.

»Du bist sechsundfünfzig? Mein Gott, bist du alt«, sagte sie.

»Stimmt«, antwortete ich, »und dein Sohn ist dreiundfünfzig.«

Sie schnappte nach Luft. »Warren ist dreiundfünfzig?«

Ich lachte über den schwarzen Humor des Alters.

»O Shirl«, sagte Mutter. »Du kannst dir nicht vorstellen, was es heißt, alt zu werden.« Ich versicherte ihr, daß ich es mir gar nicht vorzustellen brauchte. Die Realität des Alters nahte immer schneller.

Ich fragte mich, wie meine Mutter über den Tod dachte, und ich hatte das Gefühl, ich könnte sie unbesorgt danach fragen. Sie war immer hochgradig pragmatisch gewesen, wenn es um aktuelle Realitäten ging.

»Der Tod ist eine riskante Angelegenheit«, sagte sie.

»Wieso das?«

Sie dachte darüber nach. Dann: »Weil man nie weiß, wo man enden könnte.«

»Hast du etwa Angst, du könntest in die Hölle kommen?«

Diesen Gedanken tat sie brüsk ab. »Natürlich nicht«, sagte sie, »da bin ich doch schon gewesen!«

In meinem Versuch, sie ein wenig zu trösten, sagte ich zaghaft: »Ach, weißt du, vielleicht lernst du ein paar interessante Leute kennen.«

Die Stimme meiner Mutter wurde schwärmerisch. »Oh, *ja*!« sagte sie. »Wäre es nicht wunderbar, wenn man sich aussuchen könnte, mit wem man zusammensein will!«

Während ich in meinem Haus in den Bergen auf eine Offenbarung wartete, wurde ich zusehends ungeduldiger und unruhiger. Manchmal redete ich mit Freunden, aber ich war schnell gereizt und legte auf.

Tagelang saß ich da und schaute in den Regen. Er fiel auf die Sträucher und Bäume und verwandelte ihr Laub in funkelnde Smaragde. Warum konnte ich keine solche Verwandlung durchmachen? Mein Konflikt zwischen der Schauspielerei und der Spiritualität wühlte mich immer noch auf. Warum konnte ich meine spirituelle Metaphysik und meine Freude am Entertainment nicht harmonisch miteinander verbinden? Warum war ich innerlich so gespalten? Warum diese krasse Trennung?

Metaphysik und Spiritualität wirkten Wunder. Das Theater

auch. Warum konnte ich nicht begreifen, daß der Zauber von beidem miteinander vereinbar war? Warum erschien mir der eine Zauber als ein Trick, der andere als real?

Irgendwie empfand ich mich als Schwindlerin, wenn ich in einem Theater mit den theatralischen Tricks der Branche so umsprang, daß ich eine emotionale Reaktion entlockte. Ich empfand mich als manipulierend, obwohl das Publikum, das erschien, wußte, daß das die grundlegenden Regeln des Theaters waren. Das Theater ist der sichere Ort schlechthin, um die Realität abzuschütteln und sich in Phantasiegebilde zu verlieben. Und gerade das Kollektiv, von dem man umgeben ist, bietet diese Sicherheit. *Alle* erliegen dem Zauber, denn deshalb sind sie schließlich erschienen.

Aber jetzt sah ich in dieser Philosophie Konflikte und Widersprüche. Ich wollte die Leute nicht mehr zum Narren halten und das dann gutes Theater nennen. Ich wollte nicht die Schwindlerin sein, die eine Illusion spann, mit der sich die Leute über ihre festgefahrene Realität aufschwangen. Ich wollte diese Form von Verantwortung nicht mehr übertragen bekommen. Ich wollte, daß die Menschen in der Lage waren, den Zauber in sich selbst und auf ihre eigene Art zu finden. Sie selbst waren ihre eigenen Zauberkünstler, die sich über Mühsal und die Verzweiflung aufschwingen konnten, die ihnen zu oft widerfuhr.

Wir alle waren Schauspieler in unserem eigenen Leben und woben unseren Bann aus Komödie und Drama, mit dem wir uns selbst unterhielten. Wir waren unsere eigenen Produzenten und Regisseure, besetzten unsere Drehbücher so, wie wir es wollten, und bestanden auch wirklich darauf, in den von uns selbst geschaffenen Werken die Hauptrolle zu spielen.

Mir fiel es schwer, mein eigenes Drehbuch zu verstehen. Zum Beispiel machte es mir Spaß, meine Seminare abzuhalten, weil mein Ziel klar war. Ich wollte der Feuerstein sein, an dem andere Menschen das Licht in sich selbst entflammen konnten. Das war in meinen Augen ein sinnvoller Beitrag.

Worin lag der bedeutsame Zweck einer Bühnenshow, wenn so viele Menschen auf Erden litten? An Krankheiten litten, an Armut und an mangelnder Identität und Selbstachtung? Wenigstens konnten sie in meinen Seminaren vielleicht eher erkennen, wer sie selbst waren. In meinen Shows forderte ich sie zwangsläufig auf, zu vergessen, wer sie waren. Ich war inzwischen verhext von diesem Widerspruch, und es war qualvoll.

Dann ging es mir eines Tages auf. Als ich mit den Gewichten an den Beinen im Pool herumplanschte, fing es an zu regnen... Mir schien es eine Form von reinigendem Regen zu sein. Dann verstummten die Regenvögel, und die Wassertropfen, die auf meinen Kopf fielen, trieben meine Gedanken in frühere Zeiten zurück... Nach Griechenland und zum ursprünglichen Zweck des Theaters. Mir fiel wieder ein, daß ich gelesen hatte, die Griechen, die sich von der Spiritualität der Götter abgeschnitten fühlten, hätten ein Ritual gebraucht, um den Bezug zu den Göttern wiederherzustellen. Die Identifikation mit der Gottheit erforderte einen Ort, an dem sich Menschen versammeln konnten, um die Erneuerung ihres Bezugs zu den Göttern kollektiv zu erleben. Das Theater wurde zu diesem Ort.

Das Theater stellte den Menschen einen Platz bereit, an dem sie ihre spirituelle Identität wieder entfachten und erneut einfangen konnten. Der maskierte Darsteller war ein Symbol, ein Zauberer, der die Götter um Eingebungen anrief und die spirituellen Mythen darstellte, um sie anderen zu vermitteln, sie mit ihnen gemeinsam zu erleben, damit die Mythen für das Publikum zu einer Realität wurden. Der Darsteller wurde zum göttlichen Instrument, das das Publikum mit der Gottheit verband. Somit wurden das Publikum, die Darsteller und die Gottheiten miteinander vereint, unlösbar miteinander verflochten.

Der Zweck des Theaters und seiner Aufführungen wurde schließlich der, eine erhebende spirituelle Illusion zu erschaffen, die dazu beitrug, den Menschen mit dem Göttlichen zu verbinden. Darin bestand der metaphysische Zweck des Theaters. Dann konnten das Publikum und die Darsteller sich gemeinsam der Göttlichkeit des Gegenübers hingeben.

Als mir unvermittelt aufging, welche Wahrheit in dieser Vorstellung steckte, fiel mir wieder etwas ein, was Picasso einmal gesagt hatte. Auf die Frage, ob Kunst Wahrheit sei, hatte er geantwortet: »Die Kunst ist die Lüge, die die Wahrheit enthüllt.«

Plötzlich wurde mir klar, wie ich meine beiden Welten miteinander verschmelzen konnte. Die Kunst der Illusion war die gelungene Lüge, die die Wahrheit in jeder Form enthüllte, die der Beobachter sehen *wollte*. Ich hatte mich, wie alle anderen auch, entschieden, das Leben, die Liebe und das Streben nach dem Glück in einer Form wahrzunehmen, die unserer Weiterentwicklung am besten diente. Die Wahrheit des einen war nicht unbedingt die des anderen.

Ich konnte eine bestimmte Darstellung liefern und doch an einem und demselben Abend in dreitausend verschiedenen Formen wahrgenommen werden. Und jede Wahrnehmung war eine metaphysische Verbindung mit einer selbstgewählten Illusion.

Ich beschwindelte niemanden. Ich war lediglich ein Katalysator, der die Menschen mit dem fehlenden Zauber in ihrem Leben verband. Das machte die darstellenden Künstler zu einem ehrenwerten Berufsstand, zu einer Pforte zum Realismus. Eine gekonnt dargebotene Illusion, die es einem anderen ermöglichte, den eigenen fehlenden Zauber wieder einzufangen und sich mit ihm zu verbinden.

Ich blickte auf und sah mich um. Ich fragte mich, wie mein Dad über diese Offenbarung gedacht hätte. Die beißenden Regentropfen fielen in meine Augen und ließen die Glut in meinem Kopf abkühlen. Plötzlich schien die Sonne auf die Berge vor mir, und die Regentropfen in meiner allernächsten Umgebung funkelten wie ein Vorhang aus geschliffenen Diamanten. Ich hörte, wie ich nach Luft schnappte. Dann tauchte so langsam, als hätte ihn ein allwissender spiritueller Zauberer angewiesen, ein Regenbogen über den verschneiten Bergen auf. Die theatralische Illusion war vollkommen.

Ich *entschied* mich, das als ein Omen wahrzunehmen, eine wunderschöne Bestätigung für meine Offenbarung, daß das Theater und die metaphysische Realität ein und dasselbe sind. Mit anderen Worten, wenn man nicht an Illusionen glaubt, ist man nicht realistisch. Endlich hatte ich meine Offenbarung bekommen, und nichts an ihr war neu.

Daher kehrte ich auf die Bühne zurück und setzte meine Tournee fort. Ich eröffnete in Pittsburgh, nicht weit von dem Ort entfernt, an dem meine Eltern sich kennengelernt hatten.

Die Show war ausverkauft, die Kritiken waren großartig, die Zuschauer waren traumhaft begeistert, und mein Knie machte sich. Bei jeder Show trug ich einen Stützverband. Ich wußte, daß ich mir ein hart verdientes Wissen zugelegt hatte, das zugegebenermaßen seinen Tribut gefordert hatte, mich aber überreichlich mit einem Gefühl der Liebe zu meiner Arbeit entlohnte.

Doktor Perry war aufgefordert worden, in der Leningrader Akademie für Sportmedizin und Wissenschaft einen Vortrag zu halten, doch er kehrte früher als geplant aus der Sowjetunion zurück, um am Abend der Premiere bei mir zu sein. Hinterher saßen wir in meiner Garderobe. Er lächelte stolzerfüllt über mein »Comeback«, und dann beugte er sich vor und sagte: »Wissen Sie, eigentlich sollten Sie ja nicht in der Lage sein zu tanzen.«

»Wie meinen Sie das?« fragte ich.

»Doktor Finerman und ich habe nicht geglaubt, daß Sie je wieder in der Lage sein können, sich auf die Bühne zu stellen und zu tun, was Sie heute getan haben. Und schon gar nicht, daß Sie eine derart ausgezeichnete Leistung bringen könnten.«

»Ist das Ihr Ernst?« fragte ich.

»Ich meine es todernst«, antwortete er.

»Soll das etwa heißen, daß Sie mir nicht die Wahrheit gesagt haben?«

»Richtig.«

»Ich verstehe.«

Er äußerte keine persönliche Meinung, er entschuldigte sich nicht, und er gab keinen wie auch immer gearteten Kommentar von sich. Dann sagte er: »Aber Ihre Wahrheit unterscheidet sich von der anderer Menschen. Und das wußte ich. Daher habe ich geglaubt, daß Sie es schaffen können, ungeachtet der körperlichen Einschränkungen. Und Sie haben mir bewiesen, daß ich recht hatte. Daher wäre es zwecklos zurückzublicken.«

Er hatte mehr als recht. Wenn er mir die Wahrheit gesagt hätte, hätte es sein können, daß ich aufgegeben hätte, oder vielleicht wäre ich auf die Bühne getreten und hätte mir eine Verletzung fürs Leben zugezogen. Für ihn war es so oder so ein Risiko. Aber er hatte mich gewaltig reingelegt, denn gerade er hatte genau das gleiche durchgemacht. Ihm hatten viele Ärzte gesagt, er würde nie wieder laufen können, und er sollte kein Narr sein und ein Wunder erwarten. Diese Realität wollte er nicht akzeptieren.

Er wußte aus Erfahrung, daß man sich seine Realität selbst zusammenbaut, und genau das hatte er mir übermittelt. Ich werde ihm für immer dankbar für seine scharfsinnige Einsicht sein, denn ich war zu naiv gewesen, um es selbst zu erkennen. Mir war nicht klar gewesen, was ich bewältigt hatte. Ihm war es klar gewesen.

Anschließend trat ich in fünf Städten in Japan auf, in vier Städten in Australien, in London und Europa und in Südamerika. Die Tournee war persönlich und beruflich ein Triumph.

Sachi kam mit mir nach Japan. Wir suchten unser altes Haus auf – das Haus, in dem Sachi fünf Jahre ihrer Kindheit verbracht hatte. Jetzt stand dort eine Eigentumswohnanlage. »Es ist verschwunden«, sagte Sachi. »Die Vergangenheit ist wirklich vorbei.«

Sie schlenderte allein weiter und kehrte an einige der geheimen Orte ihrer Kindheit in kleinen Sträßchen in der Nähe zurück. Auch ihre Kindheitsfreunde gab es nicht mehr. Sie waren jetzt alle erwachsen und versuchten, mit einer Welt Schritt zu halten, die schnurstracks dem nächsten Jahrtausend entgegeneilten. Ich fragte mich, ob sie dieselben Verwirrungen wie wir durchmachten.

Ich blieb vor der Eigentumswohnanlage stehen und erinnerte mich an das Haus, das wir so lange Zeit gehabt hatten. Den Fischteich gab es nicht mehr, den plätschernden Wasserfall und den japanischen Garten. All das war durch ein Wohnhaus ersetzt worden – und das nennt man Fortschritt.

Ich dachte wieder daran, wie ich zum ersten Mal Sashimi und Sushi gegessen hatte, vor fünfunddreißig Jahren, kniend an einem Tisch in diesem Garten. Damals hatte man in Amerika außer in Geographiebüchern noch nie etwas von Sushi gehört. Jetzt war es ein Lieblingsgericht der Amerikaner. Frauen und Männer liefen in Kimonos durch die Straßen, und die Laute der Geta (japanische Schuhe) auf den gepflasterten Straßen kündigten das Eintreffen eines Besuchers an.

Damals hatte ich einen Ehemann gehabt, mit dem ich in diesem Haus gelebt und in diesem Garten geredet habe.

Heute wußten wir noch nicht einmal, wo er sich aufhielt. »Er ist ziemlich viel unterwegs«, hatte ich von gemeinsamen Freunden gehört. Ja, dachte ich. Das kann man wohl sagen. Er zieht von einem Land ins andere. Ich erkundigte mich nie, wo er war, denn er war wie ein Phantom. Erst sah man ihn, dann sah man ihn nicht mehr. Aber er war mir ein wichtiger Lehrer gewesen, wahrscheinlich der wichtigste Lehrer in meinem ganzen Leben. Er hatte mir beigebracht, kritischer zu urteilen. Blindes Vertrauen in jemanden zu setzen, ist *eine* Sache. Etwas ganz anderes ist es, tief in seinem Innern zu »wissen«, wer die anderen sind, weil man sich selbst besser kennt. Daher ließ ich mich schließlich von ihm scheiden. Er hatte nichts dagegen. Er verschwand ganz einfach...

Ich stand vor dem Haus und fragte mich, wo er war. Niemand wußte es, auch Sachi nicht. Ich fragte mich, wie es wohl sein mochte, nicht zu wissen, wo der eigene Vater ist. Nur Sachi kannte diese Empfindung. Ich wußte immer, wo mein Vater war. Trotz all seiner verkümmerten Brillanz war er für mich dagewesen. Sogar seine massive Brutalität war ehrlich gewesen. Er war nicht geheimnisvoll. Das konnte ich jetzt erkennen.

Und im Wohnzimmer eben dieses Hauses, das nicht mehr dastand, hatte mich mein Vater vor fünfunddreißig Jahren gewarnt, mein Ehemann sei unaufrichtig. Ich hatte nicht auf ihn gehört. Ich hatte ihm vorgeworfen, er sei besitzergreifend und hätte es nie gewagt, sich selbst auf eine abenteuerliche Beziehung einzulassen. Er sagte: »Du wirst es ja sehen, Äffchen.«

Und ich sah es. Ehe mein Dad starb, gab ich zu, daß er recht hatte, und ich bedankte mich bei ihm. Er nickte und lächelte. Aber selbst nach meiner Scheidung wollte Dad das Thema nicht ruhen lassen. Kurz bevor er zum letzten Mal ins Krankenhaus eingeliefert wurde, saßen wir am Küchentisch.

»Sieh mal, Daddy«, sagte ich. »Ich habe mich von dem Kerl scheiden lassen. Warum kannst du das nicht?«

»Weil«, sagte Daddy, »dieser Mistkerl gerissener war als ich.«

Sachi kam von hinten auf mich zu und tippte mir auf die Schulter.

»Heute ist mir soviel mehr klar«, sagte sie ruhig. »Ich werde heute abend mit Egouchi-san zu Abend essen und über meine Kindheit reden.«

Egouchi-san war Sachis Kindermädchen gewesen, als wir in Japan lebten. Die beiden hatten eine Beziehung zueinander, die ich mir nicht annähernd ausmalen konnte, weil sie den traditionellen japanischen Umgang miteinander hatten.

»Mach dir keine Sorgen, Mom«, sagte sie. »Ich muß mir nur über ein paar Dinge Klarheit verschaffen, die mit Dad zu tun haben. Mit dir hat es nichts zu tun. Ich muß dahinterkommen, wer ich jetzt bin. Ich muß die japanischen und die amerikanischen Seiten in mir besser verstehen, damit ich damit umgehen kann.«

Wir schlangen die Arme umeinander und verließen langsam die Straßenkreuzung, an der ein großer Teil unserer Liebe jahrelang unausgedrückt geblieben war. Wir hatten sie als selbstverständlich vorausgesetzt, und jetzt war es an der Zeit, miteinander zu reden.

Und wie wir redeten... tagelang im Hotelzimmer in Tokio, bei japanischen Mahlzeiten in Restaurants – manchmal gemeinsam mit Egouchi-san, manchmal nur wir beide allein. Wir sprachen über ihre Kindheit, ihre Ängste, ihre Verwirrungen in bezug auf die beiden Kulturen, ihre Sorge, ob sie reif genug war, um eigene Kinder zu haben. Wir redeten über die Liebe, die Sexualität, die Arbeit und sogar den Tod.

Dann fing Sachi an, Interviews auf japanisch zu geben – etwas, was sie bisher nie hatte tun wollen. Die kulturelle Erinnerung war zu schmerzlich für sie gewesen. Und schließlich bat sie mich eines Abends, aufzubleiben und sie mir im Fernsehen anzusehen. Ich tat es. Da stand sie nun als eine reife Erwachsene und erzählte eine Stunde lang in fließendem Japanisch über ihr Leben. Ich verstand nicht ein einziges Wort.

»Mach dir keine Sorgen«, sagte sie. »Ich werde es später übersetzen lassen.«

»Klar«, sagte ich. »Weißt du was, Schätzchen? Es gibt Dinge an dir, die ich nie verstehen werde. Umgekehrt gibt es vieles an mir, was du nie verstehen wirst. Und es gibt Dinge an deinem Vater, die keine von uns beiden je verstehen wird.« Tränen traten in ihre Augen.

»Ich weiß«, sagte sie. »Mir wird jetzt klar, daß ich mich einfach von ihm lösen und mein eigenes Leben weiterführen muß.«

»Ja«, sagte ich. »Mir ist es mit ihm genauso gegangen. Meinem Vater und meiner Mutter ist es mit mir genauso gegangen – und mir mit ihnen.« Sie nickte und wischte sich die Augen.

»Ich schätze, wir müssen einander eben akzeptieren, wie wir sind, stimmt's?«

»Das glaube ich auch«, sagte ich.

Bei der Reise nach Japan war es offensichtlich um weit mehr als die Auftritte gegangen. Sachi und ich wurden beide etwas erwachsener, und unsere Beziehung gewann eine neue Dimension.

Als ich von der Tournee zurückkehrte, besuchte ich meine Mutter in Virginia.

Wahrscheinlich würde es das letzte Mal sein, daß ich sie in dem Haus besuchte, in dem sie und mein Vater so viele Jahre lang gelebt hatten, denn sie würde nach Kalifornien ziehen, um bei Warren und mir zu sein. Bei diesem Wochenendbesuch lagen noch viele Schätze unbeachtet im staubigen Keller des Hauses.

Ich wartete, bis Mutter ins Bett gegangen war, ehe ich mich auf den Weg zu dem Schrank im Gymnastikkeller machte. Es war, als führte mich eine Stimme zu der Schublade, die mich aus meinem Inneren heraus zu »dem schwarzen Ordner« unter einem Stapel von Papieren leitete. Ich wußte nicht, wohin ich mich führen ließ, aber ich wußte ganz einfach, daß ich darauf hören mußte.

Ich zog den Ordner unter den Papieren heraus und ließ meine Finger über seinen staubigen Rand gleiten. Dann schlug ich ihn auf und begann zu lesen. Ich sah, daß es um Musik ging. Plötzlich wurde mir klar, daß es sich um die Dissertation meines Vaters über musikalische Kompositionen handelte. Jahrelang hatte ich danach gesucht und war endlich zu dem Schluß gekommen, daß sie in den letzten fünfundzwanzig Jahren beim Durcheinander eines Umzugs irgendwie verlorengegangen sein mußte.

Ich blätterte die Seiten behutsam durch. Jetzt lagen sie vor mir – all seine Forschungen über die Wirkungen musikalischer Kompositionen auf den menschlichen Geist. Er hatte das Thema des Klangs und seiner metaphysischen Wirkungen auf Menschen ergründet. Er hatte das Thema oft mit mir diskutiert, als müßte er unbedingt beweisen, daß Musik heilsam und beruhigend war.

Jetzt hatte ich seine Arbeit vorliegen. Es war die Arbeit, die von Doktor Bamberger abgelehnt worden war. Das war der Wendepunkt in seinem Leben gewesen. Doktor Bamberger hatte ihn im Stich gelassen und war somit dafür verantwortlich, seine »Zuversicht« dauerhaft im Keim erstickt zu haben. Für den Rest seines Lebens zweifelte er deswegen nicht nur an *seinem*, sondern auch meinem Talent. Doktor Bamberger – sie war an allem schuld.

Ich las weiter. Ich blätterte die vergilbten Seiten langsam um, damit ihre spröden Ränder nicht beschädigt wurden. Ein Blatt Papier fiel heraus. Ich hob es auf. Es war ein Brief – ein Brief, der an Doktor Bamberger adressiert war. Ich las ihn. Er kam von Doktor Stephen von der Johns Hopkins University School of Higher Studies in Education. Der Brief war höflich abgefaßt und nahezu in Form einer Entschuldigung formuliert. Doktor Stephen legte Doktor Bamberger nahe, sie sollte die Dissertation meines Vaters nicht akzeptieren, da nicht gründlich genug recherchiert worden war. Die Thesen wären nicht genügend durchdacht worden, sie wären nicht fundiert genug, um sie zu veröffentlichen. Er wünschte, es hätte ihm freigestanden, die Arbeit zu akzeptieren, aber sie wäre einfach nicht gründlich genug, um sie durchgehen zu lassen.

Ich starrte den Brief an. Dann war es also doch nicht Doktor Bamberger gewesen?

Ich las weitere Teile der Dissertation. Ich sah, wie sie begann, in ihren Aussagen zusammenhanglos zu werden. Ein Teil dessen, was er vorgelegt hatte, war noch nicht einmal mit der Maschine geschrieben. Ganze Absätze standen handschriftlich da. Mir blieb das Herz stehen. Was hatte er denn erwartet?

Dann sah ich zwischen den Seiten eingefügte Anmerkungen und Empfehlungen, die von einer anderen Person geschrieben worden waren. Diese Notizen baten ihn inständig, den einen oder anderen Punkt gründlicher zu recherchieren oder die Zusammenhänge klarer und logischer darzustellen. Die Anmerkungen waren schlüssig. Ich sah sie mir ganz genau an. Sie waren von meiner Mutter geschrieben worden.

Mich überwältigte die Erkenntnis, was das hieß. Mir traten Tränen in die Augen, als ich an all die Jahre der ausgelebten Frustration, der Kämpfe, der Anschuldigungen, der Vergebung und der Liebe dachte, für die diese staubigen Seiten standen. Dieser Schatz, den ich jetzt in meinen Händen hielt, war eine Metapher für ihr Zusammenleben und tatsächlich auch der Katalysator dafür, was aus Warren und mir geworden war. Dad war der rauhbeinige Träumer gewesen, der aufgrund seiner eigenen Selbstzweifel nicht durchgehalten hatte. Mutter hatte versucht, ihn dahingehend zu beeinflussen, daß er gründlicher recherchierte, und aus irgendwelchen Gründen hatten sie ihren Ehrgeiz auf uns übertragen. Warren und ich waren beide zu übereifrigen Strebern geworden, damit man uns nie vorwarf, wir seien in der Realisierung unserer Träume keine Perfektionisten.

Ich stand über die Seiten gebeugt, und Tränen liefen auf die Worte, als mir die Geschichten wieder einfielen, wie brutal meine Großmutter ihren Sohn behandelt hatte, als er noch jung war. Seine Furcht vor weiblichen Autoritätsfiguren war in vieler Hinsicht ausgelebt worden, und vieles davon zeigte sich in dieser unzulänglichen Dissertation, seinem eigenen dürftigen uninspirierten Versuch in innovativem Denken, der die apokryphische Geschichte ins Leben rief, Doktor Bamberger hätte *ihn* im Stich gelassen.

Ich setzte mich auf einen staubigen Stuhl. Die Luft im Keller war abgestanden. Die Backsteinwände waren kühl. Doch ich saß da und machte mir der Reihe nach bewußt, was dieses traurige und vielsagende Dokument indirekt nach sich zog. Wie hätte ich gehandelt?

Ich wischte mir die Tränen aus dem Gesicht. Warum hatte ich diesen Schatz jetzt gefunden? Einer der Mythen unserer Familie war hiermit gründlich erhellt worden. Dad war nicht ungerechtfertigt im Stich gelassen worden. Er selbst hatte versagt.

Ich dachte an Warrens Leben, Warrens Talent und seine Brillanz. Was waren für ihn die Inspirationen, von denen er sich motivieren ließ? Er wollte sich selbst nicht enttäuschen.

In dem Moment, in dem mir dieser Gedanke kam, stellte ich fest, daß ich aufgestanden war und eine Schublade in einem längst vergessenen Aktenschrank aufgezogen hatte. Dort lagen alte Rechnungen, Steuerformulare und Briefe aus vergangenen Zeiten. Dann wählte meine Hand etwas aus, das wie ein selbstgemachter Umschlag aussah, den ein Kind aus losen Blättern gefaltet hat. Plötzlich erkannte ich ihn. Diesen Umschlag hatte ich für meinen Vater zum Vatertag gebastelt, als ich etwa neun Jahre alt war. Mir fiel wieder ein, wie ich ihn zusammengeklebt hatte. Ich erinnerte mich, wie ich »Alles Gute zum Vatertag« auf die Außenseite geschrieben und als Absender in Druckbuchstaben »Rate mal, wer?« angegeben hatte.

Darin steckte eine Karte mit einem Bild von einem Baum, das ich gemalt hatte. Der Baum hatte dichtes grünes Laub, und mitten zwischen den Blättern hing ein schwarzer Sack.

Die Bildunterschrift unter dem Baum, die von Kinderhand gekritzelt war, lautete: »Wenn du heute Dick Tracy liest, ist der Geldsack im Baum.«

Es verschlug mir den Atem. Ich tastete den Umschlag aus meiner Kindheit mit den Fingerspitzen ab. Warum fand ich ihn gerade *jetzt*? Warrens Film *Dick Tracy* war gerade vor ein paar Tagen zugunsten des Johns Hopkins Hospitals auf der anderen Seite des Potomac in Washington angelaufen, des Krankenhauses, in dem mein Vater gestorben war und das zu der Universität gehörte, die seine Dissertation geprüft hatte.

Dieser Symbolismus überwältigte mich, obwohl ich mir kein geschlossenes Bild davon machen konnte. Stand der Baum, den ich gemalt hatte, für das Leben? War es der Stammbaum der Familie? Was hat der Geldsack zu bedeuten? Hieß es, daß man die Reichtümer des Lebens innerhalb der Familie findet?

Auf der nächsten Seite hatte ich den Wagen meines Vaters mit einem Platten auf dem Weg von Richmond, Virginia (wo wir damals lebten), nach Arlington, Virginia, gemalt, wo er sich eine neue Stellung suchte, weil er die »kleinkarierte Politik« des Lehrberufs in Richmond satt hatte. »Zu viele dominante Frauen, mit denen ich nicht auskommen kann«, hatte er gesagt.

Hatte ich unbewußt gespürt, daß es für ihn einen Platten (Mißerfolg) nach sich ziehen würde, wenn er, ungeachtet der schweren Prüfungen und Widrigkeiten, aus dem Lehrberuf ausschied, um einen neuen Beruf zu ergreifen (Immobilienmakler), der ihm eigentlich gar nicht lag?

Vielleicht waren die Keime meines Konflikts an jenem Sonntag morgen präsent gewesen, an dem ich dieses Bild malte. Vielleicht hatte ich das Leiden und das mangelnde Selbstvertrauen meines Vaters auf mich genommen, um etwas daran ändern zu können. Meine Mutter konnte anscheinend nichts daran ändern. Ich würde es versuchen. Und indem ich das tat, ließ ich mein Leben von seiner Mutlosigkeit bestimmen. Vielleicht erging es vielen Eltern und Kindern so; es gibt wirklich allzuselten ein Kind, dessen Eltern in ihrer Liebe so weise und in ihrem Verständnis so objektiv sind, daß sie mit Vergnügen ein Gleichgewicht zwischen notwendigen Einschränkungen und der Freiheit herstellen, die wichtig ist, damit sich die Talente des Kindes entwickeln und wachsen können und es sein volles Potential realisieren kann. Weit öfter wird das Kind vernachlässigt oder zu sehr verhätschelt oder grundlos eingeschränkt, was nur dazu führt, daß es diese Probleme in seinem eigenen Leben widerspiegelt und auf andere projiziert.

Meine Mutter hatte ihre Kreativität verleugnet, um für ihre Kinder dazusein. Sie hatte die Familie der Karriere vorgezogen – und das hatte sie uns nie vergessen lassen. Ich hatte die Karriere der Familie vorgezogen, um nicht denselben Fehler zu begehen. Was sah meine Tochter in mir, was ich selbst leugnete? Was löste ich durch meinen Hang zu übertriebenen Leistungen bei ihr aus? Hatte sie als kleines Mädchen ihre Gefühle erstickt und war viele Jahre lang unreif geblieben, weil sie wußte, daß sich weder ihre Mutter noch ihr Vater genügend für ihre Bedürfnisse interessierten, um immer dazusein, ihr täglich zur Verfügung zu stehen, während sie heranwuchs?

Selbst als sie schon reifer war, war Sachi immer noch verwirrt gewesen, weil sie eine Karriere *und* eine Familie wollte und keinen Grund sah, warum sie nicht beides verwirklichen könnte. Aber es war etwas passiert – etwas anscheinend Bedeutungsloses. Sie hatte einen Welpen geschenkt bekommen, der ihr sozusagen in Form von einer Kostümprobe zeigte, was sie im uralten Konflinkt zwischen der Mutterschaft und der Arbeit zu erwarten hatte. Sie konnte nicht damit umgehen. Wenn der Welpe winselte, weil sie ihre Wohnung verließ, um zur Arbeit zu fahren, wurde sie von Schuldgefühlen gepeinigt.

Anfangs verstand sie nur, daß sie sich mit dem Welpen identifizierte, weil auch sie im Stich gelassen worden war. Aber dann erkannte sie, daß es nichts Schwierigeres für sie gab, als die Tatsache zu akzeptieren, daß sie selbst ein Lebewesen, das sie brauchte, allein zurücklassen konnte und würde, um ihr eigenes Leben weiterzuführen. Ihre Schuldgefühle kamen nicht daher, daß sie nicht in der Lage war fortzugehen, sondern sie gingen auf die Feststellung zurück, daß sie es recht mühelos über sich brachte. Es war ein kleiner, aber unendlich aufschlußreicher Schritt auf dem Weg zu der Erkenntnis, daß sie selbst dann, wenn sie an einem Welpen oder an einem Menschen hing, eine Zeitlang fortgehen konnte, um ihre eigene Kreativität auszuleben. Und daraus folgte die Erkenntnis, daß sie sich nicht in eine falsche, unstimmige Rolle pressen lassen würde.

Meine Mutter hatte die Familie »gewählt«. Ich hatte die Karriere »gewählt«. Sachi würde beides wählen und etwas Stimmiges daraus machen.

Und mein Vater? Es war, als hätte er nie irgendeine Entscheidung getroffen. Er hatte sich zwischen zwei Stühle gesetzt – den der Angst vor dem Wagnis und den, viel mehr zu wollen –, und er hatte sich nie hinausgewagt, weil er sich als »Familienvorstand« allzu verantwortlich fühlte, aber auch das war er nie wirklich gewesen. Er wußte schlicht und einfach nicht, wie er diese Rolle hätte ausfüllen können. Ihm waren nie die Werte der Selbstachtung und ein Gefühl für positive Wertvorstellungen eingeprägt worden. Ganz im Gegenteil, bei ihm war es umgekehrt gewesen. Kein Wunder, daß er es nicht wagte, eine Entscheidung zu treffen, was er mit seinem Leben, seiner Kreativität, seinem Ehrgeiz und seinen Träumen anfangen sollte.

Vielleicht war er kurz vor seinem Tod zu einem so tiefen Verständnis der LIEBE gelangt, weil er nichts anderes hatte. Er hatte den größtmöglichen Sieg errungen – die Aufgabe des eigenen Ichs. Er war endlich befreit, als er sich in die emotionalen Hände der LIEBE begab – der Liebe zu Gott, der Liebe zu den Menschen, der Liebe zum Leben, der Liebe zum Vertrauen in den Tod. Er hatte endlich die wesentlichste Form von Zuversicht und Liebe erlangt – sich selbst gegenüber. Das sagte er ohne jede Scham oder

Sentimentalität. Er zwinkerte mir sogar wirklich zu, als er sagte: »Wenn ich mich selbst liebe, Äffchen, dann kann ich auch alles andere lieben. Zu schade, daß ich so lange dafür gebraucht habe, stimmt's? Muß man wirklich sterben, um das herauszufinden?«

Im nachhinein war das die mutigste Entscheidung seines ganzen Lebens.

Ich steckte den Umschlag in meine Tasche. Er gehörte jetzt Warren. Der Film, den er gedreht hatte, hätte seine eigene Dissertation über seine Kindheit sein können, in der sein Vater die Hauptrolle spielte – der Held in seinem schicken gelben Regenmantel (Dad war sehr modebewußt), der gegen das Verbrechen und das Böse kämpfte (Dad sah Gut und Böse in Kategorien von Schwarz und Weiß), von einer gerissenen weiblichen Gestalt in Versuchung geführt (wie die meisten weiblichen Schattengestalten, die Dads lebhafter Phantasie entsprangen!): Ira Beaty, ein Mann, der zwar Ehemann und Vater war, sich aber in dieser Rolle nie ausgefüllt fühlte und insgeheim soviel mehr vom Leben haben wollte, wenn doch bloß... und Dick Tracy, der sich dem Band der Ehe nie ganz unterjochte, denn er hätte soviel verlieren können, wenn er das getan hätte... und doch blieb Tracy eine Heldengestalt und brachte seine glühenden Fans zum Lachen und ließ sie Abenteuer erleben. Und die allzu menschliche Gestalt, die mein Vater gewesen war, brachte diejenigen, die ihn kannten, immer noch zum Weinen und zum Lachen.

Mit staubigen Fingern wischte ich mir die Wangen ab. Der Staub der Vergangenheit unserer Familie würde mit der Zeit verschwinden, ebenso wie wir. Meine Mutter würde nicht mehr lange leben: Ich war gerade noch rechtzeitig auf die Schätze im Keller gestoßen. Ich brauchte Anhaltspunkte dafür, wer wir waren – Mutter, Vater, Bruder, Schwester – und in welchen Beziehungen wir wirklich zueinander standen. Wir waren unentwirrbar miteinander verwoben gewesen, und so würde es bleiben, bis unsere Urenkel in unseren Kellern oder auf unseren Dachböden herumstöberten und hier ein Medaillon mit Fingerabdrücken fanden, dort ein altes Drehbuch und ein Schächtelchen mit Kristallen, ein altes Band mit Meditationsmusik oder ein noch älteres Buch mit vergilbten Seiten, das ich geschrieben hatte und das nur andeutungsweise die erstickten Keime der Liebe ausdrücken konnte, die wir immer füreinander empfanden.

Als ich das Licht ausschaltete und die Kellertreppe hinaufstieg, streckte ich die Hand aus und tätschelte mein Knie. Wenn es nicht unter mir nachgegeben hätte, wäre ich nicht zu dem Verständnis gelangt, das ich jetzt errungen hatte. Jetzt würde ich in der Lage sein, für den Rest meines Lebens mit neuer Kraft zu laufen. Wenn mein Knie mich nicht »im Stich gelassen« hätte, hätte ich nicht verstanden, wie ich mich selbst subtil, aber zielstrebig enttäuscht und unterminiert hatte.

Auf dem oberen Treppenabsatz schloß ich die Tür und ließ den Rest der unentdeckten Andenken tief unten im Dunkeln zurück. Meine Mutter hatte längst vergessen, daß diese Denkwürdigkeiten dort waren. Sie und mein Vater hatten sie fünfundfünfzig Jahre lang aufgehoben und vermutlich auf eine Zeit gewartet, in der eins von uns Kindern Lust haben könnte, behutsam in dieser Sammlung herumzustöbern, vielleicht auf der Suche nach einem Gedichtband, nach schwarzweiß Fotografien, die immer neben dem Wagen der Familie aufgenommen worden waren, nach einem Säckchen Murmeln, einem ramponierten Tagebuch, einer zerzausten Lieblingspuppe, einem Zeugnis mit Randbemerkungen, die sich auf unsere Zukunft bezogen.

Wir würden nach Anhaltspunkten aus vergangenen Zeiten suchen, die uns zu einem besseren Verständnis verhelfen würden, wer wir heute waren, ohne je den Verdacht zu schöpfen, daß eine kleine Karte zum Vatertag, die an einem Sonntag morgen vor siebenundzwanzig Jahren gemalt worden war, eine Flut von Erkenntnissen auslösen könnte, daß wir, die Kinder, tatsächlich das Produkt von Träumen und Alpträumen waren – und ebenso war es unseren Eltern mit ihren Eltern ergangen.

Eines Tages würde ich zurückkehren, um andere Schätze auszugraben und mich an ihnen zu erfreuen, vielleicht, um zu einem neuen Verständnis zu gelangen und um zu erkennen, daß die Welt unserer Eltern, die so ganz anders aussah, nichtsdestoweniger unausweichlich Warrens Welt und meine Welt war, wobei das Voranschreiten der Zeit nur eine von vielen Verknüpfungen mitbrachte, die uns immer miteinander verbinden würden.

Langsam, ganz langsam würde das kreative Puzzle, das unsere Familie darstellte, klare Gestalt annehmen, und durch die sich verschiebenden Formen unseres Lebens würde sich nach und nach ein harmonisches Muster abzeichnen, das wir dann als Ganzes akzeptieren könnten...

GOLDMANN

FrauenLeben

*»Sie war eine jener mutigen Frauen, die sich ins offene
Wasser hinauswagen... Sie hatte das Zeug
zu einer Königin.«*

Frankfurter Allgemeine Zeitung

Dorothy Hermann, Mit den
Wolken will ich ziehen   42363

Carol Matthau,
Unter Stachelschweinen   42295

Das Tagebuch der Julie Manet
9761

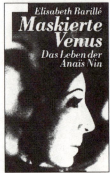

Elisabeth Barillé,
Maskierte Venus   42208

Goldmann · Der Taschenbuch-Verlag

GOLDMANN

FrauenLeben

»*Sie war eine jener mutigen Frauen, die sich ins offene
Wasser hinauswagen... Sie hatte das Zeug
zu einer Königin.*«
Frankfurter Allgemeine Zeitung

Gertrud Fussenegger,
Herrscherinnen   42373

Tatiana Fürstin Metternich,
Léontine   42197

Beryl Markham,
Leben für Afrika   42227

Herbert Lottman,
Colette   41435

Goldmann · Der Taschenbuch-Verlag

GOLDMANN

Susan Howatch

*Susan Howatch läßt Geschichte lebendig werden,
und weil sie erzählerische Qualität und eine tiefe
Einsicht in die menschliche Seele miteinander zu
verbinden versteht, fällt es schwer, ihre Bücher wieder
aus der Hand zu legen.*

Die Versuchung,
Roman   42360

Die Reichen sind anders,
Roman   41355

Der Zauber von Oxmoon,
Roman   9123

Die Sünden der Väter,
Roman   6606

Goldmann · Der Taschenbuch-Verlag